# EL APÓSTOL DE LOS ANDES

## EL CULTO A TÚPAC AMARU EN CUSCO DURANTE LA REVOLUCIÓN VELASQUISTA (1968-1975)

RAÚL H. ASENSIO

# EL APÓSTOL DE LOS ANDES

## El culto a Túpac Amaru en Cusco durante la revolución velasquista (1968-1975)

IEP
INSTITUTO DE ESTUDIOS PERUANOS

Serie: Estudios Históricos, 72


Horacio Urteaga 694, Lima 11
Telf.: (51-1) 332-6194
Correo-e: libreria@iep.org.pe
www.iep.org.pe

ISBN: 978-9972-51-638-2

ISSN: 1019-4533

Impreso en Perú

Primera edición: julio de 2017
1000 ejemplares

Hecho el depósito legal en la Biblioteca Nacional del Perú: 2017-07397

Registro del proyecto editorial en la Biblioteca Nacional: 31501131700673

*Asistente editorial:* Yisleny López
*Corrección:* Sara Mateos
*Diagramación:* Silvana Lizarbe
*Artes finales de carátula:* Gino Becerra
*Cuidado de edición:* Odín del Pozo



**BIBLIOTECA NACIONAL DEL PERÚ**
**Centro Bibliográfico Nacional**

985.073 Asensio, Raúl H.
A81 El apóstol de los Andes: el culto a Túpac Amaru en Cusco durante la revolución velasquista, 1968-1975 / Raúl H. Asensio.-- 1a ed.-- Lima: Instituto de Estudios Peruanos, 2017 (Lima: Tarea Asociación Gráfica Educativa).
347 p.: retrs.; 23 cm.-- (Estudios históricos; 72)

Bibliografía: p. [333]-347.
D.L. 2017-07397
ISBN 978-9972-51-638-2

1. Túpac Amaru, José Gabriel, 1740-1781 - Opinión pública 2. Túpac Amaru, José Gabriel, 1740-1781 - Monumentos - Perú - Cusco 3. Cultura popular - Perú - Cusco - 1968-1975 4. Nacionalismo - Perú 5. Perú - Historia - Gobierno Revolucionario, 1968-1980 - Aspectos sociales 6. Perú - Fuerzas armadas - Actividad política - 1968-1980 7. Perú - Política y gobierno - 1968-1980 I. Instituto de Estudios Peruanos (Lima) II. Título III. Serie

**BNP: 2017- 1867**

# Índice

# Introducción

El 5 de septiembre de 1969 Cusco amaneció convulsionado. Los primeros en descubrirlo fueron, limpiadores y empleados que desafiaban el frío del alba y acudían presurosos a cumplir sus tareas. Su sorpresa fue mayúscula: la estatua que presidía la plaza de Armas ya no estaba en su sitio. Yacía medio caída, volteada de costado, en una posición poco elegante, junto a su pedestal. Algunos sintieron este hecho como un ultraje, pero para la mayoría fue un motivo de mal disimulada alegría. Era una estatua curiosa, que no dejaba indiferente a nadie. Desde que muchas décadas antes la habían colocado en el lugar más emblemático de la ciudad, había desatado la polémica. Los cusqueños se preguntaban qué era exactamente y por qué la habían puesto ahí. Sin embargo, para los visitantes extranjeros la figura no ofrecía ninguna duda: era un piel roja, un genuino y auténtico piel roja norteamericano, como los que habían visto cientos de veces en los wésterns del país del norte. Incluso tenía su tocado de plumas, su arco y sus flechas.

¿Qué hacía un piel roja en el centro del antiguo Imperio inca? ¿Quién había destruido la estatua y por qué? ¿Qué había llevado a los cusqueños —o al menos a un sector de ellos— a tomar esa decisión tan radical? ¿Qué buscaban con ese ataque a su propio patrimonio? ¿Qué historia había detrás de los iconoclastas que acabaron con el piel roja? Este libro trata de responder estas y otras preguntas referidas a la historia cultural cusqueña de finales de los años sesenta y principios de los setenta. En concreto, me propongo analizar los orígenes y la evolución de lo que daré en llamar "el culto cusqueño a Túpac Amaru", el gran héroe rebelde del siglo XVIII que simbolizaba las virtudes de arrojo, valentía y desafío al poder con las que los cusqueños gustaban de identificarse a sí mismos. Porque esa era la respuesta al interrogante: quienes defenestraron al piel roja lo hicieron porque querían colocar en su lugar una estatua de Túpac Amaru.

Para contar bien esta historia, hay que remontarse unos meses antes de la destrucción del monumento. El 3 de octubre de 1968, un grupo de militares peruanos encabezados por el general de división Juan Velasco Alvarado derrocaba al presidente Fernando Belaunde Terry y se hacía con el poder. Belaunde había sido elegido con el apoyo mayoritario de quienes por entonces tenían derecho a voto. Desde una década atrás, era un reformista que había hecho de la modernización del Perú el eje de su carrera política. Pero su gobierno había estado muy por debajo de las expectativas. El Perú atravesaba una profunda crisis, debido a la inestabilidad política, a los alzamientos guerrilleros y a la creciente conflictividad social derivada de la errática política económica gubernamental. Siguiendo una tradición sólidamente arraigada en la cultura política peruana, un gobierno militar parecía la única solución posible para salir del atolladero.

Para los peruanos, un golpe de Estado no era algo nuevo. El país se había debatido durante décadas entre gobiernos civiles tibiamente reformistas y pronunciamientos militares de todo tipo. La última dictadura había terminado solo tres años antes. La comedida reacción ante el golpe de Velasco evidencia esta anómala normalidad. Son pocas las protestas y, más allá de la retórica, casi nadie parece rasgarse las vestiduras. Ni siquiera los partidarios del derrocado presidente presentaron seria resistencia. Más que alarma o miedo, predominaba la sensación de historia ya conocida, que se repetía una y otra vez. El golpe de Estado despertaba los fantasmas de un país pobre, ingobernable y con un nulo arraigo institucional, donde la democracia era flor de un día.

Sin embargo, esta vez era diferente. El gobierno de Velasco no iba a ser un régimen militar más, enfocado en restablecer el orden antes de ceder el paso a otra débil democracia. Con su exaltada retórica nacionalista, el general nacido en Piura, al norte del país, iba a propiciar un quiebre radical en la política peruana, un periodo de intensas transformaciones, de ilusiones desmesuradas y de amargos desencuentros. La historia es muy conocida. Tres días después del golpe de Estado, los militares ocupan las instalaciones en Talara (costa norte) de la International Petroleum Company. La nacionalización de las refinerías era el pistoletazo de salida de un apabullante programa de reformas sociales y económicas dirigidas a acabar con un estado de cosas que los militares percibían como oligárquico, racista e injusto. A golpe de decreto, en apenas seis años Velasco impulsa la reforma agraria más radical de América Latina y pone en marcha una reforma educativa que sobre el papel situaba al Perú entre los países más avanzados del mundo, expropia parte de los medios de prensa, elimina las elecciones, limita las actividades de los partidos políticos, trata de desactivar a los sindicatos, expulsa o invita a abandonar el país a connotados intelectuales opositores, impone la censura y prohíbe la importación de un gran número de productos extranjeros industriales y culturales. Amplía como nunca antes la participación del Estado en la vida económica, nacionaliza parte del transporte de pasajeros y mercancías y las telecomunicaciones, y promueve la industria nacional con una lógica de sustitución de importaciones.

En el ámbito internacional, Velasco se opone a las pruebas nucleares de Francia en el océano Pacífico, denuncia el intervencionismo norteamericano en América Latina, establece relaciones diplomáticas con Cuba y China, impulsa al entonces incipiente Pacto Andino, defiende las tradicionales tesis peruanas de soberanía marítima ampliada, compra nuevos equipos militares a la Unión Soviética, revitaliza la hostilidad antichilena y se convierte en uno de los líderes del movimiento internacional de países no alineados. Todo ello rodeado de un exacerbado discurso nacionalista y de una inflamada retórica antiimperialista, que dan una imagen del gobierno militar por momentos cercana al socialismo. Velasco llega incluso a ponerse a sí mismo como un ejemplo para países como Ecuador y Bolivia, en oposición a las dictaduras militares reaccionarias de Chile y Brasil. Se trata de una febril actividad que deja exhaustos tanto al país como al propio mandatario, que sucumbe a una dolorosa enfermedad antes de ser derrocado por sus propios compañeros de armas en agosto de 1975.

La "revolución peruana", como gustaban llamarla sus partidarios, transforma y descalabra el país al mismo tiempo. Es el parteaguas de la historia reciente del Perú, el punto a partir del cual las cosas ya nunca fueron iguales. En poco tiempo ocurren muchas cosas y todas importantes.

Esta radicalidad explica por qué hasta la actualidad las valoraciones del velasquismo son diametralmente opuestas. Según a quien se le pregunte, sería el mejor o el peor gobierno del siglo XX. Para los conservadores es el momento en que "se jodió el Perú", el final de los viejos buenos tiempos. Para los sectores populares, una época ambigua que combina la esperanza con la escasez de alimentos, las conquistas sociales con el caos económico, el fin de las haciendas y la emancipación rural con el autoritarismo militar. Para la izquierda es una oportunidad perdida para llevar adelante su soñada revolución. Para los radicales maoístas y guevaristas, la demostración de que el reformismo era inútil y que solo un vendaval sangriento podía transformar el Perú. Para los militares, una lección aprendida a medias: nunca volvería a haber otro golpe de Estado genuinamente militar en el Perú, pero aun así, no desistirán de involucrarse en aventuras políticas.

Casi desde el momento de asumir el poder, Túpac Amaru se convirtió en una figura central en la narrativa y en el discurso iconográfico del autodenominado Gobierno Revolucionario de la Fuerza Armada.[1] El héroe andino simbolizaba las cualidades de rebeldía, sacrificio, vigor masculino, peruanidad y patriotismo con las que los militares querían presentarse ante la población. Era también un emblema de lucha social y de reivindicación del Perú profundo, un territorio mítico con el que muchos de los nuevos gobernantes se sentían identificados, tanto por ideología como por sus propios orígenes personales. Túpac Amaru era una imagen omnipresente en las concentraciones oficiales, en la propaganda gubernamental y en los discursos. Era imposible asistir a un evento organizado por el gobierno militar y no ver su silueta altiva y desafiante.

El papel de Túpac Amaru en la propaganda militar ha sido objeto de varios trabajos recientes.[2] De manera previsible, estos estudios se centran

---

1. El nombre real de Túpac Amaru era José Gabriel Condorcanqui Noguera. El apelativo que adoptó al momento de iniciar su rebelión remitía al último emperador inca, que había resistido a los españoles en el reducto selvático de Vilcabamba hasta su captura y ejecución en 1573. Condorcanqui sostenía que era su descendiente y por esa razón adoptaba su nombre. De ahí que, en puridad, la denominación correcta del líder rebelde sea Túpac Amaru II. Sin embargo, en este libro, para evitar sobrecargar el texto, me referiré a él sin incluir el cardinal, mientras que las escasas veces que mencione a su antecesor lo haré de manera explícita como Túpac Amaru I.

2. Al respecto: Leopoldo Lituma Agüero, *El verdadero rostro de Túpac Amaru (Perú 1969-1975)*, Lima, Pakarina Ediciones, 2011; Anna Cant, "Land for Those Who

casi siempre en el análisis del propio gobierno militar como actor principal de la revaloración del personaje. Los autores exploran cuestiones como la inserción del caudillo andino en las estrategias de legitimación de los golpistas, las manifestaciones artísticas vinculadas a la propaganda estatal o la creciente presencia de retratos de Túpac Amaru en lugares tan emblemáticos como el palacio de gobierno o el papel moneda. Aunque estos temas son relevantes en sí mismos y aportan pistas valiosas para comprender el velasquismo como momento clave en la conformación del Perú contemporáneo, en este libro sostendré que el culto a Túpac Amaru no puede entenderse de manera aislada, como una mera creación del gobierno militar. Defenderé que se habría tratado de una amalgama de ideas, aspiraciones y prácticas en la que convergieron diferentes actores, cada uno con sus propias motivaciones: historiadores y académicos que pretendían renovar los relatos tradicionales de la historia peruana, militantes de izquierda en busca de un héroe que representara sus aspiraciones de cambio radical, intelectuales y políticos andinos, militares nacionalistas que deseaban ensalzar a un personaje histórico considerado como el epítome de la peruanidad, etc. El momento clave de cristalización del tupacamarismo habría que buscarlo en el periodo inmediatamente posterior al gran terremoto que asoló Cusco en 1950, cuando activistas, profesores e

---

Work It: A Visual Analysis of Agrarian Reform Posters in Velasco's Peru", *Journal of Latin American Studies*, vol. 44, n.° 1, 2012, pp. 1-37; Christabelle Roca-Rey, *La propaganda visual durante el gobierno de Juan Velasco Alvarado (1968-1975)*, Lima, Instituto de Estudios Peruanos, Instituto Francés de Estudios Andinos, 2016; Javier Puente, "Second Independence, National History and Myth-Making Heroes in the Peruvian Nationalizing State: The Government of Juan Velasco Alvarado, 1968-1975", *Journal of Iberian and Latin American Research*, vol. 22, n.° 3, 2016, pp. 231-249; y Miguel Antonio Sánchez Flores, "Más allá del *pop achorado*: una propuesta de relectura de los afiches de Jesús Ruiz Durand para la reforma agraria del gobierno de Juan Velasco Alvarado", tesis para optar el grado de magíster en historia del arte y curaduría, Pontificia Universidad Católica del Perú, 2016. Aunque no se refieren específicamente al gobierno militar, varios trabajos de la historiadora y arqueóloga norteamericana Helaine Silverman también tratan sobre la importancia de Túpac Amaru en el paisaje urbano de Cusco. Al respecto: Silverman, "The Space of Heroism in the Historic Center of Cusco", en Russell Staiff, Robyn Bushell y Steve Watson, editores, *On Location: Heritage Cities and Sites*, Nueva York, Springer, 2012, pp. 89-113; y de la misma autora, "Mayor Daniel Estrada and the Plaza de Armas of Cusco, Peru", *Heritage Management*, vol. 1, n.° 2, 2008, pp. 181-218.

intelectuales cusqueños ponen en cuestión la identidad de su región y su papel en la nación peruana. Cuando se produce el golpe de Estado contra Belaunde y Velasco llega al poder, estos colectivos conformaban ya una comunidad de culto madura y consolidada, aunque aún fragmentaria. El culto tupacamarista del gobierno militar se asienta sobre esta base, pero al mismo tiempo le da un nuevo sentido al héroe. Al oficializarse, se produce la definitiva radicalización del discurso tupacamarista, se exacerba el contenido nacional (y no regional) del mito y su vinculación con los ideales políticos revolucionarios.

El núcleo de este estudio está en la ciudad de Cusco. Era ahí donde la comunidad de culto articulada en torno a Túpac Amaru estaba más consolidada, tanto en el plano de las ideas como en el de las prácticas. Me interesa rastrear el origen de esta comunidad, su desarrollo y su momento de máximo esplendor durante el gobierno militar. Por ello, mi estudio pretende aportar en dos ámbitos de conocimiento. Por un lado, me enfocaré en la historia cultural cusqueña, un campo en el que los años setenta son un periodo muy poco estudiado.[3] Quizás esto se deba a que, vistos con la distancia del tiempo, los logros de esta década palidecen en comparación con otras etapas más gloriosas de la cultura cusqueña, que han merecido mayor atención por parte de los historiadores. Se trata, además, de unos años en los que los sucesos políticos —la propia revolución militar y la reforma agraria— atraen la atención de los especialistas, dejando los temas culturales en un segundo plano. Sin embargo, tal como espero mostrar, el velasquismo es una etapa extremadamente interesante de la historia cusqueña. Si bien existen continuidades con las décadas anteriores, también asistimos a la emergencia de discursos y prácticas que renuevan las políticas culturales locales. La ciudad alcanza su madurez como urbe y el turismo empieza a marcar de manera decisiva la vida política y económica. La

---

3. Como analizaré más adelante, la propia denominación era parte de las interminables guerras culturales que atravesaba la ciudad andina. ¿Debía escribirse Cusco o Cuzco? ¿O como sostenían algunos, había que "quechuizar" la denominación por completo y pasar a utilizar Ccoscco o Qosqo? Estas dicotomías se mantienen hasta la actualidad. Incluso en el ámbito académico hay quienes prefieren usar Cusco y quienes optan, en cambio, por Cuzco. Por mi parte, considero que existen tantas buenas razones para preferir una grafía como la otra. En este libro utilizaré "Cusco" por ser la forma más habitual y la que actualmente es oficial en el Perú.

vieja guardia de intelectuales indigenistas da paso a una nueva generación, con prioridades e ideas diferentes.

En segundo lugar, mi estudio apunta a mejorar nuestra comprensión de los mecanismos ideológicos que permitieron al gobierno militar consolidar su poder durante casi una década, incluyendo el periodo revolucionario de Juan Velasco y la posterior etapa reaccionaria liderada por Francisco Morales Bermúdez. Aunque existen varios trabajos que tratan este tema, todavía es bastante lo que nos queda por conocer sobre cómo el velasquismo se vinculó (o no) con las dinámicas políticas y culturales de las diferentes regiones del país. Al centrarme en Cusco, pretendo al menos en parte solventar esta carencia, presentando un ejemplo extraordinariamente dinámico y creativo de interacción entre las propuestas del gobierno militar y las ideologías e imaginarios regionales.

Entrelazado con el culto tupacamarista, analizaré la evolución de tres imaginarios de ciudad que conviven en Cusco en los años sesenta y setenta. Por un lado, el Cusco rojo, la ciudad revolucionaria por excelencia, que simboliza los reclamos por una nación más justa e inclusiva. Por otro, la ciudad-museo, el Cusco patrimonial cargado de significado histórico y depositario de la grandeza pasada de la civilización andina. Finalmente, la ciudad turística, capaz por sí misma de insuflar un nuevo dinamismo a las empobrecidas provincias del sur andino. Estos tres imaginarios se desarrollaban en paralelo y no necesariamente eran incompatibles entre sí. Una gran parte de la inteligencia local los consideraba como las diferentes caras de una misma moneda que presentaba a Cusco como guardián y esencia de la nación peruana, entendida esta nación como una utopía por construir. Pero en determinadas coyunturas estas tres imágenes de la ciudad podían contraponerse e incluso enfrentarse, ya que requerían decisiones y prioridades diferentes por parte de las autoridades. Al mismo tiempo, sin dejar de ser sinceros, estos imaginarios podían ser instrumentalizados por los actores políticos y sociales para la defensa de sus propios intereses y agendas. El culto a Túpac Amaru formaba parte y retroalimentaba a las tres narrativas, pero también generaba tensiones con y entre ellas. Serían estas interferencias las que en última instancia explicarían su rápido ciclo de auge y declive como ideología política regional.

Aunque lo que quiero contar es una historia esencialmente cusqueña, el tupacamarismo no se desarrolla en una burbuja aislada del resto del mundo. Entreveradas con su ciclo de auge y decadencia encontramos otras tramas que remiten a la historia política, cultural e intelectual tanto peruana como latinoamericana. Un caso destacado es el indigenismo, entendido como ideología y proyecto político de escala continental. En varios momentos veremos que su trayectoria se entrecruza con el tupacamarismo cusqueño. El indigenismo es una presencia colateral, pero indesmayable. En el margen de la pantalla, condiciona e influye en el desarrollo del culto al héroe rebelde. Lo mismo ocurre con otras corrientes de lo que se ha dado en llamar la "guerra fría cultural", que en esos años atraviesa todo el continente. Sin considerar su existencia, el tupacamarismo cusqueño no se puede entender en toda su magnitud.

El argumento central del libro sostiene que durante el gobierno militar, el culto a Túpac Amaru tenía una doble naturaleza. Por un lado, era una herramienta de los gobernantes para fortalecer la cohesión y el apoyo a sus medidas reformistas. Túpac Amaru simbolizaba las virtudes del nuevo país que los militares querían construir. Era el emblema de sus reformas y el icono (visual y conceptual) que permitía sintetizar su proyecto en una imagen de gran fuerza visual y alto contenido emocional. Nadie podía oponerse a lo que Túpac Amaru significaba sin parecer desalmado o antipatriota. Más allá de esto, sin embargo, el tupacamarismo fue apropiado por los actores locales y se convirtió en un lenguaje político que transmitía proyectos ideológicos muy diferentes entre sí. Apelando al héroe, se podían articular demandas y agendas que no necesariamente coincidían con las del gobierno militar o que incluso eran abiertamente opuestas al velasquismo. Esto era posible porque Túpac Amaru funcionaba como una suerte de significante vacío, altamente prestigiado, sobre el que se proyectaban los deseos, las ansiedades y las aspiraciones de muchos cusqueños, más allá de cuál fuera su actitud frente al gobierno militar.

Insistir en la naturaleza instrumental del tupacamarismo no significa dudar de la honestidad de sus promotores y seguidores. Hasta donde es posible saberlo tantos años después, al leer las fuentes de la época da la sensación de que para la gran mayoría era un culto sincero. Los cusqueños se sentían realmente identificados con el caudillo andino, ya sea en su condición de héroe regional o como paladín revolucionario. Aunque con diferente intensidad, casi todos asumían su figura como emblema de sus demandas y como un patrón laico de la región. Pero también sabían que se trataba de un héroe especialmente apreciado por el gobierno militar. Invocar al caudillo andino podía ser un mecanismo para ganarse el favor de las autoridades o para predisponerlas positivamente. De ahí que el culto tupacamarista fuera al mismo tiempo una manifestación social genuina y un recurso instrumental en tiempos convulsos.

En ningún sitio se observa mejor esta doble naturaleza del tupacamarismo cusqueño que al analizar la trayectoria de sus integrantes más destacados. De ahí que a lo largo del libro he intentado conjugar el análisis de los grandes acontecimientos, lo macro, con historias particulares que atañen a localidades o a tupacamaristas concretos. Esta mirada cercana permite ver cómo el tupacamarismo se inserta en trayectorias vitales muy diversas. Lejos de ser un culto que aislara a sus integrantes y los retrajera sobre sí mismos, los tupacamaristas se hallaban profundamente imbricados con los procesos políticos, sociales y culturales de su tiempo. Aspiraban a marcar el ritmo de los acontecimientos y a ser los protagonistas de la vida pública. Muchos de ellos tenían largas trayectorias previas. Antes de volcarse en la exaltación de su nuevo héroe, habían militado en organizaciones de izquierda o en partidos reformistas. Entendían esta adscripción al tupacamarismo como algo complementario a su militancia política. Otros habían llegado al tupacamarismo a través de su práctica profesional, como maestros rurales, ingenieros, artistas o promotores del desarrollo campesino. Para algunos era la misión de una vida, para otros solo algo episódico y pasajero. El resultado fue una gran heterogeneidad, que hizo del tupacamarismo un culto muy popular, pero al mismo tiempo con serias dificultades para proyectarse orgánicamente.

Desde el punto de vista metodológico, soy consciente de que emplear el término "culto" para definir la importancia de Túpac Amaru en la escena pública cusqueña durante los años del gobierno militar puede resultar polémico. Creo sin embargo que este concepto es adecuado por múltiples razones. Los propios actores locales emplean con frecuencia conceptos procedentes del ámbito religioso para referirse al héroe andino: mártir, reliquia, cruzada, holocausto, etc. Más importante aún, muchos de los usos de su figura se emparentan claramente con tradiciones preexistentes referidas a los santos cristianos. La imagen de Túpac Amaru era un icono protector presente en los grandes episodios de acción colectiva: marchas, ocupaciones de tierras, mítines, etc. A su amparo se encomendaban organizaciones sociales, empresas o incluso equipos deportivos. Su vida se consideraba un ejemplo de rectitud moral y compromiso ético, que todos los cusqueños, y en general todos los peruanos, debían imitar. Había días especialmente dedicados a su recuerdo y se celebraban ceremonias y escenificaciones de los eventos más importantes de su vida. Todos estos eran aspectos que también estaban presentes en el culto a los santos católicos. De ahí que el concepto "culto" permita capturar mejor que ningún otro el tipo de vínculo establecido entre los pobladores cusqueños y el héroe andino durante los primeros años de la década de 1970.

Entendido como fenómeno social, el culto tupacamarista cusqueño tiene cuatro características: (i) es una manifestación social asumida por el Estado, que la legitima, financia e impulsa, lo que permite su rápida masificación en toda la región; (ii) aunque se trata de un culto nacional, en Cusco es mucho más intenso y profundo que en el resto del Perú, ya que se cruza y retroalimenta con tradiciones, imaginarios e ideales regionales; (iii) se estructura en forma de círculos concéntricos, con diferentes grados de fervor y activismo, desde militantes activistas hasta autoridades complacientes y espectadores indiferentes; y (iv) es un culto con un ciclo de auge y declive muy intenso y veloz. En pocos años pasa de dominar la escena pública a casi desaparecer. Para sostener estas ideas mis fuentes de información son esencialmente locales. En concreto, me valdré sobre todo del impresionante archivo documental que supone el diario *El Comercio de Cusco*, el más antiguo de la región y el segundo más longevo del Perú. Aunque era un periódico conservador, durante el velasquismo *El Comercio de Cusco* mantiene posiciones cercanas al gobierno militar. Sus editores percibían a los nuevos gobernantes como una oportunidad para acabar con el principal obstáculo para el desarrollo de la región: el centralismo limeño. Sus páginas incluían crónicas de los sucesos más importantes de la región y numerosos artículos de opinión, además de dos editoriales diarios, que eran muy leídos y marcaban el debate político cusqueño. Aunque existían otros periódicos locales, como *El Sol*, ninguno de ellos tenía el alcance y la autoridad moral que se le reconocían a *El Comercio*. Fundado en 1876, era, como gustaba repetir en su portada, el vicedecano de la prensa peruana, y cada año se le renovaba la condición de diario judicial del Cusco, por lo que todos los edictos y noticias oficiales debían publicarse en sus páginas.

La prensa cusqueña es una fuente inagotable de noticias, aún poco aprovechada por los historiadores.[4] A diferencia de los periódicos regionales actuales, se trataba de medios sorprendentemente cosmopolitas. Leyendo *El Comercio de Cusco*, el lector podía enterarse del nombramiento de Margaret Thatcher como la ministra más joven del gobierno británico, del cambio de color del uniforme de los falangistas españoles o de las inquietudes políticas del primer ministro japonés.[5] Sus páginas también incluían una gran cantidad de noticias sobre la vida política y cultural de las provincias del interior de Cusco. Aunque la calidad y frecuencia de estas informaciones dependían del corresponsal destacado en cada lugar, por lo general se trataba de profesores, bien conectados e informados. A pesar de estar bajo un gobierno autoritario, los editoriales y artículos de opinión tenían muchas veces un enfoque crítico e incluso mostraban su descontento con algunas medidas del gobierno militar. En líneas generales, podríamos decir que existía una situación similar a la observada por la historiadora británica Anne Applebaum al analizar la prensa de Europa Oriental a inicios del periodo comunista: en tanto no se pusiera en cuestión abierta y directamente la naturaleza del régimen, era posible manifestar una disconformidad con cuestiones o personas concretas, así como un descontento por problemas cotidianos.[6]

El uso de noticias de prensa como fuente de información tiene la ventaja de que nos permite visualizar "en tiempo real" el devenir de los acontecimientos. Como cualquier otro documento histórico, en la prensa la realidad nos llega tamizada a través de diversos filtros: la formación y los

---

4. Dos excepciones son los trabajos de José Luis Rénique sobre la historia cusqueña del siglo pasado, que tienen a *El Comercio de Cusco* como su principal fuente, y el caso de Marisol de la Cadena, quien utiliza de manera abundante *El Sol*, el otro gran diario cusqueño, en su trabajo sobre la historia cultural de la región. Al respecto: Rénique, *Los sueños de la sierra: Cusco en el siglo XX*, Lima, CEPES, 1991; y De la Cadena, *Indígenas mestizos: raza y cultura en el Cusco*, Lima, Instituto de Estudio Peruanos, 2004.
5. Biblioteca Municipal del Cusco-*El Comercio de Cusco* (en adelante, BMC-ECC), 21 de octubre de 1970, "Nuevo ministro británico de educación y ciencia"; BMC-ECC, 8 de enero de 1970, "Cambian de camisa los falangistas"; y BMC-ECC, 12 de diciembre de 1972, "Tanaka desesperado por repunte rojo".
6. Anne Applebaum, *El telón de acero: la destrucción de Europa del Este, 1944-1956*, Madrid, Debate, 2014.

intereses del autor, las convenciones de la época sobre lo que era y no era noticia, el uso de términos y conceptos que pueden tener significados diferentes de los que les atribuimos en la actualidad, etc. Pero la inmediatez de la escritura y la diversidad de autores que caracterizan a la prensa escrita permiten atenuar algunos de estos problemas. Los periódicos nos dan una imagen del día a día, sobre la que los filtros de la memoria (personal o colectiva) no han actuado todavía. Contienen tanto noticias que con el paso del tiempo mostraron ser transcendentes, como un gran número de referencias que nunca entraron en los libros de historia o apenas dejaron huella en la memoria de sus protagonistas. A diferencia de los archivos judiciales o administrativos, no solo nos muestran momentos críticos, en los que los goznes del sistema se reafirman o son puestos en cuestión, sino aspectos de la vida cotidiana, de las actividades y preocupaciones ordinarias de la población.

Además de *El Comercio de Cusco*, para rastrear la senda del tupacamarismo cusqueño me he valido de otros diarios cusqueños, fundamentalmente *El Sol*, el otro gran medio de alcance regional. A diferencia de su competidor, *El Sol* había surgido con un ánimo explícitamente rupturista, como expresión de los sectores urbanos emergentes descontentos con las élites locales. Fundado por Luis Eduardo Valcárcel a inicios de siglo, se había posicionado como un medio crítico y fuertemente reivindicativo. Sus páginas solían incluir piezas polémicas que suscitaban enconados debates. Sin embargo, su difusión era menor y tampoco tenía una red de corresponsales tan ágil como *El Comercio de Cusco*, por lo que las noticias referidas al día a día de las provincias altas eran más escasas. Adicionalmente, el libro incluye también referencias procedentes de medios limeños, involucrados en sus propias polémicas tupacamaristas, así como informaciones procedentes de otro tipo de fuentes: libros sobre el héroe, memorias de los protagonistas, folletos propagandísticos, fuentes visuales, discursos, documentos oficiales, entrevistas, etc. Esa perspectiva amplia creo que aporta una visión diversa y matizada del auge del tupacamarismo cusqueño así como de su posterior declive.

El libro se divide en diez capítulos. Comenzaré rastreando los orígenes del tupacamarismo cusqueño. En los dos primeros apartados sostendré que ya antes de la llegada al poder de Velasco existía un nutrido grupo de partidarios del líder rebelde y estaban en marcha diferentes iniciativas para reivindicar su importancia histórica. Tanto en la capital regional como en el interior de Cusco se celebraban homenajes y comenzaban a levantarse monumentos con su imagen. El tercer capítulo analiza los cambios ocurridos a partir del momento en que el tupacamarismo se convierte en parte de la parafernalia oficial del velasquismo. Veremos que la devoción del gobierno militar por Túpac Amaru no responde inicialmente a un proyecto estructurado, sino que es el resultado de una serie de coincidencias y decisiones individuales. Velasco y sus aliados tuvieron, sin embargo, la habilidad de visualizar rápidamente las oportunidades propagandísticas que abría la vinculación de su gobierno con el personaje histórico, hasta convertirlo en uno de sus principales emblemas. Túpac Amaru se torna en una figura omnipresente. Su influencia permea la vida cotidiana y se refleja tanto en el ámbito político como en el mundo de la cultura.

Los capítulos cuatro, cinco, seis y siete analizan en detalle las manifestaciones del culto cusqueño a Túpac Amaru durante los años de apogeo del velasquismo. La instauración del nuevo régimen supuso en la capital imperial una explosión de fervor tupacamarista. El líder rebelde inspiró a artistas e intelectuales. Calles, urbanizaciones, puentes, empresas y hasta equipos de fútbol recibieron su nombre. Esta proliferación de iconos tupacamaristas se enmarca en un proceso más amplio de reinvención simbólica de la propia ciudad. El objetivo era borrar todo vestigio de la presencia española (escudo, himno e incluso el propio nombre de la ciudad), y sustituirlo por una imagen del Cusco auténticamente andina. El apoyo estatal se tradujo en un calendario ritual que en ocasiones reunía a miles de personas. Sin embargo, también existían polémicas y divergencias. Las disputas entre los propios tupacamaristas estaban a la orden del día, y con frecuencia se desarrollaban controversias sin fin sobre los más nimios detalles relacionados con el personaje.

En los capítulos ocho y nueve el escenario del análisis se desplaza de la capital regional a las provincias altoandinas, donde la gran rebelión se había desarrollado. Es en estas zonas periféricas donde el tupacamarismo alcanza su mayor esplendor. El tupacamarismo rural implica a profesores, políticos locales y funcionarios de los programas de desarrollo rural que en esos años comenzaban a proliferar en la sierra peruana, en paralelo a la implementación de la reforma agraria. La revalorización de Túpac Amaru abarca también a otros personajes involucrados en la gran rebelión, como su esposa Micaela Bastidas, sus hijos y hermanos, y sus principales aliados, entre los que destacaba la cacique de Acos, la formidable Tomasa Ttito Condemayta. Más complicado resulta el vínculo de los tupacamaristas con otro de los grandes personajes indígenas del periodo tardocolonial cusqueño: el cacique chincherino Mateo Pumacahua.

El último capítulo del libro narra el declive del tupacamarismo cusqueño. A medida que el gobierno militar entraba en crisis, el poder y la capacidad de convocatoria de los tupacamaristas disminuían. A ello se unía la emergencia del turismo como gran proyecto de futuro de la región y un creciente peso de las narrativas patrimonialistas que obligaban a los defensores del héroe rebelde a repensar sus objetivos y estrategias. El resultado es una progresiva decadencia del culto, que trascurre en paralelo a la propia decadencia del gobierno militar.

# Agradecimientos

En cierto sentido, este es uno de esos libros que maduran lento y se escriben rápido. Me topé por primera vez con el culto a Túpac Amaru hace más de una década, cuando andaba por la zona que los cusqueños llaman Cuatro Lagunas, realizando entrevistas para una investigación sobre desarrollo rural. Mi primera sorpresa fue ver a la entrada de Mosocllacta un arco con murales que representaban de manera muy gráfica el ajusticiamiento del corregidor Arriaga. Pronto me di cuenta de que este era solo uno de los muchos testimonios que se agolpaban en pocos kilómetros: bustos, estatuas, placas y todo tipo de murales que evidenciaban que el recuerdo de la gran rebelión seguía vivo en las provincias altas.

Años más tarde, el tema volvió a surgir cuando buscaba información para un libro anterior sobre la reforma agraria en Quispicanchi. Repasando la prensa de la época, me sorprendió ver la enorme cantidad de homenajes y referencias a Túpac Amaru que inundaban sus páginas. Aunque sabía que el personaje había sido instrumentalizado por el gobierno militar como parte de su estrategia de propaganda política, me asombró la profusión y el fervor que las noticias transmitían. Como solemos hacer los historiadores cuando descubrimos un tema que nos interesa, casi me olvidé de lo que me había llevado al archivo, y durante varios días recopilé información para lo que en ese momento pensaba que sería solo un artículo de investigación. A mi regreso a Lima, me di cuenta, sin embargo, de que el culto cusqueño a Túpac Amaru era más complejo, se ramificaba sin cesar y daba para mucho más que para un artículo. En los siguientes meses viajé varias veces a Cusco para seguir recopilando información de prensa. También entrevisté a algunos testigos de los hechos y volví a recorrer los antiguos dominios del cacique andino para constatar que allí el culto seguía siendo tan fuerte como lo recordaba.

La mayoría de la información presente en este libro la encontré en la Biblioteca Municipal del Cusco. Se trata de una de esas instituciones maravillosas del viejo estilo, que aún no languidecen bajo el peso de sofisticados protocolos de funcionamiento. En sus salas, investigadores y usuarios se mezclan con toda libertad. Durante mi estancia compartí mesa con otros historiadores, con abogados que buscaban en los legajos pruebas para apuntalar sus argumentos, con campesinos y pobladores rurales tras la pista de documentos sobre su pasado. Pero sobre todo me sorprendió la presencia de un gran número de alumnos que todos los días se reúnen allí para hacer lo que se suele hacer en las bibliotecas escolares de todo el mundo: pasar el rato en un entorno agradable y seguro, mirar algún libro de vez en cuando y conversar con los amigos. Con frecuencia, mientras consultaba los periódicos me encontraba con una bulliciosa audiencia que me observaba y miraba por encima de mi hombro. No era raro que alguien me pidiera que no pasara aún la página, porque no había terminado de leer una noticia o porque quería observar una fotografía con mayor detalle. Es posible que este tipo de prácticas, la libertad de acceso a los documentos y el bullicio que reinaba en las salas de lectura no sean las condiciones más apropiadas desde el punto de visita archivístico, pero contribuyen a crear una atmósfera especial que hace de esta biblioteca un lugar singular. Lejos de ser una torre de marfil para el disfrute exclusivo de los eruditos, es un espacio vivo a disposición de los ciudadanos, con múltiples y entreveradas funciones.

Quiero agradecer a todo el personal que trabaja en la Biblioteca Municipal del Cusco por su amabilidad y su disposición a hacer más fácil mi trabajo. También a quienes me ayudaron en otras bibliotecas y archivos, tanto en Lima como en Cusco. Igualmente debo mucho a los múltiples colegas que leyeron el manuscrito, todo o en parte, haciendo sugerencias y precisando detalles que a mí se me habían pasado por alto. Especialmente importante fue la labor de los dos lectores anónimos que el Instituto de Estudios Peruanos designó para revisar la primera versión del libro. Sus comentarios acuciosos y detallados me obligaron a replantear amplias secciones del texto, perfilando mejor los argumentos, matizando algunas ideas y complementando otras.

# 1

# Una ciudad en reconstrucción

Los tupacamaristas cusqueños solían empezar sus discursos con un toque emotivo. Con palabras grandilocuentes y gestos casi siempre exagerados, recordaban que Túpac Amaru había sido hasta finales de los años sesenta uno de los ilustres olvidados de la historia peruana. Por tratarse de un personaje incómodo, que desafiaba los fundamentos simbólicos de la hegemonía política, su memoria había sido consciente y sistemáticamente soslayada por las élites peruanas. El recuerdo de la gran rebelión solo subsistía entre los pobres, los explotados y los humildes. Por esa razón, enfatizaban, homenajear a Túpac Amaru era al mismo tiempo una obligación ética y una cuestión de justicia histórica.

Aunque políticamente bienintencionado, este argumento solo era verdad a medias. La fama de Túpac Amaru estaba por debajo de otros padres de la patria peruana, pero su reivindicación ya estaba en marcha desde varias décadas antes de la llegada al poder de Velasco. Cuando los militares dieron el golpe de Estado e iniciaron su revolución, el caudillo andino era un personaje en alza en la economía política del panteón nacionalista. Su imagen era familiar para la mayoría de los peruanos, se escribían libros sobre su gesta e incluso existía un creciente número de monumentos que honraban su memoria en Cusco y en otras partes del país.

Más que una línea temporal nítida, los orígenes del culto tupacamarista se hunden en la confluencia de diferentes vectores de revalorización del personaje. Son tres los aspectos a considerar: (i) la reivindicación de Túpac Amaru por parte de intelectuales y académicos que redescubrían el papel de la gran rebelión en las luchas americanas por la independencia; (ii) los tibios esfuerzos de algunos sectores de la izquierda radical latinoamericana por reivindicar a Túpac Amaru como un héroe propio, en un continente que hasta ese entonces carecía de revolucionarios emblemáticos nacidos en suelo americano; y (iii) la reivindicación impulsada desde Cusco por una nueva generación de intelectuales reformistas, en ocasiones vinculados a las emergentes clases medias urbanas y en otras a la nueva tecnocracia rural conformada por profesores y profesionales del desarrollo, para quienes Túpac Amaru era el emblema del cambio social que el Perú necesitaba. Estos tres vectores de reivindicación se desarrollaron en paralelo a lo largo de las décadas centrales del siglo XX. El resultado sería una incipiente comunidad de culto, en la que participaban tanto cusqueños como no cusqueños, aunque sería en esta región andina donde el tupacamarismo alcanzaría su madurez en el periodo inmediatamente anterior al pronunciamiento encabezado por Velasco.[1]

## Olvido y recuerdo

Túpac Amaru es el rebelde anticolonial más conocido de América Latina. Quizás por eso su historia ha sido y es objeto de constante disputa. Casi desde el momento de su muerte comenzaron a aparecer versiones e interpretaciones diferentes sobre los motivos y las consecuencias de su rebelión. Antes de alzarse en armas, Túpac Amaru era un noble cusqueño de mediana importancia, que regía sin demasiada gloria los destinos de Tungasuca, Surimana y Tinta, tres pequeñas aldeas al sur de Cusco.[2] Su salto a la

---

1. Tomo el concepto "comunidad de culto" del trabajo de la historiadora peruana Carlota Casalino. Para esta autora, la vigencia del héroe en una sociedad determinada no dependería de los actos del personaje, sino del esfuerzo del grupo o círculo que mantiene viva su memoria mediante publicaciones, homenajes y rituales. Es a este círculo a lo que denomina "comunidad de culto". Al respecto: Casalino, "Los héroes patrios y la construcción del Estado-nación en el Perú (siglos XIX y XX)", tesis para optar el grado académico de doctor por la Universidad Nacional Mayor de San Marcos, Lima, 2008, p. 203.
2. El escenario principal de la revuelta de Túpac Amaru son las actuales provincias de Canas (capital Yanaoca), Acomayo (capital Acomayo) y Canchis (capital Sicuani). En adelante utilizaré la expresión "provincias altas" para referirme a estas

primera línea política se produce tras fracasar en sus intentos de obtener el marquesado de Oropesa, un título que le habría permitido ingresar en la élite de la nobleza indígena cusqueña. En 1780 comanda un levantamiento que pone en jaque a las autoridades coloniales. El desencadenante es la ejecución pública del corregidor Antonio de Arriaga, la máxima autoridad española de las provincias altas. Arriaga era famoso por su avaricia y los indígenas tenían numerosas cuentas pendientes con él. Su muerte le vale a Túpac Amaru el apoyo masivo de sus vecinos. La rebelión prende como la pólvora en un día seco. La propia ciudad de Cusco es sitiada por los rebeldes y durante unas semanas su caída parece inminente. Presos del terror a caer en manos de los indios, los cusqueños se ven obligados a pedir refuerzos a Lima, lo que desencadena una espiral de matanzas y represalias que ensangrienta los Andes como nunca desde la época de la conquista, más de dos siglos antes. Finalmente, Túpac Amaru es apresado y cruelmente ejecutado en mayo de 1781. Aunque sus seguidores mantienen la lucha varios años más, la rebelión se diluye, dejando tras de sí un poso de animadversión, rencores y miedo.[3]

Debido a su trascendencia histórica, existen muchas interpretaciones sobre los motivos que habrían llevado a Túpac Amaru a alzarse en armas. Los análisis combinan factores psicológicos, políticos, económicos y culturales. Hasta inicios de los años setenta existían cinco corrientes principales de interpretación de la gran rebelión.[4] Según a quién se le preguntase, se habría tratado de una revuelta indígena mesiánica, de una rebelión multiétnica antiespañola que buscaba deshacerse del yugo colonial,[5] de un levantamiento

---

cincunscripciones, aun cuando estrictamente este concepto incluye también a las provincias de Chumbivilcas y Espinar.

3. Un recuento reciente de estos hechos en: Charles Walker, *La rebelión de Túpac Amaru*, Lima, Instituto de Estudios Peruanos, 2015 (primera edición en inglés de 2013). Walker presta especial atención a los años posteriores a la ejecución de Túpac Amaru, un aspecto que había sido menos tratado por otros autores.

4. Jean Piel, "¿Cómo interpretar la rebelión panandina de 1780-1783?", en Jean Meyer, director, *Tres levantamientos populares: Pugachov, Túpac Amaru, Hidalgo*, Ciudad de México, Centro de Estudios Mexicanos y Centroamericanos, 1992.

5. En esta línea: Boleslao Lewin, *Túpac Amaru, el rebelde*, Buenos Aires, Editorial Claridad, 1943 (y sucesivas reediciones aumentadas); del mismo autor, *La rebelión de Túpac Amaru y los orígenes de la emancipación americana*, La Habana, Ediciones

neoinca dirigido a restaurar la antigua gloria imperial,[6] de la empresa personal de un aristócrata indígena frustrado[7] o de una revolución social campesina.[8] También el personaje de Túpac Amaru era visto de diferente manera, según los detalles de la historia que se resaltaran. Alternativamente se le presentaba como un precursor de la independencia, como un cacique indígena hispanizado, como un profeta de la restauración inca o como un aristócrata mestizo radicalizado por la presión de las masas campesinas.

En Cusco todas estas lecturas de la gesta tupacamarista estaban presentes en los años anteriores al Golpe, aunque las opiniones mayoritarias se dividían en dos tendencias: quienes consideraban que tras la gran rebelión latían aspiraciones neoincas, y quienes creían que se había tratado de una revolución campesina contra los explotadores españoles y criollos. Ambas interpretaciones tenían múltiples versiones entremezcladas y en última instancia no eran incompatibles entre sí. El resultado era una sorprendente variedad de discursos sobre el significado histórico de Túpac Amaru. Todos estaban de acuerdo en que se trataba de un símbolo de emancipación, pero discrepaban a la hora de identificar quién era el opresor y quién el oprimido. También eran distintas las lecciones que se extraían de su gesta. Para algunos, la evocación de Túpac Amaru llamaba a la revuelta, al antiimperialismo y a la lucha de clases. Para otros, el legado

---

de Ciencias Sociales, 1972; Carlos Daniel Valcárcel, *La rebelión de Túpac Amaru*, Ciudad de México, Fondo de Cultura Económica, 1947; Carlos Daniel Valcárcel y Luis Durand Flores, *La rebelión de Túpac Amaru*, Lima, Comisión Nacional del Sesquicentenario de la Independencia, 1972; y Luis Durand Flores, *Independencia e integración en el plan político de Túpac Amaru*, Lima, Editorial PLV, 1974.

6. En esta línea: John Rowe, *Quechua Nationalism in the XVIIIth Century*, Berkeley, California University Press, 1959; del mismo autor, "El movimiento nacional inca del siglo XVIII", *Revista Universitaria*, n.º 107, pp. 17-47, 1954; y Lilian Estrella Fischer, *The Last Inca Revolt, 1780-1783*, Norman, Oklahoma University Press, 1966.

7. En esta línea: Juan Pérez de Tudela y Buesco, "Acerca del significado de Túpac Amaru en la historia política de la monarquía hispana", *Actas del Congreso Nacional de Historia*, Lima, 1972; Carlos Díaz Rementería, "El delito de lesa majestad humana en las Indias: un estudio basado en la sublevación de Túpac Amaru", *Anuario de Estudios Americanos*, vol. 31, 1974.

8. En esta línea: Pablo Macera, *Retrato de Túpac Amaru*, Lima, Universidad Nacional Mayor de San Marcos, 1975; y Atilio Sivirichi, *La revolución social de Túpac Amaru*, Lima, Universo, 1979.

del héroe se acercaba más a posturas regionalistas o regeneradoras. El debate se profundiza en las siguientes décadas, con nuevas interpretaciones, cada vez más sofisticadas desde el punto de vista metodológico y conceptual.[9] Incluso en la actualidad, cualquier nuevo libro sobre Túpac Amaru es recibido en Cusco con gran interés, tanto por el público como por los académicos, entre quienes suscita acerados debates.[10]

En contraste con otros alzamientos anticoloniales, la rebelión de Túpac Amaru se caracteriza por ser extremadamente sangrienta. La dinámica

---

9. La producción sobre Túpac Amaru es inmensa en las últimas décadas. Sin ánimo de ser exhaustivo, destacan entre otros los siguientes trabajos, citados por orden de aparición: Jurgen Gölte, *Repartos y rebeliones. Túpac Amaru y las contradicciones de la economía colonial*, Lima, Instituto de Estudios Peruanos, 1980; Jan Szeminski, *La utopía tupamarista*, Lima, Pontifica Universidad Católica del Perú, 1983; Alberto Flores Galindo, *Buscando un Inca: identidad y utopía en los Andes*, Lima, Instituto de Apoyo Agrario, 1987; Manuel Burga, *Nacimiento de una utopía: muerte y resurrección de los incas*, Lima, Instituto de Apoyo Agrario, 1988; Scarlett O'Phelan Godoy, *Un siglo de rebeliones anticoloniales: Perú y Bolivia 1700-1783*, Cusco, Centro Bartolomé de Las Casas, 1988 (primera edición en inglés de 1985); Ward Stavig, "Ethnic Conflict, Moral Economy, and Population in Rural Cuzco on the Eve of the Thupa Amaro Rebellion", *Hispanic American Historical Review*, vol. 68, núm. 4, 1988; Steve Stern, "La era de la insurrección andina, 1742-1782: una reinterpretación", en Steve Stern, *Resistencia, rebelión y conciencia campesina en los Andes: siglos XVIII al XX*, Lima, Instituto de Estudios Peruanos, 1990 (primera edición en inglés de 1988); Scarlett O'Phelan Godoy, *La gran rebelión en los Andes: de Túpac Amaru a Túpac Catari*, Cusco, Petroperú, Centro Bartolomé de Las Casas, 1995; Ward Stavig, *The World of Túpac Amaru: Conflict, Community, and Identity in Colonial Peru*, Lincoln, University of Nebraska Press, 1999; Sergio Serulnikov, *Subverting Colonial Authority: Challenges to Spanish Rule in Eighteenth-Century Southern Andes*, Durham, Duke University Press, 2003; Gustavo Faverón Patriau, *Rebeldes, sublevaciones indígenas y naciones emergentes en Hispanoamérica en el siglo XVIII*, Madrid, Tecnos, 2006; Sergio Serulnikov, *Revolution in the Andes. The Age of Túpac Amaru*, Durham, Duke University Press, 2013; y Charles Walker, *La rebelión de Túpac Amaru*, Lima, Instituto de Estudios Peruanos, 2015 (primera edición en inglés de 2013).

10. En julio de 2015, el libro de Charles Walker citado en la nota anterior vendió más de dos mil ejemplares en pocas semanas, una cantidad impresionante para un libro de historia en el Perú. Fue además el segundo libro más vendido de la Feria Internacional del Libro de Lima (Ludwig Huber, director de Publicaciones del IEP, comunicación personal). Una crónica de la presentación de este libro en Cusco en Rudy Roca Rozas, "Túpac Amaru: crónica de la presentación de dos libros fundamentales en Cusco", *Revista Argumentos*, n.° 3, año 10, septiembre de 2016. Disponible en: <http://revistaargumentos.iep.org.pe/articulos/tupac-amaru-cronica-la-presentacion-dos-libros-fundamentales-cusco/>.

de represalias, venganza y represión incluye episodios de masacres indiscriminadas protagonizadas por ambos bandos y constituye un punto de quiebre de la historia cusqueña. Desde ese momento se acaba la alianza tácita que las autoridades españolas habían mantenido con la antigua nobleza inca, que había permitido que muchas de las costumbres y tradiciones se mantuvieran, aunque adaptadas al nuevo contexto colonial.[11] Tras la rebelión, Cusco se sumerge en un clima represivo que no se limita a quienes habían colaborado con Túpac Amaru. Las autoridades coloniales persiguen y buscan eliminar cualquier símbolo, práctica o manifestación cultural que se considerase una amenaza para su poder. Los nobles cusqueños se vieron obligados a esconder o destruir todo lo que remitía al pasado inca, como cuadros, vestimentas y linajes. También los caciques locales pierden gran parte de su autoridad y se debilita la trama de poder étnico de los espacios rurales, en beneficio de las haciendas y obrajes españoles. La modernización del sistema impositivo impulsada por los Borbones, que algunos autores consideran uno de los factores desencadenantes de la revuelta, se radicaliza, al tiempo que desaparecen las barreras comerciales que hasta entonces protegían a las comunidades indígenas.

Durante el siglo XIX, Túpac Amaru era una figura secundaria en las narrativas nacionales peruanas. Aunque nunca llegó a ser olvidado, su condición indígena y periférica suscita incomodidad entre las élites limeñas. Solo unos pocos artículos aislados en la prensa cusqueña reivindican su figura.[12] El primer centenario de la revuelta pasa absolutamente desapercibido, ya que en ese momento los esfuerzos de los peruanos se centraban en la guerra con Chile, iniciada poco antes. El rescate del personaje comienza durante el gobierno de Augusto B. Leguía, durante la llamada Patria Nueva, un periodo en el que las narrativas de la nación se vuelcan hacia el pasado prehispánico, impulsadas entre otros por la labor de Julio

---

11. Sobre la nobleza inca cusqueña y su ideología: Carolyn Dean, *Inka Bodies and the Body of Christ: Corpus Christi in Colonial Cuzco, Peru*, Durham, Duke University Press, 1999; y David Garret, *Sombras del Imperio: la nobleza indígena del Cuzco, 1750-1825*, Lima, Instituto de Estudios Peruanos, 2009.

12. José Tamayo Herrera, *Historia del monumento de Túpac Amaru*, Lima, Comisión Nacional del Bicentenario de la Rebelión Emancipadora de Túpac Amaru, 1980, pp. 17 y ss.

César Tello, uno de los intelectuales peruanos más influyentes del siglo pasado. Tello promueve una visión diferente de la historia peruana que enfatiza sus componentes andino y ancestral. En paralelo, se lleva a cabo una renovación de la trama simbólica del paisaje urbano limeño. Aprovechando el primer centenario de la independencia nacional, se construyen monumentos emblemáticos, como la gran estatua del general San Martín que preside la plaza limeña del mismo nombre, a pocas cuadras del palacio de gobierno. El objetivo era modernizar la capital a la imagen y semejanza de las grandes capitales europeas, paradigma de civilidad y decencia. Siguiendo esta línea, en 1924 el poeta José Santos Chocano propone construir un monumento en honor de Túpac Amaru en algún lugar de Lima.[13] La obra debía complementar a las ya realizadas, incorporando a los indígenas a la nueva narrativa nacionalista impulsada por Leguía.

Este es el primer intento serio de incorporar a Túpac Amaru en la trama simbólica de la nación. La propuesta de Chocano origina un intenso debate en la prensa capitalina, con argumentos a favor y en contra del prócer cusqueño.[14] Incluso se llega a elaborar una maqueta en la que Túpac Amaru aparecía ataviado con los principales atributos del poder imperial inca.[15] Una fotografía de la época muestra a Chocano junto al autor del boceto, el escultor piurano Luis José Agurto. Estaba previsto que la estatua tuviera más de 15 metros de altura, y su diseño se asemejaba a las actuales representaciones de Pachacútec y Manco Cápac que adornan sendas plazas en Cusco y Lima, respectivamente.[16] Era un Túpac Amaru puramente inca, sin ningún detalle que permitiera situarlo en la época colonial, una versión idealizada del caudillo andino, que lo emparentaba con el periodo de mayor esplendor del Imperio inca.

---

13. *El Comercio* (Lima), 8 de septiembre de 1924, José Santos Chocano, "El monumento a Túpac Amaru".

14. Por ejemplo, *La Crónica*, 2 de octubre de 1924, Abel Ulloa, "El monumento a Túpac Amaru: carta al poeta Chocano"; y *La Crónica*, 9 de octubre de 1924, Juan G. Samánez, "El monumento a Túpac Amaru".

15. *La Crónica*, 12 de octubre de 1924, Luis J. Agurto, "El monumento a Túpac Amaru".

16. *Variedades*, 27 de septiembre de 1924, año XX, n.° 865, reproducida en Johanna Hamann Mazuré, "Monumentos públicos en espacios urbanos de Lima, 1919-1930", tesis presentada para la defensa del grado de doctor, Universidad de Barcelona, 2011, p. 152.

Los rumores de que este monumento podía levantarse en Lima no sentaron demasiado bien en Cusco. Al enterarse de la noticia, el gobierno local reunido en pleno recalcaba que era en esa ciudad, y no en la capital nacional, donde correspondería homenajear al caudillo indígena. Al parecer, la idea se había discutido ya unos años antes, aunque sin llegar a ninguna conclusión. La propuesta planteaba dos monumentos gemelos que debían erigirse mediante suscripción popular en la plaza de San Francisco, uno dedicado a Túpac Amaru y otro a Mateo Pumacahua, un cacique indígena natural de Chinchero que había tenido una participación destacada en el levantamiento independentista liderado en 1814 por los hermanos Ángulo. Era ahí, "en el lugar de su bárbara crucifixión", donde los líderes rebeldes debían recibir el tributo de su pueblo.[17]

Ninguna de estas propuestas llega a cuajar. Tanto en Lima como en Cusco encuentran resistencia entre un sector de intelectuales que manifiestan su preferencia por Manco Cápac o por algún otro emperador inca como figuras representativas del pasado indígena peruano. Serían ellos, y no el caudillo rebelde, quienes personificarían mejor las glorias de la patria ancestral. En Cusco, la propia plaza del Regocijo, donde se sitúa el gobierno local, cambia de nombre y durante unos años se denomina plaza de Pachacútec, en honor del fundador mítico del Imperio inca. Una estatua de este personaje, traída de Italia, adornaba la plaza. La imagen tenía un marcado estilo clásico y recordaba por su vestimenta y facciones a un soldado romano. Estos detalles no pasaron desapercibidos, e incluso generaron el rechazo de quienes los consideraban poco apropiados.[18] Se trataba, no obstante, del primer monumento levantado en la ciudad a un héroe indígena prehispánico.[19]

Coincidiendo con este incipiente esfuerzo de reivindicación del componente ancestral de la nación, José Carlos Mariátegui, el más importante

---

17. *El Sol* (Cusco), 19 de agosto de 1924, "El monumento a Túpac Amaru".

18. Por ejemplo, *El Sol* (Cusco), 9 de marzo de 1939, "El monumento a Garcilaso", donde se la califica de "perfecto mamarracho que hiere la dignidad estética del Cusco".

19. La estatua se destruyó en el terremoto de 1950 y en la actualidad sus restos se exponen en el Museo Inka de la ciudad. Al respecto: Elizabeth Kuon Arce et ál., *Cuzco-Buenos Aires, ruta de la intelectualidad americana (1900-1950)*, Lima, Universidad Nacional San Martín de Porres, 2009, p. 51.

pensador socialista peruano, introduce en sus obras unas breves reflexiones sobre el significado histórico de la gesta tupacamarista. Desde su punto de vista, el caudillo caneño habría encabezado una revuelta con un profundo sentido social. La gran rebelión andina habría sido una revolución campesina contra la opresión señorial y no una cruzada independentista protonacional. En los siguientes años esta línea de pensamiento inspira una progresiva apropiación del personaje por parte de la izquierda latinoamericana. El historiador brasileño Jaime de Almeida sostiene que esta habría sido hasta cierto punto una estrategia conscientemente diseñada por la Comintern para dotar a los partidos comunistas latinoamericanos de un héroe local, que potenciara sus reivindicaciones.[20] El rescate de Túpac Amaru sería, al menos en parte, el resultado de una estrategia de guerra cultural, cuando las potencias internacionales buscaban acercar a los países del continente a sus posiciones ideológicas. Entre el humo, el miedo y la ansiedad de las conspiraciones, el significado de Túpac Amaru se habría reinterpretado en clave política contemporánea. La Comintern se hallaba por entonces atravesada por fuertes debates internos, entre los partidarios de la ortodoxia marxista y quienes creían que era necesario adaptar la ideología a las realidades latinoamericanas mediante un pensamiento más flexible, que asumiera aportes y héroes locales.[21] Las primeras tentativas en esta línea para recuperar al personaje se producen en Argentina, donde en 1932 se funda el Grupo Túpac Amaru, impulsado por el intelectual marxista boliviano Tristán Marof (seudónimo de Gustavo Adolfo Navarro Ameler), con un programa radical de lucha contra la guerra del Chaco.[22]

---

20. Jaime de Almeida, "Memória e esquecimento do cacique Mateo Pumacahua no bicentenario da independencia do Peru", ponencia presentada al XI Encontro Internacional da Associação Nacional de Pesquisadores e Professores de História Das Américas, 29 de julio al 1 de agosto de 2014, Niterói (Río de Janeiro).

21. Sobre estas disputas dentro del movimiento comunista internacional: Lazar Jeifets y Víctor Jeifets, "Entre el Frente Popular y la rebelión. La Comintern en busca de tácticas", en Lazar Jeifets, Víctor Jeifets y Miguel Ángel Urrego, *Izquierdas, movimientos sociales y cultura política en América Latina*, Morelia, Instituto de Investigaciones Históricas de la Universidad Michoacana de San Nicolás de Hidalgo, Centro de Estudios Iberoamericanos de la Universidad Estatal de San Petersburgo, 2016, pp. 137-156.

22. Lazar Jeifets y Víctor Jeifets, *América Latina en la Internacional Comunista, 1919-1943: diccionario biográfico*, Santiago de Chile, Ariadna Ediciones, 2015, p. 390.

Frente a lo que se veía como una acumulación de matanzas sin sentido derivadas de la rivalidad entre las élites capitalistas, la imagen de Túpac Amaru se enarbolaba como un emblema de esperanza, redención y hermandad continental. En cambio, en Perú la incorporación del caudillo en las narrativas comunistas habría sido mucho más tardía, por la desconfianza de los líderes del partido comunista local —firmemente vinculados a Stalin, pero muy recelosos—, que veían a los grupos tupacamaristas argentinos y bolivianos como un potencial caballo de Troya trotskista.

En 1942, Luis Valcárcel encabeza el intento de conmemorar el segundo centenario del nacimiento de Túpac Amaru. En esa década comienzan también a publicarse libros sobre la rebelión andina, que vuelven a situar este episodio en el radar de los historiadores. El diplomático y periodista Francisco Loayza realiza una primera recopilación de documentos conservados en los archivos españoles sobre el personaje.[23] La revalorización se acelera en los años siguientes, con la aparición de una nueva generación de historiadores peruanos que comienzan a reescribir la historia del país desde una óptica crítica.[24] Impulsados por las nuevas corrientes historiográficas que llegan a América Latina tras la Segunda Guerra Mundial, con una fuerte carga ideológica de izquierdas, reivindican la figura de quienes como Túpac Amaru se habían opuesto por las armas al poder español. El propio Valcárcel —a medio camino entre estas dos épocas— señala en un trabajo de 1945 el carácter de revolucionario nacionalista de Túpac Amaru, quien habría tratado de organizar un "frente popular" integrado por diferentes clases y grupos étnicos para expulsar a los españoles del Perú.[25]

---

23. Citado en Alex Loayza Pérez, "La idea crítica: historiografía, nación e independencia 1920-1980", en A. Loayza Pérez, editor, *La independencia peruana como representación: historiografía, conmemoración y escultura pública*, Lima, Instituto de Estudios Peruanos, 2016, p. 39. Salvo que se indique lo contrario, todas las referencias e ideas de este párrafo provienen de esta fuente. El autor hace un completo recorrido de la historiografía peruana sobre la Independencia, desde principios de siglo hasta el cambio de paradigma de los años setenta, coincidente con el gobierno militar. En este recorrido incluye numerosas referencias a Túpac Amaru.

24. Antonio Zapata, "Generaciones e independencia", *Revista Argumentos*, vol. 4, n.° 4, 2010.

25. Luis E. Valcárcel, *Ruta cultural de la independencia*, Ciudad de México, Fondo de Cultura Económica, 1945.

Esta versión suponía ir un paso más allá de lo propuesto por Mariátegui. Para Valcárcel, el trasfondo social de la gran rebelión no invalidaba su carácter genuinamente peruano. La revolución social estaba indisociablemente unida a la independencia nacional en el programa tupacamarista.

Esta tesis se populariza gracias al trabajo del historiador polaco Boleslao Lewin, publicado poco después. Los libros de Lewin sobre Túpac Amaru fueron muy leídos, no solo en el Perú sino en toda la región, y constituyeron un eslabón crucial en el rescate del personaje.[26] En sus páginas, el caudillo cusqueño entra a formar parte de la imaginería continental y se convierte en uno de los emblemas del antiimperialismo latinoamericano. La asociación se fortalece cuando poco después, desde una óptica abiertamente marxista, Emilio Choy reivindica el papel de Túpac Amaru como forjador de la conciencia nacional peruana, aunque matiza que se habría tratado de un experimento prematuro, condicionado por la oposición entre los intereses de clase de la burguesía limeña y el pueblo, que habría impedido una alianza eficaz contra la burguesía española.

Estas opiniones conviven con las de otros autores, como el historiador limeño Carlos Daniel Valcárcel (sin ningún parentesco con su homónimo cusqueño), quien sostenía que Túpac Amaru había encabezado una revuelta estrictamente fidelista, contra el mal gobierno de los funcionarios españoles pero no contra el rey.[27] "El cacique Túpac Amaru al levantarse el cuatro de noviembre de 1780 —argumentaba el Valcárcel limeño— no busca la independencia del Perú, como repetidamente se ha dicho con ligereza, sino la moralización administrativa y la depuración del grupo de funcionarios reales, especialmente los corregidores, que burlaban las disposiciones legales de la monarquía".[28] Desde su punto de vista, las interpretaciones de la rebelión andina en clave nacionalista pecaban de falta de rigor y tergiversaban los hechos por interés político. "El achacarle propósitos de separatismo político —enfatizaba— es contradecir

---

26. Lewin, *Túpac Amaru, el rebelde* y *La rebelión de Túpac Amaru*.

27. Carlos Daniel Valcárcel, *Rebeliones indígenas*, Lima, PTEM, 1946; *La rebelión de Túpac Amaru*, México, Fondo de Cultura Económica, 1947; y "Fidelismo y separatismo en el Perú", *Revista de Historia de América*, n.° 37-38, pp. 133-162, 1954.

28. BMC-ECC, 5 de diciembre de 1953, Carlos Daniel Valcárcel, "El fidelismo de Túpac Amaru y su sentido de justicia social".

caracteres típicos de la época, invalidar saneados documentos del propio cacique, poner de lado antecedentes de su formación personal e ignorar principios elementales del proceso histórico general". Sin embargo, estas interpretaciones discrepantes serán cada vez menos numerosas y sus argumentos se subsumen en una creciente marea nacionalista, que reivindicaba la incorporación de Túpac Amaru al parnaso de los héroes peruanos. El propio Carlos Daniel Valcárcel pocos años después iba a cambiar radicalmente su visión de la revuelta, evidenciando el viraje general que se estaba produciendo en el país en torno a la figura del caudillo cusqueño. Cada vez más se asumía a Túpac Amaru como una figura central de la historia peruana, como un referente de identidad nacional y como un ejemplo de lucha por la libertad y la emancipación.

El nuevo discurso tupacamarista cala también las instancias oficiales, que poco a poco abren sus puertas al personaje. En 1958, se instalaba en el Panteón de los Próceres de la independencia nacional un busto del líder rebelde, lo que suponía su consagración como héroe de la nación. Situado en la antigua iglesia de San Carlos, en pleno centro de Lima, este panteón había sido creado por orden del presidente Augusto B. Leguía en 1921. Para ingresar en sus salas era necesario el dictamen favorable de una comisión calificadora, que otorgara a los candidatos el reconocimiento oficial como próceres de la patria. El total de homenajeados sumaba varios centenares, aunque no en todos los casos se le dedicaba la misma atención. Inicialmente, solo San Martín y Bolívar contaban con bustos propios, mientras que el resto de los héroes debían contentarse con cenotafios en la cripta o con placas de homenaje. En los años cincuenta se incorporan al panteón cinco bustos: los de Ignacio Álvarez Thomas, Juan Pablo Vizcardo y Guzmán, Toribio Rodríguez de Mendoza, Mateo Pumacahua y Túpac Amaru.[29] Carlota Casalino señala que esta medida puede ser vista como un segundo ciclo de consagración de héroes de la patria, que complementaría lo realizado previamente por Leguía. A medida que se hacían más complejos los relatos sobre la identidad nacional, un gran número de personajes de diversa extracción se incorporaron, física y simbólicamente, al panteón nacionalista. Túpac Amaru formaría parte de este grupo de nuevos héroes.

29. Casalino, "Los héroes patrios", p. 238.

Bustos de Túpac Amaru y Micaela Bastidas, tal como se conservan en la actualidad en el Panteón de los Próceres de Lima.
*Fotografía*: Raúl Asensio.

Nueve años después de la inauguración del busto, una disposición del parlamento le otorgaba a Túpac Amaru oficialmente el título de prócer de la independencia. A instancias de un grupo de representantes puneños, los congresistas reconocían que el país tenía una deuda no saldada con el caudillo cusqueño y establecían que las capitales de departamento, provincia y distrito de todo el país debían dedicar una calle, avenida o plaza principal a su memoria. También se conminaba a los centros educativos y a las oficinas estatales a exhibir un cuadro o efigie del nuevo prócer. El reconocimiento se extendía a otros personajes de la gran revuelta andina, como Micaela Bastidas, Tomasa Ttito Condemayta, Francisco, Diego e Hipólito Túpac Amaru, Pedro Vilcapaza y "a los demás promotores de las grandes gestas libertarias".[30]

30. BMC-ECC, 1 de julio de 1967, "El Estado salda deuda declarando a Túpac Amaru prócer de la independencia".

## El terremoto

Estas intervenciones muestran que, ya antes de la llegada de Velasco al poder, existía una corriente de reivindicación de Túpac Amaru como figura clave de la historia peruana. No había unanimidad a la hora de valorar sus aportes a la independencia, y los historiadores discrepaban sobre el sentido último de la gran rebelión, pero su figura estaba en alza, tanto en el ámbito académico como en el reconocimiento oficial.

En Cusco, la recuperación de Túpac Amaru era aún más evidente. El caudillo andino nunca había sido completamente olvidado en esta parte del país. Las asociaciones campesinas que protagonizan el primer ciclo de luchas contra el poder de los hacendados, lo incluían con frecuencia en sus proclamas como uno de sus referentes heroicos.[31] Túpac Amaru representaba "el ideal de la liberación indígena batido en el verbo y en la acción".[32] De esta época proceden también los primeros esfuerzos por levantar en la capital andina un monumento al héroe.[33] Los intelectuales indigenistas estaban fascinados por el desafío de Túpac Amaru al poder español y se afanaban en encontrar vestigios de su vida. Miguel Ángel Delgado Vivanco, uno de los tupacamaristas más antiguos, recordaba que en su juventud había recorrido varias provincias andinas recolectando testimonios sobre el personaje.[34] "Me alojé en casa del indígena Tomás Cusi Túpac, pariente de Túpac Amaru —escribía—, quien me relató brillantes pasajes sobre su tío abuelo, el cacique de la región". Su viaje le había llevado a Surimana y Sangarará, escenario este último pueblo de una de las más importantes victorias tupacamaristas contra las tropas españolas. Allí encontró "un precioso alfombrado tejido indígena que llamamos *conpi*, que vecinos del lugar dijeron que era de Túpac Amaru". Muchos años después seguía considerando estos hallazgos como uno de los momentos más emocionantes de su vida.

Este tipo de excursiones al mundo rural en busca de vestigios orales o materiales del pasado cusqueño era habitual entre los intelectuales

---

31. Véase los ejemplos incluidos en De Almeida, "Memória e esquecimento".
32. *El Sol*, 30 de enero de 1916, "Cuzco renovado".
33. *El Sol*, 19 de agosto de 1924, "Monumento a Túpac Amaru".
34. BMC-ECC, 12 de noviembre de 1970, Miguel Ángel Delgado Vivanco, "Túpac Amaru y su gloria".

cusqueños. Muchos de ellos tenían orígenes campesinos o se habían iniciado como profesores rurales. Hablaban el quechua y estaban imbuidos de un fuerte sentido de orgullo regional. Habían recorrido los pueblos de Cusco buscando lo que creían que eran las raíces ancestrales del verdadero Perú, animados por la lectura de autores indigenistas como Luis Valcárcel y Uriel García. Tenían una visión idealizada del mundo campesino, que concebían como una sociedad ancestral que conservaba intacta la memoria del pasado. Las aldeas andinas vivían en una suerte de presente eterno que abolía todo lo ocurrido desde la Colonia. Túpac Amaru era una figura emblemática, tanto en sus discursos de identidad colectiva como en sus búsquedas ideológicas. Es el caso, entre otros, de Juan de la Cruz Salas, quien en un ensayo presentado en los juegos florales de 1943 dio a conocer por primera vez las partidas de nacimiento, matrimonio y defunción de los parientes del héroe andino, acreditando con ello que su localidad de origen era Surimana, en la provincia de Canas. Salas sostenía que había sido en esta aldea altoandina, y no en el pueblo mestizo de Tinta, donde Túpac Amaru había visto la luz por primera vez. Más adelante veremos que esta era una idea cargada de connotaciones políticas, que iban a traducirse en no pocas polémicas durante los años del velasquismo.

En enero de 1950, Carlos Daniel Valcárcel publicaba en la prensa cusqueña un resumen del conocimiento académico sobre la gran rebelión.[35] El autor limeño destacaba los aportes realizados por los propios cusqueños y el creciente interés que Túpac Amaru despertaba en los círculos intelectuales latinoamericanos. El panorama era auspicioso, pues aunaba interpretaciones novedosas con la búsqueda de documentos originales que ensancharan el conocimiento de los hechos. Poco después, el mismo historiador repasaba en otro artículo los cinco temas claves que desde su punto de vista estaban aún pendientes de esclarecer: la genealogía del líder rebelde; la relación de Túpac Amaru con las élites cusqueñas durante el periodo álgido de la rebelión; el itinerario de las fuerzas rebeldes y los apoyos que suscitaron en su camino hacia Cusco; la actuación de los sucesores del caudillo tras su ejecución; y las vicisitudes posteriores de los familiares de

35. BMC-ECC, 14 de enero de 1950, Carlos Daniel Valcárcel, "Estado de la investigación histórica sobre la rebelión de Túpac Amaru".

Túpac Amaru.[36] Para Valcárcel, estos eran los aspectos en los que debían enfocarse las investigaciones posteriores.

El resurgir de los estudios sobre Túpac Amaru coincide con un periodo muy especial de la historia cusqueña. Poco después de los artículos de Valcárcel, un terremoto de gran intensidad destruía gran parte de la ciudad. Aunque el número de víctimas fue relativamente bajo en comparación con otras catástrofes similares —aproximadamente unos 150 muertos el día del temblor—, la virulencia del movimiento telúrico y las réplicas producidas en los siguientes días causaron una enorme destrucción. Muchos edificios colapsaron, incluyendo viviendas y monumentos. En medio del caos y el desabastecimiento, miles de cusqueños se vieron obligados a trasladarse a barracas provisionales construidas en las plazas y lugares abiertos de la ciudad. Solo allí se sentían a salvo de las constantes réplicas que amenazaban con llevarse por delante lo poco que quedaba de sus casas. La tragedia movilizó a las autoridades. En pocos días comenzaron a llegar a Cusco toneladas de ayuda. Pero pese a la buena voluntad, la situación era crítica. Los recursos estatales eran escasos y la buena voluntad chocaba contra la magnitud de la catástrofe. Pronto se hizo evidente que la reconstrucción de la ciudad sería una tarea larga y complicada. Durante muchos años, el paisaje urbano seguiría marcado por la precariedad y la lucha cotidiana por reconstruir lo que el terremoto había destruido.

Los primeros esfuerzos de la restauración se enfocan en los monumentos más emblemáticos, algunos de los cuales estaban muy dañados por el terremoto. Gracias a la colaboración internacional, la mejora fue relativamente rápida en el caso de la catedral, reabierta al público dos años después del seísmo. Otras intervenciones avanzaban sin embargo mucho más despacio, tanto por la falta de fondos como por la indecisión de las autoridades. La reconstrucción estaba acompañada de un intenso debate sobre el tipo de ciudad que Cusco debía ser. Académicos, intelectuales, periodistas y políticos discutían los referentes culturales y estéticos que debían caracterizar a la nueva urbe. Los debates eran interminables e incluían temas como los edificios que debían demolerse y los que debían

36. BMC-ECC, 21 de enero de 1950, Carlos Daniel Valcárcel, "Estado de la investigación histórica".

conservarse, las calles que había que ampliar para convertirlas en avenidas y las que debían mantener su fisonomía tradicional, qué materiales eran los más adecuados para reconstruir las viviendas destruidas, teniendo en cuenta consideraciones de costo, durabilidad y disponibilidad, y cuáles debían desecharse. Tampoco estaba claro hasta qué punto podían mantenerse las barracas surgidas tras el terremoto, qué tipo de derechos de propiedad generaban y cómo se podía fomentar un nuevo tipo de vivienda para la emergente clase media, sin con ello perjudicar a los más pobres, que no podían pagar los alquileres requeridos.

Tras varias negociaciones, polémicas y cambios de rumbo, la tarea de levantar la ciudad de las ruinas quedó a cargo de la llamada Comisión de Reconstrucción y Fomento del Cusco (CRYF), una institución colegiada con sede en Lima, dirigida por profesionales ligados a los gobiernos centrales. La CRYF sustituía a la Junta de Reconstrucción y Fomento, creada en las semanas posteriores al terremoto, que en sus inicios había estado presidida por Valcárcel. Aunque contaba con comisiones asesoras integradas por personajes locales, la nueva institución se percibió como una imposición centralista y nunca llegó a ser realmente apreciada por la mayoría de los cusqueños. De ahí que existiera un clima de soterrado malestar en buena parte de la ciudad, que alimentaba y al mismo tiempo se retroalimentaba con las reivindicaciones regionalistas.

Además de los esfuerzos del gobierno peruano, casi desde el principio la reconstrucción de Cusco llamó la atención de las por entonces recién nacidas instituciones multilaterales de cooperación. La Organización de Estados Americanos y la Organización de las Naciones Unidas para la Alimentación y la Agricultura (FAO) proporcionaron tanto asistencia técnica como ayudas directas para paliar los efectos negativos del terremoto. Más importante aún fue el involucramiento de la Organización de las Naciones Unidas para la Educación, la Ciencia y la Cultura (UNESCO), que en junio de 1951 envió a Cusco una misión dirigida por George Kubler para dar cuenta de los daños ocasiones en los monumentos y edificaciones históricas de la ciudad. Kubler era un historiador norteamericano, experto en el mundo prehispánico mesoamericano. Aunque había visitado el Perú varias veces como parte de las políticas de buena vecindad posteriores a la Segunda Guerra Mundial, Cusco suponía para él un desafío de primer nivel.[37] Durante casi dos meses recorrió la ciudad calle por calle, realizando un trabajo extremadamente minucioso. Su informe, publicado poco después, se convertiría en un documento básico para la conformación de la conciencia patrimonialista cusqueña.[38] En él se reseñaba aquello que se había hecho hasta ese momento y lo que faltaba por hacer. Kubler llamaba la atención sobre la importancia de pensar la reconstrucción de manera integral. Proponía dividir Cusco en diferentes zonas, de tal manera que se pudiera conservar el legado histórico y al mismo tiempo modernizar la ciudad para mejorar la vida de sus habitantes.

El trabajo de Kubler marca el punto de inicio de la influencia de la UNESCO en la ciudad andina. Se trataba de una relación simbiótica que se iba mantener por mucho tiempo. Cusco sería, en cierta manera, un campo de experimentación que ayudaría al organismo multilateral a definir sus mecanismos y estrategias de intervención, mientras que los cusqueños recibirían a cambio una atención internacional superior a cualquier otra ciudad de América Latina. Esta confluencia de intereses era posible en la medida que los dilemas de la reconstrucción entroncaban con una sólida tradición cusqueña de reflexión introspectiva sobre los orígenes, la identidad y el destino de la ciudad. Uno de los aspectos que más distinguía a la antigua capital imperial de otras localidades del sur andino era la fortaleza de su clase intelectual. Su larga historia y la existencia de una de las más antiguas e importantes universidades peruanas hacían que Cusco contara con una trama de instituciones culturales muy densa, que incluía centros de estudio, sociedades folclóricas y una infinidad de grupos musicales y de danza. El principal referente ideológico era el movimiento indigenista, que en las primeras décadas del siglo había contribuido significativamente a renovar el pensamiento social peruano, de la mano de autores cusqueños como Luis Eduardo Valcárcel o José Uriel García.

---

37. Sobre el involucramiento de Kubler en la política exterior norteamericana, puede verse Eliana Sousa Santos, "George Kubler Shifting South: Architecture History Following Geopolitics", *Journal of the International Association of Research Institutes in the History of Art*, n.° 138, 2016. Tras su paso por el Perú, Kubler se enfocaría en España y Portugal donde tendría una notable influencia, especialmente en este último país.

38. George Kubler, *Cuzco: reconstrucción de la ciudad y restauración de sus monumentos. Informe de la misión enviada por la UNESCO en 1951*, Tours, UNESCO, 1953.

Sin considerar el indigenismo, no es posible entender la historia cusqueña del último siglo y, al contrario, sin el aporte cusqueño es imposible comprender en toda su magnitud el impacto del indigenismo peruano como movimiento artístico, cultural e incluso político. La historiadora italiana Laura Giraudo sostiene que el indigenismo peruano era un movimiento vibrante y sumamente heterogéneo, que incluía manifestaciones culturales, artísticas, académicas y políticas.[39] Sus integrantes se movían fluidamente entre estas diferentes esferas y al mismo tiempo impulsaban proyectos que no siempre eran compatibles entre sí. Un observador mexicano, admirado por esta diversidad, señalaba que "probablemente no hay otro país en América donde la preocupación por el indio o cuando menos, por las cuestiones indígenas sea más profunda y más extendida que en el Perú".[40] Esta impresión se debía en parte al gran número de actores culturales y políticos que de una u otra manera eran cercanos al indigenismo. En algunos casos, los indigenistas peruanos pretendían únicamente elevar el nivel de vida de los pobladores rurales, eliminando la pobreza y la miseria humana que campeaba a lo largo de los Andes. Otros, en cambio, veían al indigenismo como un genuino movimiento emancipador, que debía permitir a los indios negociar en sus propios términos su inserción en la modernidad. Algunas de las demandas indigenistas fueron progresivamente asumidas por el Estado peruano. Al menos desde el periodo de la "Patria Nueva" de Augusto B. Leguía en adelante, existía una suerte de indigenismo institucional, que se traducía en esfuerzos por reconocer

---

39. Laura Giraudo, "Un campo indigenista transnacional y 'casi profesional': la apertura en Pátzcuaro (1940) de un espacio por y para los indigenistas", en Laura Giraudo y Juan Martín-Sánchez, editores, *La ambivalente historia del indigenismo: campo interamericano y trayectorias nacionales, 1940-1970*, Lima, Instituto de Estudios Peruanos, 2011, pp. 21-97. Este estudio es especialmente interesante, ya que la autora compara el indigenismo peruano con sus contrapartes de otros países de la región, resaltando sus características diferenciales.

40. El autor del comentario es Moisés Sáenz, quien poco después tendría un papel central en la creación del Instituto Indigenista Interamericano. Moisés Sáenz, *Sobre el indio peruano y su incorporación al medio nacional,* Ciudad de México, Secretaría de Educación Pública, 1933, p. 278, citado en Juan Martín-Sánchez "Indigenismo bifronte en el gobierno peruano de Velasco Alvarado: continuidad y alternativa, sierra y selva", en Giraudo y Martín-Sánchez, editores, *La ambivalente historia del indigenismo,* p. 198.

simbólicamente la importancia de la población indígena. En paralelo, existían también una o varias líneas de indigenismo revolucionario, perseguidas o al menos despreciadas por el Estado. Esta dicotomía entre corrientes oficiales y corrientes contestatarias se mantendría a lo largo de todo el siglo, hasta convertirse en una de las características distintivas del indigenismo peruano.

El indigenismo cusqueño era una de las ramas más importantes de este árbol, tanto por el número de defensores como por su proyección intelectual. Los orígenes del movimiento se vinculaban a una generación de intelectuales aglutinada en torno a la figura de Alberto Giesecke. Contratado por Leguía durante su primer gobierno, alemán de origen y norteamericano de formación, Giesecke había modernizado las arcaicas estructuras académicas cusqueñas y había insuflado nuevo vigor a la institución. Más importante aún, había importado de los Estados Unidos un enfoque de la labor universitaria que desde entonces haría fortuna en el Perú. Las universidades, desde su punto de vista, debían ser vectores del desarrollo regional y no únicamente centros enclaustrados de pensamiento. Profesores y alumnos estaban llamados a convertirse en la vanguardia del saber práctico y en actores principales de las transformaciones que la sociedad cusqueña requería. Estas ideas habían seducido a jóvenes de diferente procedencia que se rebelaban contra el marasmo social, económico y cultural de Cusco. Desde su punto de vista, cada vez más la ciudad perdía importancia frente a otras regiones del Perú, sin que sus autoridades hicieran nada por impedirlo. La antigua capital de los incas era una sombra de lo que había sido. Había perdido su vigor intelectual y su capacidad de liderazgo. La juventud cusqueña empobrecida y abatida emigraba en busca de mejores horizontes. El indigenismo de estos intelectuales era tanto una defensa de la cultura ancestral cusqueña, a la que identificaban con el mundo indígena, como un discurso regenerador, que pretendía devolver a la ciudad su antigua gloria. El núcleo de su pensamiento era una visión dicotómica del país, que oponía Lima —vista como una ciudad blanca, heredera del colonialismo español— a Cusco, entendida como emblema de la raza andina. Ambas ciudades representaban visiones diferentes de lo que el Perú era y debía ser.

Los indigenistas pretendían recuperar el pasado prehispánico como argamasa para la construcción de la nación, al tiempo que defendían medidas para la protección y el progreso de la población indígena. Era en estos indígenas despreciados y empobrecidos donde se hallaba la esencia del alma peruana. Su redención e incorporación a la senda de la modernidad era imprescindible para que la nación peruana se consolidase y dejase atrás los estigmas coloniales. Aunque muchas de sus propuestas estaban tiznadas de romanticismo y se basaban en una imagen idealizada y descontextualizada de las poblaciones rurales, los esfuerzos de esta primera generación de indigenistas cusqueños estaban imbuidos de una energía regeneradora y de una integridad moral que en poco tiempo los convirtió en referentes importantes, no solo en el ámbito político, sino también en las diversas artes y en la cultura peruana. Cusco aparecía como un polo intelectual alternativo a la capital nacional: una suerte de voz del Perú profundo que debía liderar la construcción de un nuevo país. Nada ejemplificaba mejor este enfrentamiento que las intervenciones realizadas en las plazas principales de ambas ciudades a inicios de los años treinta: mientras que en Lima se erigía una estatua de Pizarro, en Cusco se levantaba frente a la sede del poder local un monumento a Pachacútec, fundador mítico del Imperio inca.

En los años cuarenta, el indigenismo deriva en el llamado "cusqueñismo", una corriente de pensamiento con similares planteamientos, pero con un énfasis regionalista más fuerte. El cusqueñismo era una ideología transversal a la que todos los sectores de la ciudad se adherían. Se diferenciaba del indigenismo, del que derivaba, por apoyarse en una definición menos racializada de la esencia cusqueña. Desde su punto de vista, el cusqueño ideal era un "nuevo indio" o "cholo", que se definía por su espíritu antes que por sus características fenotípicas. Independientemente de cuáles hubieran sido sus orígenes, el "indio" cusqueño había sido "modelado por las excelencias morales inspiradas por la naturaleza americana".[41] "Indio no es solo ese hombre de color bronceado de ojos rasgados, de pelo lacio y grueso —escribía Uriel García— sino todo aquel que se acreciente interiormente al contacto con los incentivos que le ofrece esta gran naturaleza americana y que siente que su alma está enraizada en la tierra".[42] Frente

41. De la Cadena, *Indígenas mestizos*, p. 167.

42. Uriel García, *El nuevo indio*, Cusco, H. G. Rozas, 1937, segunda edición, p. 31, citado en De la Cadena, *Indígenas mestizos*, p. 167.

al esencialismo étnico-racial de la primera generación de indigenistas, los partidarios del nuevo indio apostaban por lo que la antropóloga peruana Marisol de la Cadena denomina "una autenticidad geográficamente adscrita".[43] El desafío intelectual, moral y físico inherente a la vida en los Andes dotaría a los cusqueños de una fibra diferente a la del resto de los peruanos. La región tendría un *ethos* singular que la hacía más auténtica e idiosincráticamente peruana.

Junto al neoindianismo, el otro pilar del edificio ideológico cusqueñista era el regionalismo. Perú se percibía como una promesa a medio cumplir. Desde su independencia, era un país sojuzgado por Lima. Con su insaciable voracidad depredadora y su reticencia a compartir el poder político y a descentralizar la toma de decisiones, la capital exprimía a las demás provincias. El deber de Cusco era promover un nuevo modelo de país, más integrado y justo. El referente en esta renovación era el Imperio inca, considerado como el punto culminante de la civilización andina, cuyos gobernantes se habrían caracterizado por reunir virtudes morales y políticas en favor del bienestar de toda la población. Estas ideas, sólidamente arraigadas en el imaginario regional, se reforzaban con la traducción al español de textos escritos por arqueólogos e historiadores norteamericanos y europeos, que defendían la existencia de un "movimiento nacional inca" a lo largo de la época colonial. Los estudios de John Rowe, según un testigo, "circulaban profusamente" y legitimaban de manera científica aquello que los cusqueños ya sabían: que los Andes eran la sede de una civilización única, a la altura de las más grandes culturas del mundo antiguo, a las que los hombres andinos no tendrían nada que envidiar, ni en el plano material ni en el espiritual.[44]

Recuperar el papel histórico del Cusco implicaba rechazar los esquemas europeos de interpretación del pasado andino. Tal como afirmaba el historiador Atilio Sivirichi, "necesitamos introducir sistemas propios, nacidos de las necesidades de la realidad nuestra".[45] Este deseo de reen-

---

43. De la Cadena, *Indígenas mestizos*, p. 167.

44. BMC-ECC, 13 de abril de 1956, "Importantes obras sobre arqueología fueron traducidas en la universidad". El texto hace referencia, entre otros, al artículo de Rowe "El movimiento nacional inca del siglo XVIII" que había aparecido en 1954 en la *Revista Universitaria*.

45. BMC-ECC, 8 de julio de 1953, "Dimos el sentido de la estadística y el sistema vial dijo el doctor Sivirichi en la Universidad del Cuzco".

contrarse con las esencias se plasmaba en un conjunto de instituciones que marcaban el ritmo de la vida cultural cusqueña. Las más destacadas eran el Centro Qosqo de Arte Nativo, fundado en 1924, el Instituto Americano de Arte, creado por Uriel García en 1937, y la Academia de la Lengua Quechua, una institución semipública que luchaba por la preservación y difusión del idioma andino. En 1946 se unía a ellas la Escuela Regional de Bellas Artes, promovida por el propio Valcárcel desde su cargo de ministro de Educación. Sus actividades contribuyen a que la corriente cusqueñista se transforme en el canon artístico durante las siguientes décadas.[46] A estas instituciones se unían otras de carácter privado o semipúblico, tales como asociaciones culturales y grupos folclóricos. Una de las más destacadas era la Sociedad Los Cholos fundada por Humberto Vidal Unda en 1939, en homenaje al nuevo sujeto andino definido por los neoindianistas. También eran muy activas las agrupaciones de residentes de las diferentes provincias del interior de la región. En fechas señaladas organizaban desfiles y conciertos, que contribuían a dar color a las grandes celebraciones cusqueñas. Tomadas en conjunto, se trataba de un entramado de organizaciones extremadamente denso en comparación con el de otras ciudades andinas. Investidas del prestigio y la autoridad que les daba su labor cultural de rescate de las esencias cusqueñas, iban a alzar la voz para que sus postulados se tuvieran en cuenta en la reconstrucción de la ciudad.

## Trama simbólica urbana

La reconstrucción aparecía como una oportunidad para plasmar los valores cusqueñistas en la trama urbana. La nueva ciudad debía estar a la altura de lo que Cusco merecía. El pasado glorioso debía emerger de las ruinas para dar vida a una ciudad nueva. Se trataba de un reto fenomenal, que no estaba para nada exento de dificultades. A la escasez de recursos para la reconstrucción se unían los dilemas sobre qué partes de la ciudad debían restaurarse y cuáles debían desecharse. En 1951, solo unas semanas

---

46. Mariano Fuentes Lira, "Apuntes para la historia del arte cusqueño", artículo aparecido en *El Comercio* de Lima, 28 de julio de 1959 y reproducido en *Contrastes: Revista de la Escuela Superior Autónoma de Bellas Artes "Diego Quispe Tito" del Cusco*, sin número, 2011, pp. 15-20.

después de la visita de Kubler, un grupo de expertos peruanos y extranjeros reunidos en el Congreso de Peruanistas de Lima proponía que, en lugar de encarar su costosa reconstrucción, se desmontara y trasladara el convento de Santo Domingo, uno de los más antiguos y emblemáticos de la ciudad.[47] El objetivo era sacar a la luz las ruinas del Qoricancha, considerado el centro espiritual del Imperio inca. Los firmantes justificaban su postura en la ruina total de la Iglesia, el "escaso valor artístico del resto del convento" y el "extraordinario valor arqueológico e histórico del Qoricancha". Uno de principales defensores de la idea era Uriel García, quien en su condición de senador defendería la propuesta ante sus pares.[48] Como era de esperar, en Lima la idea no fue bien recibida. El traslado del convento se entendió como un ataque a la cultura y la historia peruanas. "Estas personas, cuyo interés por la arqueología es indiscutible, han pensado arqueológicamente, pero no han pensado con integridad", decía uno de los opositores al proyecto, achacando la ocurrencia al origen extranjero de sus promotores iniciales.[49] El Perú era, desde su punto de vista, un país con una matriz cultural doble. Ignorar el pasado español era lo mismo que despreciar la mitad del alma nacional. Suponía erradicar de raíz "conyugio y armonía que son el admirado carácter del Cusco".

Aunque finalmente no salió adelante, el tema del Qoricancha suscitó un encendido debate sobre cuáles debían ser las prioridades estéticas y conservacionistas de la ciudad: ¿justificaba el redescubrimiento del pasado prehispánico la destrucción de edificaciones coloniales?; ¿cómo debía lidiar la ciudad con los restos de la dominación española?; ¿cuáles debían ser las prioridades a la hora de la reconstrucción? Estos dilemas se iban a convertir en algo recurrente en los siguientes años. Su pertinencia se

---

47. El manifiesto se elaboró tras una vista *in situ* a las ruinas de Santo Domingo. Tenía fecha de 27 de agosto de 1951 y entre los firmantes estaban Paul Rivet, Henri Lehmann y Marcel Bataillon (Francia); Manuel Ballesteros y Guillermo Céspedes del Castillo (España); Hermann Trimborn (Alemania); y G. H. S. Bushnell (Reino Unido). Fue publicado primero en el diario *La Prensa* de Lima y posteriormente reproducido por los periódicos cusqueños. Al respecto: BMC-ECC, 11 de septiembre de 1951, "Restauración del Coricancha".

48. BMC-ECC, 8 de septiembre de 1951, "El convento de Santo Domingo se construiría en otro lugar".

49. BMC-ECC, 22 de septiembre de 1951, Emilio Harth-Terré, "El foro de Coricancha".

superponía a otro conjunto de debates que afectaban al propio diseño urbano. A medida que la reconstrucción avanzaba, era cada vez más evidente la tensión entre los deseos de mantener el estilo tradicional cusqueño y las demandas de modernización de amplias capas de la población. A los intelectuales cusqueñistas les preocupaba el hecho de que la ciudad pudiera perder su alma, hasta el punto de volverse irreconocible. A medida que se desdibujaba en la memoria, el Cusco anterior al terremoto se recubría de un halo de nostalgia idealizada que los cusqueños contraponían a las dificultades de su vida cotidiana.

En 1952, el gobierno local establecía por decreto la obligación de incluir la frase "ciudad imperial" en todos los documentos y membretes oficiales.[50] Un tiempo después, el debate se centraba en la posibilidad de levantar un monumento en recuerdo al emperador Manco Cápac, a quien se consideraba el fundador del Imperio inca. La plaza de Armas parecía *a priori* el emplazamiento más adecuado, aunque no todos estaban de acuerdo. Mientras los defensores de la propuesta aducían criterios simbólicos, sus detractores consideraban que las dimensiones del monumento aconsejaban buscar otro emplazamiento en las montañas cercanas a la ciudad. Para reforzar su posición, estos últimos citaban a José de la Riva-Agüero, un intelectual criollo limeño que unos años antes se había pronunciado en favor de la construcción del monumento en Sacsahuamán.[51] El folclorista, artista y crítico de arte cusqueño Emilio Mendizábal Losack, por el contrario, sostenía que se podía hacer espacio a la estatua en la plaza de Armas, si se suprimían las zonas verdes del perímetro. El costo ambiental no debía considerarse un problema, ya que las nuevas construcciones del Cusco moderno aseguraban que la ciudad tuviera suficientes parques y jardines.[52]

En 1953, estos debates se recrudecen con la visita a Cusco de un personaje singular: el artista húngaro Lajos D'Ebneth. Nacido cuando Europa central se encontraba aún bajo el yugo de los Habsburgo, D'Ebneth

50. BMC-ECC, 13 de mayo de 1953, "Debe emplearse la frase Ciudad Imperial en documentos y membretes del Cuzco".

51. BMC-ECC, 4 de junio de 1952, José de la Riva-Agüero, "Sobre el monumento a Manco Cápac".

52. BMC-ECC, 20 de junio de 1952, E. A. Mendizábal Losack, "El monumento a Manco Ccapac debe ubicarse en la P. de Armas".

había estado ligado en su juventud al mundo cultural alemán. Había frecuentado a los grandes arquitectos, pintores y diseñadores de la Bauhaus, como Mies van der Rohe, Paul Klee y Wassily Kandinsky, entre otros, antes de exilarse en 1949 en el Perú como consecuencia de la instauración de un régimen comunista en su país. Durante su estancia en Cusco, D'Ebneth exhibe ante los periodistas la maqueta de lo que pretendía ser un monumento de sesenta metros cuadrados de base, que se construiría aprovechando un saliente de roca natural en los aledaños de la ciudad.[53] La obra celebraría a Manco Cápac y a los cuatro hermanos Ayar, personajes mitológicos vinculados a la fundación de la ciudad. En la parte más alta, una figura portaría una barreta de oro en actitud de lanzarla hacia la ciudad, representando a "la raza americana en busca de nuevos caminos y de nuevos senderos hacia el porvenir".

El proyecto de D'Ebneth recibió el aplauso entusiasta de las principales autoridades cusqueñas. Entre los más entusiastas estaban el alcalde Manuel Frisancho y el senador Francisco Tamayo. Para este último, el proyecto mostraba que el espíritu de la filosofía incaica estaba "renaciendo en el Cusco, con traducción en la reconstrucción de la ciudad, en sus posibilidades económicas e industriales y en el nuevo sentido de una era de paz".[54] Una asamblea celebrada al día siguiente con representantes de la Cámara de Comercio, de las organizaciones sociales y de los medios de comunicación cusqueños, encomendaba a los parlamentarios cusqueños llevar la propuesta a Lima en busca de financiamiento. Entre quienes tomaron la palabra en defensa del monumento se encontraban connotados indigenistas, como Humberto Vidal Unda, quien recordó que el monumento era una idea acariciada por varias generaciones de cusqueños. Igualmente efusivo se mostró el doctor Aguilar, uno de los senadores que representaban a la ciudad. Desde su punto de vista, no importaba si los esposos D'Ebneth eran extranjeros o no, ya que "lo cierto es que el proyecto está concebido

53. BMC-ECC, 20 de junio de 1953, Alfonsina Barrionuevo, "El Monumento a Manco Cápac y Lajos D'Ebneth".

54. BMC-ECC, 26 de junio de 1953, "El artista Lajos D'Ebneth expuso proyecto de monumento a M. K'apac".

con una profunda emoción peruana y constituye una maravillosa síntesis del pasado, del presente y del futuro de nuestra cultura".[55]

En este ambiente de reconstrucción incompleta, ansiedades ideológicas y tensión política, el tupacamarismo comienza a tomar cuerpo. Paradójicamente, el primer impulso provino de fuera de la ciudad. En noviembre de 1953, el senador socialista por Piura Luciano Castillo planteaba la construcción de un monumento en la capital andina que honrara al héroe rebelde.[56] Castillo era un connotado líder de izquierda y había sido unos de los fundadores del Partido Socialista. Su presencia en el Legislativo coincidía con uno de los breves interludios democráticos de la historia peruana. La propuesta planteaba que los ministerios de Relaciones Exteriores y Educación convocaran con este fin un concurso que reuniera a los mejores artistas del país. Otro monumento similar debía ubicarse en Lima, para dar testimonio del agradecimiento del país a la gesta tupacamarista. En cierta manera, esta iniciativa respondía a otra propuesta similar planteada dos semanas antes por los senadores cusqueños, en favor de la construcción del monumento a Manco Cápac.[57] Para Castillo, Túpac Amaru no era "un indio puro" sino "un verdadero mestizo" que llevaba en sus venas "la pujanza de la raza de Manco y el sentimiento de la emotividad hispana".

La propuesta de Castillo se retomaría varias veces en los siguientes años, pero sin llegar a concretarse. El intento más serio se produce en 1955, cuando el congreso nacional aprueba construir el monumento a Túpac Amaru.[58] La iniciativa en este caso corresponde al congresista cusqueño Aquiles Chacón, un personaje cercano a los movimientos indigenistas de izquierda, que en ese momento se disputaba la hegemonía cultural en la ciudad. Junto con otros intelectuales de su generación, Chacón había

55. BMC-ECC, 2 de julio de 1953, "Solemne asamblea aprueba el proyecto D'Ebneth para erigir un monumento a Manco Ccapac".

56. BMC-ECC, 5 de noviembre de 1953, "En senado se pide erección de monumento a Condorcanqui en Lima y en el Cuzco".

57. BMC-ECC, 21 de octubre de 1953, "En senado se presentó erección de monumento a Manco Ccapac en Cuzco".

58. BMC-ECC, 14 de mayo de 1955, "Monumento a Túpac Amaru en el Cuzco acordó levantar Cámara de Diputados".

participado a mediados de la década de 1920 en el llamado Grupo Ande, cercano primero al Partido Aprista Peruano y posteriormente al Partido Comunista del Perú. También había participado en la revista *Kuntur*, una efímera publicación que pretendía fomentar una ideología auténticamente andina a partir de la confluencia entre el arte y el activismo político indigenista. En la discusión relativa al monumento de Manco Cápac, había sido una de las pocas voces escépticas al valorar la propuesta de los esposos D'Ebneth. Si bien se había mostrado favorable al monumento, había solicitado que se establecieran con mayor rigor sus costos y las posibilidades reales de que se construyera una obra semejante en la complicada orografía cusqueña. Ahora priorizaba abiertamente el merecido homenaje que debía recibir el héroe rebelde por encima del emperador inca. La plaza de Armas debía dedicarse a celebrar la hazaña anticolonial.

Esta misma idea había sido defendida antes por Riva-Agüero, que veía en ese céntrico emplazamiento el lugar ideal para instalar sendas estatuas de "los dos Túpac Amaru", es decir, el líder rebelde y el último gobernante inca.[59] Estas iniciativas quedarían, sin embargo, estancadas. Aunque aprobada por el Congreso nacional, la ley en favor del monumento a Túpac Amaru no llegó a promulgarse. En un contexto en el que se acumulaban los problemas políticos y económicos, el héroe rebelde estaba todavía muy lejos de ser una prioridad. Tampoco el monumento a Manco Cápac se construirá. Más allá de las efusiones y los discursos, ninguna de las dos obras era viable en un contexto en el cual Cusco aún sufría de importantes carencias en infraestructura, vivienda y dotación de servicios básicos. Los fondos disponibles para la restauración monumental se centraban en los edificios emblemáticos, mientras que la construcción de nuevos monumentos quedaba como una lejana aspiración a futuro.

59. BMC-ECC, 4 de junio de 1952, José de la Riva-Agüero, "Sobre el monumento a Manco Cápac". Este artículo es una reedición del texto publicado en Lima muchos años antes.

# 2

# Los primeros tupacamaristas

Mientras en Cusco estas primeras iniciativas tupacamaristas se estancaban sin acabar de despegar, el panorama era más auspicioso en las zonas rurales del sur de la región. Este había sido el territorio natal de Túpac Amaru y allí se habían desarrollado los principales episodios de la gran rebelión andina. Amparados por esta tradición, en su suelo iban a arraigar a finales de los años cuarenta e inicios de los cincuenta algunos de los más importantes esfuerzos de revalorización del personaje. Los protagonistas eran abogados, profesores locales e incluso sacerdotes envueltos en el complejo mundo de las reivindicaciones campesinas. El sustrato ideológico de estos primeros tupacamaristas los acercaba a los indigenistas cusqueños, a quienes se vincularían en su búsqueda de aliados para enfrentar a los hacendados y estancieros que dominaban el panorama político local. Túpac Amaru era para este colectivo un emblema de sus reivindicaciones y al mismo tiempo un ejemplo al que pretendían imitar. Su esfuerzo sería el vector que permitiría al culto tupacamarista cusqueño convertirse en un fenómeno bien asentado en toda la región. Sería en estas zonas rurales donde primero cristalizaría el culto y de donde provendrían algunos de sus más conocidos activistas.

## La Normal de Tinta

Los orígenes del tupacamarismo rural cusqueño son imposibles de entender sin considerar la historia social de la región. Situadas a medio camino entre Cusco y Puno, las provincias altas poseían una idiosincrasia particular. La geografía se caracterizaba por la sucesión de valles y montañas mal comunicados. Hacia el sur se situaba el departamento de Puno y al oeste el de Apurímac, ambos entre los más pobres del Perú. Las vías de comunicación principales seguían los cursos de los ríos Vilcanota y Apurímac. Eran zonas rurales y extremadamente pobres. Muchos de sus habitantes se sentían abandonados tanto por el gobierno central como por la capital regional. En palabras de una historiadora, las provincias altas eran "prácticamente una zona de frontera: los títulos de propiedad eran escasos o inexistentes, la justicia y la ley no eran más que eufemismos retóricos en un contexto en el que el poder dependía directamente de las fuerzas armadas privadas".[1] Las comunidades campesinas, reconocidas como sujeto legal durante el gobierno de Augusto B. Leguía, competían con los hacendados y los estancieros por el control de la tierra, de las escasas fuentes de agua y de las ferias donde se intercambian los productos de su esfuerzo. La lejanía hacía que la influencia de las autoridades cusqueñas apenas se sintiera y que los problemas tendieran a resolverse localmente.

Durante las primeras décadas del siglo, esta parte de Cusco había sido uno de los escenarios principales de la primera oleada de reivindicaciones campesinas.[2] En pocos años se habían producido varias rebeliones y asaltos a haciendas, alentados en parte por los representantes locales del denominado Comité Pro-Derecho Indígena Tawantinsuyo, una de las manifestaciones más radicales del indigenismo peruano. Creado paradójicamente en la localidad costera de Ica, este comité aglutinaba a intelectuales y activistas limeños y provincianos partidarios del reconocimiento de la singularidad de los pueblos indígenas andinos, para quienes se pretendía obtener un tratamiento legal particular que asegurase su control de la tierra y que evitase la criminalización de sus reivindicaciones. Su acción se desplegaba a partir de un comité central con sede en Lima, que buscaba influir en las políticas

---

1. De la Cadena, *Indígenas mestizos*, pp. 117-118.
2. Respecto de estas rebeliones: Wilfredo Kapsoli, *Los movimientos campesinos en el Perú, 1879-1965*, Lima, Delva, 1977; y José Deustua, "Indigenistas y movimientos campesinos en el Cusco, 1918-1923", en José Deustua y José Luis Rénique, editores, *Intelectuales, indigenismo y descentralismo en el Perú, 1897-1931*, Cusco, Centro de Estudios Regionales Andinos Bartolomé de Las Casas, 1984, pp. 69-96.

nacionales, junto con comités locales que ayudaban a los indígenas en reivindicaciones concretas. Las provincias altas cusqueñas eran uno de sus principales baluartes. Las autoridades locales veían la presencia de estos comités como parte de un plan mayor dirigido a expulsar a los propietarios de sus tierras, para instaurar en su lugar un gobierno indígena. Incluso se les acusaba de querer destruir la república para reinstaurar el antiguo Imperio inca. Los motines, las ocupaciones, el asesinato de estancieros y las ejecuciones extrajudiciales de líderes campesinos estaban a la orden del día. Estos sucesos habían trascendido a la capital regional e incluso habían tenido eco en Lima, generando un debate dentro del propio movimiento indigenista, entre las líneas más moderadas y los activistas más radicales.[3]

La violencia se había atenuado en los años posteriores, pero aún persistía un clima de tensión que podía estallar en cualquier momento. Desde los años treinta, el interés de los indigenistas se centraba sobre todo en el campo de la educación. Mejorar la formación de la población rural aparecía como la clave para lograr la redención del indígena. Este enfoque se vio favorecido por la presencia de Luis E. Valcárcel como ministro de Educación durante el gobierno reformista de José Bustamante y Rivero. Desde este cargo, Valcárcel impulsa la creación de los llamados núcleos escolares campesinos, dirigidos a alfabetizar a las masas rurales. Valcárcel veía a estas instituciones como una estrategia para mejorar las condiciones de vida de la población rural sin recurrir a la violencia que había ensangrentado el campo cusqueño en las décadas anteriores. Los núcleos escolares eran agrupaciones de 15 o 20 pequeñas escuelas articuladas en torno a una escuela mayor, a cargo de profesores especialmente preparados, motivados, concienciados y con un amplio conocimiento sobre la realidad rural. Su labor consistiría en recorrer los ámbitos asignados, capacitando y apoyando a los maestros locales. El modelo se había importado de Bolivia, país con el que Valcárcel había firmado un acuerdo de colaboración.[4] Para formar al cuerpo docente necesario para esta ingente tarea, se contaba con la Escuela Normal Túpac Amaru creada en Tinta en 1944. Esta localidad

3. Sobre esta polémica, De La Cadena, *Indígenas mestizos*, pp. 127 y ss.
4. Luis E. Valcárcel, *Memorias,* Lima, Instituto de Estudio Peruanos, 1981, editadas por José Matos Mar, José Deustua y José Luis Rénique, pp. 353 y ss.

del valle del río Vilcanota era una de las más ligadas al recuerdo de Túpac Amaru. Allí se había ubicado el campamento rebelde y se habían producido algunos de los episodios más conocidos de la gran rebelión. Elegir Tinta para ubicar el primer centro de formación docente de las provincias altas cusqueñas era, por lo tanto, una decisión con claro contenido simbólico, a lo que se unían consideraciones prácticas: la localidad se situaba junto a la carretera que unía Puno y Cusco, estaba relativamente bien comunicada y era de fácil acceso para los habitantes de las provincias altas, ya que en su tablada se celebraba la más importante feria ganadera de la región.

El nombre de la Escuela Normal es uno de los primeros homenajes explícitos que recibe Túpac Amaru en esta parte de la región. El centro era parte de la primera oleada de esfuerzos sistemáticos por expandir la educación hasta los últimos rincones de la sierra peruana. Sus promotores se caracterizaban por poseer un sentido de misión extremadamente alto. Muchos de ellos se habían formado en los años veinte y treinta, cuando en todo el mundo comienzan a desarrollarse estrategias novedosas de educación rural, imbuidas de un ansia regeneradora. Los intelectuales y políticos progresistas estaban convencidos de que la clave para la emancipación de las clases populares pasaba por su alfabetización y formación. La educación no solo era un derecho sino también un arma de lucha social. Esta fe contrastaba, sin embargo, con la constatación de que existía un quiebre entre el rápido avance de la alfabetización de las clases populares en las zonas urbanas y la ignorancia enquistada del mundo rural. La distancia, los desafíos geográficos, las diferencias culturales, la falta de docentes preparados y la férrea oposición de los grupos de poder, hacían que los pedagogos se desgañitaran por idear nuevas metodologías que permitieran expandir la ilustración a estos olvidados rincones. Se unía a ello una clara consideración política: desde la época de la Fronda francesa de finales del siglo XVII, el mundo rural había sido el baluarte de las reacciones conservadoras contra los gobiernos progresistas. Engañados por sus patrones y cegados por su ignorancia, reflexionaban los pensadores progresistas, los campesinos se podían convertir en la carne de cañón del oscurantismo.

Durante las revoluciones rusa y mexicana, llevar la cultura y la educación a las zonas rurales había sido una de las obsesiones de los sublevados. Entre las iniciativas más notables se encontraban los trenes culturales puestos en marcha por los vanguardistas soviéticos, para difundir entre los campesinos la buena nueva del comunismo. Llenos de color e imaginación, habían cautivado a quienes veían la educación de las masas como un componente irrenunciable de la revolución. Más recientemente, durante la segunda república española, el gobierno progresista había comisionado a la Institución Libre de Enseñanza para llevar adelante las llamadas "misiones pedagógicas", expediciones de una o dos semanas de duración que llevaban a los empobrecidos pueblos de la meseta y de las zonas montañosas a literatos, poetas, actores y pintores. Allí, ante los atónitos ojos de los lugareños, desplegaban su arte en programas extenuantes que incluían recitales, clases magistrales, talleres de alfabetización, obras teatrales y exposiciones de pintura. También se proyectaban películas de cine y documentales, que casi siempre eran la actividad más aplaudida y recordada.[5]

Aunque su alcance fuera necesariamente limitado, ya que se trababa de experiencias relámpago de pocos días de duración, las misiones pedagógicas se habían convertido en un referente internacional. El nivel de los artistas implicados —que incluía a personajes como la pedagoga María Zambrano y los poetas Rafael Alberti y Federico García Lorca— y su radical apuesta por la innovación pedagógica hicieron que fueran observadas con atención e imitadas en varios países de América Latina. La creación de la Escuela Normal de Tinta bebía en estas y otras muchas experiencias que en esos años pugnaban por renovar la educación rural en todo el mundo. Compartían con ellas su mística y su apuesta por la cultura como herramientas de redención del mundo rural. Las escuelas normales rurales se basaban en la idea de que los extraordinarios desafíos de la educación andina requerían un tipo especial de docente. La emancipación de las masas campesinas de esta parte del país solo sería posible si el Estado se implicaba a fondo para asegurar que cada aldea contara con profesores de primer nivel. Capacidad, compromiso, formación y voluntad por encima de lo normal eran necesarios para encarar el tremendo reto que implicaba la realidad andina, marcada por la adusta geografía, por los persistentes conflictos sociales y por las enormes brechas culturales entre sus habitantes y el mundo urbano. Más que en cualquier otra parte del Perú, era ahí donde la nación debía concentrar sus esfuerzos.

---

5. Al respecto: Alejandro Tiana, *Las misiones pedagógicas: educación popular en la segunda república*, Madrid, La Catarata, 2016.

Los profesores de la Escuela Normal de Tinta debían ser capaces de "liberar a las masas campesinas de la ignorancia, de los vicios y perjuicios, salvarlas de la miseria para acelerar su reincorporación a la civilización y la cultura".[6] Sus egresados serían una suerte de cuerpo de élite docente, la encarnación andina del "nuevo cruzado que ha de optar por el mejoramiento de la condición económica, social, doméstica, higiénica y cultural de los habitantes de las comarcas rurales". Tal como explicaba uno de sus directores, la obligación de quienes aceptaban el reto era trabajar "en el estudio y la solución de los problemas permanentes de la comunidad, en los aspectos sanitarios, higiénico, social, cultural, urbanización, vialidad", así como, "en lo referente al mejoramiento de la técnica productiva tanto agrícola y ganadera como industrial". Esta amalgama de buenos propósitos se reflejaba en un programa formativo extraordinariamente heterogéneo, que incluía visitas a lugares tan diversos como las ruinas del templo de Viracocha, en la cercana localidad de Rajchi, la fábrica de aguas gaseosas del distrito de San Pedro y el Núcleo Escolar Campesino de Queromarca. Culto al pasado, producción y campesinismo: ese podía haber sido el lema de la Escuela.

Imbuida de estos ideales, la Normal de Tinta se convierte desde muy pronto en uno de los referentes de la educación rural cusqueña. Los profesores más brillantes recibían becas del gobierno peruano y de la Organización de Estados Americanos para continuar, junto con otros colegas peruanos, su perfeccionamiento en México, en el recientemente creado Centro Regional de Educación Fundamental para América Latina.[7] Para

---

6. BMC-ECC, 10 de enero de 1955, "Labor cumplida en la Escuela Normal Rural Túpac Amaru".

7. Según las bases establecidas por el Ministerio de Educación, los candidatos a las becas debían tener entre 25 y 40 años, haber concluido estudios de normalista, poseer tres años de experiencia en núcleos educativos campesinos y hablar el idioma quechua. Estas condiciones hacían que la mayoría de los postulantes fueran cusqueños, en gran parte egresados de Tinta. Además, estaban obligados a presentar un certificado de buena conducta expedido por la autoridad política local. Los ganadores se comprometían a regresar al país y a trabajar cinco años adicionales en escuelas rurales. Los cursos en Pátzcuaro duraban 20 meses y las bases establecían que al menos una de las becas debía concederse a una mujer. BMC-ECC, 28 de enero de 1955, "Normas a que se sujetarán maestros concursantes a becas de Pátzcuaro". El CREFAL sigue existiendo, aunque en la actualidad se denomina Centro de Cooperación Regional para la Educación de Adultos en América Latina y El Caribe.

muchos de ellos, esta experiencia de estudio en el extranjero significaría un hito para la maduración de sus sensibilidades políticas. Situado en la localidad michoacana de Pátzcuaro, en pleno territorio del pueblo purépecha, a cinco horas de la capital nacional, el CREFAL estaba vinculado orgánicamente a la UNESCO y era una de las puntas de lanza del entonces vibrante indigenismo mexicano. Su ubicación no era casual. Unos años antes, Pátzcuaro había sido la sede del primer Congreso Indigenista Interamericano, que reunió a personalidades de todo el continente interesadas en el mundo indígena americano. El evento había permitido condensar e institucionalizar muchos de los esfuerzos desarrollados en las décadas anteriores. La delegación peruana había sido una de la más numerosas y activas, ya que incluía representantes de todas las ramas del frondoso árbol del indigenismo nacional, desde las más cercanas a las posiciones oficiales hasta las más abiertamente contestatarias. En Pátzcuaro habían estado Gamaniel Churata, José María Arguedas, Hildebrando Castro Pozo y José Antonio Encinas, entre otros. También dejaron su impronta dos de los más renombrados intelectuales cusqueños de mediados del siglo XX, José Uriel García y Luis E. Valcárcel. Como representante del mundo rural, les acompañaba José Ángel Escalante, diputado nacional por la provincia de Acomayo.

El congreso de Pátzcuaro es el momento clave de maduración del indigenismo americano.[8] Gracias al impulso de Moisés Sáenz, quien hasta pocos meses antes había sido embajador mexicano en Lima, los delegados aprobaron la creación del Instituto Indigenista Interamericano, organismo que debía coordinar las políticas de protección y promoción de las poblaciones nativas de todo el continente. Su sede se situaba en Ciudad de México, y sería este país el que contribuiría en mayor medida a darle su forma definitiva. El CREFAL había surgido de una iniciativa diferente, pero daba en cierta manera continuidad a este espíritu. Su sede se encontraba en una hacienda donada por el expresidente mexicano Lázaro Cárdenas, a quien muchos indigenistas veían como un referente de primer

---

8. Sobre los avatares y significado de este congreso: Laura Giraudo, "Un campo indigenista transnacional y 'casi profesional': la apertura en Pátzcuaro (1940) de un espacio por y para los indigenistas", en Giraudo y Martín-Sánchez, editores, *La ambivalente historia del indigenismo*, pp. 21-97.

nivel, ya que durante su gobierno había impulsado el reparto de tierras y la creación de ejidos por todo el país. Cárdenas había apadrinado el congreso indigenista y también había nacionalizado la industria petrolera, por lo que muchos lo consideraban el más grande revolucionario mexicano desde los días de Villa y Zapata. Su activismo le había ganado el apelativo de "tatá Cárdenas" con el que lo conocían los indígenas michoacanos, en reconocimiento de su labor. Tras cumplir su periodo presidencial había regresado a su tierra natal, desde donde ejercía aún una notable influencia tanto por los cargos que desempañaba como por su ascendiente político.

La presencia de los profesores cusqueños en Pátzcuaro coincide con el paso del indigenismo asimilacionista (que pretendía ayudar a los pueblos indígenas a acomodarse en la sociedad nacional) al indigenismo integracionista (que asumía la importancia de las culturas indígenas como parte intrínseca de la nación). En este tránsito, Michoacán se había convertido en lo que los historiadores mexicanos Lorena Ojeda y Marco Antonio Calderón denominan "una especie de laboratorio para proyectos vanguardistas de desarrollo social".[9] El Proyecto Tarasco, implementado a partir de 1939 por la Universidad de California junto con varias instituciones mexicanas en la comunidades purépechas, era un referente internacional, al aglutinar investigación científica, antropología aplicada y metodologías novedosas de alfabetización en lengua nativa.[10] Aunque el indigenismo integracionista resaltaba la importancia del español como vehículo de comunicación, también defendía el uso de los idiomas indígenas como parte indisociable de la identidad nacional. El Proyecto Tarasco había sido la primera experiencia de cooperación de largo recorrido, bien financiada y sostenida en el tiempo, de una universidad norteamericana en América Latina. Sus integrantes incluían sociólogos, antropólogos, geógrafos, biólogos, ingenieros y toda clase de especialistas. El modelo iba a importarse poco después a Perú, donde la Universidad de Cornell iniciaría en 1952 el llamado Proyecto Vicos, que tomando como referencia esta localidad del

9. Lorena Ojeda Dávila y Marco Antonio Calderón Mólgora, "Cardenismo e indigenismo en Michoacán", *Mexican Studies/Estudios Mexicanos*, vol. 32, n.° 1, 2016, pp. 83-110.

10. "Tarasco" es la denominación que recibe el pueblo purépecha en las crónicas coloniales. El término dejó de usarse a mediados del siglo XX, por considerarse despectivo.

callejón de Huaylas (Áncash), pretendía ser un modelo de transición pacífica de la hacienda tradicional al control campesino de la tierra.[11] Tanto la prensa cusqueña como los incipientes tupacamaristas iban a observar con mucho interés esta experiencia, que se consideraba como una piedra de toque de la modernización de las poblaciones rurales peruanas.[12]

También en el plano político, los años cincuenta eran un momento sumamente interesante para los profesores cusqueños que viajaban a Michoacán. Impulsado en parte por el propio Cárdenas, México asistía a un reverdecer del movimiento agrarista, que reivindicaba el legado y la memoria de los héroes vernáculos, tanto de la época prehispánica como contemporáneos. En Morelos, Rubén Jaramillo y sus seguidores ocupaban tierras mientras enarbolaban el recuerdo de Emiliano Zapata, convertido en una suerte de patrono laico de las reivindicaciones campesinas.[13] Aunque su culto había sido asumido por el Estado, Zapata no había perdido su contenido revolucionario y reivindicativo. En el propio Pátzcuaro comenzaba a revitalizarse el recuerdo del *cazontli* Tangáxoan Tzíntzicha, último gobernante del Imperio tarasco, que había sido ejecutado cruelmente por los españoles, arrastrado por caballos, descuartizado y quemado en la hoguera. A ojos de los cusqueños, las similitudes con Túpac Amaru eran evidentes. Una estatua de Tzíntzicha inaugurada en 1938 se situaba precisamente en la entrada del CREFAL, donde los profesores cusqueños recibían sus clases. Ese mismo año también abría sus puertas la biblioteca municipal de Pátzcuaro, instalada en la nave central de una antigua iglesia del siglo XVI, decorada con un enorme mural obra de Juan O'Gorman, que describía en abigarradas escenas la convulsa historia de Michoacán: los orígenes geológicos del territorio, sus volcanes, lagos y selvas, los primeros pobladores, la expansión del Imperio tarasco, el cataclismo producido con la llegada de los españoles, el programa humanista del obispo Vasco de Quiroga, las humillaciones indígenas y la gesta libertaria de José María Morelos.

---

11. Sobre este proyecto, Ralph Bolton, Tom Greaves y Florencia Zapata, editores, *50 años de antropología aplicada en el Perú. Vicos y otras experiencias*, Lima, Instituto de Estudios Peruanos, 2010.
12. Por ejemplo, BMC-ECC, 2 de julio de 1952, "El indio y la Universidad de Cornell".
13. Tanalís Padilla, *Después de Zapata. El movimiento jaramillista y los orígenes de la guerrilla en México (1940-1962)*, Ciudad de México, Akal, 2013.

La experiencia mexicana permite a los profesores cusqueños observar las similitudes y diferencias entre ambos países. Mientras en México el indigenismo parecía consolidarse, en Perú había entrado en una etapa de estancamiento tras el golpe de Estado que había llevado al poder a Odría en 1948. Valcárcel había sido destituido al frente del recién creado Instituto Indigenista Peruano, y el II Congreso Indigenista Interamericano, celebrado precisamente en Cusco, había resultado sumamente descafeinado. Los discursos oficiales habían significado un retroceso en el tiempo, hasta la época más rancia del asimilacionismo.[14] Entre las lecciones que los cusqueños se traían de regreso estaba la posibilidad de compatibilizar el aprendizaje del español y la alfabetización en lenguas nativas, los relatos nacionalistas en clave anticolonial, la necesidad de un enfoque científico para solucionar el "problema del indio", y el vínculo del agrarismo con la reivindicación de héroes idiosincráticamente indígenas. Estas eran ideas que iban a influir decisivamente en su evolución política futura. La experiencia mexicana les ayudaría también a reevaluar su propio paso por la Normal de Tinta, que ahora adquiría unos colores más radicales. Aún en Pátzcuaro, uno de estos profesores recordaba su formación con palabras que casi rozaban el misticismo. Desde su punto de vista, el hecho de que la Normal de Tinta se situara en el corazón geográfico de la gran rebelión, otorgaba a la escuela un carácter especial, diferente de cualquier otro centro de formación. Sus egresados pertenecían a una estirpe singular de hombres llamados a erradicar de raíz la injusticia de cinco siglos de conquista. "No creo que un alumno o exalumno —recordaba desde México uno de ellos— sea capaz del olvido y descuido de alzar la vista hacia la antorcha que prendiera José Gabriel Condorcanqui". El ejemplo heroico del caudillo caneño debía inspirar "la voluntad, energía y disciplina que tan necesarias son para acelerar el progreso y la cultura del Perú".[15]

A su regreso a Cusco, los profesores formados en Pátzcuaro trataron de replicar estas enseñanzas. Con sus nuevas habilidades, se unen y

---

14. Osmar González, "El Instituto Indigenista Peruano: una historia por conocer" en Giraudo y Martín-Sánchez, editores, *La ambivalente historia del indigenismo*, pp. 147 y ss. La valoración local en *El Sol* (Cusco), 1 de julio de 1949, "Los indianistas".

15. BMC-ECC, 9 de junio de 1954, Guillermo Aparicio, "La Escuela Normal Rural Túpac Amaru de Tinta, una institución al servicio del Perú".

refuerzan un proceso de educación campesina que ya estaba en marcha antes de su partida, y contribuyen a la síntesis de agrarismo, indigenismo e impulso modernizador que caracteriza la primera etapa del tupacamarismo rural. En la década de 1950 se hacen habituales los homenajes a Túpac Amaru en las provincias altas. Se trataba casi siempre de pequeños eventos, organizados por maestros locales, muchos de ellos formados en la Normal tinteña. La asistencia a estos actos era aún reducida y por lo general no contaban con el apoyo de las autoridades locales. Poco a poco, sin embargo, van creciendo en intensidad y frecuencia, hasta reunir a varios centenares de personas. Es el caso de lo ocurrido en el homenaje celebrado en Tungasuca en mayo de 1953.[16] Tanto por sus participantes como por el tipo de actividades llevadas a cabo, se trata de un ejemplo excepcional de las diferentes corrientes que confluyen en el surgimiento del tupacamarismo rural. La organización está a cargo del núcleo educativo campesino de esa pequeña aldea altoandina, a cuyo frente se encontraba César Antonio Guerra, uno de los egresados de la Escuela Normal de Tinta. Imbuidos de ideas indigenistas y regeneracionistas, estos núcleos habían sido creados por Luis Valcárcel durante su estancia al frente del Ministerio de Educación y pretendían convertirse en la punta de lanza de la educación campesina andina. Los jóvenes profesores formados en Tinta eran el tipo ideal de docente que sus promotores buscaban. Más sorprendente *a priori* es la presencia en el homenaje del personal del Servicio Cooperativo Peruano Norteamericano de Educación, una institución mixta de asesoraría docente creada por el propio Valcárcel para acompañar la puesta en marcha de los núcleos campesinos. Según el historiador norteamericano Frank Salomon, el SECPANE "propugnaba un desarrollismo que albergaba en su interior corrientes tan diversas como el evangelismo protestante y el pragmatismo progresista del Columbia Teachers' College, entonces liderado por John Dewey".[17] Aunque entre sus integrantes se contaban

16. BMC-ECC, 3 de mayo de 1953, "Completo éxito alcanzó homenaje a sacrificio de Túpac Amaru II". Salvo que se señale lo contrario, todas las citas de este y los siguientes párrafos provienen de esta fuente.

17. Frank Salomon, "Literacidades vernáculas en la provincia altiplánica de Azángaro", en Virginia Zavala, Mercedes Niño-Murcia y Patricia Ames, editoras, *Escritura y sociedad: nuevas perspectivas teóricas y etnográficas*, Lima, Red para el Desarrollo de las Ciencias Sociales, 2004, pp. 317-345.

instituciones que posteriormente serían muy criticadas, como el Instituto Lingüístico de Verano, el SECPANE era visto en ese momento como una institución progresista, con la que se podía contar como una aliada para fortalecer a las poblaciones rurales y mejorar sus niveles de vida. De ahí que sus integrantes participaran asiduamente en los primeros homenajes a Túpac Amaru e incluso contribuyeran a financiarlos.

Desde su inicio, el SECPCANE había prestado una atención especial a Cusco. Junto con el vecino Puno, el departamento concentraba gran parte de sus esfuerzos, tanto en el plano material como en el número de asesores implicados. Era habitual ver a los "gringos" en las escuelas de las comunidades andinas, acompañando y asesorando a los profesores o desarrollando sus propias tareas a medio camino entre la educación y la evangelización. Las actividades del SECPCANE contaban con el apoyo de CREFAL e incluían la proyección de películas educativas, muy valoradas por los campesinos, para quienes casi siempre era su primera experiencia cinematográfica. También tenían bibliotecas móviles, conformadas con donaciones institucionales o con el apoyo de los "comités de damas" de las capitales regionales. Una de sus principales innovaciones consistía en repartir una taza de leche entre los niños que asistían a las escuelas. La iniciativa se inició en el núcleo educativo de Chinchero y posteriormente se extendió a otras provincias.[18] El trasfondo era una creciente preocupación por el vínculo entre nutrición y formación de las poblaciones rurales campesinas. Según se creía, la falta de proteínas y nutrientes dificultaba el aprendizaje y hacía que el rendimiento escolar de los menores fuera muy inferior al de sus contrapartes urbanas.[19]

Otras presencias destacadas en el evento tupacamarista de Tungasuca eran nada menos que Martín Chambi y Eulogio Nishiyama, dos de los más connotados representantes de la escuela de fotografía indigenista cusqueña. En la cúspide de su carrera profesional y ampliamente reconocidos por sus vecinos, se habían unido a la cruzada por la educación rural

18. BMC-ECC, 13 de abril de 1956, "Secpane establece en presente año taza de leche en todos los núcleos".

19. BMC-ECC, 30 de abril de 1956, José Antonio Valer, "Desnutrición como factor del retraso escolar de la educación indígena: síntesis de un trabajo de educación experimental".

que movilizaba a gran parte de la intelectualidad cusqueña. Junto con el director del SECPANE, esa tarde formaban parte del jurado del concurso de "bellezas indígenas" que amenizó la celebración. También se presentaron grupos folclóricos y, como no podía ser menos, se ofició una misa en recuerdo del héroe rebelde. "La fiesta —refiere una crónica de la época— transcurrió dentro de un ambiente de desbordante alegría", a lo que sin duda contribuyó la presencia de una "orquesta competente".[20] Tras un día de camaradería y buena compañía, los visitantes retornaron a sus hogares ya entrada la noche.

## Éxito en Yanaoca

Indigenistas cusqueños, jóvenes profesores educados en el indigenismo interamericano y cooperantes internacionales de primera generación imbuidos de un ideal a medio camino entre la evangelización, la buena voluntad y la difusión de ideales culturales occidentales. Este es el entorno en el que se desarrollan los primeros eventos abiertamente tupacamaristas de las provincias altas. A ello hay que añadir un elemento adicional: la presencia de sacerdotes de origen rural que poco a poco comienzan a centrar sus prédicas en la población campesina. En esta línea, uno de los más conspicuos organizadores de este tipo de homenajes es Teófilo Uscamaita, párroco de Yanaoca, quien a decir de sus biógrafos era un "encendido defensor de la raza oprimida".[21] A él se le debe el primer gran éxito del tupacamarismo cusqueño: la erección de un monumento a Túpac Amaru en la capital de Canas, la provincia altoandina donde había nacido el líder rebelde.

Aunque natural de Urubamba, Uscamaita era un activista muy conocido en las provincias altas por su incesante empuje en favor del quechua. Incluso había participado en varias reuniones para traducir las sagradas escrituras a este idioma.[22] Las fotografías de la época lo muestran vestido

20. BMC-ECC, 3 de mayo de 1953, "Completo éxito alcanzó homenaje a sacrificio de Túpac Amaru II".

21. BMC-ECC, 20 de mayo de 1970, Germán Carrera Reyes, "Monumentos a Túpac Amaru"; y BMC-ECC, 9 de noviembre de 1970, Genaro Masciotti Cuentas, "Túpac Amaru II".

22. BMC-ECC, 24 de enero de 1969, "Bautismo y misa serán en quechua en Cusco".

con alzacuellos y una larga sotana negra. De corta estatura, complexión robusta, cara redonda y lentes de marco oscuro, mira con decisión hacia la cámara. En las imágenes suele sonreír con el típico gesto benevolente del cura rural que lo ha visto todo, aunque también sabe ser solemne cuando la ocasión lo requiere.[23] La idea de construir un monumento parece haber surgido a mediados de 1956. En abril de ese año tenemos noticia de la iniciativa de un grupo de maestros de Yanaoca para levantar un busto de homenaje al héroe en la plaza de Armas de la localidad.[24] La misma idea se discute en el homenaje que reúne a escuelas de toda la provincia en la cercana población de Tungasuca. Entre los presentes aquel día se encontraban además del propio Uscamaita, otros tupacamaristas de primera hora, tales como César Antonio Guerra e Hilda de Roddho, directora de la escuela de mujeres de Yanaoca. Tras los discursos de rigor, de manera casi improvisada se lleva a cabo una primera colecta en la que además de los profesores participan las principales personalidades locales. Los donativos van desde unos centenares de soles hasta un torete, donado entusiastamente por uno de los asistentes.[25]

Tras este primer evento, es Uscamaita quien toma la iniciativa. Cuenta para ello con la ayuda de un comité creado en la provincia. De la idea inicial de un modesto busto con el rostro de Túpac Amaru, se pasa a concebir un monumento de mayores dimensiones. La propuesta recibe el apoyo del diario *El Sol*, que publica un extenso llamamiento a la colaboración de los vecinos de todo Cusco.[26] Este periódico había sido fundado décadas atrás por Valcárcel y otros intelectuales de la primera generación de indigenistas y tenía fama de ser uno de los más combativos de la sierra sur. En una rara muestra de la capacidad de Túpac Amaru para reunir a perro, gato y pericote, también *El Comercio de Cusco* se muestra favorable al monumento.

23. Un relato completo en Teófilo Uscamaita Huamán, *Historia y odisea del primer monumento a Túpac Amaru II*, Lima, Universo, 1981. Salvo que se señale lo contrario, los datos de las siguientes páginas provienen de esta fuente.

24. BMC-ECC, 10 de abril de 1956, "Maestros rurales de Canas erigirán busto a Túpac Amaru".

25. BMC-ECC, 23 de mayo de 1956, "Homenaje a Túpac Amaru rindieron en núcleo escolar de Tungasuca".

26. *El Sol*, 15 de mayo de 1958, "Se hará monumento a Túpac Amaru II".

Para el vicedecano de la prensa nacional, todas las generaciones peruanas desde la independencia hasta la fecha estaban en "deuda con quien no reparó en el sacrificio de toda su familia, por dar la libertad e independencia a los pueblos americanos que se abatían bajo el yugo español".[27]

La buena acogida de la prensa cusqueña anima a Uscamaita. Con su característica vehemencia envía en pocos meses más de veinte mil cartas a destinatarios de todo el país, solicitando apoyo económico. Esta campaña epistolar se convierte en un referente para las narrativas tupacamaristas posteriores. Es un momento clave en la consolidación de la imagen de Uscamaita como un defensor infatigable de Túpac Amaru.[28] Además de voluntad de hierro, el cura demuestra una gran capacidad de organización. Trabajando largas horas casi en solitario logra movilizar a partidarios de todo el país.[29] Entre quienes reaccionan positivamente se encuentran municipalidades tan lejanas como las de Paita y Chócope, en la costa norte.[30] También los prefectos de Cusco y Arequipa muestran su apoyo. Aun así, los resultados quedan por debajo de lo esperado. Uscamaita atribuye su fracaso a la poca "ética epistolar" de los peruanos, que en muchos casos ni siquiera se dignaban a contestar sus cartas.[31] Pese a los parabienes y a las muestras de apoyo moral recibidas, los fondos no alcanzaban ni para encargar el diseño de la estatua a un artista profesional.

Este primer fracaso no desanima a Uscamaita. En un libro escrito muchos años después se define a sí mismo como un indio de "raza paciente y sufrida, que cuando se le acaba la paciencia embiste, muerde y despedaza".[32] Ni corto ni perezoso, en 1960 impulsa un comité promonumento entre los residentes cusqueños en Lima, al tiempo que consigue el apoyo de varias

27. BMC-ECC, 27 de mayo de 1958, editorial, "Monumento a Túpac Amaru II".

28. BMC-ECC, 6 de mayo de 1961, "Túpac Amaru II. Distribuyó miles de circulares primera piedra del monumento Yanaoca".

29. BMC-ECC, 28 de agosto de 1958, "Existe gran entusiasmo en el Perú para construir monumento a héroe".

30. "Cuenta general del Comité Pro-Monumento a Túpac Amaru II", 23 de noviembre de 1962, reproducida en Uscamaita, *Historia y odisea*, p. 44. La Municipalidad de Paita donó cuatrocientos soles y la de Chócope, quinientos.

31. BMC-ECC, 17 de noviembre de 1969, Teófilo Uscamaita, "Al inmortal Túpac Amaru".

32. Uscamaita, *Historia y odisea*, p. 41.

emisoras de radios regionales para reanudar su campaña de recogida de fondos. Un año después se coloca la primera piedra del monumento. Aunque solo es un acto simbólico, la ceremonia muestra la voluntad de Uscamaita para superar cuantas dificultades se interpongan en su camino. Para ese entonces, el párroco ya había dejado de ser alcalde de Yanaoca y sus relaciones con las nuevas autoridades locales eran tirantes. En un nuevo viaje a la capital nacional, Uscamaita recibe el apoyo de la junta militar entonces en el poder presidida por el general Ricardo Pérez Godoy, que se compromete a ceder los materiales y la chatarra necesarios para construir el monumento. Esta era su segunda apelación a las autoridades limeñas, ya que un tiempo antes había escrito al presidente Manuel Prado Ugarteche, sin obtener respuesta.

Pérez Godoy había accedido al poder para poner fin a las disputas entre los diferentes partidos por el resultado de las elecciones presidenciales de 1962. Aunque breve, algunos autores consideran su paso por el poder como un primer esbozo de reformismo militar. En unos pocos meses inicia una tibia reforma agraria en La Convención y anuncia su intención de modificar el sistema impositivo para que las grandes fortunas pagaran más impuestos. En febrero de 1963 es forzado a dimitir por sus propios compañeros militares y se convocan nuevas elecciones presidenciales. La donación apenas tiene resultados prácticos, pero para Uscamaita supone un revulsivo. La venta de los desechos le permite pagar a un artesano de Maras, que se encarga de la construcción del pedestal. El dueño de la cantera de donde se extraen las piedras era un antiguo amigo y vecino suyo, por lo que puede conseguir un precio especial. De otra manera, el avance del monumento hubiera sido imposible.

La etapa final es la más delicada. El primer diseño de la estatua está a cargo de un profesor cusqueño y es aprobado por la CRYF en 1965. Este trámite no era estrictamente necesario, ya que se trataba de una obra privada, pero Uscamaita quería asegurarse la buena voluntad de las autoridades cusqueñas. Túpac Amaru debía medir más de dos metros, "para que ningún hombre del planeta alcanzara a su altura".[33] Para hacer sitio al monumento, en octubre de ese año se programa la retirada de la pileta que hasta entonces ocupaba la plaza de Armas de Yanaoca. La decisión

33. Uscamaita, *Historia y odisea*, p. 59.

había estado precedida de una fuerte polémica, ya que no todos estaban de acuerdo sobre cuál era el lugar adecuado para el monumento. Las alternativas eran dos: en la plaza de Armas de Yanaoca o en la cima del cercano cerro Santa Bárbara. La primera opción requería remodelar la plaza, retirando la mencionada pileta, mientras que la segunda implicaba reubicar la cruz que desde la altura presidia la localidad.[34]

Uscamaita era partidario de instalar la obra en la plaza de Armas. Desde su punto de vista, la estatua del prócer debía estar en el centro político de la provincia. Además, rechazaba el traslado de la cruz, por considerarlo sacrílego. Para asegurarse de que sus deseos se cumplieran había impulsado la firma de un acta por parte del concejo municipal.[35] Sin embargo, eran cada vez más las voces que se pronunciaban en su contra. En octubre de 1964, al asumir un nuevo gobierno local, una asamblea general de las fuerzas vivas de Yanaoca había recomendado el traslado del monumento. El propio Uscamaita había aceptado en ese momento la decisión de los vecinos, aunque posteriormente se había retractado, volviendo a su idea original.[36] La misma opinión tenía *El Comercio de Cusco,* que si bien reconocía que eran los vecinos de Canas quienes debían decidir, no se privaba de señalar que "lógicamente ese tipo de obras que exaltan el recuerdo de uno de los más ilustres personajes de nuestra historia deben estar situadas en los centros principales de las poblaciones para constituir una lección permanente de patriotismo para las actuales y las venideras generaciones".[37] En el bando contrario se situaba la asociación Altiva Canas, que agrupaba a los residentes de esta provincia en la capital regional. Desde su punto de vista, la estatua debía ubicarse en las alturas, para que se la pudiera contemplar desde todos los distritos circundantes.[38]

---

34. BMC-ECC, 26 de julio de 1965, "Yanaoca dividida por ubicación monumento Túpac Amaru".
35. BMC-ECC, 3 de agosto de 1965, "Erección de monumentos a Túpac Amaru en plaza de armas de la capital provincial: acta". La nota indica que el acta se firmó en mayo de 1961.
36. BMC-ECC, 20 de julio de 1965, "Surgen problemas construcción monumento T. Amaru: Yanaoca".
37. BMC-ECC, 27 de julio de 1965, editorial, "Un homenaje a Túpac Amaru II".
38. BMC-ECC, 17 de agosto de 1965, "Ubicación monumento a Túpac Amaru en Yanaoca". En los días siguientes *El Comercio de Cusco* presenta una "encuesta" realizada

El siguiente reto consiste en obtener el metal necesario para fundir la estatua. El Ministerio de Guerra acude en socorro de Uscamaita, con una donación de 2500 kilos de casquillos de munición que se encontraban abandonados en un cuartel del vecino departamento de Madre de Dios. El párroco se encarga de organizar el traslado de los materiales desde la selva a Cusco, donde se lleva a cabo la fundición con tan mala suerte que las piezas de los moldes resultan ser demasiado gruesas. Mal trabajadas, no logran soldar y la estatua se desmorona. Incansable, Uscamaita organiza el traslado de los casquillos que logra rescatar a Lima, donde encarga una nueva fundición a un conocido artesano italiano residente en la capital. Tras diversos avatares que una vez más están a punto de dar al traste con todo el proyecto, finalmente la obra se presenta en público en una rueda de prensa en mayo de 1966.

En cada paso de esta larga historia, Uscamaita es sumamente hábil en el manejo del lenguaje. Antes las autoridades nacionales, presenta a Túpac Amaru como un precursor de la independencia nacional. En Cusco es un héroe regional andino. Ante sus feligreses de las provincias altas, un héroe de la raza indígena. Esta capacidad para fundir en un solo personaje diferentes narrativas le permite ir poco a poco sumando nuevos apoyos para su cruzada. Tanto en Cusco como en Lima cuenta con el respaldo de los militantes del Partido Aprista Peruano y de Acción Popular, partido este último cuya ideología compartía en gran parte. Gracias a ellos, Uscamaita obtiene los fondos necesarios para pagar la segunda tentativa de fundición. También logra ser recibido por el propio presidente Belaunde, quien acepta el papel de padrino del monumento. Uscamaita es, de este modo, un claro ejemplo de lo que el sociólogo peruano Alberto Vergara denomina "élites regionales antioligárquicas emergentes": reformistas que en los años previos al golpe de Estado de Velasco apuestan por la modernización

entre los residentes caneños en la capital, con diferentes opiniones sobre este tema. Al respecto: BMC-ECC, 17 de agosto de 1965, "Encuesta sobre ubicación monumento a Túpac Amaru II: la opinión está totalmente dividida"; BMC-ECC, 19 de agosto de 1965, "Encuesta sobre ubicación monumento a Túpac Amaru II"; y BMC-ECC, 20 de agosto de 1965, "Encuesta sobre ubicación monumento a Túpac Amaru II".

del país, equidistantes entre los atajos revolucionarios de la izquierda y el inmovilismo de la derecha reaccionaria.[39]

Las memorias de Uscamaita incluyen una serie realmente notable de fotografías del peregrinaje de la estatua desde Lima hasta Yanaoca. Para el traslado se habilita un tráiler de tolva descubierta, sobre el que se coloca la estatua cuidadosamente embalada, cubierta por una enorme bandera nacional. En la capital, antes de partir, los viajeros reciben la bendición del capellán de las Fuerzas Armadas. En la calle los despiden los alumnos del colegio Guadalupe, uno de los más emblemáticos de Lima. De ahí la expedición se dirige a Pisco y Ayacucho, donde las autoridades organizan un acto de agasajo de más de tres horas de duración. Las celebraciones se repiten en Lucanas, donde "la juventud estudiante esperó con cohetes, orquestas y refrescos" para saludar a Túpac Amaru.[40] Solo en Abancay la comitiva encuentra cierta frialdad, que Uscamaita atribuye a las desavenencias que tradicionalmente enfrentaban a esta localidad con los cusqueños, respecto del lugar de nacimiento de Micaela Bastidas, la esposa de Túpac Amaru.

En cambio, la llegada a Cusco es apoteósica. El pueblo cusqueño, recuerda Uscamaita, recibió a su héroe "entre vítores, bombardas, música, altoparlantes que animaban, vivas y algarabía general".[41] Para dar mayor realce a la ocasión, la estatua se había desembalado y colocado en pie sobre la tolva del camión. Las fotografías muestran la asistencia masiva de cusqueños al desfile. La comitiva avanza en medio de banderas peruanas, mientras atraviesa el barrio de Santa Ana y el centro histórico de la ciudad. Al llegar frente al Colegio de Ciencias, el personal administrativo y docente de este emblemático centro educativo cusqueño agasaja a los visitantes con discursos en castellano y en quechua.[42] Con su perenne sotana negra, Uscamaita encabeza el desfile. El acto central del homenaje se desarrolla en la plaza de Armas y cuenta con la participación de las autoridades civiles y

---

39. Alberto Vergara, *La danza hostil: poderes subnacionales y Estado central en Bolivia y Perú (1952-2012)*, Lima, Instituto de Estudios Peruanos, 2015.

40. Uscamaita, *Historia y odisea*, p. 74.

41. Ibíd., p. 80.

42. BMC-ECC, 26 de mayo de 1966, "Pueblo de Cuzco recibió el monumento a Túpac Amaru II".

militares. La estatua da "una vuelta olímpica", acompañada de bandas de música y de una gran multitud de alumnos de los colegios cusqueños. Una vez más, los discursos de bienvenida alternan ambos idiomas. También están presentes *varayoc* procedentes de Pisac y de las provincias altas, que emocionados se abrazan al párroco.[43]

Al día siguiente, el peregrinaje de Túpac Amaru continúa. Enfardelada y desenfardelada varias veces, la estatua desfila en las plazas de armas de Tinta, Chosecani, Pampamarca y Sicuani. En esta última ciudad las autoridades decretan un abanderamiento general, lo que retrasa aún más el viaje.[44] Solo al rallar la noche, el héroe llega a Yanaoca entre la expectativa de "legiones de sus hijos aborígenes". Contagiados por la algarabía del momento, a pesar de estar agotados, los viajeros dan "tres vueltas olímpicas" a la pequeña plaza de Armas. La emoción incluso contagia al habitualmente reservado sacerdote. Para celebrar el éxito de su misión, Uscamaita brinda con una copa de champán con el alcalde de Canas. La fiesta sigue durante toda la noche, amenizada por una banda del Ejército llegada especialmente de Puno. Una fotografía muestra incluso a Uscamaita siendo llevando a hombros por sus feligreses.

Tres semanas después se lleva a cabo la solemne ceremonia de inauguración pública del monumento. Se trata de una auténtica fiesta de exaltación tupacamarista. El monumento incluía un pedestal elaborado con trece piedras de las canteras de Maras, una en representación de cada provincia cusqueña, y una plataforma cuadrangular que simbolizaba las cuatro partes del Imperio inca. La efigie de Túpac Amaru era de cuerpo entero, con el brazo izquierdo extendido a un costado. Su rostro miraba hacia la hoya del Vilcanota, hacia Canchis y Tinta, "escenario de su acción bélica".[45] La gala de inauguración cuenta con delegaciones de toda la región, lo que evidencia que para ese momento el culto al caudillo andino estaba ya bastante extendido. La mayoría de los asistentes eran profesores rurales, con quienes Uscamaita se había vinculado durante su larga

---

43. BMC-ECC, 26 de mayo de 1966, "Triunfal recepción".
44. BMC-ECC, 27 de mayo de 1966, "Monumento a Túpac Amaru llevado hoy a Yanaoca".
45. BMC-ECC, 17 de noviembre de 1969, Teófilo Uscamaita, "Al inmortal Túpac Amaru".

Teófilo Uscamaita recibido por el presidente Belaunde durante su campaña en favor del monumento a Túpac Amaru.
*Fuente*: Uscamaita, *Historia y odisea*.

Triunfal llegada de la estatua a Cusco, mayo de 1966.
*Fuente*: Uscamaita, *Historia y odisea*.

campaña en favor del monumento. Los agasajos se prolongaron durante dos días e incluyeron el abanderamiento de Yanaoca, verbenas, paseos de antorchas nocturnos y la iluminación de las laderas del cerro Santa Bárbara por los escolares de los centros educativos locales.[46]

En la plaza de Armas se instaló un tabladillo donde actuaron grupos folclóricos provenientes de todos los rincones del Cusco. Una caravana de vehículos organizada por la Asociación Canas trasladó a los invitados desde la capital regional. Varias instituciones contrataron adicionalmente autobuses para poder estar presentes. Entre las autoridades destacaba Luis Bedoya, alcalde de Lima y uno de los principales valedores de Uscamaita. También asistió a la inauguración del monumento el congresista Valentín Paniagua, quien muchos años después llegaría a ser el primer presidente

46. BMC-ECC, 20 de junio de 1966, "Delegaciones estudiantiles de las trece provincias asistirán a inauguración de monumento: Túpac Amaru II".

Instalación de la estatua de Túpac Amaru en Yanaoca en mayo de 1966.
*Fuente*: Uscamaita, *Historia y odisea*.

cusqueño de la república en más de un siglo.[47] El discurso de honor, como no podía ser menos, estuvo a cargo de Uscamaita, quien resaltó con palabras emocionadas la trascendencia histórica de su logro. Su condición de cusqueño y sacerdote hacían que el monumento saldara una doble deuda. "Túpac Amaru —habría exclamado en el momento de mayor intensidad emocional del discurso—, un cura te educó, un cura te traicionó y este cura te levanta tu primer monumento".[48]

## La expansión del culto

Me he detenido con detalle en la historia de Uscamaita porque creo que evidencia varios aspectos importantes para entender los orígenes y el desarrollo posterior del tupacamarismo cusqueño. En concreto, son cuatro las

47. BMC-ECC, 8 de junio de 1966, "Inaugúrase monumento a José Gabriel Túpac Amaru".
48. Uscamaita, *Historia y odisea*, p. 111.

ideas que quiero resaltar: (i) el carácter genuino del culto, que es sin duda anterior a su apropiación por parte del gobierno militar; (ii) la vinculación inicial de este culto con los sectores y partidos reformistas que en los años cincuenta y sesenta disputaban el poder regional a la oligarquía tradicional; (iii) el aprecio que Túpac Amaru despertaba incluso en los sectores conservadores del estamento militar, que en varias ocasiones apoyan la construcción del monumento; y (iv) el fervor popular que desde el principio rodea las manifestaciones de homenaje al héroe. Estas características convierten el culto a Túpac Amaru en algo sustancialmente diferente del de los demás héroes nacionalistas peruanos. En ningún otro caso encontramos manifestaciones similares, ni en número ni en entusiasmo.

Por carácter, estilo e ideología, Uscamaita pertenece a una primera hornada de tupacamaristas. Su afán de reivindicación del caudillo rebelde aún no se traduce en una prédica política revolucionaria. Su tejido de relaciones remite a los partidos reformistas, como el APRA y Acción Popular, no a la izquierda revolucionaria. Son sus contactos en estas organizaciones los que le permiten llevar su propuesta a Lima y obtener el beneplácito de las autoridades. Aunque se trataba de dos agrupaciones férreamente enfrentadas en esos años, Uscamaita demuestra un notable talento para navegar entre ambas. Gracias a su larga experiencia en la política local de las provincias altas, conocía a mucha gente y no dudaba en recurrir a su red de contactos para que le abriera nuevas puertas, incluso en las más altas instancias del poder. Este énfasis reformista del tupacamarismo cambia en los siguientes años, a medida que el escenario político cusqueño se radicaliza. Para los nuevos tupacamaristas que emergen a mediados de los años sesenta, el caudillo cusqueño era sobre todo un luchador social. Desde su punto de vista, el recuerdo del héroe caneño no era solo una deuda histórica, sino también un acicate para el activismo. Túpac Amaru se convierte en el emblema de una generación que apuesta por acabar definitivamente con el orden tradicional, que se percibe a sí misma como antioligárquica y que aspira a transformar la región desde sus raíces culturales.

El principal vector de esta radicalización del culto cusqueño es el llamado Comité (más tarde Movimiento) de Reivindicación Tupacamarista, presidido por César Antonio Guerra, un intelectual de larga trayectoria activista en la izquierda regional, con postulados que aúnan el indigenismo y el socialismo. Como Uscamaita, Guerra también se forja en las provincias altas. Formado en la Escuela Normal de Tinta, en su juventud había sido profesor en Acomayo, donde participa en diferentes intentos para fortalecer la educación rural. Sucesivamente se convierte en director de colegio, responsable del núcleo escolar local y supervisor provincial de castellanización y alfabetización. En cada una de estas funciones destaca como infatigable organizador e ideólogo, recibe el reconocimiento de sus superiores y acumula hasta 17 resoluciones de felicitación.[49] En paralelo a su labor docente, Guerra trabaja como periodista en el semanario *Condemayta* fundado por él mismo en honor a una de las principales lugartenientes de Túpac Amaru.[50] Dado a decir las cosas de frente, sincero sin temor a los problemas que esto pudiera causarle, era un infatigable ratón de biblioteca. Era frecuente verlo enfrascado en la búsqueda de documentos inéditos de la gran rebelión, con los que alimentaba sus múltiples artículos de homenaje al prócer.

En las fotografías publicadas en la prensa cusqueña, Guerra proyecta una imagen de sobria elegancia provinciana. Viste siempre terno oscuro y corbata, el pelo engominado y un atildado bigote apenas perfilado. Más que un revolucionario, su imagen evoca a un avezado abogado dispuesto a fajarse ante cualquier tribunal. Según sus propias palabras, su labor de reivindicación tupacamarista se inicia muy temprano. En 1955, es decir, incluso antes de que Uscamaita comenzara a pergeñar su monumento, había impulsado la instalación de un busto a Túpac Amaru en un plantel educativo de Yanaoca.[51] Participa también en los primeros eventos de homenaje que se organizan en la provincia y contribuye a difundir el culto cuando aún eran pocos quienes reivindicaban la figura de Túpac Amaru.

En los años sesenta la actividad de Guerra se hace más intensa. Gracias a los nuevos vientos políticos, la militancia de su movimiento crece y se establecen comités locales en muchos pueblos de Cusco.[52] Sus integrantes

---

49. BMC-ECC, 7 de mayo de 1980, Efraín Tupayachi Castillo, "Un adiós a César Antonio Guerra Pardo".
50. BMC-ECC, 22 de abril de 1971, Manuel Jesús Cubas Almansa, "Monumento a Tomasa Ttito causa impacto en Acomayo".
51. BMC-ECC, 20 de mayo de 1970, "Monumentos a Túpac Amaru".
52. Por ejemplo, BMC-ECC, 16 de junio de 1971, "Se instaló un comité tupacamarista en Sicuani".

Teófilo Uscamaita y César Antonio Guerra durante uno de los primeros eventos tupacamaristas.
*Fuente*: Uscamaita, *Historia y odisea*.

eran casi siempre profesores que veían la cruzada tupacamarista como una continuación de su labor educativa. Reivindicar al héroe rebelde era para ellos una manera de construir poco a poco el nuevo Perú que deseaban para sus alumnos. Los comités tupacamaristas organizaban homenajes en las fechas clave de la gran rebelión, publicaban artículos en la prensa y difundían cualquier libro que se publicara sobre Túpac Amaru. En muchos casos su vida institucional era precaria y difícil. Como no contaban con locales propios, los tupacamaristas debían reunirse en las escuelas, en casa de algún miembro o incluso en las iglesias. Aun así, los comités eran un recurso muy apreciado por los tupacamaristas, ya que dotaban a su causa de visibilidad y legitimidad. Para expandir sus ideas y sumar nuevos adeptos, era frecuente que emitieran comunicados, que se involucraban en los reclamos locales o que actuaran como interlocutores con las autoridades locales y nacionales.

Guerra no estaba solo en sus reivindicaciones. A medida que se consolida el tupacamarismo, el culto comienza a permear todo tipo de organizaciones y movimientos sociales, hasta convertirse casi en una ideología trasversal. El elenco de partidarios incluía asociaciones culturales como el Ateneo Túpac Amaru o la Sociedad "Los Cholos", que durante estos años organizan homenajes en toda la región. Lo mismo ocurre con instituciones emblemáticas del mundo cultural cusqueño, como el Centro de Arte Nativo Qosqo y la Academia de la Lengua Quechua. Más ambigua es la posición del Instituto de Arte Americano, creado en 1937 por José Uriel García. Si bien al principio el IAA es claramente favorable a la reivindicación del caudillo andino como héroe nacional peruano, con el paso del tiempo se distancia de algunas de las manifestaciones más radicales de los tupacamaristas. El culto cuenta además con el fervoroso apoyo de la Asociación Cultural Canchis y de la Asociación Altiva Canas, integradas por residentes de estas dos provincias en la capital regional. Sus integrantes veían en la figura de Túpac Amaru un reflejo del carácter indómito de su tierra natal. En fecha tan temprana como en 1955 habían comenzado a publicar la *Revista Túpac Amaru*, un pasquín a medio camino entre la difusión, la denuncia y la investigación que aspiraba a convertirse en el vocero de Canas.[53] Sus ediciones incluían tanto artículos de actualidad como piezas históricas y homenajes a los héroes andinos. El quinto número, por ejemplo, traía un artículo sobre la influencia de Túpac Amaru en la creación de la Real Audiencia de Cusco, otro sobre la reforma agraria impulsada por Belaunde y un tercero sobre la "mujer caneña en la revolución emancipadora".[54] Al frente del comité editorial se encontraba el catedrático de derecho Octavio Linares, quien contaba en su equipo con connotados tupacamaristas de primera hora, como Juan de la Cruz Salas y el poeta Gustavo Pérez Ocampo.

Gracias a todos estos esfuerzos, en la segunda mitad de los años sesenta Túpac Amaru se convierte en el héroe cusqueño por excelencia. Entre sus más fervientes seguidores se encontraban los intelectuales cusqueñistas que dominaban el paisaje intelectual e institucional local. Desde su punto

53. BMC-ECC, 19 de mayo de 1955, "Asociación caneña Túpac Amaru editará revista".

54. BMC-ECC, 9 de julio de 1965, "Quinto número de revista Túpac Amaru ya está en circulación". Algunos de estos números fueron reproducidos posteriormente por *El Comercio de Cusco*. Por ejemplo, BMC-ECC, 3 de septiembre de 1965, Alcides Estrada, "Túpac Amaru y la creación de la Audiencia del Cuzco".

de vista, Túpac Amaru representaba la quintaesencia del hombre fuerte cusqueño. Era la personificación del cholo forjado a fuego por la naturaleza indómita de los Andes. En su persona se reflejaban todas las virtudes asociadas al "nuevo indio" llamado a regenerar a la patria: recia virilidad masculina, compromiso con los más débiles, orgullo de pertenencia y valentía. Por encima de todo, Túpac Amaru poseía una fibra moral particular que le había llevado a dar su vida en su lucha por el hombre andino. Su ambigüedad étnico-cultural, a medio camino entre el mundo indígena y el mundo mestizo colonial, lejos de ser un problema, reflejaba la propia diversidad de la sociedad cusqueña. Más que cualquier otro personaje de la historia regional, era el resultado del crisol andino. Su sentido telúrico y la profunda emoción que despertaba el recuerdo de su gesta hacían de él un héroe superior a cualquier otro.

Siguiendo el ejemplo de Uscamaita, en 1964 la municipalidad del Cusco nombraba una comisión presidida por el teniente de alcalde, Raúl Echarri.[55] En paralelo se constituía un comité más amplio, encargado de recaudar fondos.[56] En la directiva estaban presentes, entre otros, el alcalde provincial, el presidente de la corte de justicia regional, el comandante de la IV Región Militar, el arzobispo del Cusco y el subprefecto. Alentados por su presencia, todas las fuerzas vivas de la ciudad se sumaron a la campaña en favor del monumento a Túpac Amaru. Nadie se quería quedar atrás y correr el riesgo de ser tildado de anticusqueño. El Club de Leones anunció la entrega de 20.000 soles, "dando de esta manera una generosa muestra de patriotismo".[57] Poco después se sumó la Junta de Vigilancia de la Corporación de Reconstrucción y Fomento del Cusco.[58] Pero estos apoyos fueron insuficientes. La aparente unanimidad se quebró cuando llegó el momento de decidir dónde debía colocarse el monumento. Los

55. BMC-ECC, 29 de junio de 1965, "Monumento al Piel Roja: comisión municipal estudia posibilidad de retirarlo".

56. BMC-ECC, 6 de agosto de 1965, "Pro Monumento a Túpac Amaru: el concejo abre cuenta especial en su tesorería".

57. BMC-ECC, 4 de agosto de 1965, "Club de Leones dona 20 mil: monumento a Túpac Amaru".

58. BMC-ECC, 6 de agosto de 1965, "Condeciv donará para monumento a Túpac Amaru II".

partidarios más entusiastas insistían en la plaza de Armas, mientras que otros consideraban que debía buscarse un lugar alternativo, para no perjudicar el estilo histórico del centro urbano.[59]

La pasión tupacamarista alcanza también a otras provincias cusqueñas. Un artículo de prensa recordaba que existían en la región hasta siete comités enfocados en la construcción de monumentos o en la celebración de homenajes.[60] En 1964 el propio Belaunde había reinaugurado la escuela de Tinta bautizada con el nombre del prócer, cerrada unos años antes. Por entonces se consolida también la práctica de conmemorar los episodios clave de la gesta anticolonial con eventos públicos, conferencias o desfiles. El escenario en ocasiones eran las propias localidades donde los trágicos sucesos habían tenido lugar.[61] Otras veces su organización estaba a cargo de asociaciones que agrupaban a los residentes de las provincias altas en la capital regional.[62] También se sumaban organismos públicos y colegios profesionales que deseaban enaltecer la figura del prócer.[63] Con todos estos esfuerzos, los homenajes a Túpac Amaru entran definitivamente a formar parte del panorama festivo cusqueño. Dejan de ser celebraciones marginales circunscritas a comunidades de culto aisladas, para convertirse en eventos de referencia, en los que participaban las autoridades y los intelectuales más importantes de la región.

Esta efervescencia de homenajes, seguidores y asociaciones evidencia la rápida maduración del tupacamarismo. En vísperas del golpe de Estado,

---

59. BMC-ECC, 24 de julio de 1965, Zora Carvajal, "Monumento a Túpac Amaru en Plaza de Armas: Cuzco"; BMC-ECC, 14 de noviembre de 1966, editorial, "Monumento a Túpac Amaru"; y BMC-ECC, 24 de noviembre de 1966, editorial, "Monumento a Túpac Amaru II".

60. BMC-ECC, 7 de agosto de 1965, Nicanor Jara, "Monumento a Túpac Amaru II".

61. BMC-ECC, 13 de mayo de 1964, "Organizan festejos aniversario ejecución héroe Túpac Amaru II".

62. BMC-ECC, 19 de mayo de 1964, "Entidad caneña rindió homenaje: Túpac Amaru"; BMC-ECC, 19 de mayo de 1966, "La Asociación Cultural Altiva Canas rindió homenaje a Túpac Amaru II"; BMC-ECC, 18 de mayo de 1967, "A. C. Altiva Canas homenajeará a Túpac Amaru II: audición radial".

63. BMC-ECC, 18 de mayo de 1961, "Homenaje a 180 aniversario de Túpac Amaru II rendirán dos organismos"; BMC-ECC, 18 de mayo de 1966, "Hoy rinden homenaje a T. Amaru II".

se trataba ya de una corriente firmemente asentada en Cusco. Desde sus modestos comienzos rurales, los tupacamaristas se habían extendido a las zonas urbanas, hasta el punto de casi haberse convertido en una ideología trasversal, compartida por la mayor parte de la población y de las élites culturales cusqueñas. Autoridades, artistas, periodistas y líderes sociales estaban de acuerdo con la necesidad de exaltar al caudillo rebelde. La llegada al gobierno de los militares iba a proporcionar a los tupacamaristas una oportunidad como nunca habían tenido antes para difundir estas ideas por todo el país.

# 3

# Tiempo de revolución

El golpe de Estado de Velasco fue recibido en Cusco sin demasiada sorpresa. Desde semanas antes no se hablaba de otra cosa. Era quizás el pronunciamiento más anunciado de la historia peruana.[1] En la prensa local, predomina la resignación. "En la madrugada de hoy —leemos en un editorial— el tembloroso mensaje intermitente que latía a través del éter nos ha dado la noticia infausta de que el primer mandatario nacional había sido una vez más sometido al vejamen de ser extraído por la fuerza".[2] A nadie sorprendía que los militares se hicieran con el poder nuevamente, apenas cinco años después de haber abandonado el palacio de gobierno por última vez. La desconfianza se agudiza cuando la Junta Militar

1. El analista peruano afincado en Estados Unidos Silvio Rendón, afirma que un funcionario norteamericano habría recibido información confiable en los días anteriores al Golpe, señalando que este estaba a punto de realizarse. Sin embargo, por razones oscuras, sus superiores habrían decidido no trasmitir la información a Washington. Al respecto: Rendón, *La intervención de los Estados Unidos en el Perú: desde el proyecto del protectorado hasta los Wikileaks*, Lima, Sur, 2013, pp. 110 y ss. Los diferentes relatos y la secuencia de conspiraciones que llevaron al Golpe se analizan con detalle en Fernando Elche Díaz, "La lógica de las crisis políticas: los golpes de Estado de 1968 y 1992 en Perú", tesis para optar al grado de doctor en ciencia política, Universidad Complutense de Madrid, 2008. Un buen resumen del ambiente de las semanas previas al Golpe en Christabelle Roca-Rey, "La crónica visual de un golpe anunciado", *Mana Tukukuq Illapa*, n.°11, pp. 40-49, 2014.
2. BMC-ECC, 3 de octubre de 1968, editorial, "3 de octubre de 1968".

publica al día siguiente del golpe un reglamento de funcionamiento, en el que se arroga por completo los Poderes Ejecutivo y Legislativo. Para los periodistas cusqueños, la rápida aprobación de este reglamento mostraba que el derrocamiento del presidente Belaunde había sido cuidadosamente planeado. Lo que más preocupaba eran las intenciones de los nuevos amos del país: quiénes eran, qué querían y hasta cuándo pensaban quedarse en el poder. El nuevo reglamento sorprendía porque suponía ir "más allá de lo que nos tenían acostumbrados otros antecedentes de esta índole".[3]

Pero esta desconfianza iba a durar poco. Casi desde el mismo momento del golpe de Estado, el gobierno militar muestra un genuino interés por afirmar su posición mediante el uso de una retórica nacionalista exaltada. En sus primeros comunicados, los alzados arremetían con fuerza contra el defenestrado presidente, quien para entonces ya estaba exiliado en Argentina. Sin tiempo para cambiarse, aún en ropa de dormir, había sido embarcado por sus captores militares la misma noche del golpe. Belaunde, afirmaban los uniformados, había traicionado la voluntad popular, al orientar sus decisiones a "la defensa de los intereses de los poderosos, con prescindencia de las aspiraciones del pueblo". Su gobierno se había caracterizado por "la indefinición, la componenda, la inmoralidad, el entreguismo, la claudicación, la improvisación y la ausencia de sensibilidad social". Todos estos eran "caracteres constitutivos de un mal gobierno, que en tales condiciones no debía seguir detentando el poder".[4]

Esta línea nacionalista de justificación del golpe se afianza en los siguientes días. La nacionalización de las instalaciones petroleras de la costa norte, hasta entonces en manos de empresas norteamericanas, es un golpe maestro de relaciones públicas.[5] La popularidad de Velasco y sus colegas

---

3. BMC-ECC, 4 de octubre de 1968, editorial, "Una declaración que hace falta".

4. Todas las citas de este párrafo proceden de "Manifiesto del Gobierno Revolucionario de la Fuerza Armada", 2 de octubre de 1968, citado en Elche Díaz, "La lógica de las crisis políticas", p. 166.

5. El deseo de que la intervención tuviera una escenografía espectacular, que ganara para el nuevo gobierno el apoyo popular, es planteado por el propio Velasco en la sesión del consejo de ministros que decide la ocupación. Ante un cuestionamiento del ministro de Guerra sobre la idoneidad de la medida, el presidente habría respondido que la ocupación militar "por el hecho de ser personal sindicalizado, era una medida de seguridad, que además buscará crear impacto sobre el pueblo, además

se dispara. La audacia del gesto consigue incluso apaciguar la reticencia de los presidentes democráticos de los países vecinos, que temían que en Perú se instaurara una dictadura militar reaccionaria, al estilo de la que por entonces gobernaba en Brasil.[6] En Cusco, una de las ciudades más nacionalistas del país, la intervención suscita un apoyo decidido desde el primer momento. La prensa no puede esconder su sorpresa ante la resolución mostrada por los gobernantes. Por la mañana, los rumores y el retraso sin justificación aparente de los aviones procedentes de Lima parecían apuntar a que algo grave estaba ocurriendo. Aun así, "el lacónico mensaje dirigido al país a las 13 horas por el presidente de la Junta Militar Revolucionaria, dejó perpleja a la ciudadanía toda".[7] En los años anteriores, los políticos habían propuesto la nacionalización muchas veces, pero nunca la habían llevado a cabo, por las dificultades políticas y logísticas que implicaba. A los cusqueños les sorprendía la decisión en sí misma, pero sobre todo la velocidad con la que los militares habían ejecutado las operaciones sobre el terreno. El ejército peruano tomaba las instalaciones petroleras de Talara en el mismo momento en que la nacionalización se anunciaba a través de la radio nacional, en lo que a partir de entonces se recordaría como el "Día de la Dignidad Nacional".

El petróleo era una espina clavada en el corazón de los nacionalistas peruanos. Los problemas con la International Petroleum Company habían empezado casi desde el mismo momento de la llegada de la compañía a la costa norte, a principios del siglo XX. La apertura de los pozos está rodeada de polémica. Para asegurar su primacía, la IPC se enfrenta con las compañías petroleras inglesas que también ambicionaban La Brea y Pariñas y con el propio gobierno peruano. En 1922, un laudo arbitral emitido en Francia había dado la razón a los norteamericanos. Para los peruanos esta sentencia era el paradigma del imperialismo que saqueaba su país. Era un recuerdo humillante que permanecía indeleble en su memoria, una

---

garantizar el normal abastecimiento del producto". Borradores de las Actas del Gobierno Revolucionario de la Fuerza Armada, sesión de 3 de octubre de 1968.

6. Véase las referencias a las reacciones de los presidentes de Chile, Colombia y Venezuela, en Borradores de las Actas del Gobierno Revolucionario de la Fuerza Armada, 11 de octubre y 14 de octubre de 1968.

7. BMC-ECC, 10 de octubre de 1968, editorial, "Petróleo para el Perú".

afrenta al orgullo nacional. El propio Belaunde había construido parte de su prestigio atacando a la compañía, con la promesa de recuperar el petróleo de la costa norte. Sin embargo, una vez en el poder, sus ínfulas habían decaído y había preferido negociar un acuerdo amigable en lugar de la ansiada expropiación. Unas semanas antes del golpe se habían filtrado a la prensa algunos detalles del arreglo, lo que había encrespado los ánimos nacionalistas. El gobierno peruano prometía entregar a la IPC una indemnización que muchos consideraban muy por encima del valor de los pozos. Los nacionalistas veían la actitud de Belaunde como una traición, una suerte de regalo extra a los gringos después de que durante siete décadas la compañía explotara para su propio beneficio un recurso que sobre el papel pertenecía a la nación.[8] Los golpistas querían aprovechar el ambiente contrario a Belaunde y al mismo tiempo establecer firmemente las bases de su poder.

La nacionalización está acompañada unos días después por otros dos anuncios con un profundo impacto local: la reorganización de Comisión de Reconstrucción y Fomento del Cusco (CRYF), la poderosa institución creada para sacar a flote la ciudad tras el terremoto, y el anuncio de un próximo desembolso de fondos para continuar el asfaltado de la carretera entre Cusco y Sicuani.[9] En ambos casos se trataba de medidas que apuntaban al corazón de las demandas cusqueñas. Eran cuestiones pendientes desde hacía años y se encontraban en los primeros lugares de todos los pliegos de reclamos enviados a las autoridades limeñas. Su culminación se consideraba imprescindible para dinamizar la economía regional y superar la larga crisis derivada del terremoto. Al anunciar su rápido

8. Según el historiador peruano Alejandro Santistevan, la sospecha de que el acuerdo estaba a punto de firmarse sería uno de los disparadores que habrían impulsado a los militares a actuar sin mayores retrasos. Alejandro Santistevan Gutti, "Perú y Estados Unidos entre 1968-1974: de la expropiación de la IPC al Acuerdo Green-De la Flor", ponencia preparada para el coloquio internacional "El Gobierno Revolucionario de la Fuerza Armada, 1968-1975: nuevas miradas sobre el velasquismo y su legado", Lima, 14-16 de junio de 2016.

9. BMC-ECC, 14 de octubre de 1968, "Comisión reorganizadora para la CRYF nombró Junta Revolucionaria"; y BMC-ECC, 18 de octubre de 1968, "Gobierno militar hará realidad carretera Cuzco-Nazca-Desaguadero".

cumplimiento, el gobierno sumaba puntos adicionales para ganarse el favor de los cusqueños.

Estas promesas consolidan el apoyo mayoritario al gobierno militar.[10] Poco después se anuncia la revisión del Programa de Desarrollo Comunal puesto en marcha por el gobierno de Belaunde en las zonas rurales altoandinas, como parte de un tibio intento de reforma agraria. La iniciativa estaba financiada por el Banco Interamericano de Desarrollo y se desarrollaba en siete zonas del país: el valle del Mantaro; la meseta de Bombón; Puno; Sicuani; Andahuaylas; Cangallo; y el Callejón de Huaylas. El objetivo era promover intervenciones conjuntas de los ministerios de Educación y Trabajo, junto con el Instituto Nacional de Planificación, el Instituto Nacional de Cooperativas, la Oficina Nacional de Reforma Agraria y el Banco de Fomento Agropecuario. Belaunde confiaba en que esta iniciativa pusiera fin a la conflictividad agraria y pacificara las zonas rurales, afectadas por huelgas y tomas de tierras, sin radicalizar al campesinado. Las cosas, sin embargo, no habían salido como pensaba. Aunque al principio había generado reacciones positivas, en los meses anteriores varias denuncias de malos manejos e incidentes entre las comunidades y los funcionarios habían echado por tierra el prestigio del Programa de Desarrollo Comunal. Sus trabajadores "se limitan a realizar paseos por los diferentes pueblos", escribe ácidamente un periodista de Sicuani.[11] Otro reclamo apuntaba que en esa misma dependencia "ofician como procuradores dos funcionarios, uno de ellos no tiene secundaria completa y otro con estudios de derecho inconclusos".[12] Un tercero "decía ser ingeniero y en realidad estaba matriculado en el primer año de ingeniería civil". Muchas de estas denuncias eran producto de luchas por el poder dentro de la administración pública. Estaban motivadas por la envidia que despertaba la llegada a las zonas rurales cusqueñas de profesionales provenientes de Lima, encargados de implementar la incipiente reforma agraria. Pero otras tenían mayor carga política. Muchos campesinos consideraban que

10. Por ejemplo, BMC-ECC, 23 de octubre de 1968, "Felicitaciones al presidente de la Junta Militar de gobierno".

11. Ibíd.

12. BMC-ECC, 14 de octubre de 1968, "Suprimirán programa de desarrollo comunal".

el belaundismo era solo un paliativo para mantener la paz social y detener la toma de tierras, e incluso se habían levantado voces que pedían sustituir el programa por una reforma agraria más radical.

La cruzada regeneradora del gobierno revolucionario en Cusco se completa con la reorganización de la delegación regional de educación en los primeros días de noviembre.[13] La impresión general era que en un mes Velasco y sus colegas habían hecho más por Cusco que sus antecesores en varios años al frente del país. Lo único que suscitaba algunas dudas era la actitud de los militares hacia los medios de comunicación, que había llevado al cierre de dos periódicos y dos emisoras de radio en la capital nacional.[14] En diciembre, la simpatía con el gobierno militar se traduce en el apoyo masivo a Velasco, ante una supuesta amenaza de intervención norteamericana.[15] Esta es la primera gran demostración pública de adhesión al gobierno militar, una práctica que se convertirá en común en los siguientes años. Cuando sientan que la dignidad nacional está amenazada, los cusqueños cerrarán filas con los militares, saldrán a las calles y mostrarán su apoyo al gobierno. Aun cuando no siempre estén de acuerdo con sus políticas, el discurso nacionalista y antiimperialista de Velasco tendrá siempre una fuerte acogida en la ciudad.

## Buscando una nación

Desde su llegada al poder, el gobierno de Velasco sorprendió a los peruanos por la vehemencia de su retórica y por lo ambicioso de sus medidas reformistas. Esta sorpresa dio paso en poco tiempo a un virulento debate sobre la naturaleza del nuevo régimen: ¿estaba el Perú ante una revolución socialista desde arriba?, ¿era la enésima reedición latinoamericana del bonapartismo militar?, ¿se trataba de un movimiento naserista que combinaba nacionalismo extremo y modernización autoritaria? ¿O solo era, como pretendía la izquierda radical, una mascarada reformista para lavarle

---

13. BMC-ECC, 8 de noviembre de 1968, "Reorganizarán las regiones educación".

14. BMC-ECC, 4 de noviembre de 1968, editorial, "Algo inexplicable".

15. BMC-ECC, 14 de diciembre de 1968, "Cusco está en pie en defensa de la soberanía nacional".

la cara a la oligarquía tradicional? Cada una de estas interpretaciones tenía sus propios defensores y detractores. En el debate participaban tanto peruanos como extranjeros. Por unos años Perú se convirtió en uno de los puntos calientes de la discusión académica internacional. La victoria de Salvador Allende en Chile en 1970 hizo que incluso comenzara a hablarse de una vía latinoamericana al socialismo. A pesar de que las relaciones entre ambos países estaban marcadas por una fuerte enemistad y desconfianza, existía la sensación de que algo se estaba moviendo en América Latina.

Esta variedad de interpretaciones diferentes sobre el velasquismo evidencia la confusión que produjo la política reformista del gobierno militar. En los años anteriores se había extendido en el país un cierto ánimo reformista, la idea de que era necesario ensayar una tercera vía entre la revolución y el orden tradicional. La experiencia del gobierno democristiano de Eduardo Frei en Chile era un referente citado con frecuencia. El propio Belaunde había llegado al poder con la promesa de poner fin al orden político tradicional, al frente de un movimiento de regeneración democrática que pretendía modernizar el país y disminuir las enormes diferencias económicas. Su falta de capacidad política para llevar adelante las reformas había acabado, sin embargo, por decepcionar a gran parte de sus partidarios. Velasco, que era el jefe de la Fuerzas Armadas, se encontraba en este grupo de desencantados. Era un militar reformista, cercano políticamente a la democracia cristiana, al que la dinámica del régimen militar, la furibunda resistencia de los sectores oligárquicos a las reformas y su propia actitud personal —muy confrontativa— contribuían a radicalizar.[16]

Un gobierno militar reformista era algo poco común en América Latina. Aunque existían algunos antecedentes en otros países de la región, ninguno de los gobiernos militares reformistas de los años sesenta era tan radical como el peruano.[17] Ninguno se había atrevido a emprender

16. El propio Velasco reconoció su cercanía a la Democracia Cristiana en su famosa entrevista con el periodista César Hildebrandt poco antes de morir en 1977. *Caretas* (Lima), 3 de febrero de 1977, "Velasco se confiesa", pp. 29-35.

17. Rosemary Thorp y Geoffrey Bertram, *Perú: 1890-1977. Crecimiento y políticas en una economía abierta*, Lima, Mosca Azul, 1985. La Junta Militar de 1962 liderada por Ricardo Pérez Godoy había tenido ya un leve sesgo reformista, incluyendo un programa piloto de reforma agraria y un esbozo de reforma tributaria para que las grandes fortunas pagaran más. Sin embargo, por su propia concepción inicial, esta

reformas de tanto calado, ni tampoco ninguno manejaba una retórica nacionalista tan sumamente exaltada. Esta radicalidad se explicaba en parte por los propios orígenes sociales de muchos de sus integrantes. Desde finales de los años cuarenta, el Ejército peruano se había diversificado, dando cabida en su interior a oficiales procedentes de sectores medios y bajos, para quienes la carrera militar presentaba indudables atractivos, en cuanto a movilidad social y acceso al poder. En el otro extremo de la escala social, la modernización castrense había permitido que por primera vez hubiera uniformados con formación académica, incluso en disciplinas que no tenían nada que ver con los oficios de armas.

Esta transformación se percibía sobre todo en la rama terrestre de la Fuerzas Armadas, a la que pertenecía Velasco, mientras que la Aviación y la Marina eran todavía reductos conservadores. El Ejército era también el cuerpo más profesional y el que actuaba con mayor autonomía respecto de las élites económicas. En 1951 se había creado en su seno el Centro de Altos Estudios Militares, con el objetivo de proporcionar a los uniformados una formación que fuera más allá del ámbito estrictamente castrense y que les permitiera tener una visión más completa de la realidad nacional e internacional. Inspirado en instituciones similares de los Estados Unidos y Europa, el CAEM debía ser un vivero de ideas y análisis sobre los cambios que el Perú necesitaba. El resultado sería el surgimiento de una doctrina militar propia, que no necesariamente coincidía con los deseos de las élites limeñas.[18] La preocupación por las dificultades políticas que atravesaba el país, empantanado en la confrontación entre la oligarquía tradicional

---

Junta tuvo un impacto limitado, ya que su misión autoasumida era la de convocar nuevas elecciones en el plazo de un año tras el golpe de Estado. Al respecto: Elche Díaz, "La lógica de las crisis políticas", pp. 90 y ss.

18. La influencia del CAEM en la conformación del espíritu y la ideología de los militares reformistas ha recibido diferentes valoraciones. Para Dirk Kruijt, la institución haría sido el factor decisivo que explicaría la emergencia y consolidación del grupo de "jóvenes turcos" articulado en torno a Velasco. Masterson es más escéptico y reduce su importancia frente a otros factores, como la influencia de las prédicas humanistas de la Iglesia católica. Al respecto: Kruijt, *La revolución por decreto: el Perú durante el gobierno militar*, Lima, Instituto de Defensa Legal, 2008 (primera edición de 1989); y Daniel Masterson, *Fuerza Armada y sociedad en el Perú moderno: un estudio sobre relaciones civiles-militares*, Lima, Instituto de Estudios Políticos y Estratégicos, 2001, pp. 345 y ss.

y los partidos reformistas, llevaría a los oficiales a concebirse a sí mismos como la única solución posible para manejar una transformación controlada desde arriba, que evitase que el Perú cayera en manos del comunismo.

Los militares estaban convencidos de ser el cuerpo más cohesionado y el mejor preparado para identificar el interés nacional. De ahí que dominaran por completo el diseño de las políticas públicas y su implementación. Además del consejo de ministros, Velasco contaba con la ayuda del denominado Comité de Asesoramiento a la Presidencia, integrado por un número reducido de compañeros de armas de la máxima confianza del dictador. A diferencia del gabinete, que debía respetar los equilibrios entre las diferentes sensibilidades de la Fuerzas Armadas, el COAP se caracterizaba por su homogeneidad y sería el principal valedor de las políticas nacionalistas radicales. En ocasiones, incluso llegaría a disputarle el poder real al consejo de ministros.[19] El presidente también contaba con un reducido grupo de asesores civiles, muy influyentes, que serían clave en el diseño de algunas de las reformas más espectaculares del régimen, como la reforma agraria.

Velasco no quería ser un gobernante más. Su objetivo era transformar radicalmente el Perú y pasar a la historia como uno de los grandes héroes de la nación, a la altura de quienes lucharon por la independencia contra los españoles. Su pensamiento político se caracterizaba por la grandilocuencia castrense y estaba marcado por un fuerte sentido de misión. Se trataba de un militar enérgico, que quería transformar su país para adecuarlo a su propia visión. Su punto de partida, como el de gran parte de

---

19. Fernando Elche Díaz señala que el COAP habría sido la fuerza fundamental detrás de la decisión de ocupar rápidamente las instalaciones de la International Petroleum Company, mientras que el consejo de ministros se habría opuesto inicialmente. Al respecto: Elche Díaz, "La lógica de las crisis políticas". Esta interpretación se comprueba al analizar los borradores de las actas de consejo de ministros. En la sesión del 3 de octubre, el mismo día del golpe de Estado, Velasco plantea abiertamente la urgencia de emprender la ocupación. En cambio, se muestran reticentes el ministro de Relaciones Exteriores, quien "indicó que la intervención en la Refinería no es legal, que no está involucrada en los arreglos establecidos", y el ministro de Guerra, quien habría señalado "que no estaba de acuerdo con la ocupación militar del complejo de Talara ya que en realidad era muy fácil sabotear y serían simples espectadores del trabajo de la Compañía". Borradores de Actas del Consejo de Ministros del Gobierno Revolucionario de la Fuerza Armada, sesión del 3 de octubre de 1968.

sus compatriotas, era la idea de que el Perú se encontraba muy por debajo de lo que merecía de acuerdo con su historia y su importancia cultural. Se habría tratado de una de las civilizaciones pioneras de la humanidad, por lo que su sitio estaba entre las grandes naciones del mundo. Su naturaleza y su historia se podían comparar con ventaja con las de cualquier otro país, no solo en la región sino en cualquier continente. La razón de que esta promesa peruana no se hubiera cumplido había que buscarla en el dominio embrutecedor de la oligarquía tradicional, un conjunto de familias de raigambre criolla que habían mandado en el país desde la independencia, traicionando los ideales de los próceres de la nación. Su egoísmo, avaricia, racismo y falta de visón de país habían llevado al Perú a un abismo de decadencia económica y moral. Solo una acción decidida imbuida de patriotismo y energía podía revertir el declive, devolviendo al Perú al lugar que merecía.

El nuevo caudillo peruano tenía orígenes humildes. Más que un pensador, era un hombre de acción. Su carácter se había forjado en el propio ejército, y pese a sus ideas sociales avanzadas, tenía una visión del mundo profundamente moralista, jerárquica y autoritaria. Su proyecto político no pasaba por el reconocimiento de la diversidad peruana, ni por potenciar la autodeterminación de sus diferentes grupos integrantes —temas que en ese momento estaban muy lejos de la agenda política latinoamericana—, sino por la uniformización y la adecuación de todos los ciudadanos a un molde ideal de peruano auténtico. En términos morales, era un gobierno profundamente conservador, incluso para el contexto latinoamericano. El propio Velasco era un ferviente católico e imponía a sus ministros la asistencia semanal a misa. En términos políticos se declaraba revolucionario, pero recelaba del comunismo, al que consideraba tan nocivo para las esencias peruanas como la propia oligarquía tradicional. En el contexto álgido de guerra fría que atravesaba América Latina, comunistas y oligarcas se veían como fuerzas sujetas a intereses extranjeros y por lo tanto opuestas al verdadero patriotismo nacionalista que el gobierno militar quería potenciar.

La propaganda oficial presentaba al velasquismo como una "segunda independencia", asentada sobre las ideas de dignidad nacional y revalorización de la cultura peruana. Estas dos eran las líneas centrales del mensaje que el gobierno militar quería trasmitir a la población. Se trataba de peruanizar el país, tal como afirmaba una frase atribuida a José Carlos Mariátegui, cuyo espíritu compartían la mayor parte de los militares reformistas. La peruanización implicaba reformas sociales, políticas y económicas, pero también era una cruzada cultural. Suponía elaborar nuevos mitos nacionales que fueran capaces de catalizar el patriotismo de los peruanos, venciendo la influencia extranjera y poniendo las bases para el triunfo de la cultura nacional. Era necesario rescatar lo que se estaba perdiendo y evitar que las nocivas influencias extranjeras pervirtieran las obras y el pensamiento de los peruanos.

El propio Velasco había esbozado este planteamiento de manera directa en una intervención ante intelectuales y académicos de todo el mundo, reunidos en la sede del Instituto de Estudios Peruanos para asistir al 39.° Congreso Internacional de Americanistas en 1970. La experiencia peruana era, desde su punto de vista, una "aventura en el pensamiento y en la acción".[20] Lograr el deseado éxito demandaba lo mejor de los peruanos. La transformación debía afectar tanto a las estructuras sociales como al alma de cada poblador de la costa, de la sierra y de la selva. Era necesario "un gigantesco esfuerzo creador, una nueva visión de sus problemas sociales más profundos, una fecunda e imaginativa política cultural que aparejada a los cambios estructurales hoy en marcha, refuerce la posibilidad de formar los valores de una nueva moralidad social y de una nueva cultura en el Perú".

Para el jefe de Estado, el nacionalismo suponía fomentar y defender una manera peruana de estar en el mundo, una manera propia de hacer las cosas, de pensar y de sentir. "Tenemos el derecho a ser nosotros mismos —expresó— por estar convencidos de que solo en esta forma la experiencia peruana puede ser realmente valida y puede, por tanto, ser una contribución a otros pueblos".[21] El camino para lograrlo consistiría en rescatar las esencias ancestrales de la nación, misión que cabía tanto a los intelectuales como a los artistas dirigidos por el propio gobierno revolucionario.

La culminación de este programa de reencuentro con el alma ancestral de la nación tendría lugar en mayo de 1975, con la aprobación de la

---

20. *El Peruano* (Lima), 10 de agosto de 1970, Juan Velasco Alvarado, "Queremos una sociedad donde el hombre no solamente tenga más, sino que sea más, dijo el presidente Velasco en cita de Americanistas".
21. Ibíd.

ley que declaraba el quechua como idioma oficial del Perú, en igualdad de condiciones con el español.[22] Aprobada cuando el régimen se encontraba en su etapa final, esta era la norma lingüística más radical de América Latina, ya que establecía que la enseñanza de la lengua de los incas debía ser obligatoria en adelante para todos los peruanos en edad escolar, independientemente de su condición social, de sus orígenes culturales y del lugar de la república donde hubieran nacido. En su extremada ambición, esta ley era una buena síntesis de algunas de las características principales del gobierno militar: un optimismo desmesurado sobre su capacidad para cambiar por decreto la realidad del Perú, acompañado de un desconcertante desconocimiento de las reales capacidades del Estado peruano para llevar a buen término las medidas reformistas, tanto por la falta de presupuesto y de personal capacitado como por las resistencias políticas que existían en su interior frente al programa revolucionario.

## El nacimiento del tupacamarismo oficial

El proyecto político e ideológico velasquista es la levadura que permite que el culto a Túpac Amaru se extienda por todo el país. Ambas son corrientes con raíces, componentes y trayectorias diferentes, pero se retroalimentan entre sí. Comparten su acendrado nacionalismo y una voluntad de transformación radical de la sociedad y la política peruanas. Hasta ese momento el tupacamarismo era una tendencia periférica con dos componentes poco articulados entre sí: por un lado, un debate que solo interesaba a historiadores e intelectuales y, por otro, un culto incipiente pero todavía minúsculo, cuyos seguidores se concentraban en las remotas provincias andinas. Tras su confluencia con el velasquismo, el culto al caudillo cusqueño se potencia hasta convertirse en uno de los fenómenos ideológicos más característicos de la época. El tupacamarismo permite al gobierno militar tender puentes hacia otros sectores sociales y pone a su disposición un referente heroico en el que proyectar su propia misión histórica.

---

22. Decreto Ley n.° 21156 (27 de mayo de 1975) – Ley que declara al Quechua como Idioma Oficial del Perú.

En los primeros meses del velasquismo el creciente aprecio por Túpac Amaru se expresa en Cusco en la proliferación de iniciativas de homenaje. En noviembre de 1968 se publica *Túpac Amaru*, "un poemario que a través de sus 21 cantos enfoca con alta lírica la egregia figura del precursor de la independencia americana".[23] Poco después, el elenco de la Casa de la Cultura lleva a cabo una teatralización de esta obra.[24] En enero de 1969 se inaugura la Universidad Popular Túpac Amaru, con el objetivo de "llevar el conocimiento a artesanos, obreros y campesinos".[25] El programa incluía cursos de castellano, redacción y oratoria, sociología, sindicalismo, derecho laboral, filosofía y matemáticas.[26] Ese mismo mes juramentaba la primera directiva de la Cooperativa de Consumo Túpac Amaru.[27] En mayo le tocaba el turno al mercado cooperativo Túpac Amaru, que pretendía ser la solución definitiva a los problemas de abastecimiento de la ciudad. Sobre el papel, este mercado estaba dirigido a los propios productores, quienes ahora podrían llevar directamente sus productos a la ciudad, sin depender de los intermediarios que tanto les perjudicaban.[28]

Sin embargo, aunque importantes en el ámbito local, es probable que estas expresiones de aprecio no hubieran pasado a mayores si no hubiera sido por la apropiación del gobierno militar del culto a Túpac Amaru como ideología oficial. El historiador peruano Leopoldo Lituma Agüero señala que el personaje clave de esta apropiación habría sido Efraín Ruiz Caro, un periodista e intelectual cusqueño que por entonces estaba a cargo de la Dirección de Difusión de la Reforma Agraria.[29] Ruiz Caro sería el puente entre los tupacamaristas cusqueños y el nuevo gobierno. Nacido en

---

23. BMC-ECC, 27 de noviembre de 1968, "Túpac Amaru de Ángel Avendaño en circulación".
24. BMC-ECC, 18 de enero de 1969, "Escenificarán Túpac Amaru".
25. BMC-ECC, 18 de enero de 1969, "Universidad Túpac Amaru inaugura labores el 20".
26. BMC-ECC, 23 de enero de 1969, "Ayer inició sus labores la Universidad Popular Túpac Amaru".
27. BMC-ECC, 23 de enero de 1969, "Ayer cooperativa Túpac Amaru instaló sus directivas".
28. BMC-ECC, 24 de mayo de 1969, "Mercado cooperativo Túpac Amaru reemplaza a mercado oriental".
29. Lituma Agüero, *El verdadero rostro*, p. 55.

el seno de una familia tradicional cusqueña, se había trasladado muy joven a Lima, donde había descubierto su verdadera vocación: el periodismo. Como redactor, participa en la fundación de *Últimas Noticias*, considerado el primer periódico sensacionalista peruano.[30] Su estilo virulento, con grandes titulares sobre la base de juegos de palabras y acusaciones sin demostrar, le granjea a Ruiz Caro numerosos enemigos y más de una visita a la cárcel.[31] A finales de los años cincuenta estos incidentes le habían deparado una notable fama, llegando a convertirse en representante cusqueño en el congreso nacional. Sin cambiar ni un ápice su estilo, se había enfrentado a otros diputados, a veces incluso a golpes, en defensa de los intereses cusqueños.[32] También se había involucrado en el Movimiento Social Progresista, un intento frustrado de intelectuales limeños de la talla de Augusto Salazar Bondy, por crear una fuerza política reformista que aunase acción y reflexión. Este bagaje llamaba la atención del gobierno militar, que poco después del golpe de Estado había convertido a Ruiz Caro en uno de sus portavoces oficiales.

Los militares apreciaban la habilidad de Ruiz Caro para crear frases espectaculares y dar giros impactantes a las noticias. En su búsqueda de referentes heroicos que avalaran el programa revolucionario de Velasco y sus colegas, el periodista cusqueño habría promovido la figura del Túpac Amaru hasta convertirlo en el principal emblema del nuevo gobierno. Suya habría sido la idea de incluir al caudillo cusqueño en el discurso de junio de 1969 en el que Velasco anuncia el inicio de la reforma agraria. Esta era la primera vez en la que el gobierno militar se refería a Túpac Amaru de manera explícita a la hora de justificar una medida política. Para resaltar la solemnidad del momento, la plana mayor del gobierno

---

30. Juan Gargurevich, *La prensa sensacionalista en el Perú*, Lima, Pontificia Universidad Católica del Perú, 2002, pp. 169 y ss. Este diario publica en noviembre de 1950 el titular "Chinos como cancha en el paralelo 38", en referencia a la posible invasión china de Corea, que se considera el punto de partida del sensacionalismo peruano. Aunque hay diferentes versiones, parece que Caro habría participado directamente en la concepción de este titular. Al respecto: *La República*, 25 de diciembre de 2007, "Último adiós a Efraín Ruiz Caro, periodista, político de izquierda y luchador social".
31. BMC-ECC, 20 de mayo de 1952, "El periodista Ruiz Caro salió ayer en libertad".
32. BMC-ECC, 18 de octubre de 1958, "Hubo gresca en puerta de Cámara Joven entre diputados Ruiz Caro y Tamayo P.".

militar se encontraba presente mientras el presidente leía con una voz crecientemente enfervorizada su discurso, hasta llegar a la última frase, quizás la más recordada del gobierno militar, en la que el héroe andino aparecía como el referente principal que justificaba y avalaba la trascendental medida, tantos años postergada: "Al hombre de la tierra le podemos decir ahora, en la voz inmortal y libertaria de Túpac Amaru, ¡campesino, el patrón ya no comerá más de tu pobreza!".[33]

Vergara cuenta una versión diferente de esta escena: el autor de la frase habría sido Carlos Delgado, uno de los asesores civiles de Velasco, quien la habría sugerido como un añadido de última hora, cuando el discurso ya estaba escrito.[34] Sea como fuere, en ambos casos el sentido de la anécdota es el mismo: la incorporación de Túpac Amaru al discurso velasquista se habría producido de manera improvisada. No habría habido un plan preconcebido para utilizar la imagen del cacique andino como emblema del gobierno, sino que se habría tratado de algo sobrevenido, impulsado por los asesores civiles del gobierno militar. Sin embargo, una vez puesto en juego, Túpac Amaru habría sido rápidamente aceptado por los nuevos gobernantes y sobre todo por el círculo cercano a Velasco. Los militares se habrían dado cuenta de la potencialidad de un héroe que, además de su simbolismo revolucionario, casaba perfectamente con su espíritu castrense.

La creciente fama de Túpac Amaru se acrecentaría ese mismo año con la publicación de un libro sobre el personaje, obra del divulgador peruano Juan José Vega.[35] Siguiendo la línea de los tupacamaristas, Vega sostenía que el temor de la oligarquía había ocultado la historia del líder rebelde. Aunque el libro era poco original en sus planteamientos, tenía la mezcla adecuada de épica, emoción y victimismo. Estaba escrito con un estilo divulgativo y accesible. Rápidamente la tirada se agota, por lo que se imprime una y otra vez. El texto de Vega había captado a la perfección

---

33. *El Peruano* (Lima), 25 de junio de 1969, Efraín Ruiz Caro, "Campesino, el patrón ya no comerá más de tu pobreza. Finalizó así su patriótica invocación: mensaje del presidente Velasco".
34. Vergara cita como fuente a Julio Cotler, quien señala haber sido testigo de la llamada de Delgado a los redactores del discurso. Al respecto: Vergara, *La danza hostil*, p. 210.
35. Juan José Vega, *José Gabriel Túpac Amaru*, Lima, Editorial Universo, 1969.

el espíritu del momento e incluso circulaba en copias piratas o fotocopiadas. Unos años antes, una publicación del Instituto Indigenista Interamericano había incluido a Túpac Amaru en el selecto grupo de los cinco grandes héroes indígenas americanos, junto con Atahualpa, Túpac Katari, Cuauhtémoc y Tecun-Uman.

El velasquismo asume esta nueva versión de la historia peruana y la potencia, hasta convertirla en el eje de sus discursos nacionalistas. Túpac Amaru pasa a ser una figura omnipresente en la retórica y la iconografía oficiales. Su retrato preside los eventos públicos y adorna todas las dependencias del Estado. Encabeza los mítines y marchas oficialistas y es una presencia constante en los discursos de los líderes militares. En el caso de Cusco, en los primeros años después del golpe de Estado destaca el papel de la Corporación de Fomento y Reconstrucción (CRYF), la poderosa institución creada tras el terremoto de 1950 para reconstruir la ciudad. La CRYF centraliza los reclamos de las autoridades locales y es la máxima responsable de las obras públicas que se realizan en la región. Sobre sus hombros pivota buena parte de la economía regional. Cuenta con recursos y es capaz de involucrar a otras instituciones estatales en sus proyectos. Como veremos, es también la encargada de organizar muchos de los homenajes a Túpac Amaru que se celebran en Cusco y en otras provincias de la región.

Ya en 1970, Túpac Amaru protagoniza la conmemoración del segundo aniversario de la llegada de Velasco al palacio de gobierno. Este es el primer gran acto público del tupacamarismo oficial cusqueño. Siguiendo el estilo de los actos de masas que tanto gustaban a los militares, al evento asistieron representantes de "los pueblos jóvenes, de los sindicatos de campesinos e instituciones de la provincia, así como organizaciones laborales de esta ciudad".[36] Todo había sido cuidadosamente preparado para tener el mayor impacto posible. Desde muy temprano, las delegaciones de Canas, Canchis, Paucartambo, Quispicanchi, Espinar y Chumbivilcas se habían reunido en la avenida de la Cultura. Los campesinos de Anta y otras provincias del norte tenían su punto de encuentro en Arcopata y San Blas. Uno de los grupos más numerosos procedía de La Convención, la provincia selvática que había sido escenario de los más sonados episodios

36. BMC-ECC, 3 de octubre de 1970, "Mitin en homenaje a 2do aniversario de la revolución".

guerrilleros de la década anterior. El turno de palabra incluía a los líderes del Frente de Defensa de la Revolución, de las federaciones departamentales de campesinos, trabajadores, servidores públicos y empleados bancarios y de la oficina de pueblos jóvenes. En el estrado estaban presentes también delegados de Anta, Quillabamba, Calca y Urubamba. En medio de esta parafernalia, Túpac Amaru tenía un papel protagónico. Era la referencia principal en los discursos y su imagen estaba por todas partes: en la decoración del escenario, en las banderolas de los manifestantes y en los afiches publicitarios. "La figura de Túpac Amaru fue el símbolo de esta manifestación —leemos en una nota de prensa—, miles de pinturas de este apóstol de la libertad eran portadas por las masas".

Un año después, Velasco crea el que sería el otro gran pilar del culto tupacamarista cusqueño en su versión oficial: el Sistema Nacional de Movilización Social (Sinamos). Pensado como un mecanismo para canalizar el apoyo ciudadano a las reformas del gobierno militar, Sinamos debía ser el principal referente político del velasquismo. Como la fonética de su acrónimo indicaba (sin-amos), debía ser la herramienta que permitiera a los más pobres emanciparse e involucrarse en el proceso político iniciado con el golpe de Estado. El objetivo era sustituir a partidos y sindicatos —de los que los militares desconfiaban profundamente— y convertirse en una fuerza de choque para la implementación de las reformas. Sus acciones debían concretarse en las zonas rurales y urbanos marginales, en los rincones del Perú más profundo, de donde los nuevos gobernantes deseaban extraer la fuerza y el vigor necesarios para transformar el país.

Sinamos asume muchas de las funciones que hasta ese momento había desempeñado la CRYF. Promueve obras en toda la región y se convierte en una suerte de ventanilla de primera instancia, a la que acudían las autoridades locales cuando requerían ayuda del gobierno central. Sus focos de interés eran dos: la reforma agraria y las barriadas pobres de las zonas marginales urbanas. Estos espacios se veían como canteras de apoyo para el gobierno militar. Gracias a sus recursos y a sus contactos, Sinamos sería también el responsable de organizar las grandes manifestaciones de apoyo a Velasco que inundarían las calles cusqueñas. Otra de sus obsesiones era crear ligas campesinas en las zonas rurales. Estos esfuerzos lo enfrentaban a veces de manera muy violenta con las organizaciones populares y los sindicatos izquierdistas, que temían que Sinamos les disputara su influencia en los sectores marginales. En el bando contrario, tampoco contaba con la simpatía de los sectores más conservadores del gobierno militar, que veían a la organización como la punta de lanza de la definitiva radicalización del régimen.

El apoyo de Sinamos a la expansión del culto tupacamarista tenía un factor decisivo adicional: el compromiso personal de su jefe nacional, el general Leonidas Rodríguez Figueroa. Cusqueño de nacimiento, muy confrontacional y agresivo en el trato directo, su personalidad arrolladora marcaría el carácter de la nueva institución. Además de amigo personal de Velasco, era uno de los defensores más enfervorizados del carácter revolucionario del gobierno militar. Pocos generales tenían un sentido de misión histórica tan fuerte como el suyo. Para Rodríguez Figueroa, la historia del Perú era un relato de sufrimiento y opresión. "Los dominadores españoles pretendieron terminar con nuestra memoria colectiva —señalaba en un discurso—, prohibir nuestra antigua lengua, inhibir nuestras costumbres y expresiones populares, liquidar nuestra personalidad nacional". Esta experiencia castrante y degradante habría dejado una profunda huella en el carácter nacional. A fuerza de golpes, los peruanos habrían aprendido "a ser obedientes, a respetar a los que no trabajan y sin embargo poseen riquezas, a avergonzarnos de nuestras canciones nativas, de nuestras danzas populares, de la memoria rebelde del pueblo, a admirar las maneras, el pensamiento y el modo de ser de los dominadores, a sentir vergüenza de nosotros mismos". La tarea del gobierno militar consistiría en terminar con esta distorsión. La liberación debía ser al mismo tiempo económica y cultural, pero sobre todo debía propiciar un cambio en las conciencias y la autoestima de los peruanos. Gracias a los hombres del pueblo que visten uniforme, bajo la claridad luminosa de una revolución en marcha, pensaba Rodríguez Figueroa, los artesanos debían volver a burilar sus mates, los ceramistas a moldear la arcilla, los campesinos a bailar sus danzas y los juglares a expresar el hondo sufrimiento del pueblo.[37]

---

37. Todas las citas de este párrafo proceden del discurso pronunciado por Leonidas Rodríguez Figueroa durante el festival Inkarri en Lima, en octubre de 1973, recogido en: *Oiga* (Lima), 12 de octubre de 1973, "Reintegración: Inkarri: un reencuentro esperado". La última frase es también un parafraseo de las palabras del jefe de Sinamos.

Durante sus años al frente de Sinamos, Rodríguez Figueroa iba a prestar una atención especial a su Cusco natal. Como buen cusqueño, creía firmemente que la región debía convertirse en el ejemplo y baluarte de las reformas. Era el lugar donde la revolución debía echar sus raíces más profundas. Las actas de los consejos de ministros permiten ver sus esfuerzos para canalizar fondos y asegurarse de que los ministros acudieran a las actividades que Sinamos organizaba en esta parte del país.[38] Sus viajes eran constantes y en todos ellos promovía la figura del caudillo andino como emblema de la revolución peruana.

Aunque estaba presente en toda la iconografía oficial, la imagen de Túpac Amaru se vinculaba sobre todo con la reforma agraria. Esta asociación se debía en gran parte al trabajo desarrollado en la Dirección de Difusión de la Reforma Agraria por el artista huancavelicano Jesús Ruiz Durand. Educado desde muy joven en el mundo de la fotografía andina, Ruiz Durand era parte de la bohemia artística limeña, pero cuando Velasco llegó al poder, su trabajo comenzaba a ser reconocido en el ámbito internacional. Había viajado por todo el continente e incluso había llamado la atención del prestigioso Museo de Arte Moderno de Nueva York, que lo había premiado unos años antes. Tras el golpe de Estado, se había vinculado al gobierno militar a través de Efraín Ruiz Caro, quien estaba a cargo de la mencionada oficina estatal. Era, por lo tanto, un personaje en alza y un gran fichaje para el gobierno militar.

Ruiz Durand formaba parte de un grupo de jóvenes intelectuales y artistas llamados a difundir las ideas de los golpistas mediante productos comunicacionales ágiles y novedosos. Su objetivo era renovar la iconografía revolucionaria clásica, alejándola de las reminiscencias rusas y chinas, que se consideraban extremadamente aburridas y monótonas. Al estilo de lo que había ocurrido unos años antes en Cuba y Chile, Ruiz Durand y sus colegas buscaban introducir referentes locales y combinarlos con las corrientes vanguardistas europeas y norteamericanas. Roy Lichtenstein y Victor Vasarely estaban entre sus principales influencias. El resultado era

38. Véase, por ejemplo, Borradores de Actas del Consejo de Ministros del GRFA, sesiones del 5 de mayo de 1973 ("Apoyo a comisión cusqueña que solicita apoyo económico para semana de fiestas del Cusco") y del 30 de octubre de 1973 ("Solicita a los ministros acudir a evento de homenaje a Túpac Amaru").

un estilo que el propio artista huancavelicano bautizó como "pop achorado", en el que lo peruano y lo internacional se combinaban para producir imágenes de gran fuerza visual. El nombre se debía a la centralidad que el cholo o campesino andino tenía en las composiciones. No era, sin embargo, cualquier campesino. Se quería, según sostiene Ruiz Durand, que el campesino apareciera "con orgullo, con conchudez y con una presencia digna", que fuera un campesino "no tanto acholado, sino más bien achorado".[39]

Muchos de los trabajos de Ruiz Durand se basaban en fotografías. Desde su punto de vista, para ser eficaz, la propaganda revolucionaria debía reflejar la realidad concreta de las diferentes regiones del país. No era lo mismo el campesino que trabajaba de sol a sol en las abrasadoras haciendas lambayecanas que el endurecido poblador andino. De ahí que se crearan afiches diferentes para la costa y la sierra. Otros trabajos, sin embargo, estaban pensados para tener una difusión más amplia y tenían a Túpac Amaru como eje central. El caudillo cusqueño se consideraba el emblema que unificaba todas las luchas campesinas. Uno de estos trabajos, elaborado en 1969, señalaba explícitamente esta asociación. Su leyenda, escrita por el poeta Mirko Lauer, decía: "190 años después Túpac Amaru está ganando la guerra. La causa de Túpac Amaru está derrotando a los que quisieron ser nuestros opresores. Los rápidos avances de la Reforma Agraria y de la Revolución están llevando la imagen y el espíritu de Túpac Amaru por todo el pueblo".[40]

Estos afiches se encuentran entre los productos culturales más destacados y recordados del velasquismo. Eran trabajos de gran calidad que fueron posibles gracias a que, durante unos años, Ruiz Durand y su equipo contaron con una gran libertad creativa dentro de la Dirección de Difusión de la Reforma Agraria.[41] Impulsados por las urgencias del momento y por un fuerte sentido de misión histórica, los artistas trabajaban a gran velocidad. Los bocetos se preparaban sobre la marcha y solo necesitaban la

---

39. Sánchez Flores, "Más allá del pop achorado", p. 120. Se trata de una entrevista realizada en abril de 2016 por el propio Sánchez Flores. La palabra "achorado" se refiere en la jerga callejera peruana a una persona descarada o desafiante.
40. Citado en Roca-Rey, *La propaganda visual*, p. 22.
41. Cant, "Land for Those Who Work It".

Imagen de Túpac Amaru, tal como aparecía frecuentemente en la prensa cusqueña en los años sesenta. El personaje sería apropiado por el gobierno militar y convertido en el eje central de su discurso propagandístico.

rápida aprobación de Ruiz Caro antes de pasar a la imprenta. Por su originalidad, su vanguardismo y su capacidad para captar el tono emocional de la época, casi desde el principio los afiches de Ruiz Durand se convirtieron en objetos de culto para los sectores progresistas, no solo del Perú, sino de todo el mundo. Se los podía encontrar desde México hasta Holanda, además, por supuesto, de en los hogares y despachos de los jóvenes revolucionarios miraflorinos y sanisidrinos.[42]

Ruiz Durand es también el autor del otro gran emblema visual del velasquismo: el logotipo de Sinamos, que consistía precisamente en una versión estilizada del rostro de Túpac Amaru, tocado con un sombrero de

42. Sánchez Flores, "Más allá del pop achorado", p. 116.

ala ancha. La base del diseño eran una T y una A entrecruzadas, trabajadas de tal manera que permitían una rápida reproducción e identificación del personaje. Se trataba de un emblema sencillo y fácil de asimilar, por lo que muy rápidamente se expandió por todas partes. Ruiz Durand señala que el referente para su diseño eran las cartillas escolares huancavelicanas, en las que de pequeño había visto la mencionada imagen. Más allá del propio Sinamos, el emblema fue asumido por otras instituciones del Estado e incluso por organizaciones sociales aliadas al gobierno militar. En Cusco era habitual verlo en las marchas de protesta y en las tomas de tierras. La identificación era aquí, si cabe, más inmediata, ya que imágenes similares del héroe rebelde se habían publicado con frecuencia en la prensa local en los años sesenta. El Túpac Amaru de sombrero de ala ancha era conocido por todos los cusqueños, aunque como veremos más adelante, eran muchos quienes consideraban que se trataba de una imagen inapropiada o incluso ofensiva.

# 4

# Omnipresencia y culto público

Aunque nunca del todo bien articulado ni orgánicamente conformado, el velasquismo era un movimiento político nacional. En todo el Perú existían velasquistas. Incluso en sus momentos más críticos, el general mantuvo un buen número de partidarios, fieles a su programa y a la imagen que el gobierno proyectaba. Cercano a la población y de orígenes populares, Velasco rompía con el molde habitual de la clase gobernante peruana. Cusco no era una excepción en este sentido. Los velasquistas eran muy numerosos y contaban con seguidores tanto entre los funcionarios como en el conjunto de la población. Sin embargo, también existían diferencias con respecto a otras partes del Perú. Corrientes culturales regionales, como el indigenismo, el cusqueñismo y el propio tupacamarismo, condicionaban el desenvolvimiento del nuevo régimen. Estas corrientes podían generar sinergias con el velasquismo, reforzando al gobierno militar, pero también podían instrumentalizarse para alentar la resistencia frente a determinadas medidas que se consideraban imposiciones centralistas. El resultado era un ambiente plagado de creatividad y esperanza, pero también de tensiones y controversias.

Desde el punto de vista político, la consolidación del velasquismo supone la instauración de un poder dual en Cusco. Por un lado, el máximo responsable militar regional ejercía una gran influencia y era el verdadero hombre fuerte de la ciudad. Era el representante del gobierno militar, la correa de trasmisión de las políticas revolucionarias y el intermediario hacia el que se dirigían las demandas locales. Aunque legalmente debía someterse a las autoridades civiles, su poder le permitía actuar como árbitro, al que recurrían los cusqueños para dirimir sus disputas. Su autoridad hacía que fuera respetado y temido por todos. Su presencia era imprescindible en cada evento y acto oficial, muchos de los cuales presidía, incluso por delante de las autoridades locales. Una de las claves de su poder era el control de la CRYF, la poderosa institución creada para la reconstrucción de la región. Los militares estaban a cargo de ese organismo, así como más adelante de Sinamos, por lo que podían negociar directamente obras e inversiones con los alcaldes locales.

Tras unos meses de confusión después del golpe de Estado, el general Enrique Valdez Angulo, uno de los compañeros de Velasco más radicales, es el primer jefe militar en asentarse en Cusco. Su paso por la región es breve, aunque decisivo para la consolidación del culto tupacamarista. Entre otras cosas, Valdez sería el responsable de un episodio clave de la historia del velasquismo cusqueño: el derribo de la estatua que hasta ese momento presidía la plaza de Armas de la capital regional, con el propósito de sustituirla por otra que representaba a Túpac Amaru. Tras su regreso a Lima, su influencia en la región se mantiene de manera indirecta, ya que como ministro de Agricultura queda a cargo de implementar la reforma agraria. Su sustituto es Luis Uzátegui Arce, un general de tendencia más moderada, con un estilo de gobierno diametralmente diferente del desarrollado por Valdez. Desde muy pronto, Uzátegui se identifica con la región y llega a ser bastante apreciado por la mayor parte de los cusqueños.[1] A su mano se deben muchas de las obras realizadas durante el velasquismo en toda la región. Frente al discurso agresivo de su antecesor, Uzátegui apuesta por la negociación. Incluso apoya a la élite política local en sus controversias con los centros de poder limeños.[2] Entre otras obras, mejora los accesos a Tinta, Surimana y Tungasuca, asfalta la carretera entre Pisac y Ollantaytambo, y da inicio a la explotación minera de Tintaya.

---

1. BMC-ECC, 13 de diciembre de 1971, "Promete ser siempre un abanderado del Cusco: gral. Luis Uzátegui dice"; y BMC-ECC, 9 de noviembre de 1972, "Gran homenaje a gral. Uzátegui".

2. Rénique, *Los sueños de la sierra*, pp. 269-270.

El principal contrapeso del poder militar era el concejo municipal, a cuyo frente se encontraba el alcalde, quien en teoría era la máxima autoridad civil de la ciudad. Sin embargo, en la práctica su poder era reducido. La elección de alcaldes estaba en manos del gobierno central, por lo que muchas veces debían enfrentar la resistencia de los vecinos, que no veían con buenos ojos su nombramiento. Tras el golpe de Estado, el gobierno local cusqueño atraviesa una larga etapa de inestabilidad, que cuestiona aún más su poder. En febrero de 1971, tras la renuncia del consistorio anterior, Humberto Muñiz Polo es ratificado como alcalde.[3] Como muchos de sus antecesores, era un comerciante prominente que había estado vinculado a la cámara de comercio local. Su elección desata las dudas tanto entre los partidarios del gobierno militar como entre las élites tradicionales. Su principal preocupación era la falta de recursos del consistorio municipal, que obligaba a los alcaldes a depender casi por completo de las trasferencias del gobierno central. Para revertir esta situación, Muñiz impone nuevos impuestos, con los resultados que cabía prever. El descontento se extiende por toda la ciudad y llega a alarmar al propio Velasco. En julio, la llamada "asamblea popular de Cusco", una suerte de alianza de organizaciones sociales y sindicales, acusa a Muñiz de sabotear la revolución e "impedir la liberación de nuestro pueblo del yugo del imperialismo y la oligarquía".[4] Poco después un paro general exige al gobierno la destitución del alcalde y la expulsión del rector de la universidad.[5]

A mediados de 1973, Jesús Lambarri sustituye a Muñiz Polo. Como su predecesor, era un hombre de negocios, aunque contaba con mayor experiencia política.[6] Durante más de veinte años había ejercido como regidor y teniente de alcalde. La clave de su éxito radicaba en su capacidad para mantener un precario equilibrio entre las principales fuerzas de la ciudad. Lambarri no era un revolucionario exaltado, ni un representante

3. BMC-ECC, 2 de febrero de 1971, "Cusco ya tiene completo su cuerpo edil: juramentación".

4. BMC-ECC, 24 de julio de 1971, "Renuncia de alcalde y rector demandan en asamblea popular".

5. BMC-ECC, 18 de agosto de 1971, "Paro detuvo actividad en Cusco. GC controló violencia callejera".

6. Rénique, *Los sueños de la sierra*, p. 272.

tradicional de la oligarquía. De ahí que lograra mantenerse en el poder por varios años, rompiendo la tendencia habitual hasta ese momento.

La convivencia entre alcaldes y autoridades militares no era sencilla. En el plano personal casi siempre existían buenas relaciones, pero a nadie se le ocultaba dónde residía el verdadero poder. Los alcaldes debían negociar con el gobierno central incluso las intervenciones más inocuas. La absoluta carencia de fondos propios obligaba a viajar continuamente a la capital nacional para solicitar apoyo. Cuando esto no funcionaba, una estrategia para presionar al gobierno militar consistía en convocar cabildos abiertos para discutir temas que se consideraban de gran relevancia para el futuro de la ciudad. En Cusco esta forma de participación ciudadana de origen colonial tenía una larga tradición. Las sesiones se llevaban a cabo en lugares emblemáticos, en el propio consistorio, en hoteles o en el paraninfo universitario, y siempre despertaban gran expectativa. Los periódicos locales cubrían los debates y en los días siguientes reproducían en sus páginas las intervenciones más destacadas. Además de los integrantes del concejo municipal, asistían a los cabildos abiertos invitados de otras instituciones locales, que presentaban sus propuestas, emitían sus opiniones o mostraban su apoyo a las autoridades.

Aunque los cabildos abiertos solo tenían carácter deliberativo, eran una manera de mostrar el descontento local frente al gobierno. Permitían ejercer presión en favor de una u otra medida, sin salirse del cauce institucional y sin entrar en abierta rebeldía frente al gobierno revolucionario. Los temas tratados eran muy variados, aunque casi siempre se relacionaban con agravios reales o supuestos sufridos por la ciudad. En abril de 1970 se celebra un cabildo abierto para analizar lo que se define como la "crítica situación de Cusco".[7] El desabastecimiento de alimentos y los fallos de algunos servicios públicos, como el alumbrado, habían extendido la idea de un colapso inminente de la ciudad. En 1971 el tema es el financiamiento de las fiestas anuales, y un año después se busca presionar con un nuevo cabildo abierto en favor de la construcción de un hotel en Machu Picchu.[8]

---

7. BMC-ECC, 18 de abril de 1970, "Instituciones piden cabildo abierto para defender intereses del Cusco".

8. BMC-ECC, 5 de mayo de 1971, "Cabildo abierto protestó por desaire a Comisión en Lima"; y BMC-ECC, 7 de octubre de 1972, "Martes 10 es cabildo abierto sobre hotel de Machupijchu".

Además del alcalde de Cusco, el gobierno militar también designaba a las demás autoridades municipales de la región. Debido a la gran cantidad de nombramientos que esto suponía, la sustitución de las autoridades anteriores al golpe se realiza de manera progresiva. En algunos casos los alcaldes de la etapa democrática siguieron gestionando sus municipalidades durante largo tiempo. Otras veces, sin embargo, se producían cambios con pocas semanas de diferencia. Cuando se trataba de autoridades cercanas al gobierno militar, los alcaldes se mantenían en su puesto y a veces incluso se les promocionaba a cargos de mayor importancia. El resultado era un ambiente general de inestabilidad. Los alcaldes no sabían cuánto tiempo permanecerían en el cargo, ni quién los sustituiría. Vivían con la incertidumbre de ser destituidos en cualquier momento, atrapados entre las demandas de la población local y los requerimientos del gobierno militar. Debían atender los reclamos de sus vecinos y demostrar lealtad a los principios revolucionarios, trabar relaciones con los principales dignatarios militares de la provincia y encontrar la manera de hacer llegar sus demandas a los ministerios o a las oficinas estatales adecuadas.

## Refundando el Cusco

La llegada al poder de Velasco instala en Cusco un clima de abierto nacionalismo. El deseo de levantar la ciudad de las cenizas y el clima político se retroalimentaban entre sí, dando lugar a un intenso programa de renovación de la trama simbólica local. En diciembre de 1971 se inauguran sendas estatuas dedicadas a José de San Martín y al mariscal Ramón Castilla.[9] Estos eran los primeros monumentos de gran tamaño que se construían en la ciudad tras el terremoto. Su financiamiento había sido posible por el apoyo del gobierno argentino. En reconocimiento, la ceremonia de inauguración cuenta con la presencia del embajador de ese país y del intendente de Buenos Aires. La estatua de San Martín lo representaba a caballo y seguía el modelo militar canónico. Era obra del escultor arequipeño José Ugarte y Ugarte, quien poco antes había inaugurado uno de los

9. BMC-ECC, 20 de diciembre de 1971, "Castilla y San Martín desde hoy inmortalizados en el Cuzco".

monumentos más importantes del velasquismo en el ámbito nacional: el "Homenaje a los próceres" del distrito limeño de Jesús María. Ese mismo mes también llegaban a Cusco dos bustos dedicados a Gamarra y a Bolívar. Este último había sido donado por el gobierno venezolano y era una muestra de la capacidad del velasquismo de vincularse con gobiernos de toda índole.[10]

También en 1971 la municipalidad determina que el nombre oficial de la ciudad pasase a escribirse "Cusco", y no "Cuzco", como había sido habitual hasta entonces. Para algunos observadores esta era una "declaración histórica".[11] Para ese momento, la polémica tenía ya varias décadas de antigüedad y existían tanto partidarios como detractores de ambas fórmulas.[12] El fonema zeta, identificado con la dicción característica del español ibérico, debía desaparecer de la ortografía andina. También era más frecuente ahora el uso de la bandera multicolor o "bandera del Tahuantinsuyo" en eventos oficiales y celebraciones.[13] Aunque existían diferentes versiones sobre su origen, este emblema compuesto por siete franjas horizontales de color rojo, naranja, amarillo, verde, celeste, azul y morado se asociaba con el Imperio inca. Su presencia en el espacio público se consideraba como una afirmación de las esencias andinas de la ciudad por sobre su pasado colonial. La presencia española habría sido únicamente un paréntesis desafortunado, cuyas heridas había que superar.

Para completar la labor descolonizadora, el Instituto Americano de Arte proponía convocar un concurso para diseñar "un escudo del Cusco ajeno al escudo español que exhibe actualmente".[14] La decisión respondía a una polémica previa sobre el diseño del emblema otorgado por el emperador Carlos V a la ciudad, que había llevado al consistorio a pedir

---

10. BMC-ECC, 10 de diciembre de 1971, "Monumentos a Bolívar y Gamarra en San Francisco".
11. BMC-ECC, 18 de marzo de 1971, "Una RM que pasará a la historia de la filología: Cusco se escribe con S".
12. Por ejemplo, *El Sol*, 28 de julio de 1921, J. A. Casanova, "Razón gramatical por la que escribo con S y no con Z como lo hace la mayoría".
13. BMC-ECC, 15 de mayo de 1972, "Bandera Tahuantinsuyo flameará en la semana".
14. BMC-ECC, 15 de septiembre de 1971, "Cusco tendrá escudo propio: habrá concurso".

información al Archivo General de Indias de Sevilla.[15] Los documentos coloniales describían los componentes heráldicos del escudo, pero ningún dibujo original mostraba inequívocamente su disposición. Como resultado, existían diferentes versiones, que aunque no eran muy distintas entre sí, causaban enconados debates entre los intelectuales y políticos cusqueños. Por parte de los cusqueñistas y de los tupacamaristas, se consideraba que el uso de este escudo, independientemente de cual fuera su diseño, era en sí mismo negativo, ya que contribuía a preservar un régimen colonial soterrado. La enseña carlista era "un símbolo entronizado entre nosotros por la fuerza y por gente ajena". También el himno de la ciudad tenía diferentes versiones, que convivían en paralelo sin que estuviera claro cuál era la oficial. El temor era que esta diversidad facilitara tergiversaciones políticas en un momento tan crítico de la historia peruana. Los cusqueños también recelaban del "afán mercantilista de una disquera capitalina" que había inundado la ciudad con copias de bajo precio de sus productos.[16] De ahí que el gobierno local promoviera una versión unificada e intangible del himno, oleada y sacramentada mediante una normativa publicada en 1971.[17]

En paralelo a los debates sobre los símbolos de la ciudad, otra de las prioridades de las nuevas autoridades es la reivindicación de los héroes cusqueños. Además de Túpac Amaru, los esfuerzos se centran en otra de las grandes figuras de la historia local: el Inca Garcilaso de la Vega. Hijo de un conquistador español y de una princesa inca, Garcilaso había vivido casi toda su vida en Andalucía y allí reposaban sus restos. El proyecto de recuperar sus cenizas y trasladarlas a Cusco aparece por primera vez en 1951, en el contexto de reconstrucción tras el gran terremoto que casi

---

15. BMC-ECC, 17 de marzo de 1971, "Archivo de Indias envió al concejo réplica de escudo". Críticas previas al escudo en BMC-ECC, 17 de abril de 1970, J. Tarquino Guevara, "El escudo de la ciudad imperial ya no debe ser tal"; BMC-ECC, 29 de abril de 1970, editorial, "Cusco, su escudo y su himno"; y BMC-ECC, 31 de mayo de 1970, "Escudo del Cusco, verá Comisión Especial mañana".

16. BMC-ECC, 29 de agosto de 1970, editorial, "Cusco: su nombre y sus símbolos sagrados".

17. BMC-ECC, 12 de marzo de 1971, "Concejo declara intangible himno al Cusco: otros acuerdos".

destruye la ciudad en mayo del año anterior.[18] La delegación cusqueña en el Congreso de Peruanistas que ese año se celebraba en Lima había promovido entonces un manifiesto en el que solicitaba la construcción de un mausoleo para el eterno descanso de quien se consideraba un "símbolo indiscutido de la peruanidad".[19] Entre los firmantes destacaban reconocidos intelectuales cusqueños, tales como Efraín Morote Best, Óscar Núñez del Prado, Josafat Joel Pineda, Alfredo Yepes, Luis A. Pardo y Jorge Fuentes Lira. La propuesta contaba también con el apoyo de Raúl Porras Barrenechea, José María Arguedas, Luis Jaime Cisneros y Carlos Daniel Valcárcel. Este último publicó un artículo en el que señalaba que "las consecuencias de tan peruanísima iniciativa son de incalculable valor para el afianzamiento de un completo peruanismo".[20] Tras presentarse en la plenaria del Congreso, la propuesta se aprobó por aclamación y se convirtió en una de recomendaciones oficiales del evento.

El siguiente paso tiene lugar en 1966, cuando el entonces alcalde, Alfredo Díaz Quintanilla, viaja a España para tratar el tema. Las autoridades peninsulares se muestran favorables al pedido y se inician las negociaciones formales para la devolución.[21] Como muestra de consideración, el magistrado cusqueño recibió el título de alcalde honorario de Sevilla.[22] Ante lo que se consideraba un traslado inminente de las cenizas, incluso se había llegado a construir una urna especialmente pensada para acoger los restos de Garcilaso.[23]

El golpe de Estado de Velasco paralizará las gestiones, pero por poco tiempo. Apenas consolidado el nuevo régimen, el interés por repatriar los restos del Inca Garcilaso se reactiva y potencia, hasta convertirse en una de

18. BMC-ECC, 1 de septiembre de 1951, "Serán repatriados los restos del Inca Garcilaso".
19. BMC-ECC, 3 de septiembre de 1951, "El Cuzco debe erigir un gran monumento".
20. BMC-ECC, 8 de septiembre de 1951, Carlos Daniel Valcárcel, "Retorno del inca Garcilaso".
21. BMC-ECC, 5 de diciembre de 1967, "Urna que guardará restos de Garcilaso está lista".
22. BMC-ECC, 11 de mayo de 1966, "Díaz Quintanilla declarado alcalde honorario: Sevilla".
23. BMC-ECC, 20 de abril de 1966, "Restos de Garcilaso vendrían al Cusco".

las prioridades de las autoridades cusqueñas.[24] El tono de los debates es, sin embargo, mucho más localista. Aunque Garcilaso se presentaba como una figura de talla universal, se destacaba sobre todo su carácter genuinamente cusqueño. Su vida condensaría la propia evolución de la ciudad, con un alma inca que pugnaba por hacerse presente bajo los ropajes coloniales. Este giro en la interpretación del personaje se había iniciado unos años antes, cuando la segunda generación de intelectuales indigenistas cusqueños comenzó a enfatizar el papel que los *Comentarios reales* habría jugado en la preservación de la memoria histórica andina. El texto de Garcilaso era para estos intelectuales el "alma y nervio de la historia de América".[25] Su evocación nostálgica e idealizada de los incas habría influido incluso en el propio Túpac Amaru, cuyas ideas políticas se deberían en gran parte a la lectura de Garcilaso. En 1969, la casa familiar del poeta, situada en el centro de la ciudad, se convertiría en la nueva sede del Museo Regional de Historia.[26] Esta institución era la heredera del antiguo museo virreinal del Cusco, creado tras la reorganización de los museos nacionales promovida por Luis Valcárcel en 1945. Siguiendo el tono habitual de exaltación nacionalista, la prensa local resaltaba que el repositorio recién inaugurado debía ser "la sede de un culto cívico a este gran cusqueño".[27] En 1974 se instalaba por fin un monumento para reconocer a quien se consideraba el primer mestizo peruano.[28]

Otro héroe de la cusqueñidad era Clorinda Matto de Turner, una escritora protofeminista cuyo aniversario de nacimiento se celebraba cada mes de noviembre con gran despliegue de artículos en la prensa local.[29]

---

24. Por ejemplo, BMC-ECC, 9 de septiembre de 1969, editorial, "Intelectuales reclaman cenizas de Garcilaso"; BMC-ECC, 13 de abril de 1971, "Se pide traer las cenizas de Garcilaso"; y BMC-ECC, 15 de mayo de 1971, "Reinician gestiones para traer restos del Inca Garcilaso a Cusco". Los restos de Garcilaso serían finalmente repatriados en 1978 y en la actualidad descansan en la catedral de Cusco.

25. *El Sol*, 12 de abril de 1939, "El Cuzco y Garcilaso".

26. BMC-ECC, 4 de octubre de 1969, "Casa del Inca Garcilaso de la Vega convertida: Museo".

27. BMC-ECC, 10 de octubre de 1969, "La Casa-Museo Garcilaso".

28. BMC-ECC, 5 de noviembre de 1974, "Ya está en el Cusco monumento a Garcilaso".

29. BMC-ECC, 11 de noviembre de 1971, Alfredo Yépez Miranda "Homenaje a Clorinda Matto de Turner"; y BMC-ECC 11 de noviembre de 1971, Alcides Estrada, "La

Ya en los años cincuenta encontramos ejemplos de homenajes, aunque de carácter local y restringido. Sus seguidores resaltaban que Matto "tuvo la virtud de trazar los primeros derroteros para la mujer moderna, sobreponiéndose a una serie de prejuicios que postraban a las representantes del bello sexo a un nivel cultural inferior".[30] Según esta versión, habría sido tanto una adelantada de su tiempo como una defensora de las esencias cusqueñas. Como en el caso de Garcilaso, tras el golpe militar los homenajes se multiplican y Matto se convierte en un referente local de primer nivel. En 1971 se iniciaban también gestiones para repatriar sus restos desde Lima.[31]

Ni Garcilaso ni Matto tenían la importancia de Túpac Amaru, ni en el discurso oficial, ni en las manifestaciones espontáneas de la población, pero su exaltación demuestra la importancia que los cusqueños otorgaban a su pasado. Los héroes eran parte de una narrativa que resaltaba el aporte de Cusco a la identidad nacional peruana y que reclamaba una mayor atención a sus demandas por parte de las autoridades limeñas. De ahí que muchas veces la imagen de estos personajes se enarbolara junto con la de Túpac Amaru, a pesar de representar momentos históricos, grupos sociales y proyectos ideológicos muy diferentes entre sí. Les unía su condición de cusqueños y su capacidad de convertirse en emblemas de las demandas locales.

En una perspectiva más amplia, esta búsqueda de héroes cusqueños se entroncaba con un conjunto de sentidos comunes que oponían a la sierra, vista como esencia de la nación peruana, frente a la costa, identificada con los grupos de élite criollos. Los orígenes de esta narrativa se remontaban a las primeras décadas del siglo, cuando en el marco de la llamada "patria nueva" de Leguía, intelectuales como Julio César Tello y Luis Valcárcel popularizan una nueva lectura de la historia peruana, que situaba los orígenes de la nacionalidad en la época prehispánica. Desde este punto de vista, el periodo colonial no habría sido sino una interrupción forzada del

---

escritora Clorinda Matto de Turner y el lugar de su nacimiento". Estos artículos u otros muy similares se repiten casi invariablemente año tras año.

30. BMC-ECC, 13 de agosto de 1953, "El monumento a Clorinda Matto en Calca, una bella realidad".

31. BMC-ECC, 12 de noviembre de 1972, "Restos de Clorinda Matto de Turner se trasladarían al Cusco".

desarrollo endógeno de la cultura andina, que ahora debía recuperarse. El corolario de esta idea era que lo andino era más auténticamente peruano que lo costeño, y por lo tanto política y moralmente superior. La sierra, al haber conservado en mayor medida las esencias primigenias de la nación, sería una reserva de fortaleza moral, llamada a regenerar a la patria.

Durante el velasquismo, la mayor parte de los intelectuales cusqueños compartían estas ideas. Para Luis Tamayo, el Gobierno Revolucionario de la Fuerza Armada debía basarse en "una filosofía particular, emergiendo de las raíces culturales del incario, cuyo epicentro fue el Cusco".[32] El futuro del país dependía de la capacidad de los nuevos gobernantes para extraer enseñanzas de la historia y alimentar sus actuaciones con las raíces ancestrales de la peruanidad. Este marco servía también para interpretar la revuelta anticolonial dirigida por Túpac Amaru. Además del resultado de la lucha de clases, la gran rebelión había sido "el grito regionalista de las fuerzas morales que reanimaron otra vez a las grandes zonas de la nacionalidad: el Kollao y el Contisuyo".[33] Era en esta parte del Perú donde Túpac Amaru había encontrado mayor apoyo, ya que en sus pampas y montañas se condensaban los orígenes y las esencias de la nación.

## Explosión de fervor

Durante el velasquismo, los seguidores de Túpac Amaru se podían dividir en varios grupos de acuerdo con su grado de devoción y las motivaciones que alimentaban su pertenencia al culto. Por un lado, existía un núcleo duro de tupacamaristas vernáculos, muy dinámicos, que son los principales precursores del culto. Se trataba de intelectuales y maestros cusqueños que desde muchos años antes escribían y organizaban homenajes en favor de su héroe. Su devoción era anterior al gobierno de Velasco y sobrepasaba su fidelidad al nuevo régimen. Eran los herederos de la tradición tupacamarista cusqueña y se caracterizaban por considerar la evocación de Túpac Amaru como un objetivo en sí mismo. Veían la exaltación del caudillo

32. BMC-ECC, 18 de enero de 1970, "Una cultura peruana se alcanzaría a través de una filosofía propia, expresó el dr. Tamayo".

33. BMC-ECC, 3 de noviembre de 1971, "José Gabriel Túpac Amaru, el precursor".

rebelde como una suerte de apostolado, sin horarios ni remuneración. Por sus ideas políticas se dividían en moderados, vinculados a los partidos reformistas —como el padre Uscamaita, autor del primer monumento a Túpac Amaru en Yanaoca— y radicales, con simpatías abiertamente revolucionarias. El segundo pilar del culto eran los "tupacamaristas oficiales", es decir, los partidarios del gobierno militar, para quienes el héroe era importante en tanto encarnación del proyecto velasquista de revolución peruana. Muchos de estos tupacamaristas oficiales provenían del ámbito militar, pero otros eran civiles, intelectuales y funcionarios, convencidos de encontrarse ante una oportunidad histórica para transformar el Perú. También para ellos el activismo estaba fuera de duda, aunque el culto a Túpac Amaru estaba supeditado a los intereses concretos del gobierno militar.

Entre "vernáculos" y "oficiales" existían múltiples vasos comunicantes. Diferenciarlos es una estrategia útil desde el punto de vista analítico, ya que nos ayuda a entender la dinámica del tupacamarismo, pero en la práctica los límites entre unos y otros eran tan difusos como sus nombres sugieren. Un tercer grupo estaba integrado por quienes no necesariamente compartían todo el programa político de los tupacamaristas, pero sí su deseo de homenajear y potenciar la figura del cacique cusqueño, con el que se sentían identificados por motivos de orgullo regional. Se diferenciaban de los grupos anteriores por tener un carácter menos militante. Para ellos, Túpac Amaru era importante en la misma medida que otros héroes de la historia peruana. Era uno más del panteón de héroes nacionales, precursores o artífices de la independencia. Finalmente, junto con estos tres grupos de tupacamaristas existía un círculo exterior del culto, donde se situaban quienes asumían los homenajes al héroe como una obligación o simplemente por interés estratégico. Túpac Amaru era para ellos una manera de ganarse el favor o por lo menos evitar problemas con el régimen militar.

Debido a esta diversidad de integrantes, sobre el terreno el culto cusqueño a Túpac Amaru se plasmaba en múltiples manifestaciones de diferente naturaleza, desde pequeños actos privados hasta gigantescas manifestaciones públicas. En toda la región se construyen monumentos en plazas y avenidas. El propio nombre del héroe se vuelve omnipresente en el callejero cusqueño. Son incontables las calles, centros deportivos, asentamientos populares y promociones escolares que en estos años toman el nombre del héroe andino. Estas iniciativas podían provenir del Estado, que de esta manera incorporaba a Túpac Amaru en su propia trama simbólica, al exaltar su figura como un referente del proyecto revolucionario peruano. El cacique rebelde se consideraba un héroe sin parangón en la historia nacional, a cuyo amparo se colocaban gustosas las instituciones públicas. Otras veces, sin embargo, los impulsores eran ciudadanos corrientes o agrupaciones políticas que utilizaban su nombre por un deseo genuino de homenaje o por una mezcla de consideraciones ideológicas y utilitarias.

Túpac Amaru era un personaje de moda, bien visto en los círculos del poder, y apelar a su protección podía ser un guiño a las autoridades. Pero en un sentido más profundo su evocación funcionaba como una suerte de exorcismo revolucionario: era una manera de simbolizar el paso del viejo al nuevo Perú, del Perú controlado por gamonales y hacendados al Perú revolucionario. La lista de evocaciones tupacamaristas incluía una "urbanización modelo" y una emisora de radio.[34] También una ciudad cooperativa, que presumía de ser la primera del Perú. El proyecto surge en agosto de 1972 a manos de la Cooperativa Agraria Túpac Amaru de Antapampa. La idea era edificar una urbe desde cero, con reglas propias, en varios predios rústicos de propiedad de la cooperativa. Según señalaban sus promotores, los socios que no tuvieran casa propia podrían asentarse allí e iniciar una nueva vida. La ciudad debía ser un modelo que replicara a gran escala las normas de funcionamiento de una cooperativa: trabajo conjunto, participación política y vida en común. Estos propósitos estaban en línea con la corriente en boga en los años sesenta y setenta en muchos países socialistas o cercanos al socialismo de construir nuevas ciudades, para de esta manera soslayar los efectos negativos del capitalismo sobre los tejidos urbanos tradicionales.[35] Los urbanistas socialistas más radicales sostenían que las viejas ciudades eran irrecuperables, por lo que había que sustituirlas por otras, donde el hombre nuevo del socialismo pudiera desarrollar todo su potencial en un ambiente de productividad y justicia.[36] En

---

34. BMC-ECC, 28 de julio de 1970, "Surge una urbanización modelo Túpac Amaru"; y BMC-ECC, 22 de septiembre de 1974, "Fue inaugurada radio Túpac Amaru".

35. Sobre la proliferación de estas ciudades a partir de los años cincuenta: Applebaum, "Las ciudades ideales", en de la misma autora, *El telón de acero*.

36. Sobre el vínculo entre urbanismo, productividad y justicia social, según los urbanistas soviéticos: Andis Cinis, Marija Drémaité y Mart Kalm, "Perfect Representations of

el caso de Antapampa, aquellos vecinos de la cooperativa que ya tuvieran vivienda propia pero aun así desearan trasladarse a la nueva ciudad, debían renunciar a sus casas en favor de sus comunidades de origen.[37] Ninguna atadura debía acompañarles en su camino al futuro.

En el mundo cultural, los artistas cusqueños tomaban a Túpac Amaru como fuente de inspiración. Su figura era el centro de creaciones y manifestaciones artísticas de toda índole. Se componían canciones que entonaban sus hazañas, poesías líricas y épicas, libros de historia y novelas. "El poema a Túpac Amaru de Alejando Romualdo es muy recitado en Yanaoca", leemos en una noticia de 1969.[38] Este texto, escrito unos años antes, era uno de los más emblemáticos, ya que conjugaba la épica y el sentimentalismo que tanto gustaban a los cusqueños. Muchas veces se recitaba en público y era escuchado con atención. Los espectadores valoraban la entonación, el ritmo y la capacidad de los artistas para trasmitir las emociones. Los mejores declamadores eran muy apreciados y se les contrataba para todo tipo de celebraciones, desde aniversarios municipales e inauguraciones de colegios hasta bodas y entierros. También existían canciones de géneros musicales locales que tenían al héroe andino como protagonista. Era el caso del huayno *Túpac Amaru* de Carlos Chuquitapa, que estaba en boga y se cantaba con frecuencia en eventos públicos y privados.

Más allá de la música, abundaban las publicaciones dedicadas a Túpac Amaru. En noviembre de 1969 salía de la imprenta una edición especial del boletín del Comité Tupacamarista.[39] Aunque la publicación tenía ya algunos años de antigüedad, este era el primer número plenamente preparado bajo el nuevo régimen. Los textos incluían documentos inéditos de la época colonial y pronunciamientos en defensa de la construcción de un monumento a Túpac Amaru en la plaza de Armas de Cusco. El ambiente de extremada politización que acompañaba al velasquismo impulsaba proyectos editoriales de todo tipo. En ocasiones sus promotores buscaban

Soviet Planned Space: Mono-industrial Towns in the Soviet Baltic Republics in the 1950s-1980s", *Scandinavian Journal of History*, vol. 33, n.° 3, 2008, pp. 226-246.

37. BMC-ECC, 21 de agosto de 1972, "La primera ciudad cooperativa".

38. BMC-ECC, 12 de junio de 1969, "Querrán matarlo y…".

39. BMC-ECC, 4 de noviembre de 1969, "Editan revista en homenaje del aniversario de muerte de Túpac Amaru II".

convertir los textos en publicaciones permanentes, aunque casi nunca lograban sacar más de dos o tres números. Los artículos estaban a cargo de profesores de universidad o bien de intelectuales locales, muchos de ellos con una abierta filiación tupacamarista. El estilo solía ser muy exaltado, con un tono entre la elegía y la lírica, cargado de elogios para los héroes de la rebelión anticolonial.

En noviembre de 1970 aparecía un nuevo poemario de homenaje a Túpac Amaru.[40] El autor era Gustavo Pérez Ocampo, uno de los poetas cusqueños más destacados de su generación. Nacido en 1926, desde muy joven sus poemas habían destacado por su vehemencia. En los años previos a la Segunda Guerra Mundial, Pérez Ocampo había sido militante socialista y había escrito elegías a los principales líderes soviéticos. Más tarde se había consagrado en el mundo del periodismo escrito y radial. Su voz era conocida por todos los cusqueños y había recibido numerosos premios. A nadie sorprendió, por lo tanto, que dedicara un poemario al nuevo héroe oficial. En mayo de 1971 le llega el turno a la obra teatral *Túpac Amaru*, presentada por el grupo Hatary, con una duración de dos horas divididas en tres actos.[41] Su autor era el dramaturgo argentino Oswaldo Dragún, quien unos años antes había recibido el Premio Casa de las Américas en reconocimiento por el carácter comprometido y revolucionario de sus trabajos. Sus obras se habían estrenado en Cuba, México, Venezuela y Colombia, y era quizás el más reconocido representante del teatro socialista latinoamericano. Ese mismo mes, la Peña Amauta organizaba una muestra de poemas ilustrados, que tenía a Túpac Amaru como tema central. "Observamos una sobreposición de la figura a las letras —reseñaba un crítico cultural—, los rasgos y los colores son violentos, apasionados, sobre todo en la utilización del rojo que evoca rebeldía, sangre, alzamiento".[42] El estilo de las imágenes recordaba al expresionismo, con "bocas que gritan, manos que se crispan, marea gigantesca que quiere mostrar directamente al pueblo". Poco después, las obras se exponían en la Casa de la Cultura,

---

40. BMC-ECC, 18 de noviembre de 1970, "Gustavo Pérez Ocampo publica poemario dedicado a Túpac Amaru".
41. BMC-ECC, 5 de mayo de 1971, "Homenaje a Túpac Amaru en la Casa de la Cultura".
42. BMC-ECC, 25 de mayo de 1971, "Comentarios culturales".

acompañadas de poemas alusivos, en algunos casos escritos para la muestra y en otros adaptados de la tradición latinoamericana de izquierdas.[43]

Repasando la prensa cusqueña, casi todos los años aparecen referencias a eventos similares. Las fechas suelen coincidir con las efemérides de la revuelta tupacamarista. Como veremos más adelante, se trataba del punto culminante del nuevo calendario cívico impulsado por el velasquismo. Las presentaciones contaban casi siempre con el apoyo de las autoridades o con subvenciones de Sinamos o de la Comisión del Sesquicentenario de la Independencia. En 1972 le tocaba el turno a otra exposición conmemorativa, con dibujos, pinturas, acuarelas, óleos, esculturas y grabados de jóvenes artistas cusqueños.[44] Ese mismo año también se exhibieron en la plaza de Armas seis murales sobre la revolución anticolonial y su legado contemporáneo. La dirección del proyecto había estado a cargo de Manuel Fuentes Lira, quien entre otras cosas era el director de la Escuela Regional de Bellas Artes. Sus obras eran muy apreciadas por los cusqueños y combinaban el estilo indigenista tradicional con tendencias más modernas, aunque sin caer en el experimentalismo vanguardista. "Lo hermoso de esa muestra —detallaba una nota de prensa— es que el trabajo ha sido realizado colectivamente".[45]

No todos los usos del nombre del caudillo andino tenían un contenido político explícito. El prestigio del personaje servía también para dar publicidad a los emprendimientos más variopintos. Más que un propósito ideológico, en estos casos era una cuestión de moda. Un ejemplo es la

43. BMC-ECC, 3 de noviembre de 1971, "Poesía ilustrada en homenaje a Túpac Amaru se expone hoy". Los pintores participantes fueron Nancy Paredes; Hugo Cabello; Eduardo Paliza; Inocencio Chávez; Álvaro Escobar; Hipólito Mamani; Artemio Cabrera; Teófilo Medrano; Jorge Chávez; Erman (sic) Guzmán; y Darwin Salas Rodríguez. Todos ellos pertenecían a la Peña Amauta, dirigida por Edgard Torres Calderón. Los poemas que acompañaban los cuadros eran obra de Manuel González Prada; Alejandro Romualdo; Pablo Neruda; Guillermo Mercado; Luis Nieto; y Raúl Brozovich.

44. BMC-ECC, 19 de mayo de 1972, "Exposición artística en homenaje a Túpac Amaru".

45. La obra se realizó bajo la dirección de Mariano Fuentes Lira y Edgard Torres Calderón. Participaron también los pintores Jorge Chávez; Inocencio Chávez; Carlos del Mar; Hermann Guzmán; Teófilo Medrano; Brígida Estrada; Rubén Arce; Óscar Barrio; Hugo Cabello; y Víctor Gutiérrez. BMC-ECC, 4 de noviembre de 1972, "Murales de la Revolución se exhiben en la Plaza de Armas".

Sociedad Coral Túpac Amaru, fundada en 1969.[46] El tradicional Conjunto Solischa de música folclórica de Tinta, por su parte, había cambiado su nombre, para llamarse desde 1969 "Centro Musical Túpac Amaru".[47] Incluso existía un conjunto electrónico "Los Túpac Amarus", que *El Comercio de Cusco* destacaba como la revelación de la escena musical cusqueña.[48] Siguiendo la tendencia del momento, su fuerte era el *rock* y se les auguraba "un futuro asegurado en caso que sigan cultivando este difícil arte de cantar y el dominio de instrumentos musicales modernos". Ese mismo año también se anunciaba un sorteo especial de lotería denominado "Túpac Amaru", que debía celebrarse durante la semana de fiestas del aniversario del Cusco.[49] La publicidad incluía una imagen del líder rebelde, con cara ceñuda y tocado con un sombrero de ala ancha, junto con la frase: "La fija, fija, la fija del 70".

Aún más claro es el uso utilitario de la figura de Túpac Amaru por parte de la compañía aérea Lansa. Esta aerolínea se encontraba a inicios de los años setenta en serios problemas. Tras el golpe de Estado, había bautizado a uno de sus aviones con el apelativo del líder rebelde, con tan mala suerte que en agosto de 1970 la nave se había estrellado en el aeropuerto de Cusco.[50] El accidente había dejado decenas de muertos, además de dificultar durante meses el arribo de turistas a la ciudad. La investigación posterior mostró numerosas negligencias por parte de la aerolínea. Uno de los motores de la nave había fallado durante varias semanas, sin que nadie lo revisara a fondo. Tampoco existían protocolos definidos para el aterrizaje y

---

46. BMC-ECC, 4 de septiembre de 1972, "Sociedad Coral T. Amaru celebra su III aniversario".
47. BMC-ECC, 12 de junio de 1969, "Concurso folklórico".
48. BMC-ECC, 27 de enero de 1971, "La revelación del año en Cusco: Los Túpac Amarus".
49. BMC-ECC, 13 de junio de 1970, anuncio, "La fija fija".
50. Citado en BMC-ECC, 21 de junio de 1970, "En vuelo de prueba llegó avión Lansa Mateo Pumacahua". Es interesante notar que Lansa tuvo tres momentos claramente marcados en los nombres de sus aviones. Inicialmente usó denominaciones de ciudades peruanas, posteriormente nombres de emperadores incas y, tras el golpe de Estado de Velasco, nombres de caudillos indígenas revolucionarios. Este último grupo incluye los aviones "Túpac Amaru", "Mateo Pumacahua" y "Juan Santos Atahuallpa".

despegue, a pesar de que el aeropuerto de Cusco era muy complicado por la presencia de montañas y vientos cruzados. Sin apenas ayuda de la torre de control, los pilotos debían confiar en su propia destreza para llevar a cabo las maniobras. La indignación del gobierno al conocer estos errores había llevado a que se pusiera sobre la mesa la posibilidad de anular la licencia de operaciones de Lansa. Solo la ausencia de una alternativa viable para mantener a Cusco comunicado por aire con el resto del país había hecho que la decisión se pospusiese.[51]

Para mejorar su imagen, en mayo de 1971 la oficina de Lansa en Cusco dona un busto de Túpac Amaru a un plantel educativo de la ciudad. La obra debía servir para restaurar la confianza de las autoridades y cerrar la herida abierta por el accidente. A la inauguración asistieron "doscientos padres de familia y alumnado", quienes una vez concluida la ceremonia, agradecieron el donativo "con una champañada". Esta iniciativa se unía a una campaña paralela para regalar una máquina fotográfica y un rollo de película a cada pasajero que comprara en la oficina local de Lansa un pasaje de ida y vuelta a Lima. Los equipos debían servir al turista cusqueño "para tomar las vistas más hermosas de los lugares que visite". También los integrantes de la Comisión de Fiestas de la ciudad, encargados de negociar en la capital nacional el presupuesto para la semana de fiestas del Cusco, habían recibido un regalo similar.[52]

Estos ejemplos muestran que con frecuencia la ideología se conjugaba con el deseo de aprovechar la moda tupacamarista para obtener beneficios en otros ámbitos de la vida cotidiana. Homenajear a Túpac Amaru era una manera de adular al gobierno militar y a sus representantes. Para algunos era también una oportunidad para hacer negocio. Al menos en un caso que sepamos, un industrial y varios artistas cusqueños se asociaron para poner a la venta bustos del caudillo rebelde. Sus clientes eran tanto particulares como instituciones estatales. Las obras eran de pequeño tamaño y

51. Borradores de Actas del Consejo de Ministros del GRFA, sesión del GRFA, 28 de agosto de 1970.

52. BMC-ECC, 19 de mayo de 1971, "Lansa donó busto de Túpac Amaru a Normal". Estas maniobras no sirvieron de nada a la compañía, ya que poco después, otro de sus aviones sufría un trágico accidente en Pucallpa, lo que llevó a las autoridades a cancelar definitivamente la licencia de vuelo en diciembre de 1971.

Explosión de fervor: bustos de Túpac Amaru puestos a la venta por una empresa cusqueña. *Fuente*: *El Comercio de Cusco,* 15 de septiembre de 1970.

estaban confeccionadas en pasta de color verde bronceado. Se presentaban en dos modelos: un busto sin brazos, con sombrero de ala ancha, y una figura de cuerpo completo del héroe dirigiéndose a la multitud, con un brazo en alto y la cabeza descubierta. Ambos diseños eran "muy admirados por propios y extraños". Según los informes de prensa, había "una enorme demanda para su adquisición", ya que las estatuillas eran "muy apropiadas para posar en escritorios y bibliotecas".[53]

Exactamente el contrario era el caso de quienes pretendían elevar a la máxima potencia los homenajes a Túpac Amaru, dando su nombre a todo tipo de instituciones oficiales. Para este sector homenajear a Túpac Amaru

---

53. BMC-ECC, 15 de septiembre de 1970, "Bustos de Túpac Amaru, obra de artesanía cusqueña".

estaba por encima de cualquier otra consideración. Un abogado cusqueño proponía en diciembre de 1970 que los palacios de justicia de todo el país sumaran el nombre del caudillo andino a su denominación oficial.[54] Desde su punto de vista, esta era la única manera posible de resarcir a Condorcanqui por el escarnio y las injusticias cometidas en su contra por los magistrados españoles. La misma idea había tenido otro cusqueño, que sugería usar el nombre para rebautizar el colegio militar de la ciudad.[55] Un paso más allá, los tupacamaristas más radicales demandaban incluso que la plaza de Armas llevara el nombre del líder rebelde, ya que era allí donde Túpac Amaru había ofrendado su vida.[56]

Nada era demasiado para mostrar devoción al nuevo culto. Las demandas no se limitaban a Cusco. En 1970, el presidente vitalicio de la Asociación Cultural Canchis solicitaba que una estatua de Túpac Amaru se colocara en el atrio del palacio de gobierno de Lima. Según sostenía, de esta manera el caudillo andino estaría por fin en el lugar que merecía. Los nuevos aires revolucionarios debían afectar también a la guardia de honor presidencial, cuyas vestimentas de "estilo romano" debían sustituirse "por el genuino soldado de los incas que personifica fuerza, fraternidad y organización".[57] Para garantizar el éxito de su iniciativa, el autor de la propuesta apelaba a su presunta relación amical y familiar con algunos miembros del gobierno revolucionario. El objetivo era que "en las nuevas estructuras nacionalistas se plasme este ferviente y expresivo civismo como reflejo de la indiscutible admiración de los peruanos por la gesta de Túpac Amaru II". Se trataba además de una respuesta a los rumores que sugerían que la estatua de Pizarro iba a reponerse en su antigua ubicación en el palacio de gobierno, de donde había sido retirada poco antes como parte de las medidas nacionalistas del gobierno militar. Aunque nada de esto se llevó a cabo, el hecho de que las iniciativas fueran recogidas en la prensa y discutidas, evidencia la manera en que el régimen militar dio alas

54. BMC-ECC, 10 de diciembre de 1970, "Palacios de justicia se llamarían T. Amaru".
55. BMC-ECC, 25 de mayo de 1971, "Colegio Militar del Cusco debe llamarse T. Amaru".
56. BMC-ECC, 18 de mayo de 1971, "Plaza del Cusco debe llamarse Túpac Amaru".
57. BMC-ECC, 4 de noviembre de 1970, "Túpac Amaru en la Plaza de Armas de Lima". Todas las citas de este párrafo son de esta fuente.

al tupacamarismo. Tras muchos años en la sombra, los seguidores del caudillo cusqueño veían sus sueños más cercanos que nunca.

## Nuevos y viejos amigos

Con la adopción del tupacamarismo como ideología oficial del gobierno militar, los recursos disponibles para el culto se multiplican. Al mismo tiempo, nuevos actores entran a formar parte de los debates en torno al personaje, se apropian de su imagen y aspiran instrumentalizar el recuerdo de la gran rebelión para sus propios intereses. En el ámbito académico, Túpac Amaru se pone de moda. Si ya antes del golpe la rebelión andina era un tema de investigación en alza en los círculos profesionales, con el velasquismo esta tendencia se consolida y acrecienta. Todo el mundo parecía tener algo que decir sobre el personaje.

En mayo de 1971 se publica el libro *Didáctica de la revolución de Túpac Amaru*. Se trataba de "un estudio breve pero completo del proceso revolucionario que preparó el cacique indio Túpac Amaru II para conseguir la redención de la raza indígena en el Perú y en América".[58] Un paso más allá, en agosto de 1974 llegaba a Cusco el historiador polaco Jan Szeminski, quien por encargo de la Academia Polaca de Ciencias Latinoamericanas y con el auspicio del Consejo Nacional de la Universidad Peruana quería indagar en "los grupos sociales organizadores de la revolución de Túpac Amaru y de las rebeliones campesinas en el época republicana del Perú".[59] La presencia de académicos extranjeros en Cusco era casi siempre bien recibida, especialmente cuando procedían de Europa Oriental. Su interés en la región se consideraba como un síntoma de los nuevos tiempos. La revolución militar permitía nuevos temas de estudio y nuevas alianzas institucionales. "A pesar de que sobre Túpac Amaru se ha escrito bastante —reseñaba una nota—, Szeminski quiere encontrar la verdadera causa de la revolución".

58. BMC-ECC, 21 de mayo de 1971, "Un libro sobre Túpac Amaru".
59. BMC-ECC, 19 de agosto de 1974, "Historiador polaco estudiará en Cusco revolución de Túpac Amaru".

Los trabajos de Szeminski se inscribían en la corriente que interpretaba la revuelta tupacamarista como una revolución social.[60] Su estancia en Cusco culmina una etapa en la que los intercambios culturales con los países comunistas de Europa Oriental se habían incrementado notablemente. La nacionalización de las refinerías y la retórica antiimperialista del gobierno militar habían supuesto una crisis en las relaciones con los Estados Unidos. En respuesta, el régimen de Velasco había comenzado a coquetear con la Unión Soviética, en busca de apoyo económico y respaldo internacional a sus políticas reformistas. Estos contactos no llegaron a cuajar en la medida que el gobierno esperaba, en parte por el recelo de los soviéticos, que dudaban de involucrarse abiertamente en América Latina tras el fracaso de la "crisis de los misiles" de Cuba, y en parte por las propias diferencias dentro del gobierno militar, muchos de cuyos integrantes se habían formado en los Estados Unidos o habían tenido vínculos con ese país. Pero en el plano simbólico proliferaban los gestos de simpatía de Velasco hacia la Unión Soviética, incluyendo numerosas visitas de dignatarios comunistas a Cusco, así como de artistas o académicos rusos o de otros países aliados.

Durante el velasquismo, Perú se convierte en una suerte de escenario secundario de la Guerra Fría. Los dos bloques enfrentados por el domino del mundo despliegan sus mejores habilidades para tratar de atraer a intelectuales y autoridades hacia su órbita. Por su simbolismo, Cusco jugaba un papel relevante en estas estrategias. La ciudad era un escaparate para el gobierno peruano y un imán para los visitantes.[61] En general, los rusos encontraban en Cusco un ambiente favorable. Los cusqueños estaban predispuestos positivamente hacia ellos, ya que les veían como un contrapeso contra el fantasma del intervencionismo norteamericano, vinculado en los imaginarios políticos locales con la oligarquía tradicional, y por

60. Al respecto: Jan Szeminski, "La insurrección de Túpac Amaru II: ¿guerra de independencia o revolución?", *Estudios Latinoamericanos*, vol. 2, pp. 9-60, 1974. Posteriormente matizaría estas ideas, dando pie a una interpretación más compleja, que combina aspectos económicos, políticos e ideológicos. Al respecto: Szeminski, *La utopía tupacamarista*.

61. Véase en Borradores de Actas del Consejo de Ministros del GRFA, sesión del 15 de septiembre de 1970, la solicitud de una misión rusa sin identificar al ministro de Guerra para visitar Cusco una vez concluido su trabajo en Lima.

extensión con el centralismo limeño, que los cusqueños consideraban su peor enemigo. A inicios de 1969, pocos meses después del golpe de Estado, el embajador soviético visita la ciudad. Poco antes se había firmado un convenio entre ambos países, para incrementar el intercambio económico, científico y cultural. Las fotografías permiten ver la euforia que rodea el viaje. Cusco tributa al embajador una recepción multitudinaria.[62] La comitiva de bienvenida incluía a dos niñas "vestidas de indígenas", además de las autoridades locales. En los aledaños del aeropuerto, "personas pertenecientes políticamente a la línea moscovita" esperaban pacientemente la salida de los viajeros. Entre gritos de "rusos sí, yanquis no", los manifestantes portaban carteles de bienvenida con mensajes como "Viva la amistad entre los pueblos soviético y cusqueño" y "Bienvenida al Cusco la Unión Soviética". La respuesta del dignatario soviético habría estado a la altura de las circunstancias. Según la prensa local, declaró que para él estar en Cusco era un sueño y que traía "el saludo del pueblo ruso para el de esta ciudad legendaria". La larga historia de Cusco y su tradición revolucionaria convertían a la ciudad en el escenario idóneo para escenificar la nueva etapa de las relaciones entre ambos países.

La colaboración prometida por el embajador soviético se plasmó un año más tarde en un festival de cine soviético celebrado en la ciudad imperial, al que asistieron varias actrices, actores y directores rusos.[63] Poco después también visitaba Cusco el ministro húngaro de Finanzas.[64] El motivo de su viaje era económico, pero apenas desembarcó en la ciudad, expresó su deseo de visitar Machu Picchu. Esta combinación de motivos lúdicos y políticos era habitual en casi todas las visitas realizadas por dignatarios extranjeros. En 1972 el turno era para el secretario de relaciones internacionales del Instituto de América Latina de la Academia de Ciencias de la Unión Soviética.[65] Ese mismo año también llegaban a Cusco el presidente

62. BMC-ECC, 3 de febrero de 1969, "Tendremos intercambio económico, científico y cultural con Perú: embajador soviético al pisar tierra cusqueña expresó".

63. BMC-ECC, 6 de abril de 1970, "Actrices soviéticas llegaron al Cusco".

64. BMC-ECC, 23 de mayo de 1970, "Llegó al Cusco para conocer Majchu Picchu: ministro húngaro de finanzas".

65. BMC-ECC, 8 de febrero de 1972, "Científico ruso estuvo en U del Cusco en misión oficial".

de la corte suprema de ese país, acompañado de una delegación de 15 expertos juristas, "en plan de turismo y a cumplir diferentes actividades".[66] Le seguían poco después el propio ministro de Defensa de la Unión Soviética y el agregado de la embajada germano oriental. Este último justificaba su viaje a la capital imperial con una conferencia sobre "La vida cultural en la República Democrática Alemana".[67]

Otros visitantes ilustres son la astronauta soviética Valentina Tereskova, famosa por haber sido la primera mujer en salir al espacio exterior, y el mandatario cubano Raúl Castro, por entonces ministro de Defensa de ese país. Tereskova, tras visitar varias entidades, autoridades y lugares turísticos, recibió como homenaje una muñeca réplica de la escritora cusqueña Clorinda Matto de Turner.[68] La historia no registra su reacción ante este curioso agasajo. Castro, por su parte, disfrutó de la acogida más multitudinaria recibida por un mandatario extranjero durante los años del velasquismo. Según señala un testigo, "cientos de cusqueños vivaron a Raúl Castro, a la revolución cubana y a la revolución peruana". La comitiva incluía a los velasquistas locales, que aprovecharon la ocasión para hacer una de sus habituales demostraciones de fuerza al grito de "Pueblo y Fuerzas Armadas unidos venceremos". Para la prensa, la visita del entonces ministro de Defensa cubano era "un paso histórico en el estrechamiento de los lazos de amistad entre dos pueblos que luchan por su liberación de todo tipo de dominación y dependencia". Perú y Cuba, concluía el periodista, "se hermanan con esta visita y juntos caminan en su lucha contra el imperialismo y en la formación de un nuevo tipo de sociedad donde la justicia social sea el común denominador de todo un pueblo".

Abrumado por esta acogida, ese día Castro apenas pudo atinar a manifestar su satisfacción por encontrarse en "la tierra de los incas, donde se dieron los primeros gritos libertarios de América".[69] Desde su punto de

66. BMC-ECC, 29 de diciembre de 1972, "Presidente de Corte Suprema soviética visita Cusco".

67. BMC-ECC, 16 de marzo de 1973, "Calurosa recepción recibió vice ministro de defensa URSS"; y BMC-ECC, 8 de mayo de 1974, "Dará conferencia agregado cultural de Alemania Oriental".

68. BMC-ECC, 21 de marzo de 1974, "Astronauta Valentina llegó hoy al Cusco".

69. BMC-ECC, 31 de julio de 1974, "Castro primer admirador del Cusco y Machupijchu".

vista, por su historia y por su significado simbólico, Cusco estaba llamado a convertirse en el epicentro de la revolución continental. Al día siguiente, ya repuesto de la impresión, el líder cubano desarrollaba esta idea en un mensaje estampado en el libro de oro de la municipalidad. "El día en que los pueblos de América Latina se unan definitivamente para representar algo en el mundo —escribía el hermano del líder revolucionario más famoso de América Latina—, deberá ser aquí en el Cusco donde se realizará la ceremonia principal, por lo que representa en la historia de nuestro continente". "Hago entrega de esta vara —le contestaba a su turno el alcalde cusqueño—, que no es un acto tradicional ni protocolar, sino el testimonio de amistad y fraternidad".[70]

Al celebrar la dimensión latinoamericana de Cusco, Castro era heredero de una tradición que ya para ese entonces estaba firmemente asentada. Intelectuales progresistas de toda la región en diferentes momentos habían mirado a la capital imperial en busca de inspiración.[71] Las comitivas que acompañaban a las autoridades políticas extranjeras solían incluir grupos de música y danzas propios de sus países. Se trataba de una suerte de diplomacia cultural que complementaba el contenido político de las visitas. Era el caso del espectáculo "Noches de Moscú", que a mediados de 1973 se presentaba en Cusco como parte de una gira que también incluía Piura, Sullana, Chiclayo, Trujillo, Chimbote, Arequipa, Tacna y Lima. La actuación presentaba un "conjunto vocal-instrumental dirigido por el famoso compositor Vasilia, que cultiva la música tradicional de la región de Georgia", y un elenco de danzas "integrado por siete solistas soviéticas con un repertorio muy variado y de gran colorido".[72] Para resaltar la importancia de la ocasión, el anfitrión del evento era el director regional del recién creado Instituto Nacional de Cultura, Arturo Samanez Argumedo. Con un registro completamente distinto, poco después le tocaba el turno al conjunto Palmas y Cañas, "aplaudido elenco intérprete de la música popular afrocubana". Sus integrantes fueron recibidos en el aeropuerto

70. BMC-ECC, 2 de agosto de 1974, "R. Castro desde Cusco envía mensaje a América Latina".

71. Sobre los orígenes de esta fascinación por Cusco, Kuon Arce et ál., *Cuzco-Buenos Aires*.

72. BMC-ECC, 28 de marzo de 1974, "Noches de Moscú debuta el sábado".

por músicos locales, quienes entonaban composiciones propias del folclore cusqueño. Las mayores expectativas recaían en "la aplaudida cantante y vedette Caridad Hierrezuelo, hermana del famoso dúo Los Compadres".[73]

Además de los ámbitos político y cultural, las nuevas amistades del velasquismo se trasladaban también al campo de la economía. Debido a la crisis casi continua en que se encontraba el país, agudizada por la debacle internacional desatada a raíz de la guerra del Yom Kippur, cualquier ayuda era bienvenida. Aunque casi siempre quedaban en nada, diversas misiones provenientes de países comunistas llegan a Cusco con el objetivo de explorar vías de colaboración y negocios. Los focos de atención eran dos: la agricultura, envuelta en el convulso proceso de reforma agraria, y la explotación de recursos naturales. A esto último se enfocaba un grupo de ingenieros enviados por la compañía estatal polaca en busca de petróleo a la selva de Madre de Dios.[74] La introducción de nuevas técnicas de cultivo y de especies vegetales mejoradas era, por su parte, el objetivo de sendas embajadas técnicas procedentes de Cuba y la Unión Soviética.[75]

Estos vientos de colaboración con los países comunistas no implicaban paralizar las relaciones con los países occidentales. El gobierno de Velasco no puede ser entendido sin considerar el clima de la Guerra Fría en que se desenvuelve. Más allá de la retórica, el velasquismo nunca llega a cuestionar seriamente el alineamiento del país. Especialmente en el campo de las ciencias sociales, las fundaciones y universidades norteamericanas continuaban siendo un referente para los cusqueños, tanto porque en ellas trabajaban los cusqueñistas extranjeros más destacados, como por su capacidad para generar fondos y financiamiento para los académicos locales. En 1972, la Fundación Ford concede una subvención de dos millones de soles para investigaciones antropológicas en Huallaty (Apurímac) y Anta.[76] El primero de estos proyectos se encuadraba en la línea de la denominada "antropología de rescate" y lo coordinaba Óscar Núñez del Prado,

---

73. BMC-ECC, 5 de junio de 1974, "Hoy debuta en Cusco el conjunto folclórico cubano Palmas y Cañas".
74. BMC-ECC, 14 de julio de 1973, "Polacos también buscarán petróleo en M. de Dios".
75. BMC-ECC, 8 de marzo de 1973, "Avances de cultivos de maíz y papas ven técnicos cubanos"; y BMC-ECC, 21 de enero de 1973, "Técnicos rusos llegaron a Cusco".
76. Equivalentes a aproximadamente 40.000 dólares de la época.

un experto cusqueño conocido por sus trabajos en las comunidades q'eros, mientras que el segundo correspondía a la rama de la "antropología para el desarrollo". Ambos estaban a cargo de la Universidad Nacional San Antonio Abad del Cusco. El donativo lo había conseguido Jorge Flores Ochoa, representante de la nueva generación de científicos sociales cusqueños que en esos años tomaba el relevo de los grandes intelectuales indigenistas, durante una reunión realizada en Lima con auspicio de la Pontificia Universidad Católica del Perú. El acuerdo incluía también el intercambio de profesores y alumnos cusqueños con facultades norteamericanas de antropología.[77]

Otro socio habitual de los intelectuales cusqueños era la Fundación Fullbright, que entre otras cosas financia el viaje a Cusco de Richard Schaedel, un antropólogo norteamericano conocido por sus estudios sobre el urbanismo temprano en las zonas andinas.[78] Schaedel había trabajado durante muchos años en instituciones cercanas al servicio exterior de los Estados Unidos, desde donde había colaborado en los esfuerzos de reconstrucción posteriores al terremoto, financiando estudios y asesorando a los intelectuales y antropólogos cusqueños.[79] A inicios de los años setenta, se encontraba en un momento crítico de su carrera, en el que su condición de académico se combinaba con su defensa de la autonomía de los pueblos indígenas americanos. En otro texto he analizado con detalle la influencia de sus trabajos en los discursos neomochicas de la costa norte del Perú, cuyos primeros esfuerzos datan de estos mismos años.[80] Para los antropólogos peruanos que terminaban sus estudios a inicios de la década del setenta, Schaedel era una bocanada de aire fresco, pues aunque sus

77. BMC-ECC, 27 de enero de 1972, "S/. 2 millones para antropología concede la Fundación Ford".

78. BMC-ECC, 1 de septiembre de 1970, "Fundación Fullbright colabora con la U: llegó profesor de Antropología Schaedel".

79. BMC-ECC, 7 de marzo de 1958, "Nosotros hacemos el estudio, nacionales harán la obra".

80. Raúl H. Asensio, "Entre lo regional y lo étnico: el redescubrimiento de la cultura mochica y los nuevos discursos de identidad colectiva en la costa norte (1987-2010)", en Ricardo Cuenca, editor, *Etnicidades en construcción. Identidad y acción social en contextos de desigualdad*, Lima, Instituto de Estudios Peruanos, 2014, pp. 85-123.

ideas se adscribían al izquierdismo de la época, se distanciaban del rígido marxismo de las universidades peruanas.

Tanto la Fundación Ford como la Fundación Fullbright eran recios baluartes de la guerra fría cultural en América Latina.[81] Sus objetivos coincidían y muchas veces se retroalimentaban con los esfuerzos del gobierno norteamericano para limitar la influencia del comunismo en la región. La colaboración con los intelectuales cusqueños se había iniciado ya en la época de Luis A. Valcárcel, quien había pasado de ser un furibundo antiimperialista en sus años juveniles a convertirse en un hombre clave para el aterrizaje en el Perú de las fundaciones norteamericanas. Tras su traslado a Lima en los años treinta, continúa trabajando en favor de su región, canalizando fondos tanto del gobierno peruano como de las fundaciones norteamericanas. Sus memorias incluyen numerosos detalles que permiten seguir de cerca el juego de influencias de la Guerra Fría. Durante casi medio siglo, Valcárcel será uno de los principales nexos entre la intelectualidad cusqueña y las redes académicas internacionales. Esta posición lo convertía en un personaje tan admirado como envidiado. No eran pocos en Cusco quienes desconfiaban de sus intenciones y consideraban que había traicionado sus ideales de juventud. Otros, sin embargo, consideraban que gracias a su habilidad para entablar contactos y para desenvolverse en los contextos más diversos, Valcárcel había logrado numerosos beneficios para la ciudad, tanto en el campo de la educación como en el de la preservación del patrimonio.

Tras el golpe de Estado, Valcárcel juega un papel secundario, pero Cusco seguía siendo uno de los objetivos de las fundaciones norteamericanas.

---

81. Benedetta Calandra, "La Ford Foundation y la guerra fría cultural en América Latina (1959-1973)", *Americania*, n.° 1, 2011, pp. 8-25, y más por extenso, Patrick Iber, *Neither Peace nor Freedom, The Cultural Cold War in Latinamerica*, Londres, Harvard Unversity Press, 2015, y Francisco Javier Rodríguez Jiménez, *¿Armas de convicción masiva? American Studies durante la guerra fría: el caso español, Salamanca*, Universidad de Salamanca, 2010. Este último libro, pese a centrarse en España, presenta un panorama amplio sobre la importancia de las fundaciones norteamericanas en la creación de comunidades epistémicas en las ciencias sociales latinoamericanistas. Los dos primeros trabajos se centran sobre todo en Argentina y México. Un trabajo similar para el caso de Perú está todavía por hacerse. Algunas referencias al respecto se pueden encontrar en Rendón, *La intervención de los Estados Unidos*, pp. 85-91.

También era un destino importante para muchos académicos de ese país enamorados de la historia andina. Desde siempre Cusco había atraído a expertos extranjeros, que en ocasiones dedicaban toda su carrera a estudiar el pasado prehispánico, las variedades de la lengua quechua o cualquier otro tema relacionado con la idiosincrasia andina. Muchos de estos estudiosos desarrollaban fuertes vínculos afectivos y profesionales con la ciudad. Era el caso de John Rowe, cuyos trabajos estaban entre los favoritos de los tupacamaristas. Rowe había llegado al Perú a finales de los años cuarenta y desde entonces había vuelto una y otra vez a Cusco. Entre otros aspectos, su trabajo había contribuido al descubrimiento y catalogación de las culturas Chananpata y Marcavalle, cuya antigüedad permitía retrotraer cientos de años el inicio de la historia cusqueña. Era también uno de los principales defensores de la existencia de un nacionalismo inca subyacente a lo largo de todo el periodo colonial, que habría eclosionado en las décadas anteriores a la revuelta de Túpac Amaru, creando el fermento ideológico de la gran rebelión. Estas ideas eran muy apreciadas por los tupacamaristas, que con frecuencia citaban a Rowe para avalar sus propios argumentos. En reconocimiento de estos aportes, en pleno apogeo del velasquismo Rowe recibe un sentido homenaje por parte de las autoridades cusqueñas. Al evento asistieron centenares de personas, que entre otras cosas le escucharon declararse a sí mismo como un "hijo adoptivo" de la ciudad.[82]

El culto a Túpac Amaru encajaba a la perfección en este contexto de Guerra Fría. La multiplicidad de significados atribuidos al personaje permitía que el líder rebelde se insertara tanto en las narrativas revolucionarias como en el discurso panamericanista de los organismos multilaterales de cooperación. Ya en 1960 el Instituto Indigenista Interamericano había incluido a Túpac Amaru en un libro que presentaba a los que desde su punto de vista eran los cinco grandes héroes indígenas del continente. Completaban el grupo Cuauhtémoc, Tecun-Uman, Atahualpa y Túpac Katari. A través de estos personajes el indigenismo trataba de construir el relato de una identidad americana primigenia, con rasgos comunes que

---

82. BMC-ECC, 16 de septiembre de 1974, "El Dr. John H. Rowe se declaró hijo adoptivo del Cusco: homenaje".

iban más allá de las diferencias culturales. Túpac Amaru era uno de los emblemas de este relato panamericanista, al que los organismos multilaterales se adherían desde su fundación. El panamericanismo había sido parte de la política exterior norteamericana desde finales del siglo XIX, y había sido una de las piedras de toque de la retórica anticomunista de la Guerra Fría. De ahí que no hubiera ningún problema en reconocer la importancia de Túpac Amaru como referente de la idiosincrasia continental, siempre y cuando se amortiguara su significado revolucionario. El propio Banco Interamericano de Desarrollo no tenía empacho en firmar en 1971 un aviso pagado en la prensa cusqueña en el que, junto con otros socios locales, saludaba al caudillo andino en el aniversario del inicio de la gran rebelión.[83]

En el lado contrario, Túpac Amaru de manera creciente formaba parte de la iconografía y la retórica de las corrientes izquierdistas de todo el continente. En un momento en que el culto al Che Guevara aún no alcanzaba la trascendencia que tiene en la actualidad, el caudillo andino era el principal referente de los jóvenes latinoamericanos que querían cambiar el mundo. La gran rebelión se consideraba el mejor ejemplo de la doble lucha que los pueblos del continente estaban obligados a librar para alcanzar la libertad: contra las oligarquías explotadoras de sus propios países y contra el imperialismo internacional. Cada vez más, Túpac Amaru inspiraba a grupos subversivos y revolucionarios. Las propias guerrillas cusqueñas previas al golpe de Estado habían hecho uso de su figura en varias ocasiones. Con mayor resonancia internacional, en 1970 había debutado el grupo uruguayo Tupamaros. Su primera acción había sido el asesinato de un supuesto agente de los servicios secretos norteamericanos, acusado de asesorar a la policía uruguaya en técnicas de interrogatorio y tortura. Entre los cusqueños, esta apropiación del nombre de su héroe por grupos guerrilleros de otros países suscitaba a partes iguales preocupación y orgullo. Se veía como el reconocimiento de la dimensión universal del personaje, pero se temía que acabara manchando al tupacamarismo local por su asociación con actos de violencia.

Aunque superan el contexto cusqueño, estas apropiaciones son importantes porque contribuyen a moldear y contextualizar el tupacamarismo

83. BMC-ECC, 4 de noviembre de 1971.

cusqueño, tanto en su vertiente local como en la versión oficial asociada al gobierno militar. Las historias de la Guerra Fría son una muestra de la manera compleja en la que, incluso en el ensimismado ambiente nacionalista del velasquismo, las corrientes culturales y políticas cusqueñas se articulaban, influían y eran influidas por sucesos y tramas de sentido que escapaban al control de los habitantes de la ciudad. Panamericano o revolucionario, cada una a su manera, las dos versiones de Túpac Amaru permanecerían vigentes durante muchos años más.

Esta multiplicación de significados permitía que el culto a Túpac Amaru se extendiera fuera de la región. Muchas veces eran los propios cusqueños quienes, por un sentido de deber cívico o de orgullo regional, promocionaban los homenajes. En 1971, una plaza de Chimbote, una ciudad pesquera de la costa central, recibió el nombre del héroe andino.[84] Poco después le tocaba el turno a Huancayo, la ciudad más importante de la sierra central peruana.[85] En El Callao, pocos meses después del pronunciamiento de Velasco, se había inaugurado una estatua dedicada a Micaela Bastidas, la esposa del caudillo.[86] La iniciativa había partido del burgomaestre chalaco, pero había sido entusiastamente acogida por los residentes cusqueños. El propio alcalde de la ciudad imperial se desplazó al primer puerto para la inauguración. Los colectivos tupacamaristas cusqueños también apoyan la erección de un monumento a Túpac Amaru en el distrito limeño de Magdalena.[87] El líder rebelde aparecía en actitud sobria, vestido con ropajes neoincas, caminando hacia el frente, con un brazo doblado a la altura del pecho. En Puno la iniciativa corresponde a un poeta local, quien en ese tiempo ejercía como subprefecto departamental. Gracias a su empuje —y al menos en parte a sus aportes económicos—, en noviembre de 1970 se inaugura un monumento al héroe caneño en una de las principales calles de la ciudad.[88]

---

84. BMC-ECC, 28 de diciembre de 1971, "Túpac Amaru nombran plaza".

85. BMC-ECC, 18 de julio de 1973, "Plaza y monumento para Túpac Amaru".

86. BMC-ECC, 4 de diciembre de 1969, "Hoy inauguraron el monumento a Micaela Bastidas en el Callao".

87. BMC-ECC, 15 de mayo de 1971, "Magisterio apoya erección monumento a Túpac Amaru en distrito Magdalena".

88. Tamayo Herrera, *Historia del monumento*, p. 19.

Estatua de Túpac Amaru inaugurada en 1971 en el distrito limeño de Magdalena.
*Fotografía*: Raúl Asensio.

Fuera del país, el Instituto Sanmartiniano de Cusco apoya en 1970 la construcción de un monumento a Túpac Amaru en Buenos Aires.[89] Aunque eran más conservadores y tradicionalistas que sus colegas peruanos, los militares argentinos tenían buenas relaciones con el velasquismo, ya que compartían su inquina hacia Chile. Por esta razón, los cusqueños tenían esperanza de que el proyecto de monumento pudiera concretarse. Contaban para ello con el apoyo de las autoridades y de la colonia

89. BMC-ECC, 16 de enero de 1970, "Argentinos proyectan erigir monumento a Túpac Amaru II". El título de este artículo es sumamente engañoso, ya que más que en el proyecto en sí, se centra en los esfuerzos de los cusqueños por alentarlo.

peruana en la capital argentina.[90] Un proyecto similar en Bolivia tiene mejor suerte.[91] La factura de la estatua está a cargo del artista arequipeño Joaquín Ugarte y Ugarte, y a su inauguración asistieron los alcaldes de Cusco y Lima. Por parte boliviana, se esperaba contar con la asistencia de los dirigentes municipales "de todos los departamentos y provincias, así como delegaciones de estudiantes y campesinos de todo el vecino país". El fervor tupacamarista llegaba incluso a Nueva York, donde los residentes cusqueños organizaron en 1971 un sentido homenaje a su héroe vernáculo. La ceremonia tuvo como plato central la conferencia de un antiguo parlamentario regional, que por entonces residía en la ciudad de los rascacielos. Su discurso trazó un arco desde las injusticias de la época colonial, contra las que Túpac Amaru se había levantado, hasta la situación peruana contemporánea. Con palabras solemnes, el parlamentario enfatizó el contenido patriótico de la gesta tupacamarista y su carácter ejemplar. Más allá del contexto histórico concreto de la rebelión, desde su punto de vista, Túpac Amaru era un ejemplo para los peruanos, pero también para el resto del mundo.[92]

---

90. Durante el velasquismo, el monumento de Buenos Aires no se llega a construir. Sin embargo, en 2009 el Congreso argentino retoma la idea de erigir un homenaje a la gran revuelta andina, aunque el personaje elegido es Juan Bautista Túpac Amaru, uno de los hermanos del caudillo.

91. BMC-ECC, 13 de julio de 1973, "Túpac Amaru desde el lunes en La Paz".

92. BMC-ECC, 31 de diciembre de 1971, "En Nueva York rindieron homenaje a Túpac Amaru".

# 5

# Los iconoclastas

El periodo de mayor esplendor del culto cusqueño a Túpac Amaru se sitúa entre 1969 y 1972. Este lapso coincide con el que sería el proyecto más emblemático del tupacamarismo cusqueño y el que mayor polémica despertó durante todo el gobierno militar: la construcción de un gran monumento en la plaza de Armas de Cusco en recuerdo de la gran rebelión. Para los tupacamaristas, esta debía ser la obra culminante que mostrara la primacía del caudillo revolucionario por encima de cualquier otro referente regional. Para sus detractores, era el mejor ejemplo de cómo el gobierno militar no dudaba en llevarse por delante cualquier tipo de principio o respecto por el pensamiento ajeno, en su pretensión de transformar el Perú a imagen y semejanza de su proyecto político. Las tensiones en torno a la construcción del monumento involucran a políticos locales, intelectuales, autoridades, expertos en urbanismo, ministros, representantes del gobierno militar y artistas. Incluso emiten su opinión intelectuales y académicos extranjeros. Visto en perspectiva, se trata de un momento clave en la maduración del pensamiento patrimonialista cusqueño. En torno a la estatua entran en colisión los diferentes modelos de ciudad que hasta entonces habían convivido de manera más o menos armónica en la mente de la mayoría de los intelectuales cusqueñistas y en los discursos oficiales: ciudad histórica, ciudad turística, ciudad revolucionaria. De la virulencia de los debates da fe el hecho de que hasta la actualidad este es un asunto polémico en Cusco. Cualquier conversación sobre el monumento es un campo plagado de minas, que el investigador corre riesgo de pisar sin percatarse.

## Abajo el piel roja

Rodeada de algunas de las más notables obras del barroco andino, la plaza de Armas es el centro neurálgico de Cusco. En sus aledaños convergen las calles comerciales más importantes, por lo que siempre está animada. Su estructura combina elementos de las ciudades inca, colonial y republicana. Los muros prehispánicos conviven con los arcos coloniales, dando forma a un estilo particular, sin parangón en ninguna otra ciudad peruana. La catedral y la iglesia de la Compañía de Jesús son los edificios más destacados, mientras que el ayuntamiento se sitúa en la cercana plaza del Regocijo. La iglesia de San Cristóbal, situada en el ángulo noroeste de la ciudad, en lo alto del barrio del mismo nombre, y las montañas circundantes, ayudan a crear una imagen de postal, de la que los cusqueños se sienten justificadamente orgullosos.

La historia del monumento de Túpac Amaru comienza en septiembre de 1969, cuando una noche aparece destrozada la estatua que hasta ese momento coronaba la fuente situada en el centro de la plaza.[1] La obra representaba a un piel roja norteamericano y había sido instalada a principios del siglo XX. Aunque existen varias versiones sobre su origen, parece que su promotor había sido Albert Giesecke, un ingeniero norteamericano de origen alemán contratado en 1911 por el gobierno de Augusto Leguía para reformar la Universidad de San Antonio Abad.[2] Además de

---

1. BMC-ECC, 5 de septiembre de 1969, "Piel roja de la Plaza de Armas apareció destrozado".

2. Sobre la labor de Giesecke en Cusco y la cristalización de este primer discurso regionalista, Christopher Heaney, *Las tumbas de Machu Picchu. La historia de Hiram Bingham y la búsqueda de las últimas ciudades del Cusco*, Lima, Pontificia Universidad Católica del Perú, 2012. En el momento de su destrucción el origen de la estatua era desconocido, por lo que existían muchas leyendas e historias contradictorias al respecto. Algunos atribuían su origen a la época colonial. Los españoles habrían tratado con ella de homenajear la grandeza del Imperio inca, pero su desconocimiento de la fisonomía de los antiguos peruanos les habría llevado a retratarlos siguiendo el tópico del indio piel roja norteamericano (BMC-ECC, 18 de

intelectual y científico, Giesecke era uno de los impulsores de la primera generación de indigenistas cusqueños. Durante varios años se desempeña como alcalde de Cusco, tratando de llevar adelante un programa de regeneración y modernización de la ciudad. Desde su punto de vista, el piel roja evocaría el carácter central de Cusco en la conformación de la indianidad americana. Sería un emblema de la unidad esencial de los pobladores prehispánicos a lo largo de todo el continente. Cusco sería la capital simbólica y sentimental de esa nación indígena panamericana. De ahí que, a su parecer, la presencia del piel roja en Cusco no resultara inapropiada, sino por el contrario altamente simbólica.

Un informe policial posterior al incidente achacaba la caída de la estatua a su mal estado. Lleno de herrumbre, con los cimientos corroídos y abandonado por sus cuidadores, el piel roja habría sucumbido al fuerte viento que azotaba Cusco la noche de los hechos. Sin que nadie lo tocase, se habría derrumbado por sí mismo.[3] Como es obvio, prácticamente nadie

---

noviembre de 1969, "Túpac Amaru proscrito"). Otra versión, más aceptada, sostenía que la estatua se había erigido en 1874 (BMC-ECC, 5 de septiembre de 1969, "Réquiem por un monumento"). Esta fecha se debía al historiador local Horacio Villanueva Urteaga, quien, basándose en un documento de archivo, señalaba que la estatua había sido fabricada en los Estados Unidos y era un regalo del gobierno peruano a la ciudad de Cusco, instalado ese año. Sin embargo, esta versión se debe a una confusión. Aunque tanto la pileta como la estatua son de procedencia norteamericana, su llegada a Cusco se produjo en dos momentos diferentes. La pileta fue construida por la empresa Janes, Kirtland & Co. de Filadelfia (que la incluye en su catálogo de 1870). Había sido diseñada por el ingeniero francés J. P. Victor André y fue fundida en Nueva York. Cuenta con piezas gemelas en Savannah (Georgia), en Poughkeepsie (Nueva York) y en Madison (Indiana). Este es el regalo del gobierno peruano inaugurado por el alcalde Baldomero Cano en 1874. La estatua, sin embargo, era una adquisición de Giesecke a la empresa J. L. Mott Iron Works. Pertenecía a un modelo muy popular a principios del siglo XX y contaba con copias idénticas en varias ciudades norteamericanas: Calhoun (Georgia), Fargo (Dakota del Norte), Cincinnati (Ohio), San José (California), Schenectady (Nueva York), Leroy (Illinois), Ishpeming (Michigan) y Sharpsburg (Pensilvania). Cada una de estas estatuas representaba a distintos personajes de las historias locales, pero eran exactamente iguales en su diseño, diferenciándose únicamente por el hecho de que unas están pintadas y otras no. Todos estos datos proceden de: <http://www.qosqo.com/qosqoes/plazadearmas.shtml>.

3. BMC-ECC, 6 de septiembre de 1969, "Piel roja cayó por deterioro: se descarta intervención de mano ajena".

creía esta historia. Casi desde el momento de su colocación, el monumento había suscitado el rechazo de muchos cusqueños, a quienes las argumentaciones de Giesecke no convencían. Era habitual escuchar críticas a la estatua, provenientes tanto de los sectores conservadores (que la veían como un elemento ajeno a la tradición local), como de los izquierdistas (que la consideraban un emblema del imperialismo). Unas semanas antes del suceso, el Comité de Reivindicación Tupacamarista había iniciado una campaña pidiendo su sustitución por un monumento a Túpac Amaru.[4] Esta posibilidad ya se había barajado durante el gobierno de Belaunde, e incluso se había aprobado una norma para hacerla efectiva. El congreso nacional había destinado cinco millones de soles para la obra, aunque debido a la convulsión política y a la crisis económica, nada se había avanzado para llevarla a la práctica.[5] Los tupacamaristas se preguntaban en su comunicado por el destino de ese dinero y pedían a las autoridades que convocaran un concurso para diseñar un monumento a la altura del caudillo andino. Con todo, aunque la acogida a estas propuestas había sido favorable, también se habían alzado voces defendiendo al "azteca, que ya constituye parte de nuestra tradición".[6]

El día anterior al incidente, los tupacamaristas habían redoblado la presión. En una presentación pública habían pedido a las autoridades cusqueñas que el año siguiente se dedicara íntegramente a celebrar la gloria

4. BMC-ECC, 11 de junio de 1969, "Tupacamaristas piden que piel roja sea sacado de Plaza de Armas: Cusco".

5. Ley n.° 15962, de 29 de diciembre de 1965, citada en Silverman, "The Space of Heroism", p. 93. Silverman señala que también hubo un intento de colocar a Túpac Amaru en la plaza de Armas en 1923, pero que esta iniciativa no pasó de ser un reclamo intelectual.

6. BMC-ECC, 25 de agosto de 1969, editorial, "Movimiento tupacamarista". La interpretación del piel roja como azteca (y en concreto como Moctezuma) estaba muy extendida en Cusco en los años sesenta, cuando la memoria del origen de la estatua se había diluido. Hasta la actualidad es posible encontrar muchos relatos orales con esta identificación. Esta versión alternativa señala que la estatua habría sido un regalo del gobierno mexicano con motivo del primer centenario de la Independencia, o bien del cuarto centenario de la fundación de la ciudad de Cusco, celebrado en 1932, a cambio de una estatua de Atahualpa que estaría en México. Muchos guías aún cuentan esta historia a los turistas. Sobre todo, obviamente, cuando los oyentes son turistas mexicanos (Guillermo de la Peña y Regina Martínez Casas, comunicación personal, noviembre de 2015).

del caudillo rebelde. La sustitución de la estatua del piel roja por una de Túpac Amaru debía ser el punto culminante de un programa de homenajes que abarcara todos los meses y todas las provincias del Cusco.[7] Esta coincidencia hace aflorar las sospechas. La mayoría de los cusqueños pensaba que los tupacamaristas habían decido actuar por su cuenta, con la esperanza de que el gobierno militar aprobara la naturaleza "antiimperialista" de su iniciativa. La duda era si se había tratado de un acto espontáneo, movido por la euforia del momento, o premeditado. José Tamayo Herrera, uno de los más connotados intelectuales cusqueños de la época, sostenía abiertamente que la destrucción de la estatura se debía a "un ataque criminal premeditado".[8] Los autores habrían sido un grupo de funcionarios y profesores velasquistas, conocidos como "los iconoclastas" por su afición a destruir los monumentos que no eran de su agrado. Para llevar a cabo su misión, habrían contado con la connivencia de las autoridades militares, y especialmente del jefe de la guarnición, el general Valdez, quien a la mañana siguiente, una vez conocido el destrozo, se habría retratado en actitud orgullosa junto a los restos del piel roja.

Tal como los iconoclastas pretendían, enseguida se comenzó a hablar del monumento a Túpac Amaru. El mismo día de la destrucción, *El Comercio de Cusco* publicaba un editorial en el que, si bien criticaba el ataque, pedía la retirada del monumento por ser inadecuado para la ciudad. "El pueblo de Cusco se ha convulsionado —detalla— y hay una corriente surgida del fervor tupacamarista, sentimiento patriótico encomiable, que cree llegado el momento de erigir en su lugar el símbolo glorioso e inconmensurable del precursor de la independencia, nuestro egregio José Gabriel".[9] Este artículo suponía un giro radical en la posición del diario con respecto a lo sostenido unas semanas atrás, cuando aún defendía al

---

7. BMC-ECC, 4 de septiembre de 1969, "Tupacamaristas pedirán que 1970 sea declarado Año de Túpac Amaru".

8. Citado en BMC-ECC, 5 de septiembre de 1969, "Piel roja de la Plaza de Armas apareció destrozado".

9. BMC-ECC, 5 de septiembre de 1969, "Réquiem por un monumento". La posición se ratifica en otro editorial pocos días después: BMC-ECC, 9 de septiembre de 1969, "Vox Populi, Vox Dei".

"azteca". Varios artículos de opinión apuntaban en la misma línea.[10] El objetivo era deshacerse de lo que despectivamente se denominaba "una estatuilla que adornaba pésima y huachafamente una pileta".[11] Para hacer espacio al nuevo monumento, ese mismo día el alcalde de la ciudad ordenaba la retirada de la fuente de estilo renacentista, aunque la medida no llegaría a concretarse.[12] Según Tamayo, el consistorio municipal estaba en ese momento dominado por partidarios del APRA, que mediante la retirada de la pileta querían resolver el antiguo litigio que desde unos años atrás les enfrentaba a los seguidores de Belaunde, favorables a dejar la plaza como estaba y a construir el monumento en otro lugar de la cuidad.

La campaña en favor de Túpac Amaru es asumida por el gobierno central. El 6 de septiembre, Efraín Ruiz Caro anuncia la decisión del consejo de ministros de construir en la plaza una estatua en su honor.[13] Tanto la Asociación Altiva de Canas, como el Movimiento de Reivindicación Tupacamarista de Cusco, apoyan la decisión.[14] Desde su punto de vista, "los anti cusqueñistas, los anti-peruanos, los que están contra la Reforma Agraria y los anti-tupacamaristas son los únicos que pueden oponerse a que el monumento a Túpac Amaru esté en la plaza principal".[15] Esta opinión choca, sin embargo, con quienes ven en el monumento una amenaza

10. Por ejemplo, BMC-ECC, 13 de septiembre de 1969, César Antonio Guerra, "Los tupacamaristas"; BMC-ECC, 13 de septiembre de 1969, Genaro Masciotti Cuentas, "Justicia para Túpac Amaru II"; y BMC-ECC, 16 de septiembre de 1969, Arquitecto Cabrera, "Piel Roja… ¿rojo de vergüenza?".

11. BMC-ECC, 16 de septiembre de 1969, Estanislao Meza, "¿Monumento o…?".

12. BMC-ECC, 5 de septiembre de 1969, "Alcalde Chacón ordena el traslado de la Pileta de la Plaza de Armas"; y BMC-ECC, 11 de septiembre de 1969, "Concejo desautoriza retiro de pileta".

13. BMC-ECC, 6 de septiembre de 1969, "Monumento a Túpac Amaru será en la plaza de Armas: general Velasco dice". Caro anuncia la decisión después de la sesión del consejo de ministros. Sin embargo, en las actas correspondientes a esa fecha no hay ninguna referencia al monumento.

14. BMC-ECC, 6 de noviembre de 1969, "Efigie de Túpac Amaru debe estar en la Plaza: pronunciamiento de la asociación cultural Altiva Canas"; y BMC-ECC, 13 de septiembre de 1969, César Antonio Guerra, "Los tupacamaristas".

15. BMC-ECC, 17 de septiembre de 1969, "Debate abierto sobre homenaje a Túpac Amaru"; y BMC-ECC, 13 de octubre de 1969, "Plaza de Armas: Cusco es intangible dice CRYF".

para la estética de la plaza de Armas. En un momento de preocupación por el descenso del número de turistas que llegan a la ciudad, temen que una obra de grandes dimensiones distorsione la imagen tradicional del lugar más emblemático de Cusco.[16]

Entre los detractores de la ubicación, se cuenta también un sector de los tupacamaristas más radicales, que consideraba que la plaza de Armas no era el escenario adecuado para resaltar la grandeza del líder de la rebelión andina. En este entorno, Túpac Amaru se vería minimizado "por la grandeza de las obras de los que lo descuartizaron, como son la catedral y la Compañía".[17] Desde su punto de vista, el monumento debía tener "visión futurista, aunque su coste signifique millones". Como alternativa a la plaza de Armas proponen un complejo monumental de grandes dimensiones en una de las colinas cercanas a la ciudad, que incluiría, además de la estatua del héroe, un museo con las armas utilizadas durante la revuelta, una biblioteca, un centro de estudios y restaurantes. Además de su valor histórico, la evocación de Túpac Amaru debía convertirse en un atractivo capaz de atraer cada año a miles de turistas a la ciudad. Otros piden una remodelación urbana total, que incluyera hasta siete estatuas conmemorativas de los héroes de la nación en diferentes partes de la ciudad.[18]

El debate continúa durante los siguientes meses. El director de la Escuela Regional de Bellas Artes fundada por Valcárcel en 1946, Mariano Fuentes Lira, declara en una entrevista que el monumento a Túpac Amaru no debía ser "una mera estatua rematando una columna o prisma truncado con algunas alegorías y unas cuantas chapas de metal, sino un magistral conjunto escultórico, realmente grandioso".[19] Además de sus cualidades estéticas, la obra debía dar "prédica, cátedra, discurso, sobre un trismo el más transcendente de nuestra historia, más bien de la historia americana". Debido a estas consideraciones, Fuentes Lira rechaza que la plaza de

16. BMC-ECC, 15 de septiembre de 1969, "Descenso del turismo".

17. BMC-ECC, 27 de noviembre de 1969, "Monumento a Túpac Amaru debe respetarse desde todo ángulo".

18. BMC-ECC, 13 de octubre de 1969, "Los Cholos: piden siete monumentos en cerros y plazas de esta ciudad".

19. BMC-ECC, 11 de noviembre de 1969, "Profesor M. Fuentes Lira opina: monumento a Túpac Amaru II".

Armas fuera el lugar adecuado para el homenaje, ya que quedaría pequeña para hacer justicia al líder rebelde.

Con un aspecto inconfundible de dandi, siempre bien vestido, el cabello engominado y peinado hacia atrás, y una cuidada barba recortada que apenas le cubría el mentón, además de director de la Escuela de Bellas Artes, Fuentes Lira era uno de los artistas cusqueños más famosos. Se trataba de uno de los pocos supervivientes de los tiempos gloriosos de la intelectualidad cusqueña de mediados de siglo. Sus cuadros combinaban los motivos indigenistas con un estilo personal, basado en pinceladas anchas, líneas ondulantes que difuminaban las formas, perspectivas planas y colores rotundos. Sus ideas izquierdistas lo habían llevado al exilio en las décadas anteriores, pero también le habían granjeado un notable prestigio en los círculos revolucionarios. Durante muchos años había vivido en Bolivia, y sus obras se exponían no solo en ese país, sino también en importantes museos de Argentina y México. Su regreso a Cusco se había producido en 1950, gracias a una invitación del gobierno peruano para hacerse cargo de la promoción de las artes en la ciudad. La reticencia de Fuentes Lira ante la idea de levantar la estatua en la plaza de Armas muestra que el cisma no solo respondía a cuestiones ideológicas. Influían también las diferentes visiones que los cusqueños tenían de lo que debía ser su cuidad, así como las rivalidades personales entre los miembros de la élite local.

En noviembre, coincidiendo con la celebración del aniversario del inicio de la revuelta, la tensión entre partidarios y opositores al monumento recrudece. La Sociedad de Artesanos del Cusco afirma que luchará "hasta las últimas consecuencias" para que el monumento se construya en la plaza de Armas.[20] Por ello, también se pronuncian las autoridades de Canas.[21] Para este colectivo, menos preocupado por la preservación patrimonial que por el simbolismo de la plaza de Armas, estaba claro dónde debía construirse la estatua. La plaza era la única ubicación posible si se quería homenajear a Túpac Amaru en su nueva condición de gran héroe nacional.

---

20. BMC-ECC, 17 de noviembre de 1969, "Pedirán monumento a Túpac Amaru".
21. BMC-ECC, 11 de noviembre de 1969, "Monumentos en la plaza".

La campaña en favor del monumento alcanza también a otras provincias cusqueñas. En Yanaoca, uno de los tupacamaristas más antiguos, Teófilo Uscamaita, pronuncia un encendido discurso en el que vinculaba a Túpac Amaru con el gobierno militar. Los golpistas estaban por fin llevando adelante el sueño de los campesinos tan largamente aplazado. Gracias a Velasco, Túpac Amaru podía por fin descansar sus "brazos hercúleos que lucharon por la justicia social".[22] En el Perú revolucionario, la tierra era de quien la trabajaba, se había terminado la opresión y los campesinos podían dedicarse a lo que siempre habían querido: "fructificar en los campos de la libertad". Era el momento de dar gracias a Dios, de recordar a Túpac Amaru y de "implantar en los corazones de cada peruano la simiente de su glorificación". La construcción de la estatua en la plaza de Armas era, desde ese punto de vista, una cuestión de pura justicia.

Sin embargo, no todo eran buenas noticias para los tupacamaristas. En el bando contrario, un foro de expertos convocado por el gobierno local solicitaba que el monumento se erigiera en el futuro centro cívico que se planeaba construir a unas cuadras de la plaza de Armas. Este proyecto había estado dando vueltas desde la época del terremoto, aunque nunca había llegado a concretarse. Sus promotores pretendían traerse abajo varias cuadras de viviendas deterioradas, para construir en su lugar un moderno emplazamiento de oficinas y dependencias estatales. La reunión supone la entrada en escena de un actor que en adelante estará presente en cada capítulo de la polémica: los grupos de presión patrimonialistas. Se trata de un colectivo heterogéneo, integrado por arquitectos, artistas y funcionarios, para quienes los principios de intangibilidad y conservación de patrimonio debían prevalecer sobre las consideraciones políticas, incluso cuando eso supusiera frustrar los deseos de los cusqueños de homenajear a su héroe.

Aunque no niegan la importancia de Túpac Amaru, los patrimonialistas resaltan la necesidad de mantener intangible la plaza de Armas "para salvaguardar los valores estéticos cusqueños". Entre los firmantes del manifiesto del foro destacan el director de la Escuela Nacional de Bellas Artes, Juan Manuel Ugarte Eléspuru, y el arquitecto Luis Miró Quesada

---

22. BMC-ECC, 17 de noviembre de 1969, Teófilo Uscamaita, "Al inmortal Túpac Amaru".

Garland, delegado del Patronato Nacional de Arqueología y Arquitectura.[23] En el ámbito local, apoya esta postura Rolando Peralta, presidente de la sección cusqueña de la Asociación de Artistas Plásticos del Perú, quien se atreve a poner la respuesta en la boca del propio caudillo rebelde: "estoy seguro —declaraba— que si a Túpac Amaru se le pidiera su opinión, en ningún momento permitiría que en su memoria se destruya la unidad de nuestra plaza de armas".[24]

También la CRYF se une a las opiniones contrarias a la instalación de la estatua de Túpac Amaru en esa plaza.[25] El trasfondo de estas preocupaciones era una creciente conciencia patrimonialista en todo el país, que resaltaba la importancia de preservar el legado histórico peruano, amenazado por la depredación y la rápida modernización. Podríamos hablar, en este sentido, de un paradigma patrimonialista emergente, entendido como una suma de ideas, prácticas y discursos sobre la relación entre los vestigios materiales del pasado, el presente y el futuro de la nación. El corazón de este paradigma patrimonialista era la idea de que intangibilidad de los monumentos históricos debía considerarse un fin deseable en sí mismo, más allá de cuáles fueran las funciones o el uso social que se les diera en la práctica a estos monumentos. Tuvieran o no utilidad en el presente, los restos del pasado debían conservarse de manera inalterada porque en ellos se encontraba el alma de la nación.

Los orígenes de esta idea sobrepasan con mucho los objetivos de este libro. Analizar el desarrollo del paradigma patrimonialista en unas pocas líneas es imposible. Ni es exclusivo del velasquismo, ni en última instancia es privativo del Perú. En su conformación influyen vectores nacionales e internacionales. Lo importante es que es justo durante el velasquismo cuando asistimos a su eclosión. Y en buena medida es en Cusco (aunque no exclusivamente) donde esta eclosión tiene lugar. El terremoto de 1950

---

23. BMC-ECC, 17 de noviembre de 1969, "Monumento a Túpac Amaru II sería en el futuro Centro Cívico".

24. BMC-ECC, 7 de noviembre de 1969, "El monumento a Túpac Amaru no debe levantarse en la Plaza de Armas".

25. BMC-ECC, 13 de octubre de 1969, "Plaza de Armas: Cusco es intangible dice CRYF". Hay que señalar, sin embargo, que la CRIF cambia varias veces de opinión sobre el tema, dependiendo de la coyuntura política.

había evidenciado la fragilidad de la ciudad. La reconstrucción, unida al rápido crecimiento del turismo, amenazaba con cambiar definitivamente la fisonomía del centro histórico. El resultado es una creciente ansiedad frente a lo que se percibe como una pérdida de las esencias locales. La publicación del informe Kubler en 1953 había sido un aldabonazo en este sentido. El minucioso estudio del especialista norteamericano había puesto de manifiesto el reto que suponía la preservación del patrimonio cultural. De ahí que cualquier intervención urbana se cuestionara y se mirara con desconfianza. La ansiedad conservacionista era compartida por la mayoría de la población y podía instrumentalizarse tanto por los partidarios como por los detractores del gobierno. "El Cusco es una ciudad-museo —leemos a un periodista poco después del cambio de régimen—, por lo tanto, hay que cuidarla como tal, no permitiendo que se desfigure, que se menoscabe su rostro de siglos, razón y motivo de su condición de atracción turística mundial".[26]

La consolidación del patrimonialismo se entrecruza y retroalimenta con el desarrollo del turismo. Esta actividad había crecido mucho en los años sesenta, y era ya una de las principales fuentes de ingreso de la región. Más importante aún: era la actividad en la que los cusqueños depositaban sus expectativas de futuro. Sin embargo, con el velasquismo las cosas no iban bien. En 1969, el número de visitantes había disminuido de manera alarmante, en parte por la inestabilidad derivada del nuevo régimen y en parte por un cierto efecto de saturación.[27] La infraestructura turística de la ciudad era muy limitada. Los visitantes no siempre encontraban las comodidades que buscaban. Había pocos hoteles y eran de baja calidad. Incluso los monumentos más famosos estaban mal habilitados y en ellos reinaban la suciedad y el desorden.[28] Los cusqueños temían que si estos problemas no se solucionaban rápidamente, su ciudad perdiera la oportunidad de consolidarse entre los grandes destinos turísticos latinoamericanos. Para evitarlo, era necesario conservar los atractivos que impulsaban

---

26. BMC-ECC, 29 de abril de 1969, editorial, "Cusco, ciudad intangible".
27. BMC-ECC, 10 de octubre de 1969, "El turismo se aleja de Cusco".
28. BMC-ECC, 19 de marzo de 1970, "Denuncian deficiente transporte a ruinas de Machupijchu".

a los turistas a visitar la región (es decir, los monumentos), y mejorar las condiciones generales de la ciudad. El sueño del turismo retroalimentaba, por lo tanto, la ansiedad patrimonialista.

Aunque no resuelve la polémica sobre la estatua de Túpac Amaru, el foro de expertos convocado por la municipalidad sirve para impulsar una medida que desde hacía tiempo se reclamaba en Cusco: el control de los avisos publicitarios que inundaban la plaza de Armas. Estos carteles se habían multiplicado tras el terremoto, a medida que se abrían nuevos negocios y se remodelaban o reconstruían los antiguos. En mayo de 1969 leemos que gran parte de ellos eran colocados sin el previo cumplimiento de los requisitos legales. "Para justa protesta e indignación de extraños que de propios —señalaba otro artículo—, a la fecha no es posible tomar una vista de la catedral, sin llevar entre sus artísticos tallados una propaganda de determinado producto, a punto tal que donde quiera que se dirija la lente surge un mamarracho".[29] Para enfrentar esta situación, el foro proponía prohibir los anuncios más escandalosos y unificar los restantes, de tal manera que tuvieran un solo estilo, acorde con el ambiente del centro histórico. Incluso se animaba a sugerir que este modelo único podía consistir en "placas metálicas de un mismo tamaño y color, al modo de las que utilizan los profesionales".[30]

## Primer intento

El patrimonialismo cusqueño era una ideología transversal y la única capaz de enfrentarse al tupacamarismo. Pero aún no había llegado el momento de la confrontación abierta. A finales de 1969, las opiniones patrimonialistas todavía eran minoritarias. Tensiones similares entre el impulso de renovar el paisaje urbano para adaptarlo a los nuevos tiempos revolucionarios, y la resistencia en favor de preservar los estilos y tradiciones locales, eran comunes en otras partes del país. En Lima, la llegada al gobierno de los militares está acompañada de la proliferación de edificios oficiales de

29. BMC-ECC, 14 de mayo de 1969, editorial, "Defendamos la fisonomía tan propia de nuestra ciudad".

30. BMC-ECC, 17 de noviembre de 1969, "Erradicarán avisaje de la plaza de armas".

gran formato asociados al llamado "brutalismo expresionista", que por entonces se hallaba de moda en toda la región. Derivado del pensamiento de los maestros funcionalistas franceses, este estilo se caracterizaba por su propensión por las grandes dimensiones y los materiales industriales al descubierto, cemento y hormigón sobre todo. El brutalismo privilegiaba las formas geométricas austeras y las texturas rugosas, con muy pocos adornos. Según sus defensores, estas características lo hacían el estilo arquitectónico idóneo para las metrópolis inmersas en rápidos procesos de modernización, con grandes requerimientos de edificios oficiales, oficinas y viviendas que debían satisfacerse rápidamente. De ahí su éxito en los países en desarrollo, especialmente en América Latina y España.

Para los militares, el brutalismo tenía un triple atractivo: trasmitía una imagen de grandiosidad y poder, revestía al régimen de una pátina de modernidad, y era relativamente económico, ya que los presupuestos eran menores que los necesarios para edificaciones visualmente más atractivas. En una época de crisis económica casi perpetua, este era un punto clave, más aún para un gobierno que desde la nacionalización de la IPC tenía un acceso muy limitado a los créditos internacionales. Para llevar adelante los proyectos, el gobierno recurrió a un grupo heterogéneo de arquitectos peruanos que en poco tiempo se consagrarían como referentes nacionales: Miguel Rodrigo Mazuré, Miguel Cruchaga, Emilio Soler, Juan Günther, Mario Seminario, Adolfo Córdova, Jacques Crousse, Jorge Páez, José García Bryce, Miguel Llona, Carlos Williams, Guillermo Málaga, etc. Aunque pertenecían a diferentes generaciones y cada uno de estos arquitectos tenía su propia trayectoria profesional previa, los edificios presentaban una rotunda uniformidad estilística, ya que los militares controlaban férreamente los diseños. Entre las obras más destacadas se encontraban el enorme Centro Cívico construido en las lindes del centro histórico de Lima, las sedes nacionales de la compañía petrolera estatal y del Banco de Vivienda, y las oficinas de los ministerios del Interior, Guerra y Pesquería.[31]

---

31. Un análisis en detalle de estas iniciativas en: Gonzalo Villamonte Duffoo, "Arquitectura y representación ideológica en Lima del siglo XX: los edificios gubernamentales construidos durante el Gobierno Revolucionario de la Fuerza Armada (1968-1975)", Lima, tesis para optar el título de licenciado en historia, Pontificia Universidad Católica del Perú, 2005.

La imposición de la arquitectura brutalista demuestra que el gobierno militar deseaba dejar su impronta en el paisaje urbano. El desagrado de muchos limeños, sorprendidos por la preponderancia de un estilo que chochaba con las tradiciones locales y cuya naturaleza no acababan de comprender, fue soslayado sin contemplaciones. La modernización de la capital se consideraba un imperativo por encima de cualquier otra consideración estética o nostálgica. En Cusco, la situación era más ambigua. A comienzos de 1970, los tupacamaristas cusqueños redoblaban la presión en favor del monumento. En un telegrama firmado por diversas organizaciones sociales de la provincia, solicitaban al presidente Velasco que fuera él personalmente quien pusiera la primera piedra del monumento a Túpac Amaru en la plaza de Armas. Entre quienes suscribían la petición se encontraban los representantes de la Sociedad Mutua de Empleados, de las federaciones departamentales de servidores públicos y campesinos, el vicepresidente de la Asociación Señor de los Temblores, los presidentes del Círculo de Obreros Católicos, del Centro Qosqo de Arte Nativo, de la Asociación de Joyeros y Relojeros, de la Asociación de Cargadores de la Virgen de Belén y del gremio de peluqueros. También firmaban el secretario de prensa y propaganda de la Federación de Trabajadores del Cusco y la dirigencia en pleno de la Benemérita Sociedad de Artesanos. Esta variopinta composición muestra tanto la fortaleza de los tupacamaristas como la densidad del entramado social y cultural cusqueño, que incluía un gran número de asociaciones culturales, folclóricas y religiosas, junto con sindicatos y agremiaciones profesionales.[32]

Uno de los argumentos centrales de estos manifiestos era la necesidad de "respetar el Cusco", es decir, de reconocer la importancia que la ciudad tenía para la identidad nacional peruana, al mismo nivel o por encima de otras regiones del país. Este reclamo atraviesa la relación entre las élites intelectuales de la sierra sur y sus colegas de la capital nacional durante todo el periodo republicano. El temor al menoscabo estaba muy presente en los intelectuales cusqueños, que tenían siempre la guardia alta frente a cualquier ofensa real o potencial contra su ciudad. Para apuntalar la

32. BMC-ECC, 21 de marzo de 1970, "Piden a general Velasco ponga primera piedra de monumento a T. Amaru en Plaza de Armas".

controversia, esa misma semana vuelve a saltar a la actualidad un tema que llevaba varios años enturbiando el ambiente: el efecto negativo del turismo sobre las ruinas de Machu Picchu. El problema eran los *hippies* extranjeros que se habían instalado de manera semipermanente en la ciudadela inca. Los cusqueños consideraban que su comportamiento incomodaba a los turistas y suponía una falta de respeto para el monumento. Permitir que siguieran allí era una nueva ofensa contra el Cusco. "Numerosos turistas que llegan en fervoroso peregrinaje hasta la ciudadela —señalaba un artículo que denunciaba la pasividad de las autoridades limeñas— declaran a su retorno a esa ciudad la mala impresión que les causa el espectáculo resultante de la presencia de grupos de sujetos estrafalarios de uno y otro sexo, que han sentado sus reales rompiendo, con sus raras vestimentas y sus actitudes fuera de lo normal, el profundo respeto que inspira el lugar".[33]

Para los sectores más conservadores, los *hippies* eran una desvergüenza cuya presencia había que limitar.[34] Con su dejadez en el vestir y su estilo de vida relajado, eran la viva imagen de lo que se consideraba una sociedad decadente y enferma. La situación había empeorado a inicios de año con la llegada del equipo que debía rodar la que sería una de las películas más controvertidas de la época, *The Last Movie*, un wéstern atípico dirigido por Dennis Hopper, el niño malo del cine americano. El lugar elegido para tal fin era Chinchero, un pequeño pueblo situado al norte de la capital regional, famoso por combinar en su trazado restos prehispánicos, coloniales y contemporáneos. La llegada de los artistas supuso un auténtico choque para sus habitantes. Una crónica reseñaba que Chinchero "ha cambiado totalmente, puesto que da la sensación de ser una ciudad del medio oeste americano del siglo pasado".[35] Las fotografías de la época dejan ver este curioso efecto. Los chalecos de cuero, las espuelas y los sombreros de ala ancha comparten el foco con alpacas, llicllas y ruinas incas. Las imágenes también muestran los contrastes entre los visitantes y la sociedad andina, todavía muy tradicional en sus comportamientos morales.

---

33. BMC-ECC, 1 de julio de 1971, "Más respeto con Machu Picchu".
34. BMC-ECC, 2 de junio de 1970, editorial, "Turismo sí, desvergüenza no".
35. BMC-ECC, 30 de enero de 1970, "La última película busca terminar con los western: cientos de artistas actúan en Chinchero".

Que la región se hubiera convertido en un plató de rodaje era un tema que tenía partidarios y detractores. No a todos les convencía que Cusco fuera destino permanente de artistas y bohemios llegados de todo el mundo. Un sector de los intelectuales locales temía que la imagen de la ciudad se asociara con los escándalos de los actores, perjudicando su reputación internacional. En esto coincidían con el gobierno militar, cuyo conservadurismo moral había llevado a aprobar una ley que censuraba la publicación de "artículos, crónicas o imágenes que describan innecesariamente detalles lascivos y para excitar los bajos instintos o apetitos sexuales".[36] Se consideraba que personajes como Hopper y sus colegas eran modelos poco edificantes para los jóvenes cusqueños. Pese a sus declaraciones críticas con el gobierno norteamericano, se les veía como epítomes de la decadencia hedonista que el velasquismo quería evitar.[37] Sus películas, sentenciaba uno de sus detractores, "no nos hacen ningún favor a los peruanos, aparte del pésimo gusto con que están realizadas".[38]

Finalmente, en mayo de 1970 se publica el decreto que ordena la convocatoria del concurso para elegir el diseño de la estatua de Túpac Amaru.[39] El gobierno nacional opta por la idea inicial y decide construir el monumento en la plaza de Armas. El excesivo costo de los proyectos alternativos promovidos por los tupacamaristas y el deseo de potenciar el valor simbólico del monumento parecen haber sido los argumentos determinantes en la mente de los militares. Para elegir el diseño, se nombra a un jurado integrado por las principales autoridades cusqueñas, delegados del Consejo Nacional de Conservación y Restauración de Monumentos Históricos y del Colegio de Arquitectos del Perú. También debía participar

36. Artículo 27 del decreto ley 18075 ("Estatuto de libertad de prensa") aprobado el 30 de diciembre de 1969.

37. BMC-ECC, 14 de marzo de 1970, "América no acaba en los Estados Unidos, dice director Dennis Hopper".

38. BMC-ECC, 3 de julio de 1970, editorial, "Cusco como escenario de cine debe ser celosamente cuidado".

39. BMC-ECC, 20 de mayo de 1970, "Monumento a Túpac Amaru II se erigirá en Plaza de Armas: triunfó campaña de El Comercio". El decreto está reproducido íntegramente en BMC-ECC, 4 de noviembre de 1970, "Monumento a Túpac Amaru". Se trata del mismo decreto que establece la obligatoriedad de colocar bustos o cuadros del prócer en todos los centros educativos de la región.

"un representante del campesinado peruano, designado por la Dirección de Comunidades Campesinas del Ministerio de Agricultura". El monumento debía captar toda la grandeza del héroe y al mismo tiempo contribuir a glorificar su presencia en el corazón de la ciudad más emblemática del Perú. Los preparativos prosiguen en junio, con la llegada al Cusco del jefe del Ejército peruano, el coronel Luis Vignes Rodríguez, considerado el emisario personal del presidente Velasco, y del escritor Alberto Tauro del Pino, como representante de la Comisión Nacional del Sesquicentenario.[40] El general Uzátegui, quien poco antes había sustituido a Valdez como jefe militar regional, aprovecha esta visita para reclamar que las sesiones de deliberación se celebren en la ciudad, desplazándose hasta Cusco los integrantes limeños del jurado. Esta propuesta parece, sin embargo, haber caído en saco roto, ya que como veremos más adelante, aunque el jurado tenía mayoría cusqueña, las reuniones se realizarían siempre en Lima.

Tras varios ajustes, el concurso se convoca oficialmente en septiembre. Parecía que el momento había llegado. Las bases establecían un premio de cien mil soles para el ganador y un presupuesto total para la obra de tres millones de soles.[41] Esto significaba aproximadamente dos mil dólares americanos de la época como premio y unos 60.000 para la construcción de la obra, una cantidad enorme para las características del mercado artístico peruano. Los candidatos tenían tres meses para preparar sus propuestas. Debían hacer su mejor esfuerzo para contar en este tiempo con un boceto que los jurados pudieran evaluar antes de emitir su veredicto. El plazo era inapelable, ya que se deseaba contar con el monumento para el año entrante, cuando se debían conmemorar el sesquicentenario de la independencia peruana y el 190 aniversario del ajusticiamiento de Túpac Amaru.

El anuncio despierta la euforia de los tupacamaristas, quienes felicitan al gobierno por haber sabido resistir "las maniobras extranjerizantes, la campaña en contra de grupos traidores al Cusco".[42] Ante sus ojos estaba por fin la posibilidad de que su héroe tuviera un lugar prominente en la

---

40. BMC-ECC, 3 de julio de 1970, "Convocan a concurso para monumento Túpac Amaru".

41. BMC-ECC, 25 de septiembre de 1970, "Monumento a Túpac Amaru construcción a costo S/. 3 mill.".

42. BMC-ECC, 19 de septiembre de 1970, César Antonio Guerra, "Concurso abierto".

trama simbólica urbana. Sin embargo, no todos se mostraban tan entusiastas. El plazo establecido para la entrega de anteproyectos concluía en diciembre y únicamente tenían permitido participar escultores nacionales. Esta restricción suscita resquemores, ya que en paralelo el gobierno había convocado un concurso internacional para levantar un monumento en Lima a los próceres peruanos de la independencia.[43] En contraste con el despliegue de medios y la publicidad recibida por el monumento capitalino, el concurso cusqueño parecía de segundo nivel. También se criticaba que las bases establecieran como posibles trasfondos para la estatua las localidades de Surimana, Pampamarca o Tungasuca, por considerar que las tres estaban vinculadas de manera especial con la figura de Túpac Amaru. Para los tupacamaristas más radicales, el monumento tenía que representar el inicio de la revuelta y, por lo tanto, solo podía estar ambientado en Tungasuca. "Afirmar lo contrario sería una herejía —reflexionaba César Antonio Guerra, apelando nuevamente a un lenguaje de connotaciones religiosas—, respetemos la historia, no la mistifiquemos por el interés regionalista".[44]

Estas críticas no parecen haber hecho mella en el gobierno militar. En noviembre, durante la celebración del aniversario del inicio de la rebelión, se lleva a cabo la ceremonia simbólica de colocación de la primera piedra del monumento. La prensa aprovecha para reclamar celeridad a las autoridades y para criticar a quienes desde Cusco empantanaban el debate con "inútiles discusiones domésticas que más tienen de enceguecidos apasionamientos que de argumentos técnicos".[45] El objetivo de este ataque era una serie de folletos que habían aparecido en la ciudad en las semanas anteriores, aprovechando la coyuntura del concurso, con propuestas estrambóticas en torno al monumento. El caso extremo era el de un tal Encino del Val, quien defendía que el homenaje a Túpac Amaru se erigiese "sobre las impolutas nieves del coloso y soberbio Apu Salccantay, llevando en sus manos la bandera de la revolución, hasta perderse dentro de las nubes del

43. BMC-ECC, 30 de octubre de 1970, Carlos Callo Tisoc, "¿Debe limitarse el ámbito del concurso para el proyecto del monumento a Túpac Amaru?".

44. BMC-ECC, 4 de noviembre de 1970, César Antonio Guerra, "Tungasuca".

45. BMC-ECC, 4 de noviembre de 1970, editorial, "La patria evoca al héroe José Gabriel Condorcanqui".

Una de las múltiples propuestas de monumento que circularon en Cusco tras la caída del piel roja. Túpac Amaru sobre la piedra de los doce ángulos, a partir de un xilograbado de Emiliano Franco Cornejo.
*Fuente*: *El Comercio de Cusco,* 4 de noviembre de 1971.

cielo y subirse a las estrellas".[46] La magnitud de esta propuesta mostraba una vez más el grado de exaltación del momento. Para los tupacamaristas no existían obstáculos técnicos o financieros que pudieran poner límites a su deseo de homenajear al héroe. La voluntad política bastaba para llevar

46. Citado en BMC-ECC, 13 de noviembre de 1970, Miguel Ángel Delgado Vivanco, "Túpac Amaru y su gloria (conclusión)". Según señala el autor, Encino del Val era el seudónimo de Erasmo Delgado Vivanco.

adelante cualquier proyecto, por costoso o desafiante que fuera. No intentarlo era una traición.

Este ambiente de enfervorizado optimismo y exaltación heroica pronto iba a sufrir un baño de realidad. Quebrando las expectativas de los cusqueños, en diciembre el gobierno declaraba desierta la convocatoria de anteproyectos para la estatua de la plaza de Armas. Según declaraban los integrantes del jurado, ninguna de las 14 propuestas presentadas "merecía ser catalogada como la efigie que representa el alma del gran prócer".[47] Los postulantes procedían de Lima (11) y de la propia ciudad del Cusco (3), pero ninguno de ellos había logrado cuajar una idea que al mismo tiempo satisficiera a los representantes del gobierno militar y a los integrantes del jurado. Las múltiples versiones del mito que circulaban en el país impedían que se pudiera llegar a un rápido acuerdo sobre las características del héroe, su aspecto y las facetas de la gran rebelión que la estatua debía priorizar. El hecho de que las reuniones siempre se realizaran en la capital parece apuntar, además, a un deseo de controlar las deliberaciones y asegurar que los proyectos ganadores contaran con el beneplácito de los dueños del poder.

La guerra relámpago de los tupacamaristas había fracasado. La destrucción del piel roja no había supuesto su inmediata sustitución por una estatua de Túpac Amaru. Quedaba por delante un largo camino para lograr el sueño de entronizar a su héroe en el lugar más simbólico del Cusco. Por el momento, la plaza de Armas quedaba desnuda, sin más adornos que la pileta renacentista que a nadie convencía. Para el gobierno militar la situación era aún peor: envuelto en decenas de crisis simultáneas, ahora tenía un quebradero de cabeza más.

47. BMC-ECC, 22 de diciembre de 1970, "Declaran desierto concurso monumento a Túpac Amaru".

# 6

# El monumento esquivo

Para el gobierno militar, el concurso de Cusco iba a ser el primero de una serie de reveses similares que se producirían en los siguientes meses. Contar con obras emblemáticas que cristalizaran el culto tupacamarista resultaría ser mucho más complicado de lo que los golpistas habían pensado en un inicio. El entrecruzamiento de rivalidades artísticas y políticas, los rencores acumulados y la escasa flexibilidad del gobierno, hacían que fuera casi imposible conseguir un mínimo consenso para llevar adelante las intervenciones. Cada nueva iniciativa suscitaba un mar de controversias y dudas. Los rivales políticos del velasquismo aprovechaban para pescar en río revuelto, mientras las múltiples camarillas en que se dividían los partidarios de la revolución trataban de llevar adelante sus propios proyectos personales o colectivos, sin reparar ni en los costos económicos de su empeño ni en los posibles daños que generaban al régimen que decían defender.

## Primavera caliente

Para los tupacamaristas, elegir la imagen que debía representar a su héroe no era un tema menor. Más allá de la estética, se trataba de una cuestión con una fuerte carga política. Cómo lucía el líder rebelde, cuáles habían sido sus vestimentas y qué objetos portaba eran detalles que podían dar la razón a quienes lo presentaban como un líder indígena o, por el contrario, a quienes pensaban que se trataba de un noble mestizo bien asentado en la sociedad colonial, a quien solo su frustración por no haber tenido éxito en sus pleitos judiciales lo había llevado a alzarse en armas. Este tipo de controversias no era nuevo. Ya en 1924, cuando el poeta José Santos Chocano había propuesto por primera vez la construcción de una estatua de Túpac Amaru, el debate se había centrado en los atributos que el personaje debía tener. La cancha se había dividido entre quienes pensaban que Túpac Amaru debía vestir con atuendo incaico, incluyendo el medallón dorado que acreditaba su estirpe real, y quienes creían que debía llevar el ropaje tradicional de un mestizo colonial, incluyendo el famoso sombrero de ala ancha. Para estos últimos, la verdad histórica era el criterio que debía prevalecer en el diseño de la estatua, mientras que para los primeros lo importante era que el monumento representara el sentido profundo de la gesta tupacamarista, su carácter de reivindicación de la raza indígena americana frente a la opresión colonial. Independientemente de cuál hubiera sido históricamente el rostro el Túpac Amaru, lo importante era resaltar el simbolismo de sus acciones. Ni unos ni otros aceptaban soluciones intermedias.

Uno de los principales implicados en estas disputas era el historiador Carlos Daniel Valcárcel. En las primeras ediciones de su libro sobre Túpac Amaru había incluido sin reparos las imágenes clásicas del héroe, con sombrero de ala ancha. Sin embargo, en el curso del Congreso de Americanistas de 1970 se desdice de esta posición y apuesta por representaciones con mayor contenido simbólico. Valcárcel sostenía que no existía ninguna representación contemporánea de Túpac Amaru. Los dos cuadros que el cacique había mando pintar durante su vida habían desaparecido. Uno de ellos había sido enviado a España, tras ser confiscado en Tinta por las tropas españoles. Luego de la ejecución de Túpac Amaru, los pobladores lo habían colocado bajo la horca local, en una suerte de ajusticiamiento simbólico del líder rebelde, para ganarse el favor de los represores. El otro se había extraviado en las etapas finales de la revuelta. Quedaba, sin embargo, la descripción consignada por uno de los artistas en sus declaraciones ante los jueces españoles. En ella se retrataba a un Túpac Amaru investido de los símbolos de autoridad incaicos. Valcárcel concluía que, por lo tanto, era de esta manera como debía retratarse al caudillo. Eran los atavíos incaicos los que mejor captaban la esencia de su proyecto revolucionario.[1]

---

1. *Expreso* (Lima), 14 de noviembre de 1970, Carlos Daniel Valcárcel, "El retrato de Túpac Amaru".

Aunque Valcárcel se consideraba en esta época un reformista y veía con simpatía la llegada al poder de Velasco, sus opiniones chocaban con la imagen arquetípica de Túpac Amaru creada por Ruiz Durand en su trabajo para Sinamos. Esa circunstancia hacía que se le viera con recelo en los sectores más cercanos al gobierno militar. Las críticas no se centraban tanto en el propio historiador, a quien se reconocía su trabajo para rescatar la figura del héroe, sino en la instrumentalización de sus ideas por parte de los sectores contrarios a la revolución. Las discrepancias iconográficas habían sido aprovechadas por los reaccionarios, quienes las habían alentado al darles cabida en sus periódicos, para generar divisiones entre los partidarios del gobierno. Su objetivo era crear una imagen ridícula y descontextualizada de Túpac Amaru, que fuera objeto de burla y disminuyese su condición de héroe nacional. "No hay ningún motivo para suponer que nuestro prócer se disfrazaba de inca para galopar con sus ejércitos, como si se tratara de una película del oeste —leemos en un artículo— porque no falta quienes prefieren esta imagen: un Túpac Amaru semidesnudo, armado con una lanza, montando a pelo un caballo árabe, con una cinta de colores en la cabeza y la melena flotando al aire. La versión es ridícula y falta gravemente a la verdad: Túpac Amaru no era un piel roja".[2]

Para poner fin a estas disputas, en paralelo al frustrado intento de encontrar un monumento adecuado para el Cusco, Velasco convocó otro concurso dirigido a seleccionar una obra pictórica que estableciera la imagen oficial del caudillo rebelde. La organización estaba a cargo del Ministerio de Educación. Las bases señalaban explícitamente que los candidatos debían esforzarse por conseguir un arquetipo de Túpac Amaru que se convirtiera en emblema de la iconografía oficial. La obra ganadora pasaría a ocupar un lugar de honor en el palacio de gobierno, sustituyendo a un cuadro del maestro Daniel Hernández que representaba al conquistador Francisco Pizarro. El jurado estaba integrado por reconocidos expertos de arte, académicos y representantes de las más altas instancias culturales del Perú. El premio previsto era de 80.000 soles, lo que en la época suponía una auténtica fortuna para cualquier artista.[3]

---

2. *Extra* (Lima), 21 de noviembre de 1970, "Tratan de destruir los símbolos de la Revolución: el cuento del sombrero".

3. *El Peruano* (Lima), 11 de septiembre de 1970, "Convocan a concurso de pintura para perpetuar la imagen plástica del mártir José Gabriel Condorcanqui".

Al desarrollarse en Lima, este concurso tuvo un perfil mucho más alto que el de Cusco. Sin embargo, los resultados fueron igualmente decepcionantes. Aunque se presentaron casi un centenar de bocetos, el jurado renunció a declarar un ganador, por entender que ninguna de las obras era plenamente satisfactoria.[4] Entre los rechazados se encontraban cuadros de algunos de los más reputados pintores peruanos, lo que hacía que la decepción fuera aún mayor. Las cuatro menciones de honor concedidas por el jurado a modo de premio de consolación llamaban la atención por presentar imágenes radicalmente diferentes del prócer. Desde el punto de vista estilístico, todas eran tradicionales y conservadoras, de trazo figurativo, pero había notables diferencias en la vestimenta y el tono de las representaciones. Túpac Amaru podía ser un noble indígena ataviado con trajes que recordaban su ascendencia inca, un español refinado y elegante con sombrero de tres picos y capa, un criollo urbano con camisa larga y chaleco, o un noble provinciano adaptado al sistema, retratado junto a su escritorio, en una sala alfombrada y lujosamente decorada.[5]

La decisión del jurado no fue admitida por todos los participantes con igual ecuanimidad. Incluso antes de que los resultados se conociesen, se había suscitado una agria polémica en la prensa limeña con respecto a la conveniencia del concurso. Durante toda la primavera este había sido uno de los principales temas de interés de la intelectualidad local. En los círculos de clase media y alta el principal señalado era el gobierno militar. Aunque los autores se cuidaban mucho de verter críticas directas, cargaban contra la ambigüedad de las bases y destacaban la contradicción inherente a la propia convocatoria. Exigir a los pintores que crearan un arquetipo suponía convertirlos en historiadores, algo para lo que no estaban capacitados. La esencia del arte consistiría en la libertad para elegir estilos, colores y formas. El genio del artista solo podía florecer si disponía de libertad para extraer y proyectar a su modo la esencia del personaje. "Obligar a la pintura a lo lectivo y con ello a lo retórico —observaba Augusto

4. *El Peruano* (Lima), 30 de enero de 1971, "Declaran desierto el concurso de pintura". Esta es la declaración oficial. El veredicto era ya conocido desde semanas antes.

5. Estas caracterizaciones proceden de Lituma Agüero, *El verdadero rostro*, p. 108. El autor hace un detallado análisis de cada uno de los cuadros, obras respectivamente de Milner Cajahuaringa, Augusto Díaz Mori, Ángel Chávez y Fernando Saldías.

Ruiz de Zevallos— es convertirla en ilustración".[6] De la misma opinión era el escritor César Miró, para quien el problema estribaba en la tensión que sufrían los artistas peruanos, impulsados por su propio genio a buscar la innovación y la sorpresa y al mismo tiempo enclaustrados en un medio conservador, reacio a las innovaciones y excesivamente parametrado en sus gustos artísticos.[7]

Estas opiniones retrotraían a muchos peruanos a un debate que por casi dos décadas había enfrentado a artistas plásticos y críticos respecto del valor de la pintura abstracta. La polémica se había iniciado con el regreso a Perú en 1951 de Fernando de Szyszlo, quien rápidamente se convirtió en uno de los principales referentes de su generación. Szyszlo traía al país estilos heredados de las corrientes vanguardistas europeas, y desafiaba la hegemonía que hasta entonces disfrutaban el indigenismo y la pintura figurativa tradicional, promovida por la Escuela Nacional de Bellas Artes. Entre los detractores de la pintura abstracta se encontrarán intelectuales de izquierdas como el poeta Alejandro Romualdo, quien consideraba que con este estilo de representación los artistas se ensimismaban y alejaban de la sociedad, renunciando a su papel revolucionario.[8] Otros veían la abstracción como una estafa para apropiarse del dinero de los incautos.[9] Pese a estas resistencias, los artistas abstractos habían ganado audiencias e incluso se habían posicionado en las instituciones oficiales, de una manera que sus opositores consideraban excesiva. Esta era la opinión de uno de los miembros del jurado del concurso de pintura, quien de manera anónima atribuía el fracaso al hecho de que los artistas peruanos eran todos abstractos y no sabían "ni pintar una mano".[10]

---

6. *El Comercio* (Lima), 27 de septiembre de 1970, Augusto Ortiz Zevallos, "Túpac Amaru: ¿verdadero retrato?".
7. *El Comercio* (Lima), 24 de septiembre de 1970, César Miró, "El rostro de José Gabriel".
8. Por ejemplo, *La Crónica* (Lima), 23 de octubre de 1955, Alejandro Romualdo Valle, "Cuidado con la pintura: el arte por el arte abstracto: comentario al premio Manuel Moncloa y Ordoñez".
9. *Expreso* (Lima), 16 de abril de 1967, "¿Pintura abstracta: ¿Arte o engañabobos...?".
10. *Expreso* (Lima), 20 de enero de 1971, "El ojo ajeno: Rechazos y aclaraciones". Esta era una columna anónima. Sin embargo, el diario *Expreso* había sido nacionalizado unos meses antes y se consideraba un vocero extraoficial del régimen.

La mala calidad de las propuestas era también el argumento de un artículo publicado en el semanario *Caretas*, que reproducía varias de las piezas rechazadas. Muchas de ellas eran efectivamente grotescas y estaban fuera de lugar, ya fuera por su estrafalaria concepción o por su desastrosa ejecución.[11] "La pintura era muy mala, desastrosa —opinaba el director de la Escuela de Arte de la Pontificia Universidad Católica del Perú, una de la más prestigiosas del país—, y en realidad ese es el nivel de las escuelas regionales de pintura, porque la mayoría de los cuadros provienen de ahí". El director de la Escuela Nacional de Bellas Artes, Juan Manuel Ugarte Eléspuru, se lamentaba por su parte de que "los que pintaron bien no supieron captar el carácter de arquetipo, mesiánico y heroico del personaje".[12] Desde su punto de vista, "algunos de los retratos mostraban al héroe con una honda, me parecía un indio arreando ovejas. No interpretaron a un héroe en acción heroica, vigoroso. Nadie supo reflejarlo". Más sutil era Juan Acha, uno de los críticos más respetados de su generación, quien si bien reconocía esta baja calidad, apuntaba que el verdadero problema no se debía a una incapacidad técnica o artística, sino a una suerte de incapacidad emocional que coartaría a los artistas peruanos, derivada de la ausencia de una tradición local de representaciones de Túpac Amaru. "A todos nos falta —sostenía— la capacidad emocional para interpretar en términos de la esperanza revolucionaria del Perú actual, de nuestro porvenir, la grandiosidad del mestizo rebelde que fue decapitado y descuartizado en la plaza de Cusco".[13]

Para Acha, el problema de las bases del concurso era que no se adaptaban al espíritu de los tiempos. Debido a su burocratismo y al deseo de controlar el resultado, atentaban con el propio espíritu revolucionario que los militares querían promocionar. En lugar de aprovechar las posibilidades abiertas por el gobierno militar para generar un cambio masivo de mentalidad, los promotores del concurso se limitaban a "buscar un autor para un personaje a medida de la historia, como queriendo rehacer

---

11. *Caretas* (Lima), 3 de marzo de 1971, "Que Túpac Amaru dé un paso al frente".

12. *Expreso* (Lima), 21 de febrero de 1971, Guadalupe Ormeño, "Ugarte Eléspuru: el pincel y la idea".

13. *El Comercio* (Lima), 8 de abril de 1971, Juan Acha, "En busca de un autor para Túpac Amaru: una candente polémica".

un documento que los peruanos de la república descuidaron de escribir a tiempo". De ahí que los militares no apostaran por la vanguardia y la experimentación, sino por "artes de aquel tiempo ido".[14]

Este clima de polémicas resucitadas, clasismo encubierto y concepciones opuestas del significado social del arte, se envenenó aún más cuando uno de los cuatro galardonados con la mención honrosa renunció sonoramente al premio.[15] Juan Milner Cajahuaringa era uno de los pintores más conocidos del Perú, a pesar de su corta edad. Además de sus dotes artísticas, se caracterizaba por su militancia revolucionaria y por la seriedad con la que se tomaba las cosas referidas a su oficio. En una entrevista, aunque sin utilizar directamente el concepto, definía su obra como una suerte de neoincaísmo místico. "Trabajo en pintura estructural —señalaba— a base del trapecio, forma tomada de las ventanas de la arquitectura incaica. Transcribo a la pintura la integración antropocósmica del Sol (círculo) y el trapecio (ventana) en la cultura inca. Paso así de lo peruano a lo universal: el trapecio y la forma astral son universales".[16] La renuncia a la mención honorifica era para Milner un asunto de honor personal y de respeto a la integridad de la propia revolución. Esto se debía a que la decisión del jurado traslucía "una actitud negativa que además de atentar contra la dignidad del artista nacional afecta a la cultura del país".[17] Milner rechazaba que los pintores peruanos tuvieran mala calidad técnica o que no supieran captar la esencia revolucionaria de Túpac Amaru. Esta era una interpretación errónea que achacaba a la mentalidad tradicional del jurado. Sus críticas se focalizaban en la Casa de la Cultura, a la que equivocadamente consideraba responsable de la organización del concurso. El jurado, concluía el pintor, "debió haber otorgado el primer premio y enfrentar con valentía su acierto o error y no mostrar esa inseguridad".

---

14. Ibíd.
15. *Oiga* (Lima), 5 de febrero de 1971, Juan Milner Cajahuaringa, "Carta de renuncia a la Mención Honrosa otorgada en el Concurso de Pintura Nacional sobre Túpac Amaru".
16. *Expreso* (Lima), 28 de febrero de 1971, Guadalupe Ormeño, "El pintor en el trapecio: Cajahuaringa".
17. *Oiga* (Lima), 5 de febrero de 1971, Loc. cit.

Milner se consideraba a sí mismo un acendrado nacionalista, un revolucionario y un precursor de la reivindicación de Túpac Amaru, a quien ya había pintado unos años antes en una exposición de autores social-realistas. La imagen presentada al concurso representaba al caudillo vestido con ropas de mestizo, con el gesto adusto y el pelo suelto mecido por el viento. Se trataba de un retrato muy diferente de la versión preparada por Ruiz Durand para Sinamos. Más dinámica y de un tono mucho más marcadamente épico, esta imagen se convirtió en poco tiempo en un emblema de los grupos que buscaban acelerar las reformas y superar al régimen militar por la izquierda.[18] El gesto de dignidad del pintor al renunciar a la mención honorífica fue alabado también por los partidarios más radicales del velasquismo. Para este sector, el fracaso simultáneo de los dos concursos respondía a una conspiración para sabotear los avances del gobierno militar. Una de las voces más exaltadas en defensa de esta opinión era la de Manuel Araníbar, para quien las sospechas recaían en un "pacto no escrito de los hispanistas" que les había llevado a boicotear los concursos para impedir que Túpac Amaru sustituyera a Pizarro en los salones del palacio de gobierno.[19] Eran los retrógrados, los conservadores, los divisionistas "quienes se empeñaban en minimizar el significante para frustrar el significado". El verdadero objetivo era echarse abajo la revolución y volver a la situación anterior de dominación colonial del país. Atacar a Túpac Amaru era atacar a Velasco. "La reacción estrecha filas —concluía— ocultos en la sombra mueven los hilos para que le salgan al paso al Cristo social contemporáneo".

## Segundo y tercer intentos

Estos fracasos evidencian la dificultad del gobierno militar para concretar las obras emblemáticas del culto a Túpac Amaru. Los dos concursos habían sido muy distintos, pero habían tenido resultados similares. El de Lima había sido convocado por el Ministerio de Educación y el jurado

18. *Expreso* (Lima), 18 de enero de 1971, "El ojo ajeno: Túpac Amaru negado cuatro veces".

19. *Expreso* (Lima), 23 de enero de 1971, Manuel Araníbar, "La rebelión contra Túpac Amaru".

había estado integrado por académicos y artistas. El de Cusco, en cambio, había estado a cargo de la Comisión del Sesquicentenario y había contado con la presencia destacada de autoridades públicas y políticas. Ninguna de las dos fórmulas había dado resultado.

El complejo entramado de expectativas y discursos en torno al héroe hacía que la toma de decisiones sobre aspectos concretos de las obras representativas fuera una labor plagada de minas. Lo que gustaba a unos, disgustaba a otros. La heterogénea composición de la coalición que impulsaba los homenajes al héroe hacía que fuera muy difícil dar con una visión común, que pudiese plasmarse en obras emblemáticas. Era aquí donde la polisemia del héroe mostraba sus límites. A ello se unía el recio conservadurismo estético de los militares, que desconfiaban de cualquier impulso vanguardista. La apertura a la experimentación artística que parece haber existido en otros ámbitos del gobierno militar (y los trabajos de Ruiz Durand son un buen ejemplo de ello), contrastaba con la falta de cintura de los encargados de supervisar los grandes monumentos que debían representar a los emblemas de la revolución peruana. En los siguientes meses esta tendencia se iría haciendo cada vez más evidente.

En enero de 1971, el gobierno militar trata de recomponer la situación con una serie de medidas enfocadas a satisfacer varias demandas cusqueñas que hasta entonces no habían sido atendidas. Por un lado, el ministro de Turismo anunciaba que en adelante los llamados "hoteles de turistas" tendrían precios más asequibles, para estar al alcance de más peruanos. Estos establecimientos se habían creado en 1942 como parte de un primer esfuerzo del gobierno peruano para promocionar el turismo. Debían facilitar a los visitantes de todo el mundo sus recorridos por el Perú y atraer divisas para el país. Sin embargo, debido a su alto costo, se les veía como "torres de cristal impenetrables", solo al alcance de turistas o peruanos acaudalados.[20] Esta segregación económica era impropia de un régimen revolucionario y nacionalista. La idea ahora era convertir los hoteles de turistas en centros culturales al servicio de toda la población. Además de alojamiento, su oferta debía ampliarse a exposiciones, conferencias y salas de reuniones. En paralelo, el general Juan Mendoza, presidente de la comisión nacional encargada de preparar la celebración del bicentenario

20. BMC-ECC, 12 de enero de 1971, editorial, "Hoteles del Perú para los peruanos".

patrio, visitaba Cusco para recabar las opiniones locales con vistas al lanzamiento de una nueva convocatoria para construir el monumento a Túpac Amaru.[21] Un editorial de la prensa local celebraba esta decisión y reclamaba una obra que fuera "grande, gigante, digna de su excelsa figura" y que recogiera "no simplemente la figura física del hombre, sino la inmensidad de su actitud sin paralelo en la historia de la humanidad".[22]

Sin embargo, las opiniones seguían sin ser unánimes. En el foro convocado para recibir a los visitantes limeños, cada parte mantuvo su posición. El Colegio de Arquitectos se mostraba férreamente opuesto a la erección de la estatua en la plaza de Armas. La conservación del ambiente tradicional de la ciudad era el objetivo prioritario. Los tupacamaristas, por el contrario, alegaban en favor del monumento con argumentos de alto calado emocional. "No se puede regatear el homenaje que quiere rendir la patria a un prócer", decía enfáticamente uno de ellos.[23] Solo la intervención del general Mendoza en representación del gobierno revolucionario permitió un precario acuerdo: se convocaría un nuevo concurso y se mantendría el plan original de colocar la estatua en la plaza de Armas, pero con el compromiso de "no romper la armonía de las construcciones coloniales que tanto defienden los arquitectos".

La comisión presidida por Mendoza anunció también un plan integral de reconstrucción de Surimana, que incluía intervenciones en el templo colonial dedicado a santa Bárbara, la culminación de la carretera de acceso y un museo de sitio en el solar donde en un tiempo estuvo la casa de Túpac Amaru.[24] Todo ello se realizaría "como símbolo de la reintegración de los estratos campesinos a la vida nacional y los destinos del Perú". Además, el gobierno se comprometía a realizar mejoras para la vida de los pobladores, como una posta médica, la remodelación del local de la escuela y

---

21. BMC-ECC, 15 de enero de 1971, "Comisión en pleno del sesquicentenario arribó hoy a nuestra ciudad". La delegación estaba integrada por Guillermo Lohmann Villena; Gustavo Pons Muzzo; Alberto Tauro del Pino; Ella Dunbar Temple; Guillermo Durand Flores, además del general Mendoza.
22. BMC-ECC, 15 de enero de 1971, "Monumento a Túpac Amaru".
23. BMC-ECC, 20 de enero de 1971, "Túpac Amaru será colocado en plaza de Armas del Cusco".
24. BMC-ECC, 21 de enero de 1971, "¡Surimana será reconstruido!".

la construcción de un albergue para los turistas que quisieran conocer la tierra natal del caudillo andino. Estas demandas habían sido presentadas pocos meses antes por los alcaldes de las provincias altas, durante la visita de varios ministros. Contaban con el apoyo de la población campesina y de los intelectuales cusqueños, que veían el atraso y la pobreza de esta parte de su región como un agravio a la memoria de Túpac Amaru.

El nuevo concurso se lanzó ese mismo mes.[25] Esta vez se trataba de una auténtica convocatoria relámpago, con apenas unas semanas para presentar los bocetos.[26] El objetivo era evitar que se reprodujeran las polémicas que habían empantanado las convocatorias anteriores. Los plazos apremiaban cada vez más si se quería aprovechar el simbolismo del año. Antes de noviembre todo debía estar concluido, e incluso se anunciaba que el general Velasco en persona se encargaría de inaugurar el monumento en el siguiente aniversario de la revuelta.[27] Sin embargo, el resultado iba a ser un nuevo fracaso. Debido al poco tiempo del que dispusieron los artistas, las obras presentadas al concurso fueron muy similares a las anteriores. Solo dos tenían un nivel artístico aceptable a juicio de la comisión evaluadora, pero fueron descartadas porque su estética no se adecuaba a la naturaleza del concurso.[28] Todos los miembros del jurado coincidían en que el resto de las opciones era de muy mala calidad.

Pero los militares no iban a cejar en su empeño tan fácilmente. Apenas conocido el veredicto negativo, el gobierno convocó un tercer concurso. Para facilitar la búsqueda del ansiado monumento, esta vez la estrategia sería diferente: se trataría de un concurso internacional y contaría con plazos más amplios para preparar las propuestas. La justificación de estos

---

25. BMC-ECC, 23 de enero de 1971, "Lunes entregan nuevas bases para monumento".
26. BMC-ECC, 18 de enero de 1971, "Nuevas bases en concurso monumento a Túpac Amaru".
27. BMC-ECC, 18 de enero de 1971, "Presidente Velasco inaugurará efigie de Túpac Amaru II".
28. La comisión dictaminadora estaba integrada por Guillermo Lohmann Villena (Comisión Nacional del Sesquicentenario); Humberto Muñiz Polo (alcalde del Cusco); Óscar Ladrón de Guevara (Universidad Nacional San Antonio Abad del Cusco); Otto Galimberti (Colegio de Arquitectos del Cusco); Miguel Baca Rossi (Escuela Nacional de Bellas Artes); y Alejandro Alva Manfredi (Colegio de Arquitectos del Perú). Actúa como portavoz el general de brigada Luis Vignes Rodríguez.

cambios era que "los dos certámenes llamados y a los que concurrieron artistas peruanos no han satisfecho las condiciones a que debe adecuarse el monumento, considerándose como tales la arquitectura de la plaza de Armas, el carácter histórico de la figura de Túpac Amaru y la significación americana de su gesta".[29] Esta última frase es significativa porque muestra las diferentes presiones que influían en la redacción de las bases de los concursos. El diseño de la estatua de Túpac Amaru debía satisfacer a los tupacamaristas (ajustándose al "carácter histórico de la figura de Túpac Amaru"), a los patrimonialistas (ajustándose a la arquitectura de la plaza de Armas), y al gobierno militar (ajustándose a la significación americana de su gesta). Debía ser una obra innovadora, pero no chocante. Tenía que poseer algo que la hiciera única, pero sin caer en vanguardismos.

Probablemente era demasiado. En marzo, el general Mendoza reconocía que el monumento no estaría listo ese año.[30] A pesar de que habían sido realizadas como parte de la campaña del nuevo concurso, estas declaraciones acrecentaron la tendencia de los intelectuales cusqueños a buscar conspiraciones provenientes de Lima. Varios artículos de prensa llamaron en pocos días a evitar un nuevo caso de "cuscocidio". Los tupacamaristas se encontraban ante un dilema: podían impulsar un monumento convencional, que estuviera por debajo de sus expectativas pero que tuviera posibilidades reales de llevarse adelante en poco tiempo, o podían mantener la presión para obtener el homenaje de gran impacto simbólico que deseaban desde el inicio. Si bien reconocían la dificultad de encontrar un diseño adecuado para la obra, apostaban por "exaltar la figura del prócer de la rebelión precursora, no el suplicio al que fue sometido".[31]

Durante los meses de abril y mayo de 1971 varios incidentes intensifican los recelos cusqueños. El más grave es la pretensión del alcalde de Lima de cambiar el nombre de una calle del centro de la ciudad, denominada hasta ese momento jirón Cusco. Esta pretensión, mal calculada políticamente, desata la protesta airada de todos los sectores sociales.[32] El

29. BMC-ECC, 11 de marzo de 1971, "Llamarán a Concurso Internacional para Monumento a Túpac Amaru".

30. Ibíd.

31. BMC-ECC, 20 de marzo de 1971, editorial, "El monumento a Túpac Amaru".

32. BMC-ECC, 30 de abril de 1971, "Condena general por intento de cambiar el nombre CUSCO".

Centro Federado de Periodistas del Cusco, el Centro Qosqo de Arte Nativo, la Asociación del Señor de los Temblores, la Sociedad Agropecuaria, la Asociación de Comercio e Industria, la Mesa Redonda Panamericana del Cusco, la Benemérita Sociedad de Artesanos, la filial local de la Asociación Nacional de Topógrafos y el Colegio de Odontólogos, entre otras entidades, denuncian "la actitud anti-cusqueñista y descabellada" del alcalde limeño. En la misma línea se manifiestan la Sociedad Pro Cultura Clorinda Matto de Turner, la Liga Femenina de Defensa del Niño y el Patronato Privado de Menores.[33] Toda la ciudad era un clamor. El concejo municipal envía un telegrama a su contraparte capitalina, señalando que el cambio de nombre supone "desconocer la importancia de esta capital arqueológica sudamericana". La Asociación de Servidores de Ferrocarriles acusa al alcalde limeño de "actitud antipatriótica" y el Sindicato de Empleados Cerveceros del Cusco reclama "el derecho adquirido de tradición histórica" de la ciudad.[34] La Asociación del Círculo de Obreros Católicos, por su parte, prefiere dirigirse directamente al presidente Velasco, "suplicando su patriótica intervención".[35] También *El Comercio de Cusco* pide la "serena intervención" del gobierno revolucionario, para evitar que "siga campando la soberbia centralista con su secuela de desdenes para con las provincias".[36]

La Academia de la Lengua Quechua y los concejos municipales de Wanchaq y Anta se suman a la ola de indignación antes de que el alcalde de Lima decida dar marcha atrás en su pretensión.[37] Este episodio no se vinculaba directamente con el monumento a Túpac Amaru, pero contribuía a crear un ambiente de desconfianza frente a las autoridades limeñas. Para los cusqueños, al hablar de humillaciones centralistas, llovía sobre

---

33. BMC-ECC, 2 de mayo de 1971, "Unánime rechazo al cambio de nombre del Jirón Cusco".

34. BMC-ECC, 3 de mayo de 1971, "Servidores FFCC refuerzan posición cusqueñista"; y BMC-ECC, 3 de mayo de 1971, "Cerveceros protestan vil pretensión".

35. BMC-ECC, 3 de mayo de 1971, "Otra protesta".

36. BMC-ECC, 3 de mayo de 1971, editorial, "El afán del absurdo".

37. BMC-ECC, 6 de mayo de 1971, "Pueblo insiste negativa sobre cambio nombre del Jirón Cusco en Lima"; y BMC-ECC, 7 de mayo de 1971, "No cambiarán nombre de Jirón Cusco en Lima".

mojado. Al mismo tiempo comienzan a surgir en otras ciudades iniciativas para erigir por su cuenta monumentos a Túpac Amaru. En Lima, el distrito de Magdalena proyectaba construir una estatua, y a las afueras de Cusco la misma intención tenía la urbanización Progreso.[38] Los tupacamaristas cusqueños saludaban estos esfuerzos, pero también les suscitaban recelos, ya que temían que la ciudad imperial quedara relegada en los homenajes al caudillo andino. El monumento de Progreso planeaba usar piedras especialmente traídas de Surimana, lo que le daría mayor realce por ser el primero del país en usar ese material.[39] En respuesta a estos temores, el Comité Tupacamarista hace una invocación a "acrecentar nuestra fe cusqueñista y tupacamarista", para lograr que el monumento de la plaza de Armas llegue a construirse.[40]

Un nuevo incidente tiene lugar a mediados de mayo, cuando la comisión cusqueña enviada a Lima para negociar el presupuesto para la semana de fiestas de junio regresa sin obtener los resultados deseados.[41] Este fracaso se interpreta en Cusco como una nueva ofensa intencionadamente dirigida contra la ciudad. El alcalde Muñiz Polo acusa al director nacional de Turismo de haberles tratado con descortesía y poco respeto.[42] La crisis económica que atravesaba el concejo municipal y la escasa autonomía política de que disfrutaba, le impedían disponer de fondos propios para las celebraciones. El desplante de las autoridades limeñas hacía prever que las fiestas fueran inusualmente deslucidas. La comisión encargada de organizar la semana había dimitido en bloque y se hablaba sin tapujos de suspender el festejo. Incluso la prensa limeña hacía eco de la crisis, resaltando los posibles efectos negativos para el turismo.[43]

---

38. BMC-ECC, 15 de mayo de 1971, "Magisterio apoya erección monumento a Túpac Amaru en distrito Magdalena"; y BMC-ECC, 3 de marzo de 1971, "Progreso levantará un monumento a T. Amaru".
39. BMC-ECC, 16 de junio de 1971, "Con piedras de Surimana hacen busto de Túpac Amaru".
40. BMC-ECC, 18 de mayo de 1971, "Invocación tupacamarista".
41. BMC-ECC, 11 de mayo de 1971, "Solo 500 mil dio gobierno para festejos del Cusco".
42. BMC-ECC, 12 de mayo de 1971, "Cabildo abierto protestó por desaire a Comisión en Lima".
43. BMC-ECC, 13 de mayo de 1971, "¿Cusco sin Inti Raymi?" (reproducción de un editorial de *El Comercio* de Lima).

Para reconducir la situación, se celebra en Cusco un cabildo abierto y se decide enviar una nueva delegación a la capital. El objetivo es entrevistarse directamente con el presidente Velasco, para lograr el desembolso de los fondos necesarios para las fiestas. Solo de esta manera, consideraban los cusqueños, se podían enfrentar "los embates del absorbente centralismo limeño, que parece que estuvieran dirigidos contra el Cusco expresamente".[44] Estas llamadas al orden parecen haber tenido efecto. Unos días después, la CRYF otorgaba un préstamo para evitar que las fiestas se cancelaran.[45] El Centro Qosqo de Arte Nativo anunció su disposición a representar gratuitamente el Coya Raymi, y lo mismo hizo el grupo Danzas Tahuantinsuyo, pese a que previamente había exigido una importante suma a la comisión organizadora para hacerse cargo del Inti Raymi.[46] El presupuesto se completó con la aportación de un gran número de cusqueños, que no querían ver su semana cancelada.[47]

Las fiestas del Cusco se salvan. Incluso la empresa ferrocarrilera nacional anunciaba descuentos entre el veinte y el treinta por ciento a los viajeros que se desplazaran a la capital regional para asistir a las celebraciones.[48] Pero estos ánimos caldeados condicionan el desarrollo del concurso para el monumento a Túpac Amaru. El ambiente general es de pesimismo. Los tradicionales resquemores de las élites cusqueñas se redoblan a la vista de lo que consideran una sucesión de agravios, que solo se explicarían como parte de una conspiración contra la ciudad. Era "como si el destino se ensañara en golpear Cusco, como si el grito dramático y desesperado del pueblo" no fuera suficiente, señala de manera dramática un artículo. Los desastres se suceden uno a otros, "acercándonos así la soga con que se nos está ahogando".[49]

---

44. BMC-ECC, 12 de mayo de 1971, "Cusco como un solo hombre".
45. BMC-ECC, 14 de mayo de 1971, "CRYF otorgará préstamo para la Semana del Cusco".
46. BMC-ECC, 21 de mayo de 1971, "Semana del Cusco viento en popa: C. Qosqo no cobrará: Ccoya Raymi"; BMC-ECC, 23 de mayo de 1971, "D. Tahuantinsuyo por Inti Raymi pide 50 mil soles a la Comisión"; y BMC-ECC, 9 de junio de 1971, "Danzas Tahuantinsuyo no cobraría s/. 50 mil por Inti Raymi".
47. BMC-ECC, 28 de mayo de 1971, "Más de 26 mil aportan para Semana del Cusco".
48. BMC-ECC, 14 de junio de 1971, "Peruvian rebajó pasaje en tren".
49. BMC-ECC, 2 de abril de 1971, editorial, "Cusco, más aislado cada día".

Los malos presagios se cumplen a medias. En junio, la Comisión Técnica de Artistas y Arquitectos creada para evaluar los bocetos selecciona las tres piezas finalistas. Aunque se trataba de un concurso internacional, ningún candidato extranjero había participado. Todos los candidatos eran peruanos y muchos de ellos ya habían estado presentes en las convocatorias anteriores. El jurado no se decanta por ninguna de las obras finalistas, por considerar que no tenían el nivel deseado.[50] Es el propio gobierno peruano el que debe hacerse cargo del asunto.

Finalmente, el 30 de junio se publican los resultados: por designación directa de la Comisión del Sesquicentenario, la obra ganadora correspondía al artista arequipeño afincado en Lima Álvaro Núñez Rebaza, y representaba a un Túpac Amaru "que surge de las entrañas de la tierra, como una expresión volcánica en misión libertadora del pueblo".[51] Según las fotografías de la época, se trataba de un monumento de pequeñas dimensiones, concebido para instalarse en una esquina de la plaza de Armas, de tal manera que no afectara al conjunto histórico. La estatua comprendía un solo personaje, medio arrodillado y con ambos brazos levantados hacia el cielo. El diseño se inspiraba de manera casi literal en la última estrofa del "Canto coral a Túpac Amaru" del poeta trujillano Alejandro Romualdo, que profetizaba la resurrección telúrica del héroe tres días después de su muerte. Desde el punto de vista iconográfico, suponía una novedad radical, ya que rompía con las imágenes arquetípicas de Túpac Amaru, así como con el estilo de estatuaria monumental extremadamente clásico que hasta entonces había potenciado el gobierno militar.

En el momento de ganar el concurso, Núñez Rebaza era un perfecto desconocido, pero no así su familia. Con apenas 27 años de edad, era el hijo de Teodoro Núñez Ureta, un conocido muralista arequipeño que en los años anteriores había realizado varias obras significativas en Lima.[52] Su trabajo más conocido era el grandioso mural que adornaba el interior del Panteón de los Próceres de Lima. También había murales suyos en

---

50. BMC-ECC, 18 de junio de 1971, "Monumento a Túpac Amaru: para fines de julio decidirán"; y BMC-ECC, 19 de agosto de 1971, editorial, "Túpac Amaru en el Cusco".

51. BMC-ECC, 1 de julio de 1971, "Emergiendo como un volcán será monumento a Túpac Amaru".

52. *Caretas* (Lima), 26 de julio de 1971, "Los Núñez y la independencia".

los ministerios de Economía y Educación. Núñez Ureta pertenecía, por tanto, al grupo de artistas provincianos que habían sabido aprovechar el auge nacionalista y la fiebre de construcción de monumentos en torno a la celebración del sesquicentenario de la independencia para especializarse en temáticas patrióticas de gran formato. Para su hijo era, sin embargo, su primera gran obra de envergadura, ya que hasta entonces se había dedicado sobre todo a la ilustración de libros de texto. Era la primera vez que se había presentado a un concurso y su objetivo era insuflar nuevos aires al monumentalismo peruano. "No soy partidario de los monumentos en pedestal o a caballo como santos o muñecos de plomo", declaraba poco después del anuncio de su triunfo.[53]

Aunque la imagen tenía una notable fuerza visual, la respuesta en Cusco es ambigua.[54] Si bien se celebraba el hecho de que por fin existiera un proyecto tangible, numerosas voces rechazaban la obra seleccionada, por considerarla de un tono escasamente heroico e incluso ofensivo hacia los cusqueños.[55] Su concepción respondería a una visión centralista del país, que retrataba a los habitantes de la sierra en su condición más salvaje. Por la postura del personaje y la ferocidad de su rostro, el monumento, "parece estar dedicado más bien al primitivo hombre de las cavernas y eso no fue Túpac Amaru", señala un artículo crítico.[56]

La crisis se agudiza a finales de julio, cuando coincidiendo con la efeméride patria se inaugura en Lima el mayor monumento construido hasta la fecha por el gobierno militar: el "Homenaje a los próceres" situado en el distrito de Jesús María. Se trataba de un conjunto semicircular de gran tamaño, con una cúspide elevada al cielo rodeada de cuatro estatuas de cuerpo entero que representaban a Juan Francisco de Vidal, Juan Pablo Vizcardo y Guzmán, Toribio Rodríguez de Mendoza y Túpac Amaru. Frente a ellos, en un obvio simbolismo, se situaban cuatro caballos salvajes

---

53. Ibíd.
54. BMC-ECC, 9 de noviembre de 1971, "Cusqueños rechazan proyecto del monumento a Túpac Amaru II".
55. BMC-ECC, 28 de julio de 1971, Carlos Callo Tisoc, "Túpac Amaru, el monumento a los próceres y la estafa de la historia"; y BMC-ECC, 28 de julio de 1971, Juan de la Cruz Salas, "Monumento a Tupa Amaro Noguera".
56. BMC-ECC, 10 de noviembre de 1971, "No hay monumento a Túpac Amaru".

a punto de lanzarse al galope. De acuerdo con sus promotores, el lugar debía convertirse en uno de los principales escenarios cívicos del país. Hacia allí debían dirigirse las autoridades en las fiestas patrióticas y también las delegaciones extranjeras de visita en el Perú. Su autor era el escultor arequipeño José Ugarte y Ugarte, quien con su combinación de estilo clásico, volumetrías rotundas y *pathos* heroico se había convertido en uno de los artistas preferidos del gobierno militar. Impulsado por sus buenas relaciones con la Comisión del Sesquicentenario de la Independencia, sus obras se multiplicaban por todo el país.

Como no podía ser menos, también este monumento suscitó reacciones encontradas. En Lima, el principal reproche provenía paradójicamente de la línea oficialista y se refería a la discutible decisión de colocar al líder rebelde en pie de igualdad con los demás personajes incluidos en el Homenaje. "Túpac Amaru es figura única, está fuera del escalafón, desborda los límites de la palabra prócer", se quejaba el escritor Ernesto More en un artículo publicado en el diario *Expreso*.[57] Este medio tradicionalmente ligado a la derecha limeña, había sido nacionalizado unos meses antes y se consideraba el vocero oficioso del régimen. Su nuevo director era nada menos que Efraín Ruiz Caro, el periodista cusqueño que tan importante había sido en la apropiación estatal del culto tupacamarista. De ahí que muchos vieran esta crítica como un velado toque de atención a la Comisión de Sesquicentenario, integrada en su mayoría por intelectuales y académicos cuya fidelidad al régimen estaba muchas veces en discusión.

More se quejaba también de lo inoportuno que resultaba retratar a Túpac Amaru junto a cuatro caballos, "a lo mejor los mismos que trataron en vano de descuartizarlo".[58] Desde su perspectiva, esta era una idea desafortunada que introducía un simbolismo perverso en el monumento. Para salvar la situación, proponía sustituir al caudillo andino por Francisco Antonio de Zela o por cualquier otro personaje de similar magnitud. En el caso de Cusco las opiniones se dividían entre quienes consideraban que la obra de Ugarte falseaba la historia, al presentar a un Túpac Amaru con

57. *Expreso* (Lima), 5 de enero de 1971, Ernesto More, "Hay que mantener intacto el símbolo".
58. *Expreso* (Lima), 5 de enero de 1971, Ernesto More, "Hay que mantener intacto el símbolo".

Maqueta de la obra ganadora del tercer concurso, realizada por Alfredo Núñez Rebaza. Muestra a Túpac Amaru emergiendo de las entrañas de la tierra, en referencia al poema de Alejandro Romualdo.

Maqueta de la obra que mereció el segundo lugar en el tercer concurso, realizada por Aurelio Bernardino. Representa a un Túpac Amaru con sombrero y ropajes coloniales, conduciendo al pueblo a la libertad.

*Fuente*: *El Comercio de Cusco*, 9 de noviembre de 1971.

rasgos europeos, que no correspondían a su condición de indio mestizo cusqueño, y los que defendían el retrato realizado por el artista arequipeño. Los detractores, que eran mayoría en Cusco, exigían que el Estado tomara cartas en el asunto para evitar que se siguiera tergiversando la imagen del caudillo andino. Era imprescindible, desde su punto de vista, que se instituyera "una adecuada figura arquetípica del prócer máximo, estableciéndose las bases antropológicas, las mismas que podrían estar a cargo de la Universidad y la Escuela Regional de Bellas Artes del Cusco".[59]

59. BMC-ECC, 28 de julio de 1971, Carlos Callo Tisoc, "Túpac Amaru, el monumento a los próceres y la estafa de la historia". El artículo se encuentra en un suplemento especial de *La Revista del Cusco*.

## La visita de Velasco

Tras varios meses de tensiones, atrasos, cancelaciones y frustraciones, el descontento de las clases pensantes de la capital imperial se cristaliza con la publicación de un manifiesto firmado por la plana mayor de la intelectualidad local, reclamando medidas urgentes para asegurar que el segundo centenario de la revolución andina, que se cumplía en 1980, se celebrara con el boato adecuado. El documento es un compendio de las ansiedades y disputas que atraviesan el campo tupacamarista en esos años. Los firmantes solicitan renovar las carreteras que llevan a los monumentos y crear un museo con "todas las reliquias, documentos e iconografía existentes en diferentes lugares en estado de abandono". Piden también definir la manera correcta en que debe escribirse el nombre del héroe, con participación de la Academia Peruana de la Lengua Quechua, "agotar las investigaciones sobre la existencia de un auténtico retrato del héroe" y "la oficialización de la imagen del arquetipo antes de la ejecución del monumento". Pero el punto fuerte es la solicitud de revisión de las bases de los concursos de pintura y escultura, con objeto de que "el proyectista no tenga más limitación económica que la fijada por el espacio y la arquitectura del ámbito designado".[60]

El manifiesto está firmado por la plana mayor de la inteligencia cusqueña. Incluye tanto académicos como políticos. El propio alcalde Humberto Muñiz Polo y su segundo, Jesús Lambarri, suman su firma. También están el arqueólogo Luis Barreda Murillo, reciente descubridor de la cultura marcavalle, el arquitecto Óscar Ladrón de Guevara y el responsable de la página turística de *El Comercio de Cusco*, Teófilo Benavente, quien además era el encargado del Museo Histórico Regional, instalado en la casa del Inca Garcilaso. Para solucionar el bloqueo en que se encontraba el monumento, proponen incorporar a otros países en la ejecución de la obra. La internacionalización del homenaje a Túpac Amaru permitiría contar con mayor presupuesto y abrir el concurso a nuevas y más creativas ideas. También implicaba (y aquí está el verdadero objetivo de la

60. BMC-ECC, 3 de julio de 1971, "II Centenario de la Revolución de Túpac Amaru debe ser grande".

propuesta) limitar el poder de la Comisión Nacional del Sesquicentenario, cuya función supervisora pasaría a manos de una comisión internacional.

El manifiesto evidencia la división que en ese momento existía en la ciudad. A primera vista sorprende que entre los suscriptores no figuren los más connotados tupacamaristas. El trasfondo parece ser una lucha por el control del monumento, entre el sector tupacamarista radical, aliado con el gobierno central, y parte de la élite intelectual cusqueña, apoyada por el consistorio municipal, que temía un impacto negativo de la estatua en la imagen turística de la ciudad. La alianza entre los tupacamaristas y el gobierno militar databa de la etapa de Valdez al frente de la ciudad. Desde entonces se había mantenido, en parte por la presencia del propio Valdez en el círculo cercano a Velasco, y en parte por la propia orientación de la Comisión del Sesquicentenario, dirigida por el general Mendoza. Uno de sus corresponsales en Cusco era el historiador Manuel Jesús Aparicio, a quien muchos consideraban el ideólogo detrás de la destrucción de la estatua del piel roja. En este contexto, la propuesta del sector moderado de la inteligencia cusqueña de internacionalizar las celebraciones del bicentenario sería una forma de reducir la influencia de los tupacamaristas, cuya intransigencia respecto de la ubicación del monumento amenazaba con desestabilizar la política local.

En agosto continúan las críticas de quienes temen que la estatua de Túpac Amaru desvirtúe la estética de la plaza de Armas de Cusco.[61] En pocas semanas aparecen varios editoriales que exigen a las autoridades una mayor transparencia en el tema.[62] El argumento central es la necesidad de incorporar a los cusqueños en las decisiones sobre su ciudad. "Siendo Cusco el principal interesado, como cuna, destino y muerte del gigante prócer de la independencia de América —argumenta el vicedecano de la prensa nacional—, tiene todo el derecho de conocer, antes de recibir imposiciones desde Lima, lo que se ha de hacer". La opacidad de los concursos,

61. BMC-ECC, 8 de agosto de 1971, "No hay que romper la unidad del espacio urbano: H. Velarde"; y BMC-ECC, 19 de agosto de 1971, "Cuatro autorizadas voces señalan: cuidado con la plaza de armas".

62. BMC-ECC, 21 de julio de 1971, editorial, "Cusco debe conocer proyectos de monumento a Túpac Amaru"; y BMC-ECC, 26 de agosto de 1971, Carlos Callo Tisoc, "Instituciones deben informar sobre monumento a Túpac Amaru".

señalaban los editorialistas, obligaba a las autoridades locales a actuar rápida y decididamente para evitar que el monumento terminara convirtiéndose en "un nuevo caso de cuscocidio".[63]

En septiembre, durante un breve periodo la situación se reconduce. La visita del presidente Velasco a Cusco vuelve a inflamar el espíritu revolucionario. Los agravios y la retórica antilimeña pasan provisionalmente a un segundo plano, ante el fervor, espontáneo o interesado, con el que los cusqueños reciben al mandatario. El Frente de Defensa de la Revolución Peruana, la Federación Departamental de Campesinos Túpac Amaru II y diversos sindicatos de trabajadores y empleados llaman a una gran movilización ciudadana para "derrotar al imperialismo y a la oligarquía, en favor de las transformaciones estructurales que vive el país, por una patria libre y realmente soberana". Parecido entusiasmo muestran la Asociación Mutua del Señor de los Temblores y el Sindicato de Construcción Civil del Cusco.[64]

El viaje de Velasco había sido cuidadosamente preparado desde meses atrás. El propio mandatario había intervenido de manera personal en su organización.[65] Su presencia en Cusco coincidía con un momento muy complicado para el gobierno militar, ya que, además del asunto de Túpac Amaru, en las semanas anteriores las huelgas habían sacudido todo el sur andino. En Cusco, las oficinas estatales y los bancos trabajaban a puerta cerrada ante el temor de ser atacados. La universidad estaba tomada y la ciudad se encontraba dividida entre partidarios y detractores del gobierno militar. Incluso se había barajado la posibilidad de declarar el estado de emergencia. La gira se veía como una oportunidad para renovar la alianza entre militares y campesinos, agrietada por las tensiones de la reforma agraria. A su llegada al aeropuerto, una numerosa comitiva recibe al presidente.

---

63. BMC-ECC, 8 de agosto de 1971, editorial, "Túpac Amaru en el Cusco".

64. Comunicado conjunto en favor de la Gran Manifestación de Apoyo a la Revolución convocada para el lunes 27 de septiembre, publicado en BMC-ECC, 25 de septiembre de 1971.

65. Véase, por ejemplo, Borradores de Actas del Consejo de Ministros del GRFA, sesiones del 13 de julio de 1971, 20 de julio de 1971, 3 de agosto de 1971 y 5 de agosto de 1971. En todas ellas, Velasco conmina a sus ministros a involucrarse en los preparativos y solicita que le hagan llegar propuestas sobre resoluciones que pudieran resultar de interés para los departamentos del sur andino.

El sonido de los pututus le acompaña mientras saluda y desciende hacia la terminal. Allí le esperaban las autoridades civiles y militares, el ministro del Interior que un día antes había llegado a Cusco para asegurarse de que todo estuviera preparado, y la Qosqo Hatun Aclla, la reina de belleza indígena de las provincias altas. Su presencia marca el tono de la visita: populista, enfocada en el mundo rural y sumamente controlada, para evitar cualquier tipo de desmán que desluciera o comprometiera al mandatario.

La organización de la visita está a cargo de los dos cusqueños más cercanos a Velasco: el general Leonidas Rodríguez Figueroa, jefe nacional de Sinamos, y el periodista Efraín Ruiz Caro, director del diario limeño *Expreso*, baluarte tradicional de la derecha que había sido expropiado por el gobierno. Entre ambos habían inundado la ciudad con afiches que animaban a los cusqueños a mostrar su apoyo al gobierno revolucionario. "Como un solo puño llenaremos la plaza de Armas", era el lema elegido. La campaña incluía también anuncios periodísticos de los sindicatos locales controlados por el gobierno y de las organizaciones empresariales que querían congraciase con los militares. Para asegurar una asistencia masiva, las autoridades habían declarado el día festivo y habían ordenado a los funcionarios que se colocasen en las calles que el mandatario debía recorrer para llegar al centro de la cuidad. La medida probablemente era innecesaria, ya que Velasco se encontraba en la cúspide de su popularidad. Movidos por el deseo de mostrar su apoyo a las reformas o por simple curiosidad, miles de cusqueños se habían echado por su cuenta a las calles para ver en persona al líder de la revolución peruana. En torno al Hotel de Turistas, el mejor de Cusco, se había establecido un cordón de seguridad para evitar que el descanso del presidente se viera perturbado. Aun así, Velasco debió salir a la ventana para saludar a sus seguidores en al menos dos ocasiones.[66]

Por la tarde, Velasco pronuncia en la plaza de Armas de Cusco uno de sus discursos más recordados. El escenario está presidido por una imagen gigante de Túpac Amaru. El primer hombre de la nación se presenta de manera abierta como el sucesor del gran líder rebelde, como el

66. Los detalles de esta vista en Herbert Castro Infantas en: <https://herberthcastroinfantas.wordpress.com/la-historia-que-no-se-conto/>.

revolucionario que dos siglos después estaba haciendo posible que los sueños tupacamaristas se cumplieran. Sus palabras están cargadas de sentido telúrico. "Llegar al Cusco, tierra de Túpac Amaru, es llegar al corazón de nuestra historia —exclama—, por eso hemos venido aquí, para decirles a los cusqueños que esta es su revolución". El público está compuesto por campesinos y pobladores de las zonas marginales de la ciudad, movilizados por Sinamos para cumplimentar a Velasco. La presencia masiva de velasquistas en el corazón de la ciudad impide que se lleven a cabo los actos de protesta que planeaba la izquierda.

Ese mismo día el mandatario preside un consejo de ministros extraordinario, que concede el estatuto de pueblos beneméritos a Tinta, Tungasuca y Surimana. Promete también restaurar la casa de Túpac Amaru y anuncia la concesión de un préstamo de 150 millones de soles al Ministerio de Transportes para iniciar la construcción de la carretera a Machu Picchu. Más importante aún, otro decreto reduce los impuestos a las empresas industriales que decidan instalarse fuera de la capital nacional. Estos guiños estaban pensados para apaciguar a la población cusqueña y desactivar las protestas. El gobierno militar quería mostrar su compromiso con la descentralización del país y con la modernización de las regiones andinas. Habían sido preparados por un comité especial integrado por varios ministros, supervisado por el propio Velasco, quien veía con preocupación cómo aumentaban los desafectos en esta parte del país. Conocedor de la historia peruana, temía que en el sur andino sugiriera un movimiento contestatario que le apartara del poder.

Sinamos hace bien su trabajo. Para supervisar personalmente el avance de la reforma agraria, Velasco se traslada a la Cooperativa Túpac Amaru de Sullupujio, en la provincia de Anta. Allí se reúne con varios de los pobladores, quienes le expresan su deseo de "más revolución" y una mayor presencia del Estado en las zonas rurales. Tras la reunión, se realiza un almuerzo campestre, amenizado por "bandas de campesinos que lanzaban al aire sus notas, con sentido satisfecho de que la Reforma Agraria haya llegado a ellos, sepultando la explotación y opresión de los gamonales".[67] Durante el viaje a Puno, la comitiva velasquista recibe agasajos en cada

67. BMC-ECC, 29 de septiembre de 1971, "Queremos más revolución, hermano campesino: Anta".

pueblo por donde pasa. En Andahuaylillas, "una concentración de cientos de personas aguardó a la comitiva oficial, habiéndose colocado varios arcos florares multicolores".[68] En Oropesa, "campesinos de la ex hacienda Ninabamba portaban una gigantesca banderola en la que le daban la bienvenida". En Urcos, "diez mil personas le tributaron una calurosa recepción". El ambiente fue festivo, a pesar de un pequeño incidente producto de la impericia musical de Velasco, quien "quiso tocar el pututo y no pudo ante la risa de miles de manifestantes".[69] En Sicuani, finalmente, se lleva a cabo una masiva demostración con campesinos de toda la provincia, antes de la partida de Velasco rumbo a Juliaca.[70]

Pero la tregua dura poco. Una vez terminadas las celebraciones, las autoridades cusqueñas retoman el asunto del monumento de Túpac Amaru y piden a la Comisión Nacional del Sesquicentenario el envío de las maquetas finalistas del tercer concurso.[71] Días después comienza a circular una nueva idea promovida por un ingeniero cusqueño, que apuesta por un monumento de gran tamaño, similar "al gran arco que une los ríos Mississippi y Missouri en San Luis, a la Torre Eiffel de París, al monumento a la libertad en Estados Unidos o a la torre de más de quinientos metros de altura en Moscú".[72] La obra debía tener "entre doscientos y trecientos metros de altura", y su interior albergaría un casino de juego, un teatro, un cine, restaurantes y jardines. Gracias a estas dimensiones colosales, el ala del sombrero de Túpac Amaru sería un mirador que permitiría a los turistas admirar la ciudad colonial y el paisaje circundante.

Otro artículo ofrece mayores precisiones sobre el proyecto. A pesar de sus dimensiones, la obra podría pagarse en pocos años, gracias a las atracciones culturales y recreativas que se construirían a su alrededor. A la gama

68. BMC-ECC, 29 de septiembre de 1971, "En trayecto Cusco-Sicuani aclamaron a general Velasco".

69. BMC-ECC, 29 de septiembre de 1971, "Diez mil recibieron a presidente: Urcos".

70. BMC-ECC, 30 de septiembre de 1971, "Apoteósico recibimiento al presidente en Sicuani".

71. BMC-ECC, 19 de noviembre de 1971, "Pueblo de Cuzco deberá decidir efigie T. Amaru: concejo pide maquetas".

72. BMC-ECC, 1 de diciembre de 1971, "Dimensiones de efigie de T. Amaru podría servir muchas atracciones".

de referentes, se unen el Cristo del Corcovado de Río de Janeiro, el castillo de Chapultepec de Ciudad de México y, de manera bastante sorprendente, dado el perfil progresista de los tupacamaristas, el Valle de los Caídos erigido por Franco para homenajear a los muertos del bando fascista en la guerra civil española. El monte en el que se construyera el monumento debería reforestarse "para que guarde jardines en recuerdo de la gran afición que por ellos tenía Túpac Amaru". El acceso al conjunto monumental se facilitaría con "cortísima autopista con un trazo ordenado y magnífico".[73]

A finales de 1971, las espadas seguían en alto. Esos meses marcan probablemente el punto más alto de la influencia del tupacamarismo cusqueño, pero demuestran también sus limitaciones a la hora de concretar sus objetivos más anhelados. El ambiente se enrarece aún más con la llegada a la ciudad de la maqueta del proyecto calificado en segundo lugar en el concurso.[74] El autor es el artista cusqueño Aurelio Bernardino, a quien muchos consideraban el ganador moral de la contienda. Su boceto mostraba a Túpac Amaru de pie, con un brazo extendido, que "señala el camino de la libertad, levantando a los pobres y oprimidos". El referente evidente era el monumento levantado por Uscamaita en Yanaoca. Era, por lo tanto, una obra genuinamente local, tanto por su promotor como por su inspiración. La estatua debía tener ocho metros de altura y, según su autor, no restaría visualidad a las casas coloniales de la plaza de Armas. Para presionar en favor de la reconsideración del veredicto del jurado, Bernardino consigue que su trabajo se exponga en la sede de la municipalidad, al tiempo que las autoridades locales reiteran su pedido de que las tres obras finalistas se exhiban conjuntamente y sean aprobadas por los cusqueños. En tercer lugar había quedado el artista arequipeño Joaquín Ugarte y Ugarte, con la propuesta de una estatua de Túpac Amaru a caballo, dirigiendo a las masas a la revolución.[75]

El trasfondo de estos movimientos era una sensación muy extendida de que el concurso se había manejado de manera poco trasparente. La

73. BMC-ECC, 4 de abril de 1972, "Nueva iniciativa sobre el monumento a Túpac Amaru".

74. BMC-ECC, 22 de diciembre de 1971, "En concejo muestran maqueta de monumento a Túpac Amaru".

75. BMC-ECC, 19 de noviembre de 1971, "Pueblo de Cuzco deberá decidir efigie T. Amaru: concejo pide maquetas".

victoria de Núñez Rebaza había sido recibida con alivio en los ambientes culturales limeños. Aunque se discutía la competencia artística del autor, se trataba de una obra de pequeño tamaño. Su impacto sobre el ambiente colonial de la plaza de Armas sería mínimo.[76] Los tupacamaristas deseaban en cambio contar con un monumento lo más grande posible. Temían que los patrimonialistas aprovecharan la ocasión para dar al traste con estos planes. De ahí que una vez más redoblaran su campaña de acusaciones.

"Da la triste impresión —escribía un tupacamarista— de que estamos viviendo envueltos en una nube de farsa incalificable, de intolerable engaño".[77] El retraso en la construcción del monumento al líder rebelde resultaba especialmente sangrante si se lo comparaba con la rápida instalación de las estatuas de San Martín y Castilla en la plaza de San Francisco. Aunque esta plaza era otra de las joyas coloniales de Cusco, la resistencia había sido mucho menor. "Estos señores —escribía César Antonio Guerra en referencia a los patrimonialistas— ¿han tenido alguna reunión?, ¿se ha convocado algún fórum?, ¿qué ha opinado el consejo provincial en pleno?".[78] La respuesta era obvia: nada de esto se había hecho, nadie se había preocupado por la posibilidad de que las estatuas rompiesen la armonía del conjunto monumental. Esta era una falsa excusa para ocultar la verdad: la oposición de los grupos reaccionarios a entronizar a Túpac Amaru como el patrón laico de la ciudad. Era "la oligarquía, el imperialismo, el gamonalismo y otros intereses anticusqueñistas" quienes conspiraban contra el caudillo rebelde.

La diatriba incluía también las habituales acusaciones contra las autoridades limeñas, a quienes se les reprochaba haber elegido un diseño poco adecuado para el monumento. "No debemos permitir imposiciones centralistas —señalaba Guerra— porque esa maqueta no puede constituir ni puede representar el inmortal sacrificio de un hombre que pertenece al Cusco y al Perú". Frente a estos dislates, concluía, "es hora de que el Cusco imponga su voluntad y su soberanía".

---

76. *Caretas* (Lima), 26 de julio de 1971, "Los Núñez y la Independencia".

77. BMC-ECC, 27 de diciembre de 1971, Genaro Masciotti Cuentas, "Túpac Amaru y el monumento a su memoria".

78. BMC-ECC, 1 de diciembre de 1972, César Antonio Guerra, "¿Anti Tupacamarismo?".

# 7

# Impregnación religiosa

En su análisis de la transformación del paisaje urbano de Roma durante el periodo fascista, Agustín Cócola y Federico Bellentini identifican tres aspectos que influirían en la consolidación de las nuevas interpretaciones del pasado romano propaladas por los seguidores de Mussolini: (i) la creación de discursos alternativos a las versiones históricas tradicionales, a través de libros, producciones culturales y debates en la escena pública; (ii) la plasmación de estas nuevas narrativas en el espacio urbano en forma de monumentos de diversa índole; y (iii) la conversión de estos monumentos en lugares de memoria, al realizarse en ellos rituales y ceremonias vinculados a los nuevos discursos: homenajes a los héroes, representaciones historicistas, fiestas conmemorativas, efemérides emblemáticas, etc.[1] Cócola y Bellentini señalan que esta secuencia se puede rastrear en muchos otros casos en los que movimientos políticos emergentes fundamentan su legitimidad en reinterpretaciones del pasado. La reformulación se produciría tanto en regímenes democráticos como en dictaduras, aunque sería más evidente en este último caso, ya que los regímenes autoritarios tienden a sobreactuar en el plano simbólico, para hacer olvidar sus orígenes conflictivos. El culto velasquista a Túpac Amaru es un ejemplo perfecto de este tipo de dinámica. Todos los elementos señalados se conjugan en una

1. Agustín Cócola Gant y Federico Bellentini, "Mussolini y la política del pasado en la Roma fascista", *Diagonal*, n.° 39, 2015.

concentración muy alta. Discursos, intervenciones urbanas y rituales se retroalimenten para generar en muy poco tiempo una devoción que alcanza en Cusco cotas nunca igualadas por ningún otro héroe patriótico en toda la historia republicana.

Junto con estos elementos que comparte con otros ejemplos de naturalización de nuevos relatos históricos asociados a movimientos políticos emergentes, el culto cusqueño a Túpac Amaru tiene también sus propias particularidades, que lo hacen diferente y singular. En concreto son dos los aspectos a considerar. Por un lado, pese a su apropiación por parte del Estado, el tupacamarismo seguía siendo una comunidad de culto extremadamente heterogénea, en la que convivían todo tipo de ideologías y perfiles políticos. Debido a su enorme prestigio y a la gran visibilidad pública de la que disfrutaba, el manto de Túpac Amaru podía cobijar aspiraciones muy diferentes entre sí. Había tupacamaristas progresistas y conservadores, rurales y urbanos, elitistas y revolucionarios, panamericanistas, nacionalistas y regionalistas. El tupacamarismo era muchas cosas a la vez: un discurso regeneracionista en manos de intelectuales y académicos capitalinos que buscaban integrar a la población indígena en el devenir nacional; un lenguaje político promovido por el gobierno militar y sus aliados para ganar la complicidad de la población andina; un culto regional asociado al cusqueñismo neoindianista; un emblema de las reivindicaciones andinas esgrimido por profesores y curas rurales; un campo de disputa entre los diferentes actores de la Guerra Fría, etc. Cada una de estas capas de significado añadía proyección y nuevos seguidores, pero también hacía que el universo tupacamarismo fuera más complejo y difícil de manejar para sus promotores.

El otro aspecto a destacar era la extraordinaria influencia que ejercía la parafernalia católica en las narrativas, el lenguaje y las prácticas de los tupacamaristas cusqueños. La devoción al caudillo se modelaba en gran medida siguiendo el patrón de los santos y vírgenes católicos. Esta coincidencia se debía en parte al papel que habían jugado los sacerdotes rurales en las etapas iniciales del culto. Personajes como Teófilo Uscamaita habían sido clave en la conformación del vocabulario tupacamarista, que en consecuencia estaba plagado de términos, metáforas y referencias religiosos. Los referentes católicos marcaban tanto el tono como el contenido del culto. En palabras de César Antonio Guerra, Túpac Amaru era "el apóstol de la libertad americana".[2] Conceptos similares plagaban artículos y discursos, tanto en el ámbito oficial como en el popular. Para el periodista limeño Juan Paredes Castro, "Túpac Amaru era un santo", que "murió mártir defendiendo un ideal muy alto".[3] Para Manuel Aranibar era "un cristo social contemporáneo".[4] En el lenguaje cotidiano, la gran rebelión era una "cruzada" por la libertad, los objetos vinculados con la vida de Túpac Amaru eran "reliquias", visitar su hogar natal suponía emprender una "peregrinación" o una "romería", sus seguidores conformaban una "cofradía", los homenajes eran "apoteosis", la gesta había terminado en un "holocausto" y su ejecución había sido un "martirio".

La suma de estos dos elementos (heterogeneidad de la comunidad de culto e impregnación religiosa) hacía que el tupacamarismo cusqueño se desarrollara en un ambiente de gran tensión. Cuestiones aparentemente nimias podían envenenarse con lecturas políticas enfrentadas, derivando en controversias sin fin, que en ocasiones se llevaban por delante amistades de años. Las diferencias se procesaban como si fueran herejías. Sus autores debían ser desenmascarados y destruidos en nombre de la verdadera fe tupacamarista. Los intereses políticos se sumaban a las rivalidades personales y a los rencores acumulados. Los viejos tupacamaristas recelaban de los conversos más recientes, a quienes muchas veces veían como oportunistas. Los provincianos miraban con desconfianza a los capitalinos y estos últimos se sentían incomodos ante la creciente apropiación del personaje por parte de los limeños.

## De vuelta con la imagen

En la prensa cusqueña hay numerosas representaciones de Túpac Amaru. La imagen icónica creada por Ruiz Durand durante la campaña de difusión de la reforma agraria (rostro de frente y con sombrero de ala ancha)

---

2. BMC-ECC, 16 de mayo de 1969, César Antonio Guerra, "Túpac Amaru, ideólogo y rebelde".
3. *La Crónica* (Lima), 20 de marzo de 1971, Juan Paredes Castro, "En busca del retrato fiel del rebelde Túpac Amaru".
4. *Expreso* (Lima), 23 de enero de 1971, Manuel Aranibar, "La rebelión contra Túpac Amaru".

debía competir con el gusto local por representaciones del caudillo de mayor contenido emotivo. Eran estas las que tenían mayor difusión y las que en opinión de los tupacamaristas cusqueños recogían mejor la esencia del personaje. Una de dichas escenas mostraba al caudillo a caballo, con la espada en alto apuntando hacia el sol. Se trataba de una curiosa síntesis entre influencias católicas y referentes neoincas. La imagen remitía al estereotipo de Santiago Matamoros, muy común en la iconografía andina colonial. La diferencia radicaba en que ahora no eran moros ni indios quienes aparecían a los pies del caballo, sino que estos formaban las filas de un ejército que acompañaba al líder rebelde en su consagración. Otra de las escenas preferidas de los cusqueños mostraba a Túpac Amaru en el momento de su supremo sacrificio, con el cabello al viento, dispuesto a enfrentarse a la crueldad de sus enemigos. Sus brazos y piernas atados a cuatro caballos dejaban ver un torso en tensión, que era el epítome de la virilidad del cholo cusqueño.

Desde el punto de vista estilístico, la mayoría de estas representaciones eran repetitivas y de baja calidad. Se trataba casi siempre de ilustraciones con un estilo figurativo tradicional. Sus autores buscaban representar al héroe y a sus compañeros de una manera lo más realista posible, a veces de forma cercana al naturalismo, mostrando rabia, dolor y aflicción. Otros preferían los claroscuros de líneas rotundas inspirados en las litografías de Sabogal y en otros pintores indigenistas, que en Cusco eran muy apreciados y permeaban gran parte del arte popular. También estaban muy difundidas las acuarelas de Emiliano Franco Cornejo y de otros artistas locales, que se inscribían en la misma línea indigenista. En contraste, son pocos los ejemplos de representaciones cusqueñas de Túpac Amaru con influencia de corrientes artísticas vanguardistas. A diferencia de los afiches de la reforma agraria promovidos por la Dirección de Difusión de la Reforma Agraria, el *op art* y *pop art* tienen escasa cabida en las producciones locales de esta parte del país.[5] Tampoco el "pop achorado" de Ruiz Durand parece

5. Sendos estudios sobre la importancia de estas corrientes en la iconografía de los afiches de la reforma agraria en Cant, "Land for Those Who Work", y Roca-Rey, *La propaganda visual*. Las dos autoras destacan que, si bien se trata de obras con una gran modernidad estética, su influencia se limita al ámbito donde se crearon, sin llegar a permear el arte gráfico peruano.

haber calado entre los artistas cusqueños, apegados a modelos estéticos mucho más tradicionales en sus representaciones de Túpac Amaru.[6]

Frustrado el concurso convocado por el Ministerio de Educación, en julio de 1972 el gobierno retoma la búsqueda de un cuadro emblemático de Túpac Amaru que sustituyera a Pizarro en los salones de palacio de gobierno. Esta vez el autócrata opta por un método más expeditivo: encargar directamente el trabajo a un pintor de confianza. La elección no puede ser, sin embargo, más sorprendente. Se trataba de un efectivo de la propia guardia personal de Velasco con aspiraciones artísticas, pero sin formación o carrera profesional conocida, quien se había ofrecido voluntario tras conversar el asunto con sus superiores.[7] El trabajo de Néstor Quiroz, aunque de discutible calidad técnica, reproducía a cabalidad la imagen arquetípica promovida por el gobierno militar: un Túpac Amaru de medio cuerpo, en reposo, mirando al frente, con ropas de mestizo y un sombrero de ala ancha que hacía recordar intensamente a un pastor protestante. Durante los siguientes años el cuadro aparece en múltiples fotografías de eventos oficiales celebrados en palacio de gobierno. Es el fondo de muchos de los discursos más emblemáticos de Velasco.

La inauguración de la obra se realiza en una discreta ceremonia a la que son invitados únicamente los periodistas afines al régimen.[8] Los rumores locales atribuían esta premura al deseo de castigar al gobierno español, con el que Velasco se hallaba momentáneamente enfrentado debido a la negativa de Madrid a entregar a un banquero peruano fugitivo acusado de estafa. Eliminar a Pizarro para poner en su lugar al gran rebelde anticolonial era una forma de incrementar simbólicamente la presión y al mismo tiempo mostrar firmeza y autoridad. El propio Velasco poco antes había ordenado a sus ministros que amenazaran al embajador español con eliminar el nombre de los conquistadores del callejero peruano para dar

6. Sobre el llamado "pop achorado": Julio Ruiz Durand, "Afiches de la reforma agraria: otra experiencia trunca", *U-tópicos,* n.° 4-5, 1984, p. 17. Sobre el origen del término, Roca-Rey, *La propaganda visual.*

7. *Oiga* (Lima), 27 de julio de 1972, "El Túpac Amaru de Palacio y su autor".

8. *La Prensa* (Lima), 26 de julio de 1972, "General Velasco develó cuadro en el Salón Túpac Amaru".

cabida a los líderes rebeldes.[9] El cuadro de Quiroz era un paso más en esa escalada, aunque también respondía a la impaciencia del gobernante por contar, por fin, con una obra emblemática de homenaje al paladín iconográfico de su régimen. La nula calidad artística era una cuestión menor al lado del impacto simbólico que se pretendía lograr en ambos frentes.

Aunque ninguneados y en cierto modo humillados, la reacción de los pintores profesionales fue bastante mesurada. Al menos en público, son muy pocos los que muestran su disconformidad. Solo Fernando de Szyszlo se atreve a levantar su voz contra la medida en una carta al semanario *Oiga*.[10] Si bien aprueba la expulsión de Pizarro de la iconografía oficial, Szyszlo rechaza el mensaje implícito en la sustitución del cuadro del maestro Daniel Hernández por la obra de un simple aficionado. Desde su punto de vista, se trataba de una medida apresurada y poco meditada, que daba "una idea equivocada sobre lo que puede ser una política cultural verdaderamente revolucionaria". La respuesta a este atrevimiento fue contundente. En pocos días, la prensa limeña, que para entonces ya estaba en gran parte en manos del gobierno, se llenó de artículos y cartas supuestamente enviadas por lectores indignados, criticando el clasismo y el gremialismo subyacentes en la opinión de quien ya era el pintor peruano más conocido. Formado en Europa e hijo de padre extranjero, Szyszlo no

9. Borradores de Actas del Consejo de Ministros del GRFA, sesión de 4 de julio de 1972. Al leer estas líneas, podemos vernos tentados a considerar la amenaza de Velasco como un síntoma del carácter ensimismado y megalómano de su gobierno. Sin embargo, lo cierto es que el régimen que por entonces gobernaba España tenía una obsesión similar por reformular las narrativas nacionalistas y dejar su huella en el paisaje urbano. Los héroes de la conquista de América estaban entre sus preferidos. Aunque no conocemos la reacción del embajador español, sin duda se trataba de una amenaza susceptible de ser tomada en cuenta. Era el ataque de un gobierno ensimismado, megalómano y obsesionado por los símbolos a otro gobierno ensimismado, megalómano y obsesionado por los símbolos. El fugitivo que los militares reclamaban era el banquero Mariano Pardo Sosa, uno de los implicados en la quiebra del Banco Popular. El incidente llevó a la retirada del embajador peruano en España durante dos meses, y fue el punto más bajo de las relaciones entre ambos países. Elizabeth Puertas Porras y Héctor Maldonado Félix, "Perú y España, política exterior peruana 1968-1975", *Investigaciones Sociales*, año XI, n.° 18, 2007, pp. 455-471.

10. *Oiga* (Lima), 4 de agosto de 1972, Fernando de Szyszlo, "Szyszlo, Pizarro y Túpac Amaru".

dejaba de ser para los sectores más nacionalistas un elemento sospechoso. El argumento central de los defensores de la obra de Quiroz era su naturaleza profundamente simbólica. Era el homenaje de un hombre común y corriente al héroe de la libertad peruana. "Si tosco, mucho mejor, resulta más simbólico así", se enorgullecía un periodista.[11] Para otro, el problema era la falta de orgullo patrio de gran parte de la intelectualidad peruana y especialmente de la limeña.[12] La independencia política lograda por San Martín no habría conseguido que desapareciese de sus cabezas la dependencia mental con respecto a los patrones estéticos de los colonizadores. De ahí que estos sectores supuestamente ilustrados prefiriesen las exquisiteces abstractas de Szyszlo y sus seguidores antes que el trabajo emocionado de un hombre sencillo proveniente del pueblo.

Los tupacamaristas cusqueños seguían estos acontecimientos con sumo interés. Aunque no participaban directamente en la convocatoria, ni tampoco eran consultados por el gobierno, expresaban su opinión a través de los medios de comunicación, desde donde trataban de influir en los resultados del concurso. El punto de vista predominante se resumía en dos ideas: el cuadro de palacio de gobierno debía privilegiar los aspectos "científicos" por sobre los "artísticos" y era el Estado quien debía establecer esa verdad "científica". Lo importante era que el "verdadero" Túpac Amaru quedara reflejado con todo detalle y no tanto la calidad artística de la obra. Los jueces debían ser historiadores del arte debidamente capacitados e informados. Su misión consistiría en buscar las pruebas históricas para a partir de ellas dictaminar qué obra era la más adecuada "Es menester —escribía César Antonio Guerra en una buena síntesis de esta posición— que la Casa de la Cultura e instituciones afines nombren una comisión de expertos en pintura e historia, que tengan los instrumentos necesarios para que detecten y estudien en forma científica los cuadros que pueden darnos alguna luz con más aproximación al verdadero rostro de Túpac Amaru".[13]

---

11. *Expreso* (Lima), 9 de agosto de 1972, Néstor Espinoza, "Machu Picchu y Túpac Amaru".
12. *Expreso* (Lima), 10 de agosto de 1972, Carlota Carvallo de Núñez, "Túpac Amaru y Pizarro".
13. BMC-ECC, 4 de enero de 1971, César Antonio Guerra, "El rostro de Túpac Amaru".

Estas apelaciones al Estado eran muy propias de la época. Para los tupacamaristas, las instituciones públicas debían involucrarse en la codificación del culto para salvaguardar su pureza y para evitar su manipulación por parte de grupos contrarios a la revolución o por los detractores de los intereses del Cusco. El rostro y los atributos de Túpac Amaru se veían como un asunto de Estado, que debía tratarse como tal. Las posiciones discrepantes se descalificaban como leyendas o mistificaciones al servicio de intereses oscuros, sin fundamento científico. El resultado es una proliferación de proyectos de reglamentos y ordenanzas presentados para su sanción a las autoridades. Aunque casi nunca se aprobaban, por las propias discrepancias que suscitaban, enrarecían el ambiente y favorecían el encono de las posiciones. Cada cual defendía que el suyo era el verdadero Túpac Amaru y que los demás eran solo producto de la imaginación.

Unos años antes, las alarmas se habían prendido con el anuncio de que un cuadro conservado en Yanaoca podía contener un retrato oculto de Túpac Amaru. Como no podía ser menos, la prensa cusqueña exigió al gobierno el envío de especialistas pertrechados de "rayos X, placas infrarrojas y ultravioletas" para verificar la autenticidad del lienzo.[14] El cuadro representaba al héroe junto a su esposa y varios otros personajes, adorando una imagen de la Virgen del Carmen. Se había conservado por casualidad, gracias a que tras el terremoto que afectó en 1943 a las provincias altas, alguien lo había trasladado a un depósito donde lo había encontrado Greta Rhoddo, envuelto en mantas y papeles.[15] Rhoddo era profesora de enseñanza secundaria y desde su juventud había sido una afanosa tupacamarista. Sin embargo, no todos sus colegas estaban de acuerdo con su interpretación del cuadro. El propio César Antonio Guerra se encontraba entre los escépticos. Ya fuera porque los argumentos de Rhoddo no le convencían o porque veía amenazada su posición como principal fuente de autoridad del movimiento, se negaba a creer la versión difundida por la prensa. Al decir de Guerra, era imposible que un retrato de Túpac Amaru hubiera escapado a la represión española. "El odio feroz de los verdugos

---

14. BMC-ECC, 10 de diciembre de 1970, "Técnicos capitalinos buscarán el rostro de Túpac Amaru en Canas".

15. BMC-ECC, 23 de noviembre de 1970, "Hay que preservar cuadro que contendría el rostro de Túpac Amaru".

—escribía— hizo que se acabara, que se destruyera con todo lo que se relacionaba a la revolución tupacamarista y particularmente a las pertenencias y huellas del Gran Túpac Amaru y sus familiares".[16]

Sobre Túpac Amaru se discutía todo: incluso el nombre del caudillo y la manera correcta de escribirlo eran objeto de polémica.[17] ¿Debía respetarse la grafía de la época colonial o por el contrario había que buscar una fórmula más acorde con los sonidos del idioma quechua, original de las alturas andinas donde el caudillo rebelde había vivido? Y si se optaba por esta última posibilidad, ¿cuál era la ortografía correcta para trascribir el quechua? La lengua andina estaba en auge en el mundo político y cultural, se celebraban homenajes y se resaltaba la importancia de su conservación. El gobierno militar había convertido el quechua en el segundo idioma oficial de la nación junto con el castellano.[18] Las principales leyes se traducían al idioma andino, sobre todo cuando afectaban a los campesinos, e incluso la Iglesia católica había comenzado a utilizarlo en sus rituales.[19] Un papel clave en esta expansión del quechua correspondía al Instituto de Pastoral Andina, una organización católica reformista, que aunque funcionaba en Puno, extendía su influencia a las provincia altas de Cusco. Sus integrantes se destacaban por realizar su labor evangelizadora en el mismo idioma nativo. Pero aun así, a pesar de esta tendencia a la revalorización del quechua, no existía una fórmula normalizada de transcripción del idioma oral al lenguaje escrito. Diferentes corrientes competían entre sí, con argumentos que mezclaban cuestiones históricas, políticas y filológicas.

Los especialistas no se ponían de acuerdo en el número de vocales que el quechua debía tener, cuáles eran originales, cuáles resultado de la

---

16. BMC-ECC, 4 de enero de 1971, César Antonio Guerra, "El rostro de Túpac Amaru".
17. Por ejemplo, BMC-ECC, 28 de julio de 1970, "Tupa Amaro, sí. Condorcanqui, no Menos, Túpac Amaru II".
18. Mediante el decreto ley 21156, que además establecía el 27 de mayo como fecha de conmemoración anual del idioma nativo.
19. BMC-ECC, 24 de enero de 1969, "Bautismo y misa serán en quechua en Cusco"; y BMC-ECC, 4 de mayo de 1970, "La ley de Reforma Agraria deben traducir al quechua". Sobre la influencia de los sectores reformistas de la Iglesia católica a inicios de los años setenta en las zonas rurales de Cusco, he escrito más por extenso en Asensio, *Los nuevos incas: la economía política del desarrollo rural andino en Quispicanchi (2000-2010)*, Lima, Instituto de Estudios Peruanos, 2016.

influencia española, y hasta qué punto esa influencia había transformado o no el idioma andino. La instancia teóricamente llamada a solventar estas dudas, la Academia de la Lengua Quechua, tenía tanto defensores como detractores.[20] Para muchos era una institución conservadora, temerosa de reconocer la evolución del idioma, que apostaba por fórmulas de transcripción arcaicas, poco útiles en la vida cotidiana. Tanto la universidad de Cusco como los especialistas limeños y extranjeros expertos en quechua discutían su autoridad y ponían en cuestión su capacidad para cumplir el papel que se había autoatribuido, como guardiana de la lengua andina. La academia defendía la existencia de una versión culta del quechua, que solo se habría hablado en Cusco, el llamado "quechua imperial". Este dialecto sería más puro y más auténtico que las versiones locales que se hablaban en otras regiones de los Andes. Por esa razón, debía ser el referente para la normalización del idioma, hasta convertirse en vehículo único de enseñanza y escritura.[21] Estas pretensiones chocaban con la propia experiencia de antropólogos y filólogos, que reconocían la existencia de múltiples variantes dialectales, producto de la compleja historia andina de intercambios, migraciones y conquistas. En algunos casos, incluso se ponía en cuestión que el quechua se hubiera originado en Cusco, ya que existían indicios de que sus antecedentes debían buscarse en los departamentos de la sierra central, en el valle del río Mantaro o en la zona del lago Titicaca cercana a Bolivia.

Debido a estas discrepancias, el nombre del héroe rebelde podía escribirse de diferentes maneras: Túpac, Túpak, Thupa, Tupa o Topa. Amaru o Amaro. Escondidas entre argumentos históricos o filológicos, estas

20. La Academia se había creado en 1954 por iniciativa del escritor y actor cusqueño Faustino Espinoza, quien entre otras cosas había interpretado durante varios años el papel de Inca en el Inti Raymi. En 1958 había recibido el reconocimiento oficial por parte del gobierno peruano, como entidad encargada de la salvaguarda del idioma. Para cumplir este fin recibía subvenciones públicas, aunque irregulares y casi siempre limitadas. Como resultado, su estatus era ambiguo, ya que no terminaba de ser completamente una institución pública, ni tampoco se concebía a sí misma como una asociación privada.

21. Sobre estas disputas, Tin Marr, "Neither the State nor the Grass Roots: Language Maintenance and the Discourse of the Academia Mayor de la Lengua Quechua", *International Journal of Bilingual Education and Bilingualism*, vol. 2, n.° 3, pp. 181-197, 1999.

Dos imágenes representativas del estilo predominante de representación de Túpac Amaru en la prensa cusqueña.
Izquierda: Túpac Amaru a caballo conduciendo a los ejércitos indigenas a la libertad en un grabado de Miguel Valencia Cazorla (*El Comercio de Cusco,* 4 de noviembre de 1970).
Derecha: Túpac Amaru con el cabello descubierto y el medallón atributo del poder inca.

disputas dejaban entrever rivalidades personales, especialmente importantes en un momento en el que las reformas del gobierno militar habían abierto nuevas perspectivas de poder a grupos que hasta ese momento habían sido marginales. Las credenciales tupacamaristas eran un botín que tenía muchos pretendientes, algunos con larga trayectoria y otros recién llegados. Un descubrimiento espectacular o un homenaje especialmente bien organizado podían ser argumentos para escalar posiciones en la consideración de las nuevas autoridades. También eran una manera de progresar en la propia carrera profesional, sobre todo en el ámbito académico, donde se estaban produciendo importantes cambios a medida que el velasquismo se consolidaba. Esto no quiere decir, por supuesto, que no existiera una voluntad sincera de homenaje y un genuino sentido de orgullo en muchos tupacamaristas. Tampoco implica que no estuvieran efectivamente convencidos de las diferentes alternativas artísticas o filológicas que defendían en las batallas sobre los atributos del caudillo rebelde. La convicción y la conveniencia se reforzaban entre sí, generando un ambiente propicio para la especulación, el debate y las polémicas.

## Reliquias

La impregnación religiosa del tupacamarismo se había iniciado unos años antes del pronunciamiento de Velasco, con la publicación del llamado "Canto coral a Túpac Amaru" del poeta trujillano Alejandro Romualdo. Se trataba de una composición de apenas ocho estrofas, en la que se condensaba la deriva telúrica del culto al héroe. Romualdo había sido en sus inicios un poeta romántico, un preciosista del lenguaje con indudable talento pero sin una clara orientación política. Esta indiferencia se convierte en fuego a partir de su estancia en España a inicios de los años cincuenta, becado por el gobierno peruano. En el cargado ambiente del franquismo conoce la poesía social de Blas de Otero, quien se convierte en su amigo y modelo. De regreso al Perú, Romualdo publica una serie de trabajos en los que pone su arte al servicio de la lucha contra el régimen del general Odría, a quien veía como una versión caricaturesca y tropical del dictador español. El "Canto coral a Túpac Amaru", publicado en 1958, era parte de esta colección y en sus líneas se mezclaban el compromiso social y el énfasis místico. Su lenguaje era grandilocuente y ensimismado. El héroe aparecía como un personaje intemporal, al que sus enemigos trataban en vano de eliminar. "Lo pondrán en el centro de la plaza, boca arriba, mirando al infinito —declamaba el poeta en una de las estrofas—, le amarrarán los miembros, a la mala tirarán. Y no podrán matarlo". Esta última frase se repetía hasta en ocho ocasiones y marcaba el ritmo del canto, al final del cual, en un claro paralelo con el dios de los cristianos, se anunciaba la resurrección de Túpac Amaru. Tres días después de su muerte, habría de surgir de la tierra para proclamar a todos los pueblos su grito inmortal de libertad.

El poema de Romualdo marca profundamente la manera en que el tupacamarismo concibe a su héroe. Marca también la manera en la que se le celebraba y homenajeaba. La constante evocación de Túpac Amaru estaba acompañada de un gran interés por todo lo relacionado con su vida. Como si fuera un santo cristiano, los vestigios materiales vinculados a su presencia, los lugares que pisó, las cosas que utilizó, eran objeto de una especial reverencia. Se los tenía por reliquias, que debían cuidarse con extremado celo para evitar su deterioro o destrucción. Ya en 1957 los pobladores de Yanaoca habían lanzado la alarma por el deterioro de un templo cuya construcción se atribuía a Túpac Amaru. Entre la piezas más valiosas conservadas en la iglesia destacaba un púlpito "similar a los de San Blas de Cusco y de Checcacupe".[22] Un año después, la atención se centraba en una pieza bastante más truculenta: "un sillón forrado con la piel del corregidor de Tinta" que José Gabriel Condorcanqui habría obsequiado al cura Rodríguez, uno de sus principales acólitos.[23] A pesar de la importancia histórica que se le atribuía, la pieza había quedado enterrada tras uno de los frecuentes terremotos sufridos por la región. Su casi desaparición se atribuía a "la desidia o ignorancia de las personas encargadas de custodiarlo, que prefirieron rescatar sus bienes personales de la casa averiada, dejando dentro la famosa reliquia".

Cada nuevo hallazgo se saludaba con alborozo. En 1972, una espada supuestamente utilizada por Túpac Amaru en su lucha contra los españoles merecía un artículo de primera plana en la prensa local.[24] La pieza estaba en manos de un estudiante cusqueño, quien la había heredado de su tatarabuelo, quien a su vez la había adquirido de la familia de Micaela Bastidas como pago por una deuda. Aún más espectacular era el anuncio del hallazgo en Sangarará de tres fosas con los restos calcinados de 567 españoles caídos ante las tropas de Tomasa Ttito Condemayta, una de las principales aliadas de Túpac Amaru.[25] Esta masacre incluía soldados y pobladores que se habían refugiado en la iglesia de la localidad, y había sido uno de los episodios más sangrientos de la revuelta. El destino de los cuerpos era desconocido hasta ese momento, ya que según señalaban sus descubridores, pesaba sobre ellos un velo de secreto y silencio. El responsable del hallazgo era el propio César Antonio Guerra, líder de los tupacamaristas cusqueños, junto con el alcalde de Sangarará.

---

22. Carta de Juan de la Cruz Salas a *El Comercio de Cusco*, 8 de octubre de 1957, reproducida en BMC-ECC, 15 de octubre de 1957, "Templo y púlpito de Surimana están en peligro de perderse, denuncia un vecino".

23. Esta y la siguiente cita proceden de BMC-ECC, 27 de mayo de 1958, "La inmolación de Túpac Amaru fue conmemorada en Yanaoca".

24. BMC-ECC, 30 de junio de 1972, "Hallan espada que habría usado Túpac Amaru en 1780".

25. BMC-ECC, 3 de agosto de 1971, "Descubren tumba de 567 españoles muertos por Túpac Amaru en 1780".

Muchos de estos descubrimientos quedaban con el tiempo en nada. Eran el resultado de interpretaciones imaginativas o bien respondían a las conclusiones apresuradas de sus promotores, inducidos por sus deseos de homenajear a Túpac Amaru y de descubrir nuevos testimonios de su vida y de su obra. Solo se pueden explicar teniendo en cuenta el particular contexto político e ideológico de aquellos años. La excitación política y el convencimiento de estar viviendo un momento revolucionario hacían que todo pareciera posible. Pero había también un sustrato más profundo. En la mente de los tupacamaristas reverberaba una larga tradición, enquistada en el imaginario intelectual peruano, que entendía el mundo rural como un escenario inmutable, que habría conservado inalterados los testimonios de las épocas pretéritas. El campo sería un mundo más auténtico que la ciudad. Mientras en las urbes la memoria del pasado se habría diluido por la modernización, los roquedales andinos vivían en una suerte de presente eterno casi inmutable. Su historia seguía al ritmo de la geología, con cambios extremadamente lentos. De ahí que se pensara que con esfuerzo y paciencia fuera posible encontrar vestigios de la revuelta anticolonial. Era cuestión de buscarlos con ahínco en los lugares precisos.

Esta percepción de inmutabilidad rural se veía reforzada por el éxito que unos años antes había tenido la expedición a las comunidades q'eros conducida por Óscar Núñez del Prado, junto con Manuel Chávez Ballón, Efraín Morote Best, Luis Barreda Murillo, Mario Escobar Moscoso y Josafat Roel Pineda. Situadas en la vertiente oriental de la cordillera del Ausangate, estas comunidades se habían convertido en un referente imprescindible para los cusqueños. Es imposible exagerar su impacto en las mentes de los intelectuales cusqueños. Los q'eros se veían como un museo etnológico vivo. Eran la plasmación en carne y hueso de los añorados incas. Tanto su sistema social como sus costumbres provendrían de la profundidad de los tiempos. Gracias al aislamiento en que habían vivido, habían preservado las verdaderas esencias que se habían perdido en el resto de la región. "No hace falta ser un antropólogo —leemos en un artículo— para intuir la trascendencia y el interés que ofrece el estudio de todo un pueblo trasplantado de golpe a nuestros días desde hace siglos".[26]

---

26. BMC-ECC, 20 de octubre de 1955, Marco Antonio Velasco, "Un museo viviente de etnología en los Andes sur peruanos".

La interpretación en clave indigenista que Núñez del Prado y sus colegas hacen de sus hallazgos contribuye a difundir una suerte de verdad epistemológica que los intelectuales cusqueños de las siguientes décadas asumen de manera casi unánime: las verdaderas esencias de la historia cusqueña habría que buscarlas en las zonas rurales. Sería allí, lejos de la decadencia urbana, donde lo auténticamente cusqueño —y por extensión, lo auténticamente peruano— subsistiría.[27] Los q'eros son presentados como "el último ayllu inca", un recóndito remanente de autenticidad andina, que habría permanecido casi totalmente al margen de los efectos contaminantes de la conquista europea y de la modernización occidentalizante.[28] El anhelo de los tupacamaristas era encontrar su propia versión de los q'eros en forma de testimonios o restos de la gran rebelión mantenidos como en una capsula del tiempo por las comunidades andinas. Cuanto más remotas fueran estas comunidades, más factible era que hubieran conservado dichos vestigios.

Esta convicción epistemológica se retroalimentaba con una tradición vigente al menos desde finales del siglo XIX, que vinculaba a la región andina con relatos maravillosos de ciudades perdidas, aventuras arqueológicas y descubrimientos fascinantes. Aunque los orígenes de este imaginario se podían rastrear hasta las búsquedas de El Dorado en la época de la conquista, el hallazgo de Machu Picchu por Hiram Bingham había contribuido a consolidarlo y a dotarlo de verosimilitud. Tanto para los extranjeros como para los propios cusqueños todo era posible en los Andes.[29] A inicios de los años setenta la búsqueda de ciudades perdidas se hallaba plenamente vigente. Poco después del golpe de Estado de Velasco, dos "millonarios norteamericanos aficionados a buscar tesoros" afirmaban

---

27. Por ejemplo, BMC-ECC, 31 de agosto de 1955, Óscar Núñez del Prado, "Q'ero: la revelación de la cultura del indígena peruano".

28. Jorge Flores Ochoa, editor, *Q'ero, el último ayllu inka. Homenaje a Óscar Núñez del Prado y a la expedición científica de la UNSAAC a la nación q'ero en 1955*, Lima, Instituto Nacional de Cultura, Dirección Regional de Cusco, Universidad Nacional Mayor de San Marcos, 2005. La primera edición del libro es de 1985. Incluye artículos escritos por los participantes en la expedición y por especialistas extranjeros. Previamente, muchos de estos trabajos habían circulado a través del diario *La Prensa*, que subvencionó una parte importante de los gastos del viaje.

29. Heaney, *Las tumbas de Machu Picchu*.

haber encontrado las momias pérdidas de los emperadores incas. El perfil de estos aventureros seguía un patrón muy habitual en la arqueología fantástica anglosajona: aficionados a lo desconocido, autodidactas y con negocios turbios que les habrían permitido ganar importantes cantidades de dinero. Su experiencia previa en otros países emblemáticos del turismo de aventuras arqueológico, como México y Egipto, parecía avalar sus ideas. Según señalaban los dos millonarios, el hallazgo de las momias había sido posible gracias a las pistas que habían encontrado en documentos coloniales conservados en los Estados Unidos, inaccesibles por lo tanto a los especialistas peruanos. Interrogados por los periodistas, preferían mantener el misterio ante el temor de que otros exploradores se les adelantaran en el descubrimiento. Prometían, eso sí, continuar sus trabajos cuando las lluvias lo permitieran.[30]

Más trágica resulta la experiencia de tres expedicionarios que a mediados de 1970 desaparecen en la selva amazónica más allá de la cordillera de Paucartambo, cuando buscaban una tribu de indígenas con rasgos europeos, que supuestamente vivía en la zona.[31] El grupo estaba compuesto por el etnólogo francés Serge Debroix, su compatriota el sociólogo Gérard Puel y el periodista norteamericano Bob Nichols, corresponsal del *Peruvian Times*. Los esfuerzos de rescate resultaron infructuosos durante varios meses, a pesar de contar con el apoyo de equipos de Estados Unidos y Francia. La expedición se había perdido en "una zona peligrosa debido a la presencia de víboras y boas, donde únicamente se puede llegar por un caudaloso río infestado de pirañas, que a cada nada tiene caídas de cientos de metros".[32] Finalmente, en enero de 1972 el fatal desenlace salió a la luz: los expedicionarios habían muerto a manos de un grupo no contactado, cuando trataban de alimentarse de frutas en sus tierras.[33] La búsqueda de la tribu perdida había coincidido con un momento de caos y conflicto entre los diferentes clanes machiguengas. Los sacerdotes católicos que

---

30. BMC-ECC, 4 de enero de 1969, "Americanos dicen haber localizado momias de incas".
31. BMC-ECC, 27 de abril de 1971, "A tribu selvícola de rubios iban franceses".
32. BMC-ECC, 29 de abril de 1971, "No hay ni rastros de la expedición perdida".
33. BMC-ECC, 13 de enero de 1972, "Una tribu mató a flechazos a buscadores de El Dorado".

trabajan en esta parte de Cusco habían dado la alarma en varias ocasiones. Los indígenas se estaban matando entre ellos por oscuras razones que vistas desde fuera nadie atinaba a comprender.[34] Este clima de represalias y ataques indiscriminados explicaría la hostilidad de los indígenas y la mala suerte de los expedicionarios. Habían ido a caer en el peor lugar en el peor momento posible. Mejor fortuna había tenido unos años antes el aventurero norteamericano Gene Savoy en sus entradas a esa misma región.[35] Sus relatos sobre el hallazgo de las ciudades perdidas de los incas habían tenido un gran éxito y habían afianzado la imagen de Cusco como un territorio mágico, donde cualquier descubrimiento relacionado con el pasado ancestral peruano era posible.

Estas expediciones eran los últimos coletazos de una larga tradición. Durante el velasquismo, la actitud del Estado peruano hacia las zonas selváticas experimenta una transformación que no siempre ha sido bien reconocida. En 1970 abría sus puertas una nueva institución especialmente enfocada en esta parte del país: la División de Poblaciones Amazónicas de la Oficina de Reforma Agraria. Al frente de ella estaba Stefano Varese, un joven antropólogo peruano conocido por sus trabajos en la selva central. Varese y su sucesor Alberto Chirif propiciarían la aprobación en 1974 de la Ley de Comunidades Nativas, al tiempo que impulsaban un enfoque novedoso en el tratamiento de las poblaciones indígenas. Más allá de las líneas habituales del indigenismo integracionista, su esfuerzo se centraba en reconocer el derecho de los pueblos amazónicos a controlar sus propios territorios y a decidir sus propias vías de desarrollo, pasaran estas o no por su inserción en las dinámicas del Estado peruano. Para estos jóvenes antropólogos convertidos en funcionarios del gobierno revolucionario, la integración ya no era un objetivo en sí mismo, sino una más entre las múltiples opciones de futuro que los indígenas debían decidir libremente. De ahí que las "comunidades nativas" de la selva se concibieran como una entidad diferente de las "comunidades campesinas" de la sierra, tanto en

---

34. BMC-ECC, 20 de enero de 1972, "Machiguengas luchan a muerte por posesión de bella joven".

35. BMC-ECC, 31 de marzo de 1969, "Expedición USA buscará ciudades incaicas del Paytiti y Pantiacolla".

su naturaleza como en la retórica que justificaba su creación (a partir de criterios étnico-culturales y no socioeconómicos).[36]

En el declive de las expediciones aventureras, este nuevo enfoque coincide con la maduración de la arqueología científica cusqueña, que a inicios de los años setenta conoce una etapa de auge. Si hasta entonces los esfuerzos se habían centrado en los grandes monumentos del Imperio inca, ahora comienzan a realizarse por primera vez excavaciones sistemáticas, con el objetivo de llenar los espacios en blanco de la historia regional. La arqueología científica sustituye poco a poco a la arqueología de aventuras. El propio crecimiento de la ciudad y los esfuerzos de reconstrucción favorecían esta transición. Las obras públicas facilitaban los hallazgos y abrían oportunidades de trabajo e investigación que los arqueólogos cusqueños de las décadas anteriores no habían tenido. Un papel clave en esta transición correspondía a Luis Barreda Murillo, probablemente el arqueólogo cusqueño más importante de su generación. Nacido en un pequeño pueblo de Puno, se había trasladado primero a Sicuani y luego a Cusco para completar su formación. Su gran maestro había sido Manuel Chávez Ballón, un arqueólogo experto en las culturas del Altiplano, a quien Barreda ayudó a poner en marcha la primera cátedra de arqueología en Cusco. Barreda también había participado en la expedición de los q'eros, lo que le había consolidado entre la élite intelectual regional. Desde esa posición, concebía su obra con un diálogo tenso con sus colegas norteamericanos, a quienes reconocía su capacidad profesional y su condición de referentes, pero de quienes desconfiaba por sus pretensiones de imponer cronologías y esquemas teóricos que consideraba poco adecuados para la idiosincrasia de la prehistoria cusqueña. En línea con las corrientes ideológicas predominantes en la época, Barreda defendía que los arqueólogos peruanos debían descolonizar su disciplina y creía que en esta tarea los cusqueños debían jugar un papel central.

A finales de 1970, Barreda anunciaba dos importantes hallazgos: el descubrimiento de huesos de megafauna paleozoica de más de un millón de años de antigüedad, asociados al lago que en esa época cubría gran parte

36. Un análisis de estos cambios y de su inserción en las dinámicas del gobierno militar en: Juan Martín-Sánchez, "Indigenismo bifronte", en Giraudo y Martín-Sánchez, editores, *La ambivalente historia del indigenismo*, pp. 225 y ss.

del valle de Cusco, y la aparición en la urbanización Marcavalle de restos cerámicos de unos mil años de antigüedad, vinculados a la cultura prehistórica del mismo nombre.[37] Estos hallazgos permitían comprender periodos poco conocidos de la historia cusqueña y despertaban la imaginación sobre el pasado remoto de la región. Poco después, el historiador Horacio Villanueva Urteaga hacía público el hallazgo de una estatua de cuerpo entero de la época inca, que según creía representaba al dios Viracocha. Únicamente faltaba la cabeza, que según Urteaga correspondía a una pieza conservada en el Museo de América de Madrid.[38] Estos hallazgos iban a alimentar nuevos museos arqueológicos que poco después se crearían en Cusco. Los huesos paleozoicos y la cerámica marcavalle están hasta la actualidad en el Museo Histórico Regional, mientras que la estatua mutilada se encuentra en el Museo Inka de la Universidad Nacional de San Antonio Abad del Cusco.

Como en el caso de Urteaga, todavía en esta época muchos de los descubrimientos no eran realizados por arqueólogos profesionales. Pese a los esfuerzos de Barreda, la carrera no se enseñaba completa en la universidad de Cusco. Los "arqueólogos" cusqueños eran antropólogos que habían recibido algunas materias particulares durante su formación, que habían estudiado fuera de la ciudad o que se habían especializado después de obtener el título. Para afianzar su vocación, participaban en eventos nacionales e internacionales, donde exponían los resultados de sus trabajos a cambio de una suerte de validación profesional por parte de sus colegas limeños y extranjeros.[39] La supervisión de las excavaciones estaba a cargo del Patronato Departamental de Arqueología, entidad creada como

---

37. BMC-ECC, 2 de febrero de 1971, "Fósiles de hace un millón de años descubiertos: Cusco".

38. BMC-ECC, 9 de enero de 1971, "Descubren en Cusco una estatua inca". La cabeza había sido vendida por su descubridor en los años treinta al peruanista español Juan Larrea, quien posteriormente la donó el museo madrileño. Villanueva, por su parte, encontró el resto de la estatua expuesto como adorno en una de las tiendas turísticas de la ciudad. Una reseña de la cabeza puede encontrarse en: <http://www.mecd.gob.es/museodeamerica/coleccion/seleccion-de-piezas2/Arqueolog-a/viracocha.html>.

39. Véase, por ejemplo, la participación de antropólogos-arqueólogos cusqueños en el I Congreso de Arqueología Andina, en BMC-ECC, 29 de enero de 1972, "Cusqueños en el congreso peruano de arqueología".

resultado de la Ley de Protección del Patrimonio Nacional, aprobada en 1929 por el parlamento peruano a instancias de Julio César Tello. En el espíritu de la época, esta norma establecía la propiedad estatal de todos los vestigios relacionados con el pasado prehispánico de la nación. Su promulgación había sido un paso fundamental en la progresiva apropiación por parte del Estado del derecho de producir y validar discursos verdaderos sobre el pasado peruano.[40] Sin embargo, a inicios de los años setenta la ley se había quedado pequeña a ojos de muchos arqueólogos cusqueños, que reclamaban que se diera un paso más en este camino, reafirmando el control estatal en el campo de la arqueología.

La defensa del patrimonio requería herramientas legales más afinadas y una mayor profesionalización. El Patronato Departamental era poco más que una comisión de notables, con recursos muy escasos. No contaba con una partida presupuestaria propia y debía financiarse con una parte de los ingresos turísticos de Machu Picchu. Sus integrantes trabajaban sin remuneración, por lo que tenían una capacidad de maniobra limitada y una autoridad moral decreciente. La reforma de la ley también debía ampliar las zonas intangibles en torno a los lugares con restos prehispánicos. El control del Estado debía afirmarse incluso cuando los vestigios estuvieran en tierras de propiedad privada, sin tener que pasar por las engorrosas expropiaciones que establecía la ley de 1929. Solo así se podría asegurar que la riqueza arqueológica de la región no acabara en malas manos.[41]

Estas demandas contaban con el apoyo de buena parte de las élites cusqueñas. Desde su punto de vista, el legado cultural de la ciudad corría el riesgo de desaparecer si el gobierno no asumía de manera más firme sus obligaciones de protección y control. La propia dinámica de la región, con una reforma agraria en marcha y múltiples desórdenes sociales y políticos, facilitaba los robos de piezas de arte y el saqueo de ruinas arqueológicas. Un artículo se lamentaba de que "actualmente casi todos los grupos

40. Sobre el origen y desarrollo de la apropiación estatal de los vestigios prehispánicos peruanos, y sus connotaciones ideológicas y políticas: Raúl H. Asensio, "Disciplinar el pasado: arqueología, museos y desarrollo en el Perú (1900-2010)", Lima, manuscrito, 2016.

41. BMC-ECC, 18 de noviembre de 1971, "Patrimonio arqueológico y la obsoleta ley 6634".

arqueológicos muestran la huella de personas quienes operando incluso con vehículos y utilizando diversas maquinas, como detectoras, han efectuado excavaciones clandestinas".[42] A la depredación con fines comerciales, se unía el uso habitual de piedras de los monumentos para afirmar los cimientos de las viviendas, o la existencia de canteras informales que amenazaban los restos aún por descubrir.[43] En casos extremos, incluso las autoridades locales estaban involucradas en estas tramas. En 1969, la prensa acusaba al alcalde de Ollantaytambo de atacar al cuidador de las ruinas locales.[44] La investigación posterior saca a la luz la connivencia del alcalde con bandas de saqueadores, que vendían las piezas a coleccionistas nacionales y extranjeros.

La "arqueología" tupacamarista permanece al margen de estos cambios. Sus practicantes son casi siempre aficionados que no llegan a formar parte del mundo arqueológico oficial. Sus esfuerzos se aproximaban más a la arqueología fantástica que a la arqueología científica. De ahí que sus hallazgos pocas veces se vieran contrastados. Tal como aparecían en la prensa, se olvidaban en poco tiempo. Los tupacamaristas atribuían este abandono al escaso interés de los arqueólogos profesionales por el personaje y a un abierto desprecio por quienes no participaban de los circuitos oficiales de la disciplina. Consideraban que los arqueólogos cusqueños de la nueva hornada preferían relacionarse con sus colegas limeños y norteamericanos, en lugar de imbuirse de un verdadero espíritu regionalista. Los arqueólogos, por su parte, veían a los tupacamaristas como unos aficionados con poca experiencia de campo, que en su afán de reconocimiento público interpretaban sus hallazgos de manera fantasiosa y desmesurada. Con sus exageraciones y sus continuos anuncios espectaculares, desprestigiaban a la profesión y ponían en peligro la integridad del patrimonio cultural.

---

42. BMC-ECC, 28 de abril de 1971, "Huaqueros, fenómeno añejo en el Cusco".

43. BMC-ECC, 18 de octubre de 1969, editorial, "Por la defensa de nuestro valioso capital arqueológico".

44. BMC-ECC, 7 de mayo de 1969, "Alcalde huaquero casi victimó a cuidante de ruinas en Ollantaytambo".

## Calendario ritual

Una de las principales características de la cultura política promovida por el velasquismo era su apuesta por la movilización de masas. Era rara la semana en que las calles de las principales ciudades peruanas no eran escenarios de demostraciones masivas. Durante sus años de gobierno, Velasco y sus ministros protagonizan infinidad de actos de masas. Desfiles cívicos y militares, inauguraciones, discursos y celebraciones patrióticas eran parte habitual del reportorio. Las calles se convierten en escenarios frecuentes de lo que en términos contemporáneos podríamos llamar performances de lealtad: actos masivos con cientos o miles de personas, por todo el país, en los que los ciudadanos expresaban su aquiescencia y apoyo al régimen, con unos parámetros rituales bien definidos: entonación del himno nacional, exhibición de banderas peruanas, marchas en líneas paralelas asemejando un desfile militar, exhibición de pancartas y afiches con los iconos emblemáticos asociados al velasquismo.

Este estilo de participación ciudadana alcanzaba su paroxismo en las fechas emblemáticas del calendario cívico revolucionario. Las efemérides incluían fechas patrióticas tradicionales, pero también otras nuevas, dirigidas a conmemorar las propias hazañas del velasquismo: el aniversario del golpe de Estado (3 de octubre), el Día de la Dignidad Nacional (5 de octubre) o el aniversario del inicio de la reforma agraria (24 de junio). También se potencia la celebración de fechas vinculadas con acciones bélicas históricas, tales como la batalla de El Callao (2 de mayo) o la batalla de Angamos (8 de octubre). Eran frecuentes, además, convocatorias extraordinarias para mostrar la indignación del pueblo peruano frente a supuestas injerencias extranjeras o en defensa de las políticas del gobierno militar, a las que siempre se presentaba como conquistas sociales del pueblo peruano, amenazadas por los enemigos internos y externos.

En Cusco, el gusto del gobierno militar por las concentraciones y las expresiones masivas de lealtad se conjugaba con la propia cultura política local, que también se caracterizaba por la importancia de los actos multitudinarios con alto contenido ritual. El desfile cívico del aniversario de la ciudad podía reunir a decenas de miles de personas entre participantes y espectadores, llegados "de los cuatro puntos cardinales de nuestro departamento, con sus hijos en los brazos o a la espalda, jóvenes y viejos, maestros y alumnos".[45] En 1969 desfilaron cuatrocientas entidades oficiales y particulares, culturales, deportivas, educativas y comerciales. Se trataba de una sociabilidad barroca, en la que los eventos públicos reflejaban las realidades sociales, pero también las construían y estructuraban. Entre los participantes había "campesinos de lejanas comarcas con sus rostros endurecidos por el trabajo y siglos de nostalgia". También clérigos que "salieron a las calles con sus ponchos y sus chullos" y militares "que se olvidaron de sus uniformes y se pusieron orgullosos los atuendos típicos de nuestro Perú pasado". Muchos de quienes desfilaban portaban ropas tradicionales y cantaban piezas alegóricas, mientras el público "aplaudía frenéticamente las ovaciones al Cusco inmortal".

Este desfile formaba parte de la llamada "Semana del Cusco", que se celebraba a finales de junio. Se trataba de la principal fiesta local, por lo que su organización congregaba a miles de personas y suponía gastos ingentes. Además del desfile cívico, el programa incluía el llamado Inti Raymi o Fiesta del Sol, una suerte de obra teatral masiva que se llevaba a cabo todos los meses de junio en las ruinas de Sacsayhuamán y que comprendía diferentes rituales de inspiración neoinca. Su desarrollo estaba a cargo de artistas profesionales y era objeto de enconados debates en torno a la autenticidad del libreto, las ropas utilizadas por los actores o el tipo de participación que las autoridades locales debían tener. En su versión moderna, el Inti Raymi se había celebrado por vez primera en 1944 y sus espectadores eran tanto turistas como la propia población local. Estos últimos constituían casi siempre la mayor parte de los espectadores. En 1969 se calculaba que estarían involucrados más de dos mil actores, incluyendo quinientos niños de los colegios locales, ochocientos soldados de la IV Región Militar y el plantel íntegro del Centro Qosqo de Arte Nativo.[46]

Tres años después, los asistentes ascienden a cien mil personas, entre las que se cuentan la esposa del propio general Velasco, el ministro de Transportes y el jefe nacional del Sinamos, la poderosa organización gubernamental creada en 1971 para canalizar el apoyo ciudadano a las

---

45. BMC-ECC, 25 de junio de 1969, "150 mil espectadores presenciaron paso de 40 mil en Desfile Cívico". Las demás citas de este párrafo son también de esta fuente.

46. BMC-ECC, 14 de junio de 1969, "Expertos cineastas de 10 países filmarán evocación I. Raymi".

reformas del gobierno militar.[47] Junto con la tradicional representación neoincaica, esos días se celebraba también un concurso de danzas típicas que reunía a decenas de agrupaciones de toda la región. Cada provincia podía enviar a un máximo de cuarenta candidatos.[48] Los ganadores del concurso obtenían el llamado Inti de Oro, además de una remuneración en metálico, y se convertían en auténticos héroes para sus vecinos. En 1972, en Ollantaytambo las autoridades ordenaron un "embanderamiento general de la población y repique de campana", además de "un extraordinario paseo cívico" para recibir el trofeo.[49] Las celebraciones duraron varios días, ya que nadie quería quedarse sin conocer a los ganadores.

Las celebraciones tupacamaristas se insertaban en este ya de por sí denso calendario cívico. Incluso antes de la llegada al poder de Velasco, el culto se anudaba en torno a dos fechas emblemáticas: el 4 de noviembre (aniversario de la ejecución del corregidor Arriaga, el episodio desencadenante de la revuelta) y el 18 de mayo (aniversario de la ejecución de Túpac Amaru en la plaza de Armas del Cusco). Durante el velasquismo, ambas efemérides se celebraban con gran despliegue de eventos oficiales, en los que se invertían considerables recursos humanos y materiales. Los actos centrales solían ser desfiles o concentraciones multitudinarias con un decidido sentido político. El objetivo era vincular el recuerdo de Túpac Amaru con la exaltación del gobierno revolucionario. Las ceremonias tenían un marcado tono ritual e incluían discursos de las autoridades y desfiles tanto de escolares como de las fuerzas militares destacadas en Cusco. Para darle mayor realce, en 1970 se declara la jornada como Día Cívico Nacional.[50] Esta es la primera vez que la fecha se celebra por todo lo alto en todo el país. Es el momento en el que el tupacamarismo se convierte definitivamente en un culto oficial, dirigido e impulsado por el Estado.

Para los cusqueños, las fiestas tupacamaristas eran uno de los momentos culminantes del año. "Túpac Amaru debe recoger el más honroso

---

47. BMC-ECC, 26 de junio de 1972, "Inti Raymi vieron 100 mil personas".
48. BMC-ECC, 7 de junio de 1971, "Limitan participación de conjuntos folclóricos a 40 por provincia".
49. BMC-ECC, 12 de julio de 1972, "Apoteósica recepción al trofeo Inti Raymi".
50. BMC-ECC, 13 de octubre de 1970, "Día cívico nacional en homenaje a T. Amaru: 4 de noviembre declarado".

homenaje —leemos en un editorial de la prensa local—, no esperemos que al Cusco vengan a darnos normas de cómo la historia responde a los progenitores de la patria".[51] Los homenajes de mayo y noviembre tomaban a veces el nombre de "semanas tupacamaristas" y podían extenderse durante varios días. Complementando los actos centrales, los días anteriores y posteriores las instituciones locales, los organismos públicos, los colegios profesionales e incluso los centros educativos llevaban a cabo sus propios homenajes a la figura del prócer andino. En 1970, el programa incluía una actuación por parte del Frente de Defensa de la Revolución Peruana en el paraninfo de la universidad, un paseo de antorchas nocturno por las principales calles del centro de la ciudad, varios programas de radio especiales y la recepción de la llamada Antorcha Tupacamarista, encendida en Surimana y trasladada a la capital regional por chasquis de la Asociación de Licenciados de las Fuerzas Armadas.[52] En el desfile de ese año estuvo presente también un grupo de cadetes de la armada argentina de visita oficial en el país.[53] La ceremonia incluyó como punto fuerte la colocación, junto a la pileta de la plaza de Armas, de la primera piedra "de lo que en breve será la base de la efigie del caudillo".

En 1971, el invitado de honor era Juan José Vega, el autor de la biografía de Túpac Amaru que tanto había contribuido a extender el mito entre el gran público peruano.[54] Además de presidir el desfile y pronunciar el discurso central, Vega inaugura una placa en la universidad del Cusco, donde Túpac Amaru había estado cautivo antes de su ejecución. Ese año hubo también un desfile escolar, ensayado desde semanas antes. Los alumnos de los principales colegios cusqueños marcharon al son de ritmos marciales, para deleite de las autoridades y la concurrencia. La representación gubernamental estuvo a cargo de los generales Fernando Miró Quesada, ministro de Salud, y Leónidas Rodríguez Figueroa, jefe nacional

51. BMC-ECC, 14 de octubre de 1970, editorial, "Túpac Amaru debe recoger el más honroso homenaje".

52. BMC-ECC, 3 de noviembre de 1970, "Grandioso será mañana homenaje a Túpac Amaru II: desfile escolar".

53. BMC-ECC, 5 de noviembre de 1970, "Apoteósico fue el homenaje a Túpac Amaru en Cusco".

54. BMC-ECC, 30 de octubre de 1971, "3, 4 y 5 celebrarán aniversario de grito libertario de Túpac Amaru".

del Sinamos.[55] En 1973, por el contrario, el protagonismo recayó en los campesinos. La reforma agraria se encontraba ya en pleno desarrollo. Delegaciones de Acomayo, Canchis, Anta, Urubamba, Ollantaytambo, Paruro, Chumbivilcas y Calca inundaron la ciudad con sus vistosas ropas multicolores, convocadas por la Federación Agraria Revolucionaria Túpac Amaru del Cusco.[56] Su líder, Saturnino Huillca, fue el orador principal, junto con los generales Miró Quesada y Rodríguez Figueroa, que una vez más representaban al gobierno central. Este último aprovechó la presencia masiva de pobladores rurales para saludar en quechua y declararse "un campesino en grado de general".[57] En los meses anteriores, Figueroa había destacado la importancia del evento y había animado a sus compañeros del consejo de ministros a acudir. Como buen cusqueño, consideraba que el aniversario de Túpac Amaru debía ser una fecha central en el calendario revolucionario y que era obligación del gobierno darle el mayor realce posible.[58] Estaba en juego no solo el honor del principal emblema de la revolución peruana, sino también asegurar la lealtad de los cusqueños en un momento muy complicado para el gobierno militar, cuando las protestas y las huelgas estaban ya a la orden del día.

Cada uno de estos eventos era ampliamente cubierto por la prensa cusqueña. Los periódicos publicaban numerosos artículos monográficos o casi monográficos dedicados al héroe, a veces adornados con colores de tinta especiales. El rojo podía sustituir al negro para otorgar mayor dramatismo a la edición. También eran frecuentes los editoriales que glosaban a Túpac Amaru como el símbolo de las transformaciones que el país estaba experimentando.[59] Un recurso habitual era identificar al caudillo rebelde con una suerte de llama o antorcha, ya que esta metáfora permitía resaltar

---

55. BMC-ECC, 2 de noviembre de 1971, "Imponente parada habrá mañana por revolución de Túpac Amaru".
56. BMC-ECC, 3 de noviembre de 1973, "Gesta emancipadora de Túpac Amaru se recordará mañana con un mitin".
57. BMC-ECC, 5 de noviembre de 1973, "Contra revolución y oportunistas advertidos por general Rodríguez".
58. Borradores de Actas del Consejo de Ministros del GRFA, sesión del 30 de octubre de 1973.
59. Por ejemplo, BMC-ECC, 18 de mayo de 1970, editorial, "La antorcha libertaria de José Gabriel Túpac Amaru"; BMC-ECC, 18 de mayo de 1972, editorial, "Una tea

tres aspectos complementarios de la obra de Túpac Amaru: su voluntad de arrasar con el pasado colonial, el carácter purificador de sus acciones y su condición de luz que debía alumbrar el futuro del país. Como correspondía, el tono de los artículos era sumamente adulatorio. Túpac Amaru era un ejemplo político y moral. Mostraba el camino que la nación debía seguir y el tipo de comportamiento que los peruanos debían tener.

Los periódicos incluían también anuncios de gran tamaño de empresas o particulares en homenaje al héroe, a sus seguidores o a su lugar de nacimiento. Refrescos Pedrín, "aguas minerales medicinales, los mejores y únicos en su género", saludaba en 1971 a "a la tierra de Túpac Amaru en el 191 aniversario de su gesta libertaria".[60] Lo mismo hacían los concejos municipales de Sicuani y Tungasuca, aunque este último incluía junto con el saludo la exigencia de la "inmediata ejecución de obras en beneficio de los pueblos del distrito". La Ferretería y Vidriería Mellado pedía la restauración del templo de Acos, uno de los principales escenarios de la revuelta tupacamarista. Incluso es posible encontrar un aviso pagado por la Oficina Nacional de Desarrollo Comunal, que a pesar de la promesa inicial del gobierno no había sido desactivada. El manifiesto homenajeaba al "semillero de las ideas libertarias de América". Entre los firmantes destacaba el logotipo del Banco Interamericano de Desarrollo, una de las entidades multilaterales que financiaba a la citada oficina, como evidencia de que ni siquiera los organismos multilaterales de cooperación internacional estaban al margen del culto tupacamarista.

El fervor tupacamarista permeaba también las tradicionales fiestas de junio, cuando se celebraba la "Semana del Cusco". En 1970, en esas fechas se programa en la Casa del Maestro una exhibición de reliquias vinculadas con la vida del líder rebelde, traídas desde Surimana. El paquete incluía dos alfombras "un poco raídas, que habían sido un regalo de José Gabriel a su esposa Micaela el día de los desposorios", y una cortina.[61] Celosamente

---

que se agiganta"; y BMC-ECC, 5 de noviembre de 1974, editorial, "Túpac Amaru: símbolo libertario". Todos los años se repiten editoriales prácticamente iguales.

60. Todos estos anuncios se encuentran en la edición de *El Comercio de Cusco* del 4 de noviembre de 1971.

61. BMC-ECC, 25 de junio de 1970, "En casa del Maestro se exhibe reliquia de Túpac Amaru".

guardadas por los pobladores de las provincias altas, el traslado de estas piezas a Cusco solo había posible tras la firma de una carta de compromiso por parte del responsable provincial de Cooperación Popular, el programa de desarrollo rural puesto en marcha por Belaunde que aún seguía funcionando en los meses posteriores al cambio de régimen. Solo con esta salvaguarda los campesinos de Surimana habían accedido a deshacerse de las reliquias por unos días, para que todos los cusqueños pudieran admirarlas.

El resultado de esta suma de esfuerzos era un ambiente sumamente exaltado, en el que se mezclaban el homenaje sincero, el oportunismo y la reivindicación política. Un aspecto importante es que, a diferencia de otras celebraciones del calendario cívico cusqueño, los eventos vinculados con Túpac Amaru no parecen haber tenido casi nunca un componente lúdico. Existen muy pocas referencias a la presencia de grupos musicales o de danzas folclóricas. Este hecho evidencia el carácter extremadamente serio que el gobierno militar otorgaba al culto a Túpac Amaru. La rebelión andina había sido una gesta heroica pero también trágica. Había supuesto la muerte se centenares o quizás miles de campesinos, caídos en las batallas por la libertad o asesinados en la represión posterior. El propio Túpac Amaru había sido desgarradoramente ejecutado en la plaza de Armas del Cusco, ante los ojos de su familia, despedazado por cuatro caballos a los que habían sido atadas sus extremidades. Debido a ello, el espíritu de las conmemoraciones tupacamaristas era más cercano a la Semana Santa católica que a otras celebraciones andinas. Eran un momento de contrición y recogimiento. Una oportunidad para hacer un balance sobre lo que cada uno había aportado a la libertad de la patria, para enmendarse y hacer promesas de futuro. Los actos oficiales incluían casi siempre un solemne tedeum en la catedral, al que asistían las autoridades locales y los invitados importantes.[62]

Esta parafernalia religiosa era clave para generar la trama de sentido que envolvía al tupacamarismo. El caudillo andino emergía en los discursos como una suerte de apóstol andino, una nueva versión idiosincráticamente cusqueña del Cristo católico, llamado a poner fin a una historia

62. Por ejemplo, BMC-ECC, 5 de noviembre de 1970, "Apoteósico fue el homenaje a Túpac Amaru en Cusco".

secular de abandono y humillación del mundo andino. La presencia de sacerdotes y la inclusión de rituales católicos en los homenajes, tales como misas y tedeums, contribuían a reforzar esta identificación. Como vimos en el capítulo anterior, el tupacamarismo primitivo había sido en buena medida conformado por sacerdotes rurales, que se habían contado entre los primeros integrantes de la comunidad de culto. Junto con los profesores rurales, ellos habían contribuido más que nadie a dotar al tupacamarismo cusqueño de sus perfiles específicos. Las comparaciones con el sufrimiento del dios de los cristianos eran frecuentes, abiertas y explícitas: ambos se habían sacrificado por una causa transcendente, ambos eran llorados por los pobres y oprimidos y ambos contaban con una legión de seguidores que habían jurado mantener viva la llama de sus enseñanzas. "Ni siquiera el Gran Nazareno sufrió lo que Túpac Amaru", escribía uno de los correligionarios en 1970.[63] Con el tiempo, este tipo de expresiones se harían más frecuentes, hasta el punto de marcar por completo el tono de las celebraciones.

63. BMC-ECC, 4 de noviembre de 1970, "Apoteósico fue el homenaje a Túpac Amaru en Cusco".

# 8

# Hasta la última comunidad

En noviembre de 1970, Surimana lucía sus mejores galas. Las flores daban color a las ventanas, las calles estaban limpias y varios arcos de colores adornaban el camino hasta la pequeña plaza de Armas. Los vecinos habían despejado los accesos. Sabían que llegar hasta Surimana no era nada sencillo, por lo que habían preparado un agasajo para recibir a los visitantes. Esperaban que después del largo viaje se sintieran reconfortados y compartieran su alegría. Colgada del impresionante valle del río Apurímac, Surimana se parecía a otras muchas pequeñas aldeas andinas. Sus habitantes eran pobres y carecían de muchas cosas, pero miraban con dignidad y esperanza el futuro. El motivo de la celebración era la llegada del primer busto que representaba a Túpac Amaru, donado por las autoridades militares para adornar el centro educativo local. A media tarde, la comitiva hizo por fin su entrada al compás de alegres danzas y banda de música. "Las campanas volvieron a replicar —recordaba un testigo del evento— tal como lo hicieron hace 190 años cuando su cacique se levantó en armas en pos de justicia social contra el usurpador extranjero".[1]

Este era solo uno de los centenares de homenajes que durante el gobierno militar se tributaron a Túpac Amaru en las provincias altas del Cusco. Fronteriza con los vecinos departamentos de Puno y Apurímac,

1. BMC-EC, 1 de noviembre de 1970, "Túpac Amaru II, ayer volvió a su tierra".

esta parte de la región se caracterizaba por la pobreza, la geografía difícil y la conflictividad social, pero también por la especial devoción con la que sus habitantes habían acogido la expansión del culto tupacamarista. Más que en ninguna otra parte del Cusco, era aquí, en la tierra natal de Túpac Amaru, donde la simbiosis entre tupacamarismo y velasquismo se percibía con mayor fuerza. Se trataba, sin embargo, de un estilo de culto sutilmente diferente del que inundaba las calles de la capital regional. En mayor medida que en Cusco, el tupacamarismo de las provincias altas se imbricaba con las fiestas y tradiciones locales, pero también con las luchas políticas cotidianas.

## La gran oportunidad

Mucho antes de la llegada al poder de los militares, el campo cusqueño era un polvorín a punto de estallar. Las haciendas que durante décadas habían dominado el paisaje de la región atravesaban una doble crisis: económica y de legitimidad. La evolución de la economía peruana hacía que fueran cada vez menos rentables, ya que para competir con los productos importados requerían de fuertes inversiones que sus dueños no estaban dispuestos a hacer. Una a una, las pequeñas fábricas textiles derivadas de los antiguos obrajes coloniales que habían caracterizado al mundo rural cusqueño hasta el final de la Segunda Guerra Mundial habían ido quebrando. Las sequías recurrentes de los años cincuenta y sesenta agravaron la situación. Solo unas pocas explotaciones eran rentables, y aun así, los beneficios dependían de mantener a una mano de obra extremadamente barata. El equilibrio solo era posible gracias a la condición de práctica servidumbre que los hacendados imponían a los campesinos.

Los malos tratos estaban a la orden del día. En 1957, los colonos indígenas de Lauramarca, una de las mayores haciendas cusqueñas, situada en la parte alta del distrito de Ocongate, en la provincia de Quispicanchi, se quejaban de los vejámenes que sufrían a manos de los empleados del patrón. Para mayor inquina, muchos de ellos eran argentinos, chilenos y españoles, que lejos de estar agradecidos con el país que los recibía, se comportaban como tiranos. "Con un criterio todavía colonial —narraban los indígenas en una carta enviada a un senador, a quien apelaban en busca de ayuda para su defensa— impropio de la época de libertad y civilización en que vivimos y con una preponderancia insolente propia de extranjeros que se consideran superiores a nosotros, los subalternos de dicha hacienda tratan con una inhumanidad rayana en el sadismo a todos los peones y sus familias, que obligados por la necesidad de las circunstancias permanecen bajo la tutela del hacendado".[2]

La prensa cusqueña informaba con frecuencia de situaciones similares. Las tristes condiciones de vida de los habitantes de las comunidades eran uno de los temas predilectos de los comentaristas, que clamaban por una intervención estatal que pusiera fin a las injusticias que sufrían los habitantes menos favorecidos del agro. Nada era sencillo para ellos. Además del trabajo agotador y los malos tratos, sus desgracias incluían hambrunas, tráfico de menores y todo tipo de enfermedades. El mal estado de los caminos, a pesar de algunos esfuerzos estatales por construir y reparar carreteras, hacía que en situaciones de emergencia la ayuda llegara tarde y mal. Cualquier lluvia un poco más fuerte de lo habitual podía provocar derrumbes y cortes de carreteras que ocasionaban tragedias y aislaban a comunidades enteras durante semanas.

Esta precaria situación había llamado la atención de políticos y pensadores desde muchas décadas atrás. El propio José Carlos Mariátegui había esbozado la que hasta ese momento era la interpretación más extendida de la situación rural andina: se trataría fundamentalmente de un problema económico, derivado del acaparamiento de las tierras agrícolas y ganaderas por parte de unas pocas familias de hacendados, que controlaban los resortes del poder político y económico. En consonancia con este diagnóstico, la solución propuesta era la implementación de una reforma agraria que distribuyera la posesión de una manera más justa y equitativa. Este reclamo se había convertido en una suerte de lugar común compartido por la mayor parte de los peruanos. La reforma agraria se veía como algo inevitable, que cuanto antes se aplicara, mejor sería para los cusqueños y para el conjunto del país. Solo los sectores más reaccionarios se oponían abiertamente a ella. Pero el diablo estaba en los detalles. Los partidos discrepaban sobre cuál debía ser el alcance de la reforma, cómo debían ser

---

2. BMC-ECC, 28 de marzo de 1957, "Colonos indígenas de Lauramarca sufren atropellos de capataces".

compensados los actuales propietarios (si acaso debían ser compensados, algo que muchos partidos de izquierda rechazaban), y quiénes debían ser los principales beneficiarios de la reorganización del espacio rural. ¿Debían expropiarse todas las propiedades o solo aquellas que fueran improductivas o que superasen determinado tamaño?, ¿debía tratarse de un proceso compulsivo o era preferible generar incentivos para la venta voluntaria de tierras?, ¿la distribución debía hacerse de manera individual o colectiva?, ¿la compensación a los antiguos propietarios era obligación del Estado o de los propios beneficiarios? ¿O acaso, como sostenían algunos, era mejor dejar de lado las expropiaciones y centrar los esfuerzos en poner en explotación nuevas tierras en las zonas de selva o en los desiertos costeros?

En 1962, la junta militar encabezada por el general Ricardo Pérez Godoy había iniciado una experiencia focalizada de reforma agraria en la provincia de La Convención, en la zona selvática de Cusco. La medida era una respuesta a la creciente actividad guerrillera en la región. Belaunde había extendido la iniciativa hasta convertirla en una primera reforma agraria nacional, aunque con alcance limitado, ya que establecía fuertes restricciones a las expropiaciones. Como buen hijo de las clases acomodadas provincianas, desconfiaba de las expropiaciones y prefería apostar el futuro del agro peruano a un programa extensivo de colonización de las fronteras selváticas. Para mayor decepción, la crisis política y los enfrentamientos con el parlamento habían paralizado casi por completo las entregas de tierras. En contrapartida, se habían acelerado los proyectos de desarrollo rural realizados con financiamiento de la cooperación internacional.

Con la llegada al poder de Velasco, la dinámica de desintegración del orden hacendatario se acelera radicalmente. La reforma agraria anunciada por el presidente en su histórico discurso de junio de 1969 supone un suplemento de energía para las demandas campesinas.[3] Genera una ilusión

---

3. La bibliografía sobre la reforma agraria es sorprendentemente limitada si se considera su trascendencia para el mundo rural peruano. Existe un conjunto de trabajos que podríamos llamar clásicos, escritos a finales de los años setenta e inicios de los ochenta, que comentaremos más adelante. Existen también algunos artículos de esos mismos años, que tratan aspectos concretos o que buscan analizar la reforma agraria peruana en perspectiva comparada. Pero son pocos los trabajos de largo aliento dedicados al tema en las últimas décadas. Dos excepciones son: Linda J. Seligman, *Between Reform and Revolution: Political Struggles in the Peruvian Andes,*

desbordaba y multiplica las esperanzas de una transformación profunda y rápida que pusiera fin a las injusticias. Al principio, todo parecía ir bien. Incluso la respuesta de los hacendados fue mucho menos contundente de lo que los propios asesores de Velasco esperaban.[4] Su posición económica y moral estaba ya muy debilitada y solo en casos muy puntuales se

---

*1969-1991*, Palo Alto, Stanford University Press, 1995; y Harald O. Skar, *La gente del valle caliente: dualidad y reforma agraria entre los runakuna (quechua hablantes) de la sierra peruana*, Lima, Fondo Editorial de la Pontificia Universidad Católica del Perú, 1997. Ambos autores realizan su trabajo de campo a finales de los años ochenta. Un caso aparte es el libro de Enrique Meyer, *Cuentos feos de la reforma agraria*, Lima, Instituto de Estudios Peruanos, Centro Peruano de Estudios Sociales, 2009/2017. Este es probablemente el único intento reciente, aunque muy polémico, de realizar un balance de largo alcance sobre la reforma agraria. Una reseña crítica al respecto es la de Héctor Béjar, "Comentarios a los cuentos feos de Enrique Mayer", en *Revista Argumentos*, año 3, n.° 4, septiembre 2009. Núria Sala i Vila atribuye esta escasez de trabajos sobre la reforma agraria al poco interés que despiertan los estudios rurales entre los historiadores peruanos de las últimas décadas, en contraste con sus colegas argentinos o mexicanos. Al respecto: Núria Sala i Vila, "La historiografía rural peruana bajo el influjo de la reforma agraria y el neoliberalismo (1968-2012)", ponencia presentada en el XIV Congreso de Historia Agraria, Badajoz (Extremadura), 7-9 de noviembre de 2013. Linda Seligman, por su parte, señala que probablemente esto se deba a la desilusión de cierto sector de la academia por los resultados de las reformas agrarias de las décadas anteriores. Estos procesos habrían mostrado que el campesinado no era el actor de la transformación social que se esperaba. Como consecuencia, se produce un giro hacia nuevos enfoques del mundo rural, que privilegian temas como la identidad, la cultura y el resurgir de los movimientos étnicos. En el caso peruano, el declive de los estudios campesinos se acentuaría por el impacto del terrorismo y la guerra interna, que cambian de manera radical la agenda nacional, tanto en el ámbito político como en el académico. Este estallido no había sido previsto por ninguno de los investigadores, académicos y políticos que en los años setenta y ochenta escriben sobre las zonas rurales. Al respecto: Linda J. Seligman "Agrarian Reform and Peasant Studies: The Peruvian Case", en Deborah Poole, editora, *A Companion to Latin American Anthropology*, Oxford, Blackwell Publishing, 2008. En este contexto de olvido y desinterés, solo recientemente algunos nuevos trabajos estarían comenzando a retomar la cuestión desde perspectivas novedosas. Al respecto: Raúl H. Asensio, "¿Luz después del eclipse? Tendencias recientes en los estudios sobre la reforma agraria peruana", ponencia presentada en el 37° Congreso Internacional de la Asociación de Estudios Latinoamericanos (LASA), Chicago, 21-24 de mayo de 2014.

4. Juan Martín-Sánchez señala que Carlos Delgado, el principal asesor civil de Velasco y uno de los ideólogos de la reforma agraria, temía que la promulgación derivase en una guerra civil abierta. J. Martín-Sánchez, "Indigenismo bifronte", en Giraudo y Martín-Sánchez, editores, *La ambivalente historia del indigenismo*, p. 223.

produjo una real resistencia, más allá del obstruccionismo y del sabotaje frente a la amenaza de expropiación. Aun así, la ansiada paz social estaba lejos de lograrse. Los campesinos estaban descontentos con el ritmo y la profundidad de las expropiaciones y recelaban del destino final de las tierras. Tanto en Cusco como en otras regiones del país, no tardaron en producirse nuevas algaradas.[5] El principal punto de conflicto eran las cooperativas agrarias promovidas por el gobierno militar para sustituir a las antiguas haciendas. Se trataba de una institución ajena a las tradiciones andinas y que estaba muy lejos de los objetivos de los campesinos, quienes habían pensado en todo momento que la reforma agraria debía ejecutarse mediante un traspaso directo de tierra a las comunidades. El gobierno militar, en cambio, pretendía convertir a las antiguas haciendas en punta de lanza de una modernización rural que facilitara un suministro constante y barato de alimentos a las ciudades. Era en estos centros urbanos donde, desde el punto de vista de Velasco, se iba a jugar el verdadero futuro de la revolución peruana, por lo que contar con un sector rural sumiso y productivo era un objetivo estratégico clave.

Frente a esta visión jerárquica y utilitaria del mundo rural, los campesinos miraban con desconfianza a las cooperativas, ya que impedían su acceso directo a la tierra. Desde el punto de vista de los pobladores altoandinos, la tradicional comunidad campesina era una forma más justa y conveniente de reorganización del espacio rural. De ahí que realizaran campañas para ocupar las haciendas asignadas a las cooperativas o bien trabajaran en ellas de manera poco cuidadosa y desganada. En el trascurso de estas disputas, para muchos campesinos el gobierno militar dejó de ser visto como un aliado y se convirtió en un enemigo. Los campesinos descontentos contaban con el apoyo de los partidos políticos opuestos al velasquismo, especialmente de las agrupaciones maoístas, que creían que las revueltas campesinas podían ser el chispazo que prendiera la hoguera de la revolución.[6] Para los maoístas, el velasquismo no era sino un esfuerzo

---

5. Sobre la reforma agraria en Cusco se puede consultar Seligman, *Between Reform*. Por mi parte, analizo en detalle las dinámicas de esta medida en una provincia cusqueña en Asensio, *Los nuevos incas*.
6. Geneviève Dorais, *La crítica maoísta peruana frente a la reforma agraria de Velasco (1969-1980)*, Lima, Instituto de Estudios Peruanos, Documento de Trabajo 167, 2012.

postrero de las clases dominantes para lavarse la cara y mantener su dominio sobre el país.

Estas tensiones se unían a un ambiente general de inseguridad. En casi todas las provincias el abigeato estaba muy extendido, así como los asaltos a viviendas aisladas, que en ocasiones podían acabar de manera trágica.[7] Muchos historiadores han interpretado esta abundancia de robos y asaltos como una muestra de las tensiones sociales subyacentes, una suerte de rebelión permanente de baja intensidad que aprovechaba la nula capacidad del gobierno peruano para salvaguardar las zonas más alejadas del territorio. Aun así, algunas bandas de asaltantes eran especialmente temidas y se sospechaba que actuaban en connivencia con las autoridades locales o con las fuerzas del orden.[8] También eran muy importantes las demandas por la construcción de nuevas escuelas y en general el deseo de obras públicas, infraestructura y carreteras que mejoraran el nivel de vida y el ornato de las aldeas. Las comunidades pugnaban entre sí por la atención de las autoridades, disputaban en torno a las lindes o al uso de los recursos naturales, y en ocasiones se producían conflictos entre ellas, que podían llegar a causar muertos y heridos.

El culto tupacamarista se había iniciado en las provincias altas en los años cincuenta. Primero tibiamente y después de manera más consistente, comienzan a realizarse homenajes al héroe en las escuelas rurales, aprovechando las festividades locales o en las fechas señaladas del calendario tupacamarista. Sin embargo, tras la llegada al poder de Velasco se produce un salto de escala. Las iniciativas se multiplican y se expanden por toda la geografía rural cusqueña. Pueblos y comunidades rivalizaban para mostrar su fervor por el héroe. Hasta la última aldea quería tener su monumento o realizar su homenaje. El propio puente sobre el río Vilcanota que conectaba la carretera de Cusco con las provincias altas llevaba el nombre del héroe, a pesar de que sus malas condiciones de conservación amenazaban

7. Por ejemplo, BMC-ECC, 20 de enero de 1969, "Abigeos destrozan cráneo de anciano y lo entierran en interior de su cabaña"; y BMC-ECC, 12 de abril de 1971, "Enmascarados asaltan una cabaña en Ccatcca".

8. Por ejemplo, BMC-ECC, 21 de enero de 1970, "Ladrones que sembraron terror en Quispicanchi en banquillo acusados"; y BMC-ECC, 23 de enero de 1970, "Jefe de banda asesina que huyó de la cárcel continúa en libertad".

constantemente con provocar una desgracia.[9] Cruzarlo era entrar en territorio tupacamarista.

Un lugar destacado en esta explosión de fervor correspondía a las localidades directamente relacionadas con la vida del prócer. En Tungasuca, una de las aldeas que había pertenecido al feudo original de Túpac Amaru, en una fecha tan temprana como 1963 se inauguró el primer busto dedicado al prócer. Su promotor era César Antonio Guerra, uno de los más connotados tupacamaristas de primera hora, quien hasta poco antes se había desempeñado como director del núcleo educativo local. El monumento era "de medio cuerpo y en bulto, con un metro de altura más o menos", y se encontraba en el centro de la plaza de Armas, "sobre un pedestal de dos metros de altura en forma piramidal, con la mirada hacia el oeste".[10] Aunque mucho menos llamativo que la estatua de Yanaoca impulsada por Uscamaita, en puridad este había sido el primer monumento dedicado a Túpac Amaru en las provincias altas.

En Tinta, en 1964 el presidente Belaunde inaugura un centro educativo con el nombre del líder rebelde.[11] Se trataba de la antigua Escuela Normal que había cerrado unos años antes y ahora reanudaba sus actividades. Cuatro años después, en plena efervescencia del culto tupacamarista, se instala un busto del héroe. La obra se le había encargado en Lima al artista italiano Bruno Campagnola —el mismo que había fundido el monumento de Yanaoca—, y se había trasladado a Cusco en un vuelo especial de Lansa. A su arribo todo el distrito se embandera. Entre otras autoridades, están presentes en el recibimiento el general Valdez, jefe de la región militar cusqueña y ferviente partidario del tupacamarismo, y el director regional de Educación. El propio Velasco (aunque a distancia) apadrina la ceremonia.[12]

---

9. BMC-ECC, 5 de mayo de 1971, "Puente ofrece serio peligro".

10. BMC-ECC, 18 de mayo de 1964, Hermógenes Meléndez, "Tungasuca tiene busto a José G. Condorkanki". El autor señala que el busto se había inaugurado el 28 de julio del año anterior.

11. BMC-ECC, 19 de mayo de 1964, "Inaugurarán Normal Túpac Amaru: Tinta".

12. BMC-ECC, 14 de mayo de 1968, "El 18 se inaugura Busto de Túpac Amaru en Tinta".

En Pomacanchi, una pintoresca localidad situada junto a la laguna del mismo nombre, a más de 3600 metros de altura, la revalorización de Túpac Amaru también había comenzado antes del golpe de Estado. En mayo de 1968, el director de la escuela fiscal de varones había propuesto "entronizar en el plantel a Túpac Amaru II como patrón cívico".[13] Su esfuerzo se vio colmado un año después con una resolución ministerial que concedía a la escuela el nombre del caudillo andino. "Como si todo esto fuera poco —enfatizaba la nota de prensa que relataba los hechos—, en esta misma fecha se realizó la formación e instalación de un comité distrital de reivindicación tupacamarista con la participación del ministro, autoridades y jefes de instituciones de la localidad".

Muchas de las iniciativas relacionadas con el culto a Túpac Amaru en las provincias altas tenían como escenario centros pedagógicos de educación primaria y secundaria. Los profesores son uno de los principales apoyos del velasquismo en las zonas rurales cusqueñas. El tupacamarismo había penetrado en ellos desde antes del golpe de Estado y ahora contaba con vía libre para manifestarse sin tapujos. La buena disposición de los profesores se debía en parte a la reforma educativa que el gobierno militar impulsaba en paralelo a la reforma agraria. Los nuevos dueños del país pretendían cambiar las bases de la educación peruana, ofreciendo a la población rural mayores posibilidades de formación y ejercicio de la ciudadanía. El propio Velasco consideraba que la reforma educativa era una pieza fundamental de la revolución peruana. Era "la más compleja, pero acaso la más importante" de todas las reformas.[14] El punto de partida era un diagnóstico de la educación peruana que resaltaba sus enormes carencias e inequidades. Aunque la cobertura educativa se había extendido de manera notable en los años sesenta, la mayoría de los alumnos estudiaban en condiciones deplorables, en escuelas mal equipadas, sin apenas materiales didácticos y con docentes anquilosados. Los recursos se concentraban

---

13. BMC-ECC, 11 de noviembre de 1969, Antonio Vargas de la Flor, "Forman el Comité del Movimiento de reivindicación Túpac-Amarista".

14. Mensaje a la nación del 28 de julio de 1970, citado en Rolando Rojas, "Velasco, la reforma educativa y los maestros", ponencia preparada para el coloquio internacional "El Gobierno Revolucionario de la Fuerza Armada, 1968-1975: nuevas miradas sobre el velasquismo y su legado", Lima, 14-16 de junio de 2016.

en las zonas urbanas, y según la comisión reorganizadora convocada por el gobierno militar, favorecían a la población "hispano-mestiza" en detrimento de las mayorías andinas.

El historiador peruano Rolando Rojas describe la reforma educativa emprendida por Velasco como "una suerte de manto ideológico que debía propiciar la identificación de la sociedad con las reformas socioeconómicas y con el régimen".[15] Su propósito habría consistido en "levantar un aparato ideológico-cultural, una conciencia acorde con la sociedad emergente". Como no podía ser menos, su diseño se inspiraba en corrientes pedagógicas vanguardistas, que enfatizaban el vínculo entre la formación del individuo como persona y su toma de conciencia respecto de su entorno social.[16] La principal novedad eran los núcleos educativos comunales, con los que se quería fomentar la participación de los padres de familia en la educación de sus hijos. Su antecedente estaba en los núcleos campesinos creados por Valcárcel durante su etapa como ministro de Educación. Los NEC debían facilitar que las comunidades rurales se involucraran de manera directa en la gestión de la enseñanza, al tiempo que favorecían la llegada de maestros a todos los rincones el país, sin importar qué tan pobres o alejadas fueran las comunidades. Para asesorar en esta tarea, los militares contaban con el apoyo de destacados intelectuales, como los filósofos Augusto Salazar Bondy y Walter Peñaloza, el sociólogo Carlos Delgado o el físico Víctor Latorre. La retórica nacionalista, la energía de Velasco y su aparente predisposición para encarar las profundas reformas que el país necesitaba, eran un gancho difícil de resistir, sobre todo para quienes profesaban ideas izquierdistas.

Uno de los males de la educación peruana que la reforma velasquista pretendía erradicar era la influencia cultural extranjera, que según los pedagogos críticos, inculcaba a los alumnos conceptos y visiones del mundo poco acordes con la realidad peruana. Los militares pretendían "superar la actual castellanización violenta y el menosprecio de las lenguas aborígenes mediante el sistema de alfabetización bilingüe como proceso previo a

---

15. Rojas, "Velasco, la reforma educativa y los maestros".

16. Al respecto: Patricia Oliart, "Education for Social Change, Peru 1972-1975", *Journal of Social Science Education*, vol. 12, n.° 3, 2013, pp. 8-18.

una revalorización de los patrones culturales de cada grupo étnico".[17] Esta reivindicación de la autenticidad peruana era muy apreciada en Cusco, ya que la región se consideraba el principal baluarte de las esencias ancestrales de la nación. El uso del quechua en la enseñanza era una demanda que estaba presente desde mucho tiempo atrás. Aunque no todos estaban de acuerdo con ella, pues había un sector que consideraba que la enseñanza en quechua podía contribuir a estigmatizar a los pobladores rurales, había sido asumida por la izquierda como parte de sus reivindicaciones y era compartida por muchos profesores de las provincias altas, que veían el idioma andino como una fuente de orgullo e identidad.

Casi desde el primer momento, los tupacamaristas cusqueños se involucraron fervientemente en la reforma educativa, sobre todo el sector más cercano al gobierno militar. Para muchos de ellos era la oportunidad que habían anhelado durante muchos años para llevar adelante sus sueños. "La educación en la provincia de Canas —escribía uno de ellos— está siendo bien encaminada, más si se tiene en cuenta que con el gobierno actual está tratando de enrumbar hacia metas verdaderamente valederas".[18] Lo que había comenzado siendo un movimiento espontáneo de apoyo recíproco entre funcionarios del gobierno militar y tupacamaristas, se oficializa en mayo de 1970, cuando un edicto ordena colocar cuadros o bustos de Túpac Amaru en todos los centros educativos de la región.[19] Este decreto era el mismo que ordenaba la construcción del monumento a Túpac Amaru en la ciudad del Cusco. Los docentes estaban obligados además a celebrar las fiestas conmemorativas de la rebelión andina. A mediano plazo se pretendía que la medida se extendiese a todo el país. Tomadas en conjunto, estas disposiciones suponían un salto cualitativo en la expansión del culto al héroe andino. Con el apoyo estatal, el tupacamarismo multiplica su

17. Ley 19326, citada en Rojas, "Velasco, la reforma educativa y los maestros".
18. BMC-ECC, 15 de junio de 1970, "Todos con T. Amaru". Aunque no está firmada, el autor de la nota debe ser Germán Cabrera Reyes, quien por entonces era corresponsal de *El Comercio* en la provincia. Se trata de un muy connotado tupacamarista.
19. BMC-ECC, 24 de mayo de 1970, "100 bustos a Túpac Amaru II colocarán en provincia Canas". Este es el mismo decreto en el que se ordena la construcción del monumento a Túpac Amaru en la plaza de Armas del Cusco, que se analiza más adelante.

potencia de fuego. Para cumplir la orden, dos meses después se anuncia el reparto gratuito de cien bustos a los colegios de Canas.[20] Esta medida desata una auténtica fiebre de inauguraciones en todos los distritos. En pocos meses, el tupacamarismo se hace presente hasta en las más alejadas comunidades de las provincias altas.

Los bustos de Túpac Amaru adquieren la categoría de monumentos públicos. Tras su entrega, eran colocados en las plazas centrales o junto a las iglesias, en sentidas ceremonias en las que participaban profesores y autoridades. Pasaban a formar parte del paisaje cívico local y se convertían en el escenario favorito para fiestas y celebraciones. El deseo de darle el mayor realce posible a los nuevos monumentos podía derivar incluso en conflictos y polémicas. En diciembre de 1971, pobladores del distrito de Checca protestaban de manera airada contra las autoridades por haber colocado el busto del caudillo andino en un lateral de la plaza de Armas.[21] Desde su punto de vista, esta ubicación deslucía al héroe y era un insulto que debía repararse lo más pronto posible. Como solución proponían retirar la fuente que estaba en el centro de la plaza y colocar en su lugar el monumento. Otras veces los bustos se instalaban en los patios de los colegios, que con frecuencia eran espacios públicos abiertos donde se llevaban a cabo las principales actividades públicas de la comunidad. Esto ocurre, por ejemplo, en la comunidad de Hamparura, "una de las más progresistas del distrito de Yanaoca", donde la efigie de Túpac Amaru se inaugura en noviembre de 1970.[22] El colegio era allí la principal institución estatal y la comunidad utilizaba sus instalaciones para sus propias reuniones y asambleas. En Ccanccallo, la inauguración del busto del prócer contó "con la activa participación de profesores, padres de familia y comuneros".[23] En Choseccani, la comunidad, por su parte, celebró una sentida ceremonia en la que "hubo diálogos, monólogos, canciones y poesías a Túpac Amaru, palabras de los comuneros y discursos de la directora del plantel". El

---

20. BMC-ECC, 15 de julio de 1970, "Más de cien bustos de prócer para escuelas".
21. BMC-ECC, 2 de diciembre de 1971, "Minimizan a Túpac Amaru".
22. BMC-ECC, 13 de noviembre de 1970, Germán Cabrera Reyes, "Inauguraron busto en escuelas".
23. BMC-ECC, 28 de diciembre de 1970, Germán Cabrera Reyes, "Inauguración de busto".

padrino del pedestal fue el alférez jefe de la guardia civil Walter Alva, y la fiesta se completó con una corrida de toros, un concurso folclórico y una pachamanca.[24]

También en Pomacanchi se inaugura un segundo busto de Túpac Amaru en diciembre de 1970, donado por un antiguo profesor del centro educativo.[25] La pieza llegó en un carro especialmente contratado para ello, "en compañía de una delegación de autoridades, magisterio y vecinos". En Yanaoca, en la misma fecha se publicaba el primer número del diario mural *El Prócer*.[26] La edición estaba a cargo del comité tupacamarista local. En Sicuani, la ciudad más poblada de las provincias altas y un importante centro de comercio ganadero, existía otro de estos comités desde junio de 1971.[27] Sus integrantes eran sobre todo profesores y funcionarios locales vinculados a los programas de desarrollo, muchos de ellos militantes o cercanos a los partidos de izquierda o al propio gobierno militar. Junto con los centros escolares, estos funcionarios locales afectos al gobierno conformaban la base del culto a Túpac Amaru. Los comunicados de los comités tupacamaristas tenían un estilo ampuloso y exaltado, repleto de elogios a Condorcanqui y a Velasco, y con frecuencia se designaba a sus integrantes para dar discursos o conferencias en celebraciones cívicas, eventos escolares y fiestas.

A los bustos repartidos por el Ministerio de Educación se unían los que eran donados de manera particular por funcionarios o por asociaciones de vecinos residentes en Cusco, que de esta manera querían agasajar a sus aldeas natales.[28] En total, a finales de 1970 se calculaba que se habían instalado solo en la provincia de Canas más de ciento cincuenta bustos de Túpac Amaru, entre centros educativos y plazas de Armas.[29] Esto suponía

---

24. BMC-ECC, 2 de diciembre de 1970, Germán Cabrera Reyes, "Otro busto a Túpac Amaru II".
25. BMC-ECC, 1 de diciembre de 1970, Germán Cabrera Reyes, "Busto de Túpac Amaru a Pomacanchi".
26. BMC-ECC, 1 de diciembre de 1970, "Periódico mural El Prócer".
27. BMC-ECC, 16 de junio de 1971, "Se instaló un comité tupacamarista en Sicuani".
28. Por ejemplo, la Asociación Cultural Quehue en BMC-ECC, 16 de diciembre de 1971, "Donarán busto de Túpac Amaru II".
29. BMC-ECC, 4 de enero de 1971, "El más dinámico".

un resultado muy por encima de lo previsto. El éxito se atribuía al dinamismo de los profesores y supervisores educativos de la zona. Probablemente también tuviera que ver el fermento preexistente, que hacía que Túpac Amaru fuera ya un héroe muy popular en esta parte de Cusco antes del golpe de Estado. Los bustos caneños debían ser la punta de lanza de lo que el gobierno pretendía que fuera una práctica extendida en el ámbito nacional. A mediano plazo, se pretendía que todas las escuelas del Perú tuvieran algún recordatorio de la gloria del caudillo y que conmemoraran adecuadamente el inicio de la gran rebelión andina.[30]

Pero faltaba más por hacer. Para los tupacamaristas, la reforma educativa estaba incompleta sin una mejora de las condiciones materiales de las escuelas rurales. Si se quería obtener los resultados deseados, contenidos y medios educativos debían ir de la mano. Solo así se lograría emancipar a las masas campesinas, formando en ellas una nueva conciencia nacionalista y revolucionaria. "Con la reforma educativa —reseñaba un observador— se hará la reforma integral del mobiliario escolar. Las tradicionales carpetas todavía en actual uso, serán totalmente reemplazadas por otras que servirán para la autoformación de los educandos". En sustitución del vetusto equipamiento habitual de las zonas andinas, las nuevas aulas debían contar con sillas, mesas, pupitres y pizarrones de diferentes tamaños. Los docentes de los núcleos educativos comunales requerían equipamientos vanguardistas para implementar adecuadamente las teorías pedagógicas modernas. La formación del nuevo campesino peruano exigía del Estado un esfuerzo extraordinario.[31]

A pesar de estas buenas intenciones, la realidad era, sin embargo, mucho más precaria. La ambición conceptual y complejidad material de la reforma contrastaban con el limitado presupuesto educativo. Debido a la inflación y la casi perenne crisis económica, la inversión por alumno durante el velasquismo era incluso inferior a la que se registraba en los años sesenta. Los esfuerzos del gobierno militar quedan atrapados en una doble paradoja: por un lado, la masificación de la enseñanza impulsada por el velasquismo impide a los docentes aplicar el nuevo paradigma

---

30. Resolución ministerial 2946-70-ED.

31. BMC-ECC, 8 de enero de 1972, César Antonio Guerra, "Reforma y educación".

educativo constructivista que la reforma propugnaba, y por otro, los enfoques vanguardistas de la reforma exigían un nivel de autonomía de los docentes que el gobierno militar no estaba dispuesto a conceder. Los propios docentes se sentían desanimados por los obstáculos que encontraban. Debido a estos problemas, en poco tiempo lo que había nacido como un proyecto sumamente ambicioso para reformular las bases de la educación peruana, se deslizó hacia el adoctrinamiento y la propaganda. En su muy conocida crónica sobre la reforma educativa en Cusco, el periodista norteamericano Norman Gall describe con precisión esta deriva. "Cerca de Cuzco —recuerda— encontré a unos trescientos maestros concentrados en una sola aula para sufrir seis semanas con conferencias de tres horas dictadas por enviados del Ministerio de Educación y otros organismos gubernamentales. Estas conferencias tienen poco que ver con la reforma educativa y sus nuevos métodos y currículo. La propaganda oficial sobre el cuestionamiento, la crítica y la discusión se reduce a la supina repetición de lo que los conferencistas dictan".[32]

Desde 1971, la posición de los docentes se radicaliza. El movimiento sindical queda en manos de militantes maoístas, ferozmente opuestos a Velasco, al que consideraban un caudillo fascista. Los militares responden con la expulsión de varios dirigentes magisteriales y con un incremento general de la represión. En este contexto de tensión y amenazas, el recuerdo de Túpac Amaru era uno de los pocos temas en que el gobierno militar y sus detractores estaban de acuerdo. La revuelta andina era un tema frecuente en las lecciones impartidas a los niños de toda la región. Dibujos alegóricos y cuadros adornaban muchos salones y los dotaban de un aire particularmente reivindicativo. El recuerdo de Túpac Amaru inspiraba actividades lúdico-educativas en las que los alumnos tenían un papel protagonista. En 1971, en Huaynopata, una comunidad de emigrantes serranos ubicada en La Convención, se realiza un concurso de "ambientación de aulas" y "composición y dibujo" dedicado a Túpac Amaru. Participaron en el certamen ocho centros educativos y los trabajos premiados se expusieron públicamente. El evento contó con la colaboración del núcleo

32. Citado en César Pezo del Pino, Eduardo Ballón Echegaray y Luis Peirano Falconi, *El magisterio y sus luchas 1885-1978*, Lima, Desco, 1978, p. 59. Agradezco a Rolando Rojas, historiador del Instituto de Estudios Peruanos, por esta referencia.

educativo comunal y de los tupacamaristas locales.[33] Un año después, en Pomacanchi, Túpac Amaru protagonizaba sendos concursos de literatura infantil y teatro con títeres dirigidos a los alumnos de los planteles educativos.[34]

Iniciativas similares eran frecuentes en todas las provincias cusqueñas y suscitaban entre los profesores la necesidad de contar con materiales didácticos especializados sobre Túpac Amaru y la revuelta andina. Los libros que trataban estos temas eran muy demandados, sobre todo si contaban con un lenguaje sencillo y entendible. En mayo de 1971 se publicaba el libro *Didáctica de la revolución de Túpac Amaru*, y poco después se anunciaba la próxima salida de otro trabajo dedicado a los orígenes familiares del caudillo andino y sus vínculos con la provincia de Canas.[35] En ambos casos se trataba de obras dirigidas a los profesores, con contendidos explícitamente tupacamaristas.

Aunque eran especialmente intensos en las provincias altas, los homenajes dedicados a Túpac Amaru no se limitaban a esta parte de la región. En otras provincias también se realizaban eventos similares que recordaban las efemérides de la revuelta andina y a sus protagonistas. En enero de 1972, el gobierno municipal de Urcos decide construir un monumento de grandes dimensiones dedicado al caudillo andino en la plaza de Armas de la localidad, que hasta ese momento no contaba con ningún tipo de adorno.[36] Urcos se situaba a medio camino entre Cusco y Sicuani y era un punto clave en la carretera que comunicaba ambas ciudades. Meses más tarde, por iniciativa de Sinamos, una avioneta trasladaba un busto de Túpac Amaru desde Cusco al lejano distrito de Iberia, en la selva de Madre de Dios.[37] Si bien administrativamente era otra región, esta parte de la selva peruana estaba muy vinculada a Cusco, de donde provenían la mayor

33. BMC-ECC, 3 de agosto de 1971, "El NEC de Huaynopata efectuó un singular evento a Túpac Amaru".

34. BMC-ECC, 27 de noviembre de 1971, Manuel Jesús Cuba Almanza, "Honraron memoria del prócer caneño".

35. BMC-ECC, 13 de noviembre de 1971, Germán Castro Reyes, "Se editará obra Túpac Amaru".

36. BMC-ECC, 25 de enero de 1972, "Monumento a Túpac Amaru en Urcos".

37. BMC-ECC, 16 de noviembre de 1972, "Busto de Túpac Amaru a Iberia".

Uno de los bustos donados por el Ministerio de Educación para instalarse en los centros educativos de la provincia de Canas.
*Fuente*: *El Comercio de Cusco,* 15 de enero de 1970.

parte de sus habitantes, emigrantes serranos que habían viajado allí con la idea de hacer fortuna. Era también una zona muy combativa y había sido escenario de varios intentos guerrilleros, así como de un intenso proceso de movilización campesina. En 1963, en uno de estos enfrentamientos había muerto el poeta Javier Heraud, convertido desde entonces en un mito de la izquierda revolucionaria peruana.

## Entre lo lúdico y lo cívico

El fervor tupacamarista de los profesores de las provincias altas alcanzó su punto culminante con la convocatoria por parte de la Oficina de Supervisión Educativa de Canas de un concurso para elaborar un himno en honor al héroe.[38] La iniciativa se pensó como un aporte local a los esfuerzos del Ministerio de Educación por difundir la imagen del caudillo andino en toda la región. El promotor era César Augusto Esquivel, uno de los funcionarios más comprometidos con la revolución militar y al mismo tiempo un ferviente tupacamarista, que poco después recibiría un reconocimiento oficial por su diligencia en el reparto de los bustos de Túpac Amaru.[39] El papel de Esquivel en la consolidación del tupacamarismo en esta parte de Cusco se equipara al de los ideólogos de primera hora, como Teófilo Uscamaita, César Antonio Guerra o Greta Rhoddo. De acuerdo con sus declaraciones, se esperaba que el concurso atrajera a "destacados compositores de nivel nacional".

Las letras debían ser originales e inéditas y tener un máximo de cuatro estrofas. La única condición para postular era tener la nacionalidad peruana. Las composiciones podían presentarse en cualquier oficina regional del Ministerio de Educación, en costa, sierra y selva, en sobre cerrado y con seudónimo. Las bases especificaban que la valoración de los trabajos estaría a cargo de representantes del Instituto de Reivindicación Tupacamarista, de la Facultad de Letras de la Universidad del Cusco, del Instituto Americano de Arte y del equipo de supervisión escolar de Canas. El premio prometido era de diez mil soles.[40] Los resultados quedaron, sin embargo, por debajo de lo esperado por los promotores del concurso. Aunque se presentaron más de cien trabajos, la convocatoria se declaró desierta, ya que ninguno de los borradores "reunía las condiciones para constituir el verso del himno a nuestro heroico coterráneo".[41] Este fracaso llevó a que se le encargase directamente la letra del himno al poeta local Luis Nieto Miranda, quien por entonces era director de la Casa de la

38. BMC-ECC, 13 de junio de 1970, "Concurso himno a Túpac Amaru".

39. BMC-ECC, 14 de enero de 1971, "El más dinámico".

40. BMC-ECC, 10 de agosto de 1970, "Las bases del Concurso Nacional Himno a Túpac Amaru II".

41. BMC-ECC, 24 de septiembre de 1970, "Comisión declara desierto concurso himno Túpac Amaru". El jurado estuvo finalmente integrado por Luis Nieto Miranda (Casa de la Cultura); Ramón Saavedra (Instituto Americano de Arte); Horacio Villanueva Urteaga (Facultad de Letras de la Universidad); Hermógenes Félix Castillo (Instituto de Reivindicación Tupacamarista); y un delegado sin identificar del equipo de supervisión escolar de Canas.

Cultura de Cusco y en esa calidad había formado parte del jurado del concurso. Pese a lo apurado del plazo, Miranda cumplió y el himno se estrenó durante la conmemoración del aniversario de la rebelión, en noviembre de 1970.[42] La primera interpretación estuvo a cargo de un coro de más de dos mil voces, del que formaban parte varios colegios cusqueños, que durante varias semanas se habían preparado para ello con el apoyo de la Escuela Regional de Música y del Coro Polifónico local. En los años siguientes el himno se interpretaría innumerables veces en actos oficiales, homenajes y ceremonias de todo tipo por toda la región.

Las celebraciones tupacamaristas también incluían con frecuencia el "Canto coral de Túpac Amaru" de Alejandro Romualdo, del que existían diferentes versiones musicalizadas. A diferencia de los eventos de Cusco, los homenajes a Túpac Amaru en las provincias altas tenían un tono más lúdico. Además de discursos, misas y desfiles, incluían casi siempre otras actividades culturales. Siguiendo una tradición local muy arraigada, se realizaban con frecuencia representaciones teatrales de momentos históricos vinculados a la revuelta. Aunque podían resultar truculentas por su contenido, al incluir escenas de ejecuciones y matanzas, las actuaciones tenían un tono festivo e incluso jocoso. Casi siempre se realizaban en quechua, lo que favorecía el involucramiento del público. A veces los papeles principales estaban a cargo de actores profesionales del Cusco, aunque lo más habitual era recurrir a grupos semiprofesionales de teatro vinculados a los colegios y centros educativos. Las representaciones contaban casi siempre con el acompañamiento de bandas de música locales, lo que contribuía a potenciar el ambiente festivo.

En mayo de 1971 se escenifica en Urcos el descuartizamiento de Túpac Amaru por sus enemigos. De acuerdo con una crónica local, la asistencia fue masiva y el evento resultó "impresionante de principio a fin".[43] Por la noche, la radio local completó la jornada con un programa especial que rememoraba las hazañas del caudillo andino. En Tungasuca, por su parte, se lleva a cabo una dramatización de la ejecución del corregidor Arriaga, el episodio inicial y uno de los más dramáticos de la revuelta.[44]

42. BMC-ECC, 30 de octubre de 1970, "2 mil voces entonarán Himno a Túpac Amaru".
43. BMC-ECC, 1 de junio de 1971, "Descuartizamiento de Túpac Amaru".
44. BMC-ECC, 27 de octubre de 1971, "Escenificarán ahorcamiento de Arriaga".

Un año antes, en el mismo distrito, la "semana cívica de la tierra de Túpac Amaru" incluía un concurso folclórico en honor al 190 aniversario de la "gesta revolucionaria", un "almuerzo danzán" para recaudar fondos para el recién creado núcleo escolar, y un campeonato de fútbol con equipos de las comunidades del distrito.[45]

El fútbol está presente también en las celebraciones tupacamaristas en Acos, donde el recuerdo de la muerte de Túpac Amaru mezclaba componentes cívicos y lúdicos. Tras los discursos de rigor, se llevaron a cabo sesiones musicales y recitales de poesía a cargo de los alumnos de los centros educativos locales. La jornada continuó con un desfile de autoridades y profesores en la plaza de Armas y concluyó con "un encuentro futbolístico entre los alumnos y ex alumnos, resultando vencedor el equipo de la escuela, por cuenta de 2 a 1".[46] A pocos kilómetros de distancia, en Yanaoca, tras una salva de veintiún camarotazos, una misa de campaña y un desfile cívico, la conmemoración dio paso a "un animado baile social".[47] En Pomacanchi, por su parte, un programa de celebraciones de siete días, distribuidos a lo largo de todo el mes de noviembre, incluía una velada literaria-musical, que se desarrolló con "mucha concurrencia", y un encuentro amistoso "entre los calichines de la localidad y de Sangarará".[48]

Otra celebración, en la misma línea, era la llamada "antorcha tupacamarista", que todos los años recorría las provincias altas para conmemorar el aniversario del inicio de la revuelta. La llama se encendía en Surimana, "a escasos treinta metros del templo, escenario del bautizo, matrimonio y reuniones conspiratorias de Túpac Amaru", e iba de mano en mano hasta la plaza de Armas de Cusco, donde era recibida por las autoridades regionales en una solemne ceremonia.[49] Según los años, el traslado podía estar a cargo de algún gremio, de escolares o de voluntarios. Podía incluir

---

45. BMC-ECC, 27 de noviembre de 1970, "Semana cívica en el distrito de Túpac Amaru".
46. BMC-ECC, 31 de diciembre de 1970, Antonio Vargas de la F., "Túpac Amaru en Acomayo despúes de 190 años".
47. BMC-ECC, 28 de mayo de 1971, "Homenaje a Túpac Amaru en Yanaoca".
48. BMC-ECC, 22 de noviembre de 1971, Manuel Jesús Cuba Almansa, "Honraron memoria del prócer caneño".
49. BMC-ECC, 4 de noviembre de 1970, "Antorcha de la Libertad partió de Surimana y llegó hoy al Cusco".

también otros elementos litúrgicos, como un "mensaje secreto" de Micaela Bastidas" o piezas vinculadas a la vida del héroe.[50] Lo más frecuente era, sin embargo, que los portadores fueran antiguos soldados, que de esta manera querían mostrar su adhesión a la revolución militar.

Una versión extendida de esta carrera se celebró en 1974 con motivo de los denominados Juegos Deportivos-Recreativos Túpac Amaru, un evento de grandes dimensiones en el que el Instituto Nacional de Recreación, Educación Física y Deportes pretendía reunir a los mejores representantes provincianos de las organizaciones populares afines al régimen. La contienda comprendía una multitudinaria carrera de relevos entre tres equipos, que debían ir desde Yanaoca hasta la localidad norteña de Chiclayo, sede de los Juegos. Las imágenes de la época muestran el momento de la salida, al pie del monumento erigido al caudillo cusqueño por el padre Uscamaita. Están presentes las autoridades militares de la región y un numeroso contingente de público. A pesar del esfuerzo de algunos participantes, el ambiente aparenta ser más solemne que festivo. Los corredores están ataviados con ropas de inspiración incaica, aunque fotografías posteriores tomadas a lo largo del camino los muestra ya en un atuendo deportivo más adecuado. Cada uno de ellos portaba un pequeño morral decorado con motivos andinos, en el que se albergaba un "mensaje tupacamarista". De mano en mano, el peregrinaje recorrió casi mil pueblos en 36 agotadoras jornadas. En muchas aldeas fueron recibidos con bandas de música, mientras que otras veces eran los propios jóvenes de las localidades quienes acompañaban a los corredores durante varios kilómetros. El equipo ganador sumó casi doscientas horas de carrera. En total se calculaba que eran más de cuatro mil los jóvenes involucrados.

El recibimiento de los relevistas en los pueblos por donde cruzaban podía incluir arcos de bienvenida, inscripciones en los cerros y danzas tradicionales. Para los organizadores, la carrera era una manera de recordar que las esencias tanto del tupacamarismo como del velasquismo se hallaban en las olvidadas comunidades de la sierra, la costa y la selva, donde multitudes de peruanos oprimidos luchaban por su dignidad. "Hoy pasan

---

50. BMC-ECC, 26 de octubre de 1974, "Edicto de Micaela Bastidas y un mensaje secreto llevan chaskis desde Tungasuca al presidente Velasco".

por un pueblo danzante —señala un testimonio—, pasan por caminos a los que han acudido hombres y mujeres de esencia telúrica, que tan solo quieren ver a nuestros chasquis, oír su mensaje, que es el mensaje del Perú profundo".[51]

En las pequeñas localidades andinas las celebraciones en honor de Túpac Amaru con frecuencia sustituían a otras anteriores, que dejaban de celebrarse o perdían importancia. Se trataba de eventos cívicos que habían sido promovidos por los agentes modernizadores del mundo rural —profesores, funcionarios y trabajadores de los programas de desarrollo rural—, pero que tras el pronunciamiento militar habían perdido sentido o eran incluso mal vistos, por no coincidir con la nueva ideología oficial. Esta adaptación la observamos en Pomacanchi, una pequeña localidad andina situada en la zona conocida como Cuatro Lagunas, en la intersección de las provincias de Canas, Canchis y Acomayo. En octubre de 1968, pocos días después de la llegada al poder de Velasco, se celebraba el Día de la Raza, en conmemoración del aniversario del descubrimiento de América. El programa incluía un concurso de danzas folclóricas, eventos futbolísticos y "veladas literarias musicales" organizadas por los centros de alfabetización funcional y desarrollo comunal de las comunidades de Kanchacura, Tactabamba y Chillicani.[52] Estas instituciones eran parte del esfuerzo del gobierno de Belaunde por llegar a las zonas rurales altoandinas, y contaban con el apoyo del Banco Interamericano de Desarrollo y de otros organismos de cooperación internacional. La celebración del Día de la Raza era parte de un esfuerzo interamericano por elaborar una narrativa de identidad continental que potenciase el orgullo de pertenencia de la población americana, pero sin desafiar abiertamente el orden social. Las celebraciones se habían realizado de manera intermitente desde los años cincuenta y su intensidad dependía de quién estuviera a cargo de un determinado programa y con qué recursos contara. Salvo casos muy concretos,

---

51. Guillermo Toro Lira Vásquez, *Primeros Juegos Deportivo-Recreativos Túpac Amaru para organizaciones agrarias y carrera de chasquis*, Chiclayo, Instituto Nacional de Recreación, Educación Física y Deportes, 1975, p. 11.

52. BMC-ECC, 15 de octubre de 1968, "Con gran pompa festejaron Día de la Raza: Pomacanchi".

el apoyo estatal nunca había sido muy entusiasta, aunque en Pomacanchi había logrado consolidarse en el calendario cívico.

Tras el golpe de Estado, el Día de la Raza desaparece y en su lugar comienzan a celebrase homenajes a Túpac Amaru. Los programas y los participantes son, sin embargo, muy similares a los de la antigua fiesta. En 1973, el aniversario de "la gesta libertaria, en cuyo holocausto fue sacrificada la vida del inmortal precursor de la independencia americana" comienza con una misa de campaña en el centro educativo local, que desde pocos años antes llevaba el nombre del caudillo andino.[53] Posteriormente se entona el himno nacional y se pronuncian varios discursos, a cargo de los profesores, quienes remarcan "la historia y el alto valor del apóstol de la libertad". Una vez concluidos estos rituales, el protagonismo pasa a los grupos folclóricos de estudiantes, padres y comuneros. En total, se representan diez danzas diferentes. La jornada incluía un "almuerzo de camaradería" con "personal del equipo de supervisión provincial de educación, profesores de los centros educativos, autoridades y los principales vecinos de la localidad", y un campeonato deportivo por la tarde.

Más allá de esta similitud formal, también el significado cívico de las conmemoraciones tupacamaristas se asemejaba al de sus antecesoras. En ambos casos se trataba de celebraciones promovidas por los agentes de desarrollo vinculados al Estado y tenían una doble función: escenificar el apoyo de las poblaciones rurales a la ideología oficial, y mostrar el carácter "progresista" de las comunidades, partidarias de la modernización y el desarrollo para salir de la pobreza. Las fiestas servían para mostrar y reforzar esta orientación mediante discursos y eventos cívicos. Por ello, ya antes del golpe de Estado, Cusco era uno de los principales focos de interés de las instituciones multilaterales de cooperación. Estos programas habían aterrizado en Perú en los años cincuenta, impulsados por una mezcla de buena voluntad y pragmatismo político. En el contexto de la Guerra Fría, el control de las zonas rurales se había convertido en una prioridad de los gobiernos latinoamericanos, con el fin de evitar que se enquistaran en ellas movimientos guerrilleros. Evitar una explosión social con consecuencias

53. BMC-ECC, 24 de mayo de 1973, "Pomacanchi recordó holocausto de José Gabriel Condocanqui".

revolucionarias era la máxima prioridad. Los ejemplos de Guatemala, donde el experimento progresista de Jacobo Árbenz había terminado con una sangrienta intervención norteamericana, y de Bolivia, donde la "revolución nacional" había puesto en marcha una reforma agraria, habían mostrado que esta era una posibilidad real.

Los desórdenes de los países vecinos habían convencido a muchos observadores de que cierto nivel de reformas era urgente en el medio rural peruano si se quería evitar una explosión similar. La iniciativa más destacada en esta línea era el llamado Proyecto Perú-Cornell, impulsado por la universidad del mismo nombre bajo la dirección del antropólogo William Holmberg. El escenario era Vicos, una propiedad alquilada por la universidad a la Beneficencia Pública de Huaraz (Áncash) y posteriormente expropiada por el gobierno peruano tras una compleja negociación. En la línea entonces ascendente de la antropología aplicada, Vicos pretendía convertirse en un ejemplo de transición pacífica de la hacienda tradicional a un modelo de gestión de la tierra controlado por los campesinos indígenas. La universidad debía acompañar (y documentar) todo el proceso desde una perspectiva de "intervención participante", que incluía mejoras en salud, educación y capacitación agropecuaria. El resultado final sería la creación de una cooperativa agrícola administrada por los propios pobladores locales en las tierras de la antigua hacienda.[54]

---

54. La influencia del Proyecto Vicos es muy notable en la antropología peruana. La intervención se extendió durante más de una década y existen múltiples evaluaciones y valoraciones, tanto de sus resultados como de su impacto posterior. En los últimos años destaca una línea crítica, que tiende a ver el proyecto como un reflejo de la antropología de la Guerra Fría, plagada de tics imperialistas y con escaso impacto real sobre el terreno. Al respecto: William H. Stein, *Vicisitudes del desarrollo en el Perú: una etnografía sobre la modernidad del Proyecto Vicos*, Lima, Sur, Casa de Estudios del Socialismo, 2000; y de una manera más matizada, Jason Probilsky, "El desarrollo y el 'problema indígena' durante la Guerra Fría; indigenismo, ciencia y modernización en el Proyecto Perú-Cornell en Vicos", en Ralph Bolton, Tom Greaves y Florencia Zapata, editores, *50 años de antropología aplicada en el Perú. Vicos y otras experiencias*, Lima, Instituto de Estudios Peruanos, 2010, pp. 235-275. El autor arguye que, en la línea de las ideas de James Ferguson, el proyecto habría funcionado como una suerte de "máquina de despolitización" de las tensiones agrarias, lo que explicaría tanto su éxito inicial como su reducido impacto como modelo a mediano plazo. Una evaluación más amable y, desde mi punto de vista, más comprehensiva, respecto de las condiciones sociales y políticas del momento, es la de

Más allá de Vicos, los reformistas contaban con el apoyo de las entidades multilaterales de cooperación, que en ese entonces estaban dando sus primeros pasos. En 1953, un consorcio de agencias de Naciones Unidas liderado por la Organización Internacional del Trabajo había iniciado el llamado Proyecto Puno-Tambopata, con el doble propósito de modernizar la agricultura del sur andino y fomentar la expansión de la frontera agrícola hacia la selva. La colonización de esas tierras escasamente pobladas se veía como una vía para amortiguar las tensiones sociales de la sierra. El proyecto era parte del Programa Andino de la OIT, una iniciativa de largo recorrido que, además de Perú, incluía actividades en Bolivia.[55] En su diseño e implementación estuvieron involucrados algunos de los más reconocidos indigenistas de la época. Ya con Belaunde en el poder, Cusco se había convertido en la sede de otra iniciativa aún más ambiciosa, promovida por el Banco Interamericano de Desarrollo: el Programa de Desarrollo e Integración de la Población Indígena. Diseñado a partir de experiencias similares en otros países de la región, este programa destacaba por contar con varias sedes locales, incluyendo una en Sicuani, el corazón de las provincias altas. Sus integrantes trabajaban codo con codo con los antropólogos y científicos sociales de Instituto Indigenista Peruano, quienes recorrían cerros y quebradas realizando monografías sobre la situación social y económica de las comunidades donde el programa debía intervenir. Hasta la actualidad, estos textos son una de las mejores fuentes de información sobre la realidad del mundo andino en los años anteriores a la reforma agraria del gobierno militar.

---

Enrique Mayer, "Vicos como modelo", en Bolton, Greaves y Zapata, editores, *50 años de antropología aplicada en el Perú*, pp. 235-275. El autor señala que la principal lección de Vicos habría sido legitimar en el debate público la idea de que, una vez hecha la reforma agraria, la tierra no debía parcelarse individualmente, sino entregarse a cooperativas. Esta idea habría influido en el diseño posterior de la reforma agraria por parte del gobierno militar. Esta opinión no es compartida, sin embargo, por otros autores, quienes señalan que el modelo propugnado por Vicos (i) quedó anticuado casi al mismo tiempo que la experiencia se desarrollaba, superado por la propia evolución de la dinámica política y social peruana, y (ii) era un modelo de intervención extensiva, con costos extraordinariamente altos, por lo que resultaba de poca utilidad de cara a una reforma agraria de ámbito nacional.

55. Chloé Maurel, "Le Programme indien-andin des Nations Unies (années 1950-1960)", *Cahiers des Amériques Latines*, n.° 67, 2011, <http://cal.revues.org/299>.

Estos proyectos eran los más destacados de un amplio elenco de iniciativas similares que se extendían por toda la geografía andina. Durante el velasquismo llegan a las zonas rurales otros dos actores que con el tiempo jugarán un papel clave en el campo cusqueño: las organizaciones no gubernamentales de desarrollo (que en esa época aún no recibían ese nombre), y las iniciativas de extensión agrícola lideradas por los sectores progresistas de la Iglesia católica. A mediano plazo estas instancias servirían de refugio a muchos de los antiguos funcionarios de Sinamos, jóvenes urbanos llegados al mundo rural al calor de la revolución, que con el declive del gobierno militar buscaban nuevas fórmulas para continuar su activismo.[56] El paradigma dominante en todas estas instituciones se inscribía en la línea de la llamada "revolución verde". El objetivo era el rápido crecimiento de la producción mediante el uso masivo de maquinaria, fertilizantes y agroquímicos. En las provincias de Calca y Urubamba, los esfuerzos se concentraban en productos de consumo masivo, como el maíz y el trigo.[57] Para el gobierno, estos programas eran importantes porque aumentaban los ingresos de los pobladores rurales y mejoraban el abastecimiento de las ciudades.

El componente económico de los programas de desarrollo rural se aunaba con su importancia social. Con frecuencia, los funcionarios que estaban a cargo se convertían en referentes en el ámbito local o provincial. Eran vistos como representantes del Estado y como figuras de autoridad. Su prestigio se basaba en su condición de profesionales y en sus conexiones políticas. Para tener éxito, debían ser capaces de vincularse con la población local y al mismo tiempo convencer a sus superiores de la idoneidad de su trabajo. Del ingeniero Félix Cáceres Chambi, coordinador de la llamada IV Región de Acción Conjunta, con sede en Sicuani, se apreciaba que hubiera colaborado con el festival de Rajchi, que hubiera organizado una exposición de tejidos, hilados y platerías campesinos en la Semana del Cusco, que estuviera preparando una actividad similar en la capital nacional, y que hubiera intermediado para que los habitantes de Surimana

56. Analizo en detalle este proceso y sus consecuencias posteriores en Asensio, *Los nuevos incas*.

57. BMC-ECC, 2 de octubre de 1970, "La revolución verde en marcha en el Cusco; mejorarán maíz y trigo".

cedieran la "alfombra de Túpac Amaru" para su exhibición en la ciudad imperial. Desde su punto de vista, todos estos esfuerzos obedecían a un mismo ideal: favorecer a la "masa campesina".[58]

Como para muchos de sus colegas, profesores, ingenieros y agrónomos que participaban en estos primeros proyectos de extensión rural, Túpac Amaru era un referente para Chambi. El tupacamarismo era una apuesta personal y una oportunidad para enmarcar su trabajo en una trama de sentido más amplia, que merecía la atención de las autoridades y legitimaba sus reclamos. De ahí la sorprendente combinación de novedad y continuidad que subyacía tras el culto tupacamarista cusqueño. Incluso en los mejores momentos del gobierno militar, el tupacamarismo rural era al mismo tiempo una ideología revolucionaria y una continuación por otros medios de los esfuerzos desarrollistas y civilizadores que comenzaban poco a poco a cambiar la faz de las provincias altas cusqueñas.

58. BMC-ECC, 12 de octubre de 1970, "Magnífica labor".

# 9

## Donde pisaron sus pies

Quienes viajaban a Surimana durante los años setenta eran conscientes de que estaban siguiendo rutas poco frecuentadas. Las provincias altas cusqueñas habían formado parte durante mucho tiempo de uno de los ejes comerciales más importantes del sur andino. El propio Túpac Amaru había hecho fortuna como arriero, proveyendo servicios, engorde de ganado y animales de carga en las rutas que conectaban Cusco con la costa y el Altiplano. Sin embargo, con el ocaso de las minas, la desaparición de los obrajes y de las fábricas de productos textiles, cualquier signo de prosperidad se había evaporado. La región se encontraba en una etapa de largo declive económico, acompañado de una pérdida casi absoluta de relevancia política. La dinámica territorial cusqueña y la atención de las autoridades habían girado hacia el norte de la región, hacia Machu Picchu y el Valle Sagrado, donde se encontraba el nuevo motor del desarrollo económico regional: el turismo.

En localidades como Urubamba y Ollantaytambo se construían hoteles y carreteras. Los visitantes extranjeros se multiplicaban en Cusco y Chinchero, que se convertían en platós y alcanzaban fama mundial como escenarios de espectaculares producciones cinematográficas. En contraste, en las provincias altas la mayor parte de la población vivía en pequeñas comunidades rurales, donde el quechua era aún el idioma predominante. Las capitales de distrito eran de reducidas dimensiones, apenas de unos centenares o en el mejor de los casos de unos pocos miles de habitantes.

Las calles y plazas casi siempre eran de tierra y tenían pocos adornos, lo que daba a las localidades un aspecto descuidado, que cada vez más sus habitantes consideraban poco apropiado. Asfaltar las calles y la plaza de Armas estaba siempre en la cabeza de todos los memoriales de peticiones que las autoridades locales remitían a sus superiores.

Las comunicaciones eran difíciles. Los viajes, largos y azarosos. Ir de una comunidad a otra podía tomar días enteros si las condiciones climáticas no acompañaban. Muchas comunidades carecían de todo tipo de servicios e incluso en las capitales de provincia la electricidad era irregular y escasa. En 1968, las malas cosechas habían provocado desabastecimiento y alarma. Un artículo señalaba que "todos, sin excepción alguna, el hacendado, el colono, el campesino de las comunidades y ayllus", habían sentido en carne propia las consecuencias de la sequía y las heladas que habían malogrado los cultivos.[1] En Canas, solo Yanaoca disponía de luz, aunque se cortaba con frecuencia debido a que la planta generadora se sobrecalentaba. Si bien existía el proyecto de construir una hidroeléctrica en el desaguadero de las lagunas de Pampamarca y Tungasuca, la falta de apoyo estatal había impedido iniciar la obra.

El auge del tupacamarismo parecía una oportunidad para revertir este declive. Gracias a la atención que despertaba el líder de la gran rebelión, las provincias altas esperaban recuperar al menos una parte del esplendor perdido. La construcción de la geografía sagrada tupacamarista es un proceso complejo, repleto de pugnas y desencuentros. Eran muchas las localidades que aspiraban a convertirse en referentes de la nueva ideología oficial. Favorecidos por el nuevo clima político, las autoridades y los intelectuales locales rescataban antiguos héroes, hasta entonces casi olvidados, a quienes se vinculaba de manera más o menos convincente con la gesta anticolonial. Otra estrategia consistía en resaltar su condición de escenarios de la gran revuelta. Era en su suelo, decían los defensores del orgullo local, donde el héroe había nacido o vivido, donde había contraído matrimonio, donde había apresado y ejecutado a Arriaga, o donde se habían producido las más heroicas batallas contra los opresores españoles. El

1. BMC-ECC, 13 de enero de 1969, "Hambre, tragedia de 1968 en las provincias altas".

Construyendo una geografía sagrada del tupacamarismo.
Mural situado a la salida de Pampamarca.
*Fotografía*: Raúl Asensio.

propio gobierno militar participaba de esta reconfiguración de la geografía simbólica cusqueña, a veces de manera inadvertida, enviando representantes a las actividades que consideraba más importantes, destinando fondos especiales o confiriendo rimbombantes títulos honoríficos a comunidades, distritos y provincias. Un discurso muy extendido defendía que era ahí, en las provincias altoandinas, donde se debía iniciar la construcción del nuevo Perú. Las demandas de esta parte del país, tantas veces olvidadas, debían priorizarse en reconocimiento a su pasado heroico. Como en tantos otros ámbitos del culto tupacamarismo, el fervor genuino se cruzaba con los intereses materiales y con el mero oportunismo político.

## Los compañeros de Túpac Amaru

La expansión del culto a Túpac Amaru está acompañada del redescubrimiento de otros personajes vinculados a la gran rebelión. También ellos son objeto de homenajes y monumentos. Un ejemplo destacado es el de Tomasa Ttito Condemayta. Esta cacica de Acomayo había sido uno de los principales lugartenientes de Túpac Amaru. Durante el gobierno militar se convierte en centro de múltiples iniciativas, que repiten a menor escala los patrones del culto tupacamarista. En su provincia natal, su nombre sirve para bautizar escuelas, centros deportivos y equipos de fútbol locales. La primera federación campesina de las provincias altas, constituida en Acopia, también llevaba su nombre.[2] Incluso existía un "batallón tomasino", integrado por docentes y alumnos, que recorría los distritos de Acomayo para rendir homenaje a quien se consideraba "la auténtica mujer peruana, heroína y mártir de la revolución".[3]

Como en el caso de Túpac Amaru, los esfuerzos de reivindicación de Ttito eran anteriores al golpe de Estado. En una fecha tan temprana como 1957, una parte de la población de Acos, en la provincia de Acomayo, se había levantado contra la negativa del alcalde de la localidad a colocar una placa y dedicar una calle principal a la memoria de la heroína. Ttito era para sus defensores "la Gran Mujer India que junto con Josep Gabriel Condorcanqui luchó y sacrificó su existencia en aras de una vida libre de cadenas y de vejámenes para su raza".[4] La actitud condescendiente de las autoridades era "un atentado a la dignidad histórica del pueblo de Acos, al desconocer los valores humanos que han hecho historia para la patria y para la América toda". Las protestas parecen haber tenido éxito, ya que un año después, tras "algún tiempo de lamentable indiferentismo cívico por parte de las autoridades e instituciones representativas", se retomaban los homenajes. La placa fue posible gracias a que un acosino residente en Cusco donó el dinero necesario para la instalación. La ceremonia estuvo a cargo del teniente de alcalde, Alberto Frisancho, "quien pronunció un elocuente discurso refiriéndose a la importancia histórica de la fecha y el deber de los pueblos y los hombres de reconocer y honrar la memoria de las grandes personalidades que forjaron la libertad peruana".[5]

En abril de 1971, el Comité de Reivindicación Tupacamarista inicia una campaña de recogida de fondos para erigir un busto en honor de

---

2. BMC-ECC, 30 de abril de 1971, "Primera federación campesina: Acopia".
3. BMC-ECC, 26 de mayo de 1972, "Marcha de campaña batallón tomasino".
4. BMC-ECC, 5 de junio de 1957, "Autoridades del distrito de Acos restan valor histórico a Tomasa T. Condemaita".
5. BMC-ECC, 7 de junio de 1958, "Acos rinde homenaje a Ttito Condemayta".

Ttito en la misma plaza.[6] Esta iniciativa se debía al fracaso de varios intentos anteriores, promovidos por estudiantes y comerciantes de la localidad. Aunque un busto similar había sido prometido varias veces, aún no había llegado a instalarse, por lo que la plaza de Armas lucía desangelada. Se esperaba ahora que "los pueblos de la provincia de Acomayo colaboren como un solo hombre en esta cruzada patriótica".[7] Un factor adicional era la rivalidad con el pueblo vecino de Yanaoca, cuyo monumento a Túpac Amaru concitaba elogios de las autoridades y de los periodistas cusqueños, por haber sido el primero en instalarse en las provincias altas en recuerdo de la gran rebelión. "Si la capital de Canas tiene su monumento a José Gabriel Condorcanqui —declaraba desafiante el alcalde—, Acomayo tendrá su monumento a su predilecta figura, doña Tomasa Ttito Condemayta".[8]

Los tupacamaristas esperaban contar también con el apoyo de la esposa del general Velasco, quien en su condición de primera dama de la revolución peruana debía ser la patrona del monumento.[9] Finalmente, en octubre de 1973 el busto se inauguró "con un jubilo muy especial".[10] "Hubo regocijo, lágrimas, promesas para ver un Acos cada día mejor", reseñaba un periodista que asistió al evento. Con todo, la alegría no era completa, ya que debido al retraso en la construcción del monumento, para ese momento ya existía otro busto similar, abierto al público un año antes, en la plaza de Armas de Sangarará, cerca del lugar donde Tomasa Ttito había obtenido su más resonante victoria contra los españoles. Los habitantes de Sangarará se habían aprovechado de la indecisión de sus vecinos de Acos para homenajear en primer lugar a la heroína. Como no podía ser menos, a la inauguración de este primer busto "asistieron

6. BMC-ECC, 2 de abril de 1971, "Se formarán comités pro-monumento a Tomasa Tito Condemayta: Acomayo".

7. BMC-ECC, 25 de marzo de 1971, "Monumento a Tomasa Ttito Condemayta".

8. BMC-ECC, 2 de abril de 1972, "Se formarán comités pro-monumento a Tomasa Ttito Condemayta: Acomayo".

9. BMC-ECC, 22 de abril de 1972, "Monumento a Tomasa Ttito causa impacto en Acomayo".

10. BMC-ECC, 7 de noviembre de 1973, "Hicieron justicia con Ttito Condemayta".

representantes de las principales autoridades, delegaciones estudiantiles y campesinas que dieron un brillo especial a la ceremonia".[11]

Otros personajes históricos redescubiertos durante la etapa inicial del gobierno militar son los integrantes del círculo familiar de Túpac Amaru. Micaela Bastidas es objeto de numerosos homenajes.[12] Quienes la celebraban eran sobre todo las mujeres tupacamaristas, para quienes el ejemplo de Bastidas mostraba que "cuando hay peligro las mujeres podemos defender la patria".[13] En mayo de 1971, su figura indómita se exaltaba en Pomacanchi en una ceremonia conjunta, al lado de Tomasa Ttito y el propio Túpac Amaru. Además de los habituales discursos rimbombantes, el homenaje incluía un paseo nocturno de antorchas, "con participación de todas las instituciones, entre las que destacaron las autoridades, los licenciados, los profesores y el alumnado de los planteles educacionales". Un cerro cercano se había iluminado especialmente para la ocasión, incrementando el dramatismo y el impacto visual de la celebración. La organización estaba a cargo del párroco local, por lo que la misa ofrendada en memoria de los rebeldes asesinados por los españoles "contó con la presencia de todo el pueblo".[14]

Un paso más allá pretendía dar Tamburco, uno de los distritos que se disputaban el honor de haber sido la cuna natal de Bastidas. Situado en el vecino departamento de Apurímac, a decir de los vecinos, allí se conservaba intacta la casa donde la heroína nació y vivió sus primeros años. Para homenajear su memoria, las autoridades locales, con ayuda de los maestros, pretendían construir un obelisco de grandes dimensiones que sería "tal vez el primero que se le erija a la insigne patriota quien inmolara su vida por darnos un Perú libre, fuerte y soberano".[15] Esta pretensión no

---

11. BMC-ECC, 10 de octubre de 1972, "Inauguraron monumento a Tomasa Ttito: Sangarará".
12. Por ejemplo, BMC-ECC, 4 de noviembre de 1969, Consuelo Ibarra de Aragón, "Rindamos homenaje a Micaela Bastidas"; y BMC-ECC, 7 de noviembre de 1970, Margarita Espejo de Romainville, "Micaela Bastidas Puyuccahua".
13. Discurso de Felicia Montufar de Medrano en el evento central en la semana tupacamarista de Cusco de 1974, citado en BMC-ECC, 4 de noviembre de 1974, "Cusco recordó la gesta emancipadora de T. Amaru II".
14. BMC-ECC, 31 de mayo de 1971, "Homenaje a tres personajes de la historia".
15. BMC-ECC, 11 de junio de 1973, "Micaela Bastidas tendrá monumento: Tamburco".

convencía, sin embargo, a los cusqueños, recelosos de que sus vecinos se apropiaran del personaje. Por esa razón, se empeñaban en demostrar que Bastidas había nacido en Pampamarca, localidad de las provincias altas, donde posteriormente habría conocido a Túpac Amaru.[16] Los abanquinos, por el contrario, sostenían que la heroína se había trasladado a Cusco durante su adolescencia, por lo que no cabía poner en duda sus orígenes apurimeños.

En diciembre de 1970, una avenida de Sicuani recibe el nombre de Cecilia Túpac Amaru, hermana del caudillo andino.[17] En la misma ciudad, en el malecón del río Vilcanota, se inaugura un obelisco de gran tamaño, adornado con la efigie de la heroína y con "una iluminación multicolor". Sus promotores resaltaban que la obra se había construido con aportaciones de las autoridades locales y de los vecinos de la ciudad, sin ningún tipo de apoyo del gobierno central. Gracias a este esfuerzo, Sicuani contaba con "el malecón más bello del departamento de Cusco".[18] Dos años después, una escuela de niñas de Pomacanchi recibe el nombre de la madre del héroe, Carmen Rosa Noguera y Valenzuela, quien había nacido en esa localidad de las provincias altas.[19] El colegio se unía a la larga lista de centros educativos cusqueños bautizados con denominaciones alusivas a la gran rebelión andina.

Esta exaltación de las integrantes femeninas de la familia de Túpac Amaru pretendía equilibrar el carácter predominantemente masculino que tenía el culto al héroe andino. Sin embargo, se trata de un matiz a medias, ya que el retrato de Ttito, Micaela y Cecilia Túpac Amaru suele estar cortado con el mismo patrón que los personajes masculinos: valentía,

---

16. BMC-ECC, 27 de enero de 1979, "¡Confirmado! Micaela Bastidas es natural de Pampamarca: Canas". Ese mismo año, la comisión creada *ad hoc* por el gobierno peruano para celebrar el bicentenario de la rebelión anuncia su propósito de erigir un monumento a Bastidas en Pampamarca, para de esa manera afianzar los reclamos locales sobre la heroína. Al respecto: BMC-ECC, 22 de agosto de 1979, "CONBRETA donará busto de Micaela para Pampamarca".
17. BMC-ECC, 24 de diciembre de 1971, "Avenida llevará nombre Cecilia Túpac Amaru".
18. BMC-ECC, 28 de diciembre de 1971, "Un obelisco y malecón genialmente iluminados".
19. BMC-ECC, 1 de diciembre de 1972, "Los Noguera: legítimos descendientes de Túpac Amaru viven en Pomacanchi".

virilidad y vigor guerrero. El caso de Carmen Rosa, la madre de Túpac Amaru, es diferente, ya que se trata de un personaje con casi nula entidad propia. Se la recuerda y homenajea en su condición de madre del héroe, pero sin que apenas existan referencias concretas a su vida y mucho menos a sus ideas. En ninguno de estos casos la incorporación de personajes femeninos a las narrativas tupacamaristas estaba acompañada de una reflexión sobre los sistemas de género andinos o sobre la triple explotación que sufrían las mujeres andinas, por su condición de pobres, mujeres e indígenas. Este era un tema que no estaba en la agenda del gobierno revolucionario. Tampoco interesaba en ese momento a la cooperación internacional y mucho menos a las organizaciones campesinas, cortadas todas ellas por un muy fuerte sesgo patriarcal.

En noviembre de 1973 le toca el turno a otro hermano de Túpac Amaru, Juan Bautista, quien recibe un funeral simbólico en Cusco.[20] La historia de este personaje era singular porque unía el ciclo de la rebelión andina con las guerras de independencia americanas.[21] Tras ser capturado por los españoles, Juan Bautista Túpac Amaru fue enviado prisionero a Cádiz, donde permaneció hasta su traslado a Buenos Aires tras la independencia de las colonias. Allí fue acogido por las autoridades del nuevo país y agasajado como testimonio vivo de resistencia anticolonial. Tras su fallecimiento, fue enterrado en el principal cementerio bonaerense, rodeado de la élite porteña. Sin embargo, el registro de su tumba se había perdido con el tiempo. Nadie sabía dónde estaban exactamente los restos del hermano del líder rebelde. Este detalle no era obstáculo para que se le homenajeara. En 1973, por iniciativa del Instituto Sanmartiniano de Cusco y del Instituto Túpac Amaru, se lleva a cabo una ceremonia de homenaje a Juan Bautista en la ciudad imperial, utilizando para ello tierra traída

---

20. BMC-ECC, 5 de noviembre de 1973, "Restos de Juan Bautista Túpac Amaru, ya descansan en el Cusco".

21. Sobre la influencia de Túpac Amaru y en general del incaísmo en los primeros tiempos de la Independencia en el Río de la Plata, Jesús Díaz Caballero, "El incaísmo como primera ficción orientadora en la formación de la nación criolla en las Provincias Unidas del Río de la Plata", *A Contracorriente*, vol. 3, n.° 1, pp. 67-113, 2005. El personaje era conocido en Perú, ya que se habían publicado varias versiones de sus memorias: Francisco A. Loayza, editor, *Cuarenta años de cautiverio*, Lima, Imprenta Miranda, 1941.

especialmente desde Buenos Aires. Ya que sus huesos no se habían podido hallar, se pretendía de esta manera realizar un enterramiento simbólico a quien había sido el único protagonista de la gran rebelión andina que logró ver los días de la independencia americana. El acto estuvo presidido por el general Leonidas Rodríguez y contó con la presencia del alcalde y de las élites culturales y políticas cusqueñas.

Las celebraciones alcanzan también a caciques indígenas que, si bien no estaban vinculados directamente con la rebelión de Túpac Amaru, se consideraba que compartían el mismo espíritu de resistencia anticolonial. Es el caso de Túpac Amaru I, el último dirigente inca en resistir la conquista española desde su feudo de Vilcabamba. Ejecutado en Cusco en 1572, su memoria se recupera justo cuatrocientos años después, cuando el gobierno municipal de la capital regional inaugura una placa de homenaje en su propia sede.[22] La iniciativa formaba parte de un esfuerzo más amplio por reescribir la historia de la lucha entre españoles e incas en los primeros tiempos de la conquista. Frente a la versión tradicional, que hablaba de un rápido hundimiento del Imperio andino, con pocos combates de envergadura, los intelectuales cusqueños resaltaban que los conquistadores españoles, lejos de ser recibidos como héroes, habrían tenido que hacer enormes esfuerzos para doblegar la heroica resistencia de los incas. La conquista no habría sido un paseo, sino una guerra de décadas, plagada de sufrimiento y muerte para los invasores.[23]

Esta versión de la caída del Imperio inca encajaba mejor con el nacionalismo militar. Los antiguos peruanos aparecían como un pueblo indómito que habría resistido a la conquista sin amilanarse ni darse por vencido. Otro héroe indígena redescubierto durante el velasquismo es Bernardo Tambohuacso. En abril de 1779, este cacique de Pisac vinculado a la nobleza inca de más alta alcurnia, había participado en un complot junto con varios mestizos urbanos para apoderarse de la ciudad. Al ser descubierto, huyó a su tierra natal, donde se hizo fuerte hasta su captura y

22. BMC-ECC, 25 de septiembre de 1972, "Se develó plaza conmemorativa en tumba de Túpac Amaru I"; y el editorial de BMC-ECC, 23 de septiembre de 1972, "Túpac Amaru Primero, memoria que se rescata del olvido".

23. BMC-ECC, 8 de febrero de 1972, "40 años resistió pueblo inca para sucumbir ante españoles".

Monumento a la familia de Túpac Amaru en la plaza de Armas de Pampamarca.
*Fotografía*: Raúl Asensio.

posterior ejecución. En el contexto del culto tupacamarista, Tambohuacso es un caso particular, ya que no era nativo de las provincias altas cusqueñas. Su exaltación heroica permitía incluir a la provincia de Calca en el calendario cívico revolucionario de la región.[24] Como en los otros casos, encontramos tanto artículos de difusión en la prensa local como proyectos

24. BMC-ECC, 7 de octubre de 1971, Alcides Estrada, "Calca y la revolución de Túpac Amaru".

de erección de monumentos.[25] La Liga Campesina de Calca, promovida por el gobierno militar para defender la reforma agraria, recibe su nombre.[26] La Municipalidad de Pisac llega incluso a sugerir que una estatua de Tambohuacso se coloque en su plaza de Armas, a imitación de lo que ocurría en las provincias altas con otros héroes indígenas.[27] En 1970, el homenaje incluye el embanderado general de la población, un paseo de antorchas a cargo del centro educativo que llevaba su nombre, y una "verbena popular con los acordes de la estudiantina del colegio, festejándose hasta altas horas de la noche".[28] Al día siguiente, para seguir recordando al héroe local, se izó el pabellón nacional en la plaza de Armas, con salvas de honor, y se jugó un partido de fútbol entre casados y solteros.

## La polémica de Pumacahua

El culto tupacamarista alimenta a centenares de celebraciones y decenas de monumentos que inundan la geografía cusqueña. Para un observador foráneo que llegara inopinadamente a las provincias altas, estos eventos podían parecer repeticiones sin fin. Aparentemente, todos se parecían, como un artista que pintara variaciones infinitas de un mismo tema. Una mirada atenta permite, sin embargo, observar un progresivo deslizamiento desde lo espontáneo hasta lo planificado. Lo que en un primer momento habían sido homenajes impulsados por profesores, sacerdotes y militantes tupacamaristas, se convierte con el tiempo en celebraciones oficiales auspiciadas por los alcaldes y las autoridades locales.

Recordar a los héroes del pasado indígena andino era una manera de complacer a las autoridades militares, de participar en la exaltación nacionalista propia del velasquismo, con la esperanza de sumar méritos tanto para las carreras políticas de los organizadores como para la propia

25. Por ejemplo, 17 de noviembre de 1971, Alcides Estrada, "Bernardo Tambohuacso y la justicia penal"; y BMC-ECC, 16 de noviembre de 1974, Alcides Estrada, "Bernardo Tambohuacso, precursor de la independencia".

26. Rénique, *Los sueños de la sierra*, p. 248.

27. BMC-ECC, 3 de octubre de 1972, "Levantarán monumento al lugarteniente de Túpac Amaru".

28. BMC-ECC, 23 de noviembre de 1970, "Rinden homenaje".

localidad. En la euforia de reivindicación indigenista había, sin embargo, un caso particular: Mateo Pumacahua. La historia de este cacique de Chinchero lo hacía muy diferente de los otros héroes indígenas redescubiertos durante el velasquismo. Si bien había participado en la guerra de independencia contra los españoles, Pumacahua cargaba consigo un recuerdo nefasto, ya que durante la gran rebelión había luchado contra Túpac Amaru del lado de los colonialistas europeos. Solo en su edad adulta habría cambiado de bando para unirse a los patriotas.

Pumacahua era visto con mucha desconfianza por los tupacamaristas.[29] Este recelo era una actitud reciente, aunque muy intensa. Tradicionalmente, Pumacahua había sido uno de los emblemas de las luchas sociales cusqueñas. Incluso era frecuente encontrar su nombre en las proclamas campesinas de inicios de siglo, junto con el del propio Túpac Amaru. En 1914, el centenario de su muerte se había celebrado por todo lo alto en la capital regional.[30] El cambio de énfasis parece haber ocurrido en los años treinta y cuarenta, cuando a instancias de José Carlos Mariátegui, la izquierda comienza a diferenciar entre un luchador por la Independencia (Pumacahua) y un luchador social (Túpac Amaru). Para Mariátegui, la independencia era un acto político frustrado, que solo había beneficiado a los descendientes de los antiguos colonizadores.[31] Pumacahua queda en el lado malo de la historia, ya que su participación en la lucha contra los españoles no le redime de sus ataques contra Túpac Amaru. Al caudillo chincherino tampoco le favorecía su reivindicación por parte de historiadores "burgueses", como Basadre, quien consideraba que Pumacahua representaba el proyecto abortado de una nación pluricultural e inclusiva, frente al revanchismo indígena de Túpac Amaru. Con anhelante solidaridad, escribía Basadre, "podemos seguir el levantamiento de Pumacahua, desear su triunfo, lamentar su derrota porque el éxito de este levantamiento hubiese sido el éxito del Perú fusionado, ni alejado de

29. Un ejemplo tardío de estas reticencias en BMC-ECC, 4 de diciembre de 1980, "Pumacahua enemigo de su propia raza combatió a José Gabriel Túpac Amaru".

30. *El Sol*, 17 de marzo de 1914, "Centenario glorioso".

31. Un relato detallado de los cambios en la imagen de Pumacahua en De Almeida, "Memória e esquecimento".

lo criollo como Túpac Amaru ni alejado del indio como la Emancipación sanmartiniana y bolivariana".[32]

En el cargado ambiente político del velasquismo, la ambigüedad de Pumacahua era motivo más que suficiente para resultar sospechoso. El episodio más dramático tiene lugar en octubre de 1970, cuando la estatua de Pumacahua que adornaba la plaza de Armas de Sicuani aparece destruida.[33] El monumento se situaba en el lugar exacto donde Pumacahua había perdido la vida a manos de las fuerzas realistas. Se había inaugurado en 1931, y desde entonces se había convertido en el centro de las actividades cívicas de la localidad. Sin embargo, para los tupacamaristas era un agravio que la estatua siguiera en pie. Su imagen mancillaba el recuerdo de Túpac Amaru en el mismo corazón del escenario de su revuelta. Sicuani era la ciudad más importante de las provincias altas y, desde su punto de vista, no era aceptable que su plaza de Armas se convirtiera en un homenaje a quien había sido uno de los más enconados enemigos de Túpac Amaru.[34]

La fecha del ataque a la estatua no era casualidad. Pocos días después se conmemoraba el inicio de la gran rebelión andina, que ese año iba a ser especialmente importante por cumplirse 190 años del levantamiento. Pero los tupacamaristas habían calculado mal el golpe. El culto a Pumacahua estaba sólidamente asentado en Sicuani, por lo que encontraron una rápida respuesta. La ejecución de Pumacahua durante las guerras de independencia lo había convertido en el héroe local más importante, que aglutinaba el sentido de pertenencia de los canchinos. Una semana antes del ataque, los periodistas locales se lamentaban de que la estatua de Pumacahua estuviera sucia y cubierta de telarañas, y pedían al gobierno militar hacerse cargo de su mantenimiento.[35] Incluso existía un proyecto para desechar la estatua y construir en su lugar otra más moderna y llamativa. Tampoco ayudaba la propia impericia de los asaltantes, que por

---

32. Jorge Basadre, *Perú, problema y posibilidad. Ensayo de una síntesis de la evolución histórica del Perú*, Lima, Librería E. Rosay, 1933, p. 121.

33. BMC-ECC, 30 de octubre de 1970, "¡Derriban estatua de Pumacahua! Culpan a catedrático y periodista".

34. Por ejemplo, BMC-ECC, 12 de noviembre de 1970, Blas V. Aguiar, "Pumacahua ante la historia".

35. BMC-ECC, 9 de junio de 1969, "Monumento a Pumacahua adornado con telarañas".

precipitación habían dejado el trabajo a medias. Al intentar tirar la estatua con una soga amarrada a un vehículo, no habían contado con los fierros que asentaban al héroe sobre su pedestal. Pumacahua había caído a medias, quedando en una posición degradante.

La misma noche del ataque, la población de Sicuani se movilizó ante el temor de que el incidente sirviera como excusa para que las autoridades, con el apoyo de lo tupacamaristas, retiraran el monumento. Una fuente señala que, ante los rumores de que los restos de la estatua de Pumacahua estaban siendo trasladados a Cusco, "se llamó a rebato por las campanas del templo parroquial en horas de la madrugada y comenzó a llegar una multitud de gente que según cálculos pasaban de los tres mil, pidiendo justicia y la reposición del monumento".[36] Al día siguiente, los defensores locales del héroe convocaban otro mitin, al que los ciudadanos acudieron "portando el bicolor nacional, enlutado con crespones negros".[37] Esta virulenta reacción mostraba la importancia simbólica que los monumentos de los héroes tenían para los cusqueños. Evidenciaba también que cada localidad sentía una lealtad especial hacia aquellos personajes que estaban más directamente ligados a su propia historia. Incluso el culto a Túpac Amaru tenía lindes cuando chocaba con los héroes locales.

En los días siguientes, las protestas se extienden por toda la región. Medios de prensa, agrupaciones políticas y todo tipo de colectivos cusqueños se pronuncian casi unánimemente en contra del ataque.[38] Luis Nieto, director de la Casa Departamental de Cultura, defiende a Pumacahua, quien había tenido "el coraje de rectificarse y morir finalmente luchando contra los españoles". Más allá de su actuación durante la revuelta de Túpac Amaru, su valiente desempeño durante las guerras de independencia lo habían convertido en "un genuino prócer de nuestra emancipación". Una opinión similar manifestaba el presidente vitalicio de la Asociación Cultural Canchis, para quien el monumento a Pumacahua representaba

---

36. BMC-ECC, 31 de octubre de 1970, "Sicuani vivió momentos tensos por ultraje a monumento de Pumacahua".

37. BMC-ECC, 31 de octubre de 1970, "Una ofensa a la civilidad".

38. BMC-ECC, 31 de octubre de 1970, "Indignación general provoca en el Cusco acción vandálica"; y BMC-ECC, 5 de noviembre de 1970, "Ultraje a Pumacahua condenan mañana canchinos en Cusco".

"la gratitud del pueblo".[39] Para estos intelectuales cusqueños, que hasta poco tiempo antes se habían alineado fervorosamente en el bando tupacamarista, el culto a Pumacahua no debía verse como algo opuesto a la defensa de Túpac Amaru, sino como una manifestación de amor por la tierra y patriotismo.[40] La condena estaba acompañada de solicitudes de castigo a los responsables directos o indirectos del ataque. Un comunicado del Centro Universitario Canchis exigía que los funcionarios implicados fueran destituidos y encarcelados. Un comentarista iba aún más lejos y solicitaba que se aplicara a los culpables el Código de Justica Militar, ya que desde su punto de vista, la destrucción de la estatua era "un atentado contra un héroe patriótico y contra un héroe mestizo peruano".[41]

En Chinchero, la localidad natal de Pumacahua, cinco mil campesinos se reúnen en la plaza de Armas para pedir un castigo ejemplar para los culpables del destrozo.[42] En ningún lugar como ahí la memoria del prócer de la independencia estaba tan viva. Situado al norte del departamento, Chinchero era un pueblo en alza. Para sus habitantes, los ataques tenían un claro trasfondo político. Eran una venganza de quienes sentían envidia de su creciente prosperidad, debida al turismo y a la presencia de un connotado equipo de arqueólogos e historiadores españoles que estaban restaurando las ruinas para convertir a Chinchero en uno de los principales atractivos de la región. Los oradores denunciaban que lo ocurrido en Sicuani no era un caso aislado. Otro busto de Pumacahua había sufrido un ataque similar en Chinchero. Los dedos acusatorios se dirigían contra funcionarios velasquistas demasiado afanosos en la defensa de Túpac Amaru como nuevo icono revolucionario.

La indignación era mayor porque todos sabían quién estaba detrás del ataque. El autor intelectual era Manuel Jesús Aparicio, un conocido tupacamarista, historiador, profesor universitario cusqueño y director del

---

39. Todas las citas en BMC-ECC, 9 de noviembre de 1970, "General protesta por el ultraje".
40. BMC-ECC, 31 de octubre de 1970, "Presidente vitalicio Asoc. Cultural Canchis condena atentado a monumento".
41. BMC-ECC, 31 de octubre de 1970, "Una ofensa a la civilidad".
42. BMC-ECC, 10 de noviembre de 1970, "En Chinchero cinco mil campesinos protestan por ultraje a Pumacahua".

Archivo Histórico Regional. Aparicio destacaba por su adscripción al cusqueñismo más radical y por su defensa del cholo como emblema del nuevo Perú. Túpac Amaru era, desde su punto de vista, el epítome de este nuevo sujeto social que debía transformar la nación. Semanas antes de emprenderla contra la estatua, había escrito un largo artículo en el que criticaba con saña el comportamiento de Pumacahua durante los sucesos de 1780. "En esta revolución —recordaba— los caneños y canchinos, patriotas por tradición se lanzaron como cóndores a conquistar la libertad, no solo para Canas y Canchis y el Perú, sino para toda América".[43] Pumacahua, en cambio, había traicionado a su raza. Por su culpa, Túpac Amaru había caído a manos del "feroz Areche, desalmado sayón, quintaesencia de toda la salvaje crueldad de celtas y árabes". El artículo concluía con un claro llamado a los cusqueños para deshacerse de cualquier vestigio material que recordara la felonía de Pumacahua. La estatua era una vergüenza que no debía tolerarse por más tiempo. "El pueblo caneño —proclamaba Aparicio—, como si estuviera inspirado por Areche, ha erigido un monumento en la plaza de Armas al hombre que más peleó contra Túpac Amaru. Ojalá que las nuevas generaciones limpien las malezas de este olvido e ingratitud".

El otro inculpado del ataque era Aníbal Acurio, un periodista de radio cusqueño, "quien prestó la soga para derribar el monumento". Tanto él como Aparicio fueron reconocidos la misma noche de los hechos por un guardia, que los sorprendió al volante de una camioneta amarilla de gran tamaño, cuando trataban de ingresar a la plaza de Armas con la poco convincente excusa de que debían realizar una "misión" y colocar una ofrenda floral al héroe.[44] También se les había visto al regresar a Cusco, en el puesto policial de San Jerónimo, poco antes del amanecer. Las pruebas eran muy evidentes y era poco lo que podían decir en su defensa. Aunque Aparicio trata de negar tibiamente su participación en el ataque, la detención se produce poco después.[45] Como muestra de la indignación de

---

43. BMC-ECC, 14 de octubre de 1970, Manuel Jesús Aparicio Vega, "Canchis y la revolución de Túpac Amaru".

44. BMC-ECC, 31 de octubre de 1970, "Sicuani vivió momentos tensos por ultraje a monumento de Pomacahua".

45. BMC-ECC, 31 de octubre de 1970, "El Dr. Aparicio niega ser autor de atentado contra Pumacahua".

los sicuaneños, tras su ingreso en prisión ambos estuvieron a punto de ser linchados por los demás presos, "que una y otra vez se opusieron de forma airada" a compartir celda con ellos.[46]

Las represalias desatadas por el ataque contra Pumacahua no se limitaban a quienes habían estado directamente involucrados en la agresión. Durante unos días se lleva a cabo una auténtica caza de brujas, que algunos aprovechan para ajustar cuentas. Los sicuaneños más exaltados apuntaban como cómplices a varios profesores locales vinculados con el movimiento tupacamarista, todos ellos firmes defensores de la revolución militar. Las sospechas se dirigían también contra la Casa de la Cultura de Sicuani, a la que se acusaba públicamente de ser un "nido de víboras". Más controvertida era la participación de un antiguo alcalde de la localidad. Aunque el acusado negaba su complicidad de manera rotunda, eran muchas las voces que lo señalaban.[47] En el punto culminante de la polémica, la ira de los sicuaneños se dirige contra el propio Túpac Amaru. Se ponía en cuestión tanto al personaje como a sus defensores. "No necesitamos a Túpac Amaru, ni a los tupacamaristas", habría gritado un manifestante. Para otro el caudillo andino solo había sido "un oportunista".[48]

Esta era la gota que colmaba el vaso. Las manifestaciones en Chinchero y Sicuani amenazaban con convertirse en un auténtico motín. Los ataques contra Túpac Amaru mostraban que las protestas tenían cada vez más un contenido netamente político. Las autoridades militares temían que se desatase una caza de brujas contra sus partidarios. La agresión contra Pumacahua podía ser el detonante para que se volvieran a abrir viejas heridas. De ahí que finalmente se desechara la idea de retirar los restos de la estatua de la plaza de Armas. A finales de noviembre, con la ayuda de maquinaria pesada, Pumacahua volvía a su pedestal. La ceremonia de desagravio contó con la presencia de las principales autoridades regionales.[49] El único

46. BMC-ECC, 5 de noviembre de 1970, "Estaría por ser identificado 3er participante del atentado".

47. BMC-ECC, 10 de noviembre de 1970, "Ex alcalde enjuiciaría a los que le acusaron de derribar monumento".

48. BMC-ECC, 13 de noviembre de 1970, Miguel Ángel Delgado Vivanco, "Túpac Amaru y su gloria (conclusión)".

49. BMC-ECC, 18 de noviembre de 1970, "Sicuani-Canchis".

deterioro correspondía a la espada del héroe, que había tenido que sustituirse, al desaparecer la original en medio de los tumultos.[50]

## Obras (y museos) para el pueblo

La evocación tupacamarista se consideraba en sí misma un ejercicio de peruanidad. "En cada corazón de los trece millones de peruanos —afirmaba una proclama en 1973— está latente el culto al insigne Túpac Amaru". Sin embargo, más allá de esta retórica abundan los intentos de apropiación del mito con fines claramente utilitarios, por parte de grupos o localidades concretos. Apelar a presuntos vínculos especiales con el héroe podía abrir la puerta a beneficios materiales o políticos. Esto ocurría sobre todo en las provincias altas, donde la instrumentalización del recuerdo de la rebelión es muy frecuente durante todo el periodo velasquista, ya sea por parte de las autoridades locales o de la propia población. "Nuestro gobierno central lleva como símbolo el nombre de Túpac Amaru II y sobre todo está inspirado en la acción revolucionaria —leemos en un reclamo de 1971—, pero la provincia de Canas está postergada en su progreso desde hace decenas de años, por falta de ayuda de las instituciones representativas y en forma especial del gobierno revolucionario que dignamente preside el general de división Juan Velasco Alvarado". Poner fin a esta injusticia era urgente, y para ello, "el mejor homenaje al paladín de las libertades humanas sería impulsando el progreso de la provincia de Canas, que sus hijos esperan ansiosos".[51] Más directamente, un dirigente campesino afirmaba que el mejor honor que se le podía rendir al héroe era "realizando obras que favorezcan a su pueblo".[52]

---

50. BMC-ECC, 20 de noviembre de 1970, "Pumacahua con nueva espada". Tamayo Herrera señala, sin embargo, que la restauración se hizo a toda prisa y de manera poco cuidadosa, por lo que la cabeza del héroe estaba mal colocada y resultaba desproporcionada con relación al resto del cuerpo. Al respecto, Tamayo Herrera, *Historia del monumento*.
51. BMC-ECC, 26 de junio de 1971, "Canas plantea sus problemas".
52. BMC-ECC, 17 de mayo de 1971, "Prometen realizar obras en homenaje a Túpac Amaru II".

En ningún lugar se percibe esta instrumentalización con más claridad que en Surimana, la aldea natal de Túpac Amaru. El contraste entre la triste realidad de la localidad y su glorioso pasado es un tópico repetido en decenas de artículos a lo largo de estos años. Surimana, según un reporte de la época, "carece de los servicios más indispensables como posta sanitaria, puesto de Guardia Civil, instalación eficiente de servicios de agua potable y sobre todo de una carretera para que los turistas y personas que deseen conocer esta tierra prodigiosa lo hagan con facilidades".[53] La educación de los niños estaba a cargo de "dos normalistas, como otras tantas heroínas de la educación, desterradas en la más completa soledad".[54] Pero lo que más preocupa era el mal estado del templo en el que se conservaban las "reliquias" vinculadas a Túpac Amaru. A pesar de su gran valor, se encontraban en "una mesa donde son amontonadas y no están debidamente resguardadas".[55] Cualquier día podían perderse o caer en manos de amigos de lo ajeno. Similar riesgo corrían otros lugares emblemáticos vinculados a la vida del héroe. "La pileta donde recibió las aguas bautismales el apóstol de la libertad —se lamentaba una fuente— se encuentra botada en el suelo, destruida por piezas que pueden quedar sepultadas por el derrumbamiento de las paredes que es inminente". Pese a las reiteradas protestas de los tupacamaristas, las autoridades no habían hecho nada para poner fin a esta situación. "Solo los campesinos del pueblo han realizado alguna obra referente a la renovación de las tejas", señalaba un testigo.[56]

Los temores de los periodistas cusqueños por el destino de las reliquias de Túpac Amaru no eran infundados. A principios de los años setenta, la región sufría una oleada de robos sacrílegos. Aprovechando la confusión de la reforma agraria, las pequeñas iglesias rurales se habían convertido en un suculento botín para los traficantes de arte. En ocasiones, los ladrones contaban con la complicidad de pobladores locales o de las propias fuerzas

53. BMC-ECC, 11 de enero de 1971, "Histórico templo de Surimana está por venirse abajo".

54. BMC-ECC, 10 de noviembre de 1970, "En Surimana y Tungasuca".

55. BMC-ECC, 4 de noviembre de 1970, "Amenaza desplomarse templo edificado por los Túpac Amaru en Surimana".

56. BMC-ECC, 11 de enero de 1971, "Histórico templo de Surimana está por venirse abajo".

de seguridad, que les ayudaban en su tarea a cambio de pequeños pagos. Otras veces actuaban por su cuenta, aunque el objetivo era siempre el mismo: apropiarse de los ejemplos más valiosos del arte colonial y republicano cusqueño, para venderlos a coleccionistas de todo el mundo.[57]

En enero de 1970 suenan las alarmas en la iglesia de Pisac. A finales de febrero, le tocaba el turno a la capilla de Occopata, situada en la periferia de la capital.[58] Ni siquiera la propia capital regional estaba a salvo de estos asaltos. En diciembre de 1969, un cuadro que representaba a La Piedad había sido sustraído del convento de San Francisco, causando gran escándalo en toda la ciudad. Los asaltantes resultaron ser escolares, sin ningún tipo de conexión con las redes de traficantes de arte.[59] Tras intentar vender el cuadro por una suma irrisoria, asustados por la repercusión de su robo, lo dejaron abandonado en las rejas de un centro educativo situado al costado del mismo convento.[60] Las autoridades pudieron recuperar la obra, sin que hubiera ningún desperfecto que lamentar. Pero, más allá de su resolución feliz, la osadía del robo mostraba la vulnerabilidad del arte cusqueño y la falta de vigilancia y resguardo que sufría la mayor parte de las iglesias y conventos.

Para evitar los robos, la respuesta más frecuente consistía en promover nuevos museos, que permitieran conservar la riqueza histórica de la región y que al mismo tiempo se convirtieran en nuevos atractivos turísticos. Estos nuevos museos cusqueños de los primeros años del velasquismo son de tres tipos: antiguos conventos abiertos al público y convertidos en repositorios; museos de carácter regional, con selecciones de las piezas más importantes de las diferentes épocas históricas; y "museos de sitio", centrados en un monumento o un lugar arqueológico específico. Este último grupo de museos era una innovación reciente en el Perú. El único precedente era

---

57. BMC-ECC, 4 de marzo de 1970, "PIP requisó cuadros en casa de particular"; y BMC-ECC, 23 de abril de 1970, "El tráfico ilícito de arte antiguo continua".

58. BMC-ECC, 9 de abril de 1970, "Sustraen piezas pictóricas y otros objetos de una capilla de Pisac" (el robo se había producido en enero); y BMC-ECC, 17 de febrero de 1970, "Sacrílegos roban 9 lienzos: Occopata".

59. BMC-ECC, 9 de diciembre de 1969, "Lienzo de La Piedad fue hallado en reja del Colegio Ciencias".

60. BMC-ECC, 11 de diciembre de 1969, "La Piedad, que cuesta un millón, casi venden en tres mil soles".

el Museo de Puruchuco, abierto por Arturo Jiménez Borja en Lima en diciembre de 1960. Borja era ahora un alto responsable de la Casa de la Cultura de Lima y desde ese puesto trataba de promover su modelo por todo el país.[61] Siguiendo este impulso, en Cusco son numerosos los proyectos de museos de sitio que salen a la luz a inicios de los años setenta.[62] Entre los candidatos estaban Ollantaytambo, Rajchi, Chinchaypuquio, Qenqo Grande y Sacsayhuamán. En los casos en los que logran concretarse, estos museos suelen ser, sin embargo, instalaciones precarias. El equipamiento y el personal son limitados. Aun así, contribuían a mejorar la seguridad de las piezas resguardadas en ellos, poniéndoles las cosas más complicadas a los saqueadores, que preferían dedicarse a excavar nuevos yacimientos o a buscar iglesias menos vigiladas.

El otro referente que tenían los cusqueños en la cabeza cuando demandaban intervenciones urgentes para conservar las reliquias de Túpac Amaru era la Misión Arqueológica Española de Chinchero. Iniciada en 1968, se trataba del primer ejemplo en la región andina de intervención arqueológica que combinaba labor científica, restauración de los monumentos y puesta en valor a gran escala de los hallazgos para el turismo.[63]

---

61. Sobre los orígenes y expansión de los museos de sitio peruanos, Asensio, "Disciplinar el pasado".

62. Por ejemplo, BMC-ECC, 21 de noviembre de 1969, "Museo de Ollantaytambo"; BMC-ECC ,17 de abril de 1970, "Museo de Sitio habrá: Rajchi", BMC-ECC, 17 de abril de 1971, "Chinchaypuquio quiere un museo arqueológico"; BMC-ECC, 28 de febrero de 1972, "Qenqo Grande sede del nuevo Museo Sitio: inauguración"; y BMC-ECC, 2 de marzo de 1972, "Sacsayhumán desde ayer tiene un Museo de Sitio".

63. La misión fue financiada por la Dirección General de Relaciones Culturales del Ministerio de Asuntos Exteriores de España, a través del Comité de Cooperación, Estudio y Conservación del Patrimonio Artístico de Hispanoamérica y Filipinas. Estaba dirigida por Manuel Ballesteros, profesor de la Universidad Complutense de Madrid, y contaba con colaboradores de otras universidades españolas, así como peruanos, entre los que destacaba María Rostworowski. Los trabajos científicos se dividían en cuatro campos: histórico y etnohistórico (bajo la dirección del propio Ballesteros); histórico-artístico (dirigido por Enrique Marco Dorta); etnológico (dirigido por el profesor catalán Claudi Esteva Fabregat); y arqueológico (dirigido por José Alcina Franch). Entre los cusqueños que colaboraron se encontraban Manuel Chávez Ballón y Alfredo Valencia. Es discutible si el enfoque integral de puesta en valor existía desde el momento inicial o si se desarrolló sobre la marcha, a medida

En el momento de iniciarse los trabajos, Chinchero estaba en un estado crítico. La torre de la emblemática iglesia colonial se había derrumbado mientras los técnicos de la CRYF la apuntalaban.[64] La modernización descuidada y la proliferación de calaminas amenazaban con destruir la imagen tradicional del pueblo y ponían en riesgo su preservación como tesoro cultural. La misión española saca a la luz restos de las épocas preinca, inca y colonial, restaura la iglesia y refacciona la casa de Mateo Pumacahua, el gran héroe local, cuyo honor se había puesto en cuestión con el ataque a la estatua de Sicuani. La dirección de los trabajos estaba a cargo de Manuel Ballesteros Gaibrois, de la Universidad Complutense de Madrid. La partida incluía además a especialistas de las universidades de Sevilla y Valencia.

Ballesteros es uno de los americanistas españoles más importantes del siglo pasado. Su trayectoria vital se confunde con la propia evolución de la disciplina y atraviesa varias etapas nítidamente diferenciadas. En los años treinta estudia en Alemania becado por la Junta de Ampliación de Estudios, la gran institución española promotora de la modernización y la europeización de la educación. Allí asimila el enrarecido ambiente intelectual de aquellos años, en los que la tradición germánica de historia cultural se mezclaba con el esencialismo étnico. A su retorno a España, los orígenes familiares de Ballesteros, vinculados con las noblezas andaluza e italiana, le impulsan a afiliarse a la Falange Española, el partido de inspiración fascista dirigido por José Antonio Primo de Rivera. Participa como

---

que cambiaban las condiciones políticas del país. Lamentablemente, aunque fueron muchos los artículos científicos publicados con los resultados de las excavaciones, no existe ningún trabajo sistemático sobre la historia de esta misión arqueológica y su papel clave en los modelos de intervención patrimonialistas de la cooperación internacional en la región andina. Breves referencias al respecto se pueden encontrar en José Alcina Franch, "La antropología americanista en España, 1950-1970", *Revista de Estudios Antropológicos Americanos*, n.° 7, 1971, pp. 18-58.

64. BMC-ECC, 21 de enero de 1970, "Histórica torre de Chinchero se desplomó antier". Hasta la actualidad es frecuente escuchar en Chinchero que la torre se destruyó durante el rodaje de *The Last Movie*, el wéstern andino protagonizado por Dennis Hopper, ya fuera por error o simplemente por vandalismo. Sin embargo, esta versión es incorrecta, ya que los actores llegaron a Chinchero días después del desastre. Es posible que la cercanía temporal de ambos sucesos, la escandalosa conducta de los actores y el impacto que causaron en la conservadora sociedad chincherina hayan llevado a que ambas historias se fusionaran en la memoria popular.

voluntario en la Guerra Civil, donde llega a ser condecorado, y forma parte del grupo de intelectuales nacional-católicos que apoya y legitima al régimen franquista. Tras el conflicto, Ballesteros se beneficia de las purgas realizadas por los vencedores y asume varias cátedras en las universidades de Valencia y Madrid.[65] Sin embargo, desde los años cincuenta modera sus sesgos ideológicos e impulsa la modernización de las ciencias sociales españolas. Como muchos otros intelectuales de su generación, a medida que el franquismo entraba en una vía muerta, empieza a alejarse de los sectores más intransigentes. Sus esfuerzos se centran en el Museo de América, creado poco antes, que pretendía convertir en un centro de investigación y conservación moderno, a imagen y semejanza de los grandes museos antropológicos europeos y americanos. Su objetivo era superar la dicotomía entre defensores y detractores de la intervención española en América, un debate que se había enquistado por la apropiación franquista de las figuras asociadas a la conquista americana, convertidas en héroes del nuevo régimen.[66] Junto con otros colegas, Ballesteros funda varias revistas y promueve la incorporación de académicos españoles en las redes indigenistas internacionales. En 1972, se convierte incluso en el presidente de la delegación española del congreso indigenista de Brasilia, auspiciado por la Organización de Estados Americanos.[67] Su estancia en Cusco se explica como parte de este giro, que aun sin abandonar sus planteamientos políticos conservadores, le lleva a convertirse en una figura clave de la modernización de la ciencia española.

---

65. Yolanda Blasco Gil y María Fernanda Mancebo, "Las primeras oposiciones patrióticas a cátedras de historia en 1940-41", *Spagna Contemporánea*, n.° 36, 2009, pp. 119-141, y Jaume Claret Miranda, "Cuando las cátedras eran trincheras. La depuración política e ideológica en la universidad española durante el primer franquismo", *Hispania Nova*, n.° 8, 2006, sin paginación.

66. Débora Betrisey Nadali, "Historia, antropología e imperio español en el Museo de América (1940-1965)", *Antípoda. Revista de Antropología y Arqueología*, n.° 22, 2015, pp. 91-111.

67. Carlos Caravante García, "En memoria de Manuel Ballesteros Gaibrois", *El País* (Madrid), 6 de diciembre de 2002. En las décadas siguientes, Ballesteros profundizó su orientación indigenista llegando a participar en algunas sesiones del Tribunal Permanente de los Pueblos en los años ochenta en Guatemala.

Ballesteros había estado vinculado al Cusco desde mucho tiempo atrás. En 1951 había sido uno de los firmantes del manifiesto del Congreso de Peruanistas que pedía el traslado del convento de Santo Domingo para sacar a la luz las ruinas del Qoricancha.[68] En paralelo a las excavaciones arqueológicas, un equipo de antropólogos dirigido por Claudi Esteva Fabregat, de la Universidad de Barcelona, indaga en temas como la cultura material de las comunidades campesinas aledañas a Chinchero, la dinámica del mercado local y las creencias mágico-religiosas asociadas a la medicina tradicional andina.[69] Esteva era una personalidad con una trayectoria diametralmente opuesta a la de Ballesteros. Al final de la Guerra Civil, aún muy joven, había huido a México, donde desempeñó los más variopintos oficios. Había sido futbolista y entrenador profesional antes de ingresar en la Escuela Nacional de Antropología e Historia, donde completó su formación en compañía de otros exiliados catalanes, como Ángel Palerm y Joan Comas, bajo el auspicio de Pere Bosch i Gimpera, considerado uno de los padres de los estudios prehistóricos españoles. Con ellos había vivido los años de auge del indigenismo y la antropología mexicanos, antes de regresar a España, en 1956, para realizar una doble labor académica y política, como enviado de la izquierda catalana. Su trabajo había contribuido a renovar radicalmente la antropología peninsular, primero en Madrid, donde funda la Escuela de Estudios Antropológicos y ejerce como director del Museo Nacional de Etnología —sustituyendo nada menos que a Julio Caro Baroja—, y luego en la Universidad de Barcelona, donde comienza a trabajar en 1968. Unos años antes, en un Congreso Internacional de Americanistas, había conocido a Ballesteros, quien en ese momento estaba en pleno giro de su orientación profesional. El proyecto de Chinchero era por lo tanto una suerte de convergencia entre las dos líneas de la intelectualidad académica peninsular separadas por la Guerra Civil.

Para los españoles, Chinchero era "un pueblecito perdido en las estribaciones andinas, encajonado entre los grandes valles de Cusco y del Vilcanota", en el que se habrían conservado "casi intactas una serie de

---

68. BMC-ECC, 11 de septiembre de 1951, "Restauración del Coricancha".

69. Miguel Ángel Rivera Dorado, "La tercera campaña de trabajos de la misión española en Chinchero (Perú)", *Revista Española de Antropología Americana*, n.° 6, 1971, pp. 489-491.

instituciones y costumbres que arrancan probablemente de tiempos preincaicos".[70] Su valor residía en la particular idiosincrasia local, caracterizada por la yuxtaposición física de restos de diferentes épocas. Chinchero era una suerte de corte estratigráfico en vivo. "Los monumentos incaicos no desparecieron con la conquista", señalaba uno de los expedicionarios, "una población se superpone a otra, con lo que es factible establecer en un lugar vivo y limitado las relaciones e influencia mutuas entre ambas culturas". En la línea del indigenismo mexicano, Esteva quería rastrear la esencia de los indígenas cusqueños, su identidad verdadera previa a la llegada de los españoles. Una perspectiva algo diferente tenía Jesús Contreras, otro de los antropólogos involucrados en la Misión Arqueológica, quien desde una perspectiva marxista estaba interesando en analizar las estructuras sociales que servían de base a la economía de las comunidades campesinas de la sierra peruana.[71]

Las actividades de la Misión Arqueológica tienen una amplia difusión en la prensa española. El seguimiento incluye programas de radio y televisión y artículos en los principales medios de prensa. El propio trabajo de los arqueólogos se graba en diferentes calidades de película, para efectos de documentación o para su posterior exhibición pública en forma de documentales. En el plano científico, las tres campañas de trabajo de campo dan lugar a numerosas comunicaciones en congresos internacionales y a una docena de artículos científicos, que aparecen en los años siguientes, en revistas especializadas de arqueología, historia del arte y antropología.[72] Este despliegue de medios impresionó a los intelectuales cusqueños, quienes apreciaban el carácter multidisciplinario de las investigaciones. Varios

---

70. Miguel Rivera Dorado, "La Misión Arqueológica española en el Perú", *Revista Española de Antropología Americana*, n.° 4, 1969, pp. 315-317.

71. Por ejemplo, Pablo García, *In the Name of The Tourist: Landscape, Heritage, and Social Change in Chinchero*, Thesis Submitted for the Degree of PhD at the University of St. Andrews, 2015, pp. 90 y ss. Disponible en: <http://hdl.handle.net/10023/7793>.

72. Pilar Romero de Tejada, "Chinchero cinematográfico: TVE, NO-DO y misión", *Revista Española de Antropología Americana*, n.° 5, 1970, p. 431. El interés español por Cusco había llevado en 1969 a que se filmara un documental turístico sobre la ciudad, con la colaboración de la aerolínea Lansa. Al respecto: BMC-ECC, 15 de octubre de 1969, "Europa verá a Cusco por TV".

de ellos colaboraron, además, directa o indirectamente, con los españoles, aportando su conocimiento de las fuentes locales. Son los casos de Manuel Chávez Ballón, el creador de la primera cátedra de arqueología de Cusco, y de María Rostworowski, quien se referiría a Chinchero en muchos de sus trabajos posteriores sobre el Imperio inca. La colaboración se facilitaba por el hecho de que la propia Rostworowski había formado parte en los años sesenta del cuerpo diplomático peruano en España, donde entre otras tareas había apadrinado la construcción del navío de carga "Inca Pachacútec" construido en Andalucía por encargo de su gobierno.

En el plano personal, las relaciones también parecen haber sido buenas. Ballesteros era amigo de Manuel Aparicio, uno de los involucrados en la destrucción de la estatua de Mateo Pumacahua y director del Archivo Regional, y del historiador Horacio Villanueva Urteaga, quien tenía a su cargo el Museo Regional. Ambos participaban en los trabajos de la Misión Arqueológica y buscaban la opinión de Ballesteros para dilucidar polémicas sobre obras de arte cusqueñas, su autenticidad, posible origen o antigüedad. Esta confianza hacía que Ballesteros se viera en ocasiones involucrado en algunas de las múltiples polémicas que se producían en la ciudad en torno a temas históricos. En 1970, por ejemplo, rechazaba que una imagen de madera policromada de San Jerónimo conservada en la sacristía de la iglesia de la Compañía fuera obra de Miguel Ángel, como se había publicado en la prensa local. Tras analizar su factura y las fuentes disponibles sobre su origen, el profesor español concluía que se podía atribuir la talla a la escuela barroca sevillana, quizás a Juan Martínez Montañés o a alguno de sus discípulos, pero no al maestro italiano.[73]

Los españoles también construyen en Chinchero dos museos, uno de arte colonial y otro de arqueología y etnología.[74] Este último ocupaba la propia casa de Pumacahua, mientras que para el primero se había levantado un local especial de nueva factura. Allí debían conservarse los cuadros y los objetos religiosos más importantes de la iglesia local, a fin de evitar su robo o desaparición. En ambos casos se trataba de instalaciones

73. BMC-ECC, 27 de julio de 1970, "En torno a la escultura de Miguel Ángel: opinión de historiador español". El artículo es una carta enviada por Ballesteros a *El Comercio*.

74. BMC-ECC, 10 de octubre de 1971, "Dos museos para Chinchero".

de pequeñas dimensiones, pensadas como museos comunales que debían gestionar de manera conjunta el Estado peruano y las autoridades de Chinchero. El objetivo era convertir la localidad en un destino atractivo para los miles de turistas que cada año llegaban a Cusco.[75] El museo, las ruinas prehispánicas, la iglesia y la imagen tradicional de sus calles hacían de este pueblo un lugar mágico y especial, genuinamente andino. Con la restauración hecha por los españoles, según un periodista local, el pueblo lucía como nunca desde su destrucción durante la conquista.[76]

La prensa cusqueña recoge con gran pompa la ceremonia de entrega de las obras por los representantes de la misión española. El acto es uno de los pocos ejemplos de retórica hispanista en el Cusco velasquista. Se trata de un claro ejemplo de los diferentes ritmos de evolución que las retóricas académicas y políticas tienen en los regímenes autoritarios. Durante el desarrollo de su trabajo, los arqueólogos habían evitado utilizar el lenguaje hispanista que tanto gustaba al régimen franquista español, tanto porque eran conscientes de que era poco conveniente en el ambiente político revolucionario cusqueño, como porque la propia evolución de las ciencias sociales españolas hacía tiempo que había dejado atrás los paradigmas de la evangelización, el mestizaje y la fusión de culturas, para centrarse en visiones más complejas del choque cultural posterior a la conquista. Sin embargo, el discurso del embajador recupera esta retórica. Inicialmente incluso estaba previsto que el acto coincidiera con el Día de la Raza, aunque retrasos de última hora obligaron a postergarlo unos días. El embajador centra su discurso en la importancia del trabajo de la Misión Arqueológica, que considera un eslabón más en la larga tradición de amistad entre ambos países. Su relato pasa por alto las controversias sobre la época colonial, que tan habituales eran en ese momento en Cusco. De manera rutinaria, insiste en la necesidad de fomentar la herencia compartida y de dejar atrás el pasado. Más sincero, con un dejo de nostalgia, Ballesteros señalaba sentirse como "un chincherino más".[77]

---

75. BMC-ECC, 25 de octubre de 1971, "Chinchero con nueva imagen es poderoso imán turístico".

76. BMC-ECC, 6 de octubre de 1971, "Chinchero con nueva imagen: españoles entregan a fines...".

77. BMC-ECC, 27 de octubre de 1971, "Obras Chinchero ejecutadas por España recibió Perú".

El éxito de la misión española en Chinchero lleva a que otras comunidades, como Rajchi, soliciten también su presencia.[78] Los tupacamaristas aspiraban a repetir el modelo de intervención integral en Surimana, aunque con una narrativa diametralmente diferente, que destacara a Túpac Amaru como héroe de la resistencia anticolonial. En lugar de la colaboración internacional, pretendían que el motor de la intervención fuera el propio Estado peruano. Surimana debía convertirse en el centro de un circuito turístico dedicado al caudillo andino, que atrajera a visitantes nacionales y extranjeros, asegurando una fuente de ingresos para los campesinos. Sin embargo, es muy poco lo que se avanza en este camino. El principal logro es la apertura de una carretera en 1971, que permitió que por primera vez la aldea pudiera conectarse con el resto de la región.[79] También se realizaron algunas mejoras en la plaza de Armas y se instaló un busto en honor de Túpac Amaru en ella. Pero los tupacamaristas eran conscientes de que estas intervenciones tenían un impacto reducido. La pobreza seguía siendo la nota general en Surimana. La casa de Túpac Amaru seguía en un estado de casi completo abandono y el proyectado museo seguía sin abrir sus puertas.

Surimana era el ejemplo más sangrante del abandono estatal de las provincias altas, pero estaba lejos de ser un caso aislado. La preocupación por la preservación de las reliquias asociadas a la vida y a la obra de Túpac Amaru se percibe a lo largo de toda la región. Los años setenta son una época muy dura para el patrimonio peruano. La crisis económica y las tensiones políticas llevan a un abandono general. Muchos monumentos se deterioran o incluso se destruyen, sin que las autoridades puedan hacer nada, debido a la falta de recursos. En Livitaca, las alarmas saltan cuando, tras una temporada excepcional de lluvias, se derrumba el arco colonial, del que la tradición local aseguraba que había pendido una de las piernas del caudillo caneño tras su ejecución y desmembramiento. Situado frente a la capilla de Huampo Huampo, el arco tenía una partida asignada para su restauración, pero los fondos no se habían podido desembolsar. La

78. BMC-ECC, 4 de septiembre de 1970, "Trabajos en Rajchi".

79. BMC-ECC, 28 de septiembre de 1971, "Llegó la carretera a Surimana, hay júbilo: se cumplió una promesa patriótica".

misma suerte corren los cuadros de la escuela cusqueña y varios retablos de madera conservados en la sacristía.[80]

Atrapadas entre la falta de recursos y las crecientes demandas de una población cada vez más reivindicativa, las autoridades de las provincias altas con frecuencia apelaban a la figura del líder rebelde para llamar la atención del gobierno. En 1970, varios alcaldes aprovechaban la celebración del aniversario de la ejecución de Arriaga para solicitar al gobierno el inicio de la reforma agraria en su jurisdicción. Había pasado más de un año desde el famoso discurso de Velasco y en las provincias altas aún no se notaban sus efectos. El reclamo contaba con el respaldo de las organizaciones campesinas de Tungasuca, Pampamarca y Yanaoca.[81] Tres años después, los alcaldes enviaban al presidente un busto de Túpac Amaru, elaborado por "un experto artista campesino que ha logrado descollar". El regalo apuntaba claramente a movilizar el paternalismo del gobierno militar, ya que debía ser entregado por la Qosqo Hatun Aclla, una suerte de reina de belleza indígena que todos los años se elegía durante el festival folclórico de Rajchi y que gozaba de gran prestigio en la región como representante de la idiosincrasia local.[82] Al ser mujer, rural e indígena, se consideraba que ella sería mejor recibida por las autoridades limeñas.

Otro escenario de reivindicación eran las "romerías tupacamaristas", que se llevaban a cabo casi todos los años para conmemorar el inicio de la rebelión. Los peregrinos podían ser líderes sociales, funcionarios o ministros. Era raro el año en que no llegaba una o varias de estas comisiones. En 1970 presidía la delegación Francisco Landa, jefe de redacción de *Expreso*.[83] Con él viajaban representantes de la Federación de Trabajadores de Cusco y de la Federación Departamental de Campesinos. La ruta incluía visitas a varios distritos de las provincias de Canas y Acomayo.

---

80. BMC-ECC, 27 de febrero de 1973, "Se derrumbó arco en donde colgaron pierna de T. Amaru".

81. BMC-ECC, 10 de octubre de 1970, "Campesinos de Provincias Altas piden aplicar Ley Reforma Agraria".

82. BMC-ECC, 23 de octubre de 1970, "Busto de T. Amaru es llevado a Lima para presidente Velasco".

83. BMC-ECC, 29 de octubre de 1970, "Periodistas limeños rendirán homenaje a T. Amaru en Cusco".

En Surimana, los visitantes fueron recibidos por los comuneros con gran júbilo y entusiasmo "en la plaza principal, donde nació y contrajo enlace religioso el jefe de la revolución americanista, Túpac Amaru".[84] Un año después, los tupacamaristas apuntaban más alto. El objetivo era organizar una "romería gigante" que contara con la presencia de varios ministros.[85] Este debía ser el evento más importante de los que conmemoraban el 190 aniversario del inicio de la rebelión. Aunque finalmente los ministros no acudieron, la delegación incluyó al jefe nacional de Sinamos, quien aprovechó su estancia en la zona para inaugurar varias obras financiadas por el gobierno militar. Entre fanfarrias y discursos, Rodríguez Figueroa puso la primera piedra de lo que se pretendía que fuera una restauración integral de la casa de Túpac Amaru y de la iglesia parroquial de Surimana.

Esta ceremonia era el punto culminante de un programa de diez días de celebraciones y homenajes en honor del caudillo de la revolución andina, organizado por las autoridades de Canas y Canchis.[86] En ambas provincias, el gobierno había declarado festivo el aniversario de la rebelión, lo que se aprovechó para realizar un acto de hermanamiento, que pusiera fin a la rivalidad que desde siempre enfrentaba a caneños y canchinos. Entre los asistentes a la ceremonia estaba Teófilo Uscamaita, uno de los tupacamaristas más renombrados de las provincias altas, quien en un "corto pero lucido discurso hizo hincapié en la tarea que deben cumplir las autoridades de ambas provincias para conseguir el progreso de ambos pueblos". La respuesta vino de mano del alcalde de Yanaoca, para quien los pueblos de Canchis y Canas no debían tener fronteras, sino "ser un solo techo y un solo corazón bajo la egida del gran cacique de Tungasuca y Surimana, Túpac Amaru II".[87]

Taumatúrgico y voluntarista, el culto al prócer debía reconciliar a estas dos provincias, que tenían una rivalidad de larga data, debido a cuestiones políticas y económicas. Al ser una provincia escasamente poblada y económicamente poco significativa, sus habitantes pensaban que Canas estaba

84. BMC-ECC, 11 de noviembre de 1970, "Periodistas visitaron la provincia: Canas".

85. BMC-ECC, 19 de octubre de 1971, "4 ministros en gigante romería al pueblo natal de Túpac Amaru".

86. BMC-ECC, 24 de octubre de 1971, "El cuatro es feriado en Canchis-Canas".

87. BMC-ECC, 26 de octubre de 1971, "Canas y Canchis se hermanaron".

Tupacamarismo y obras públicas. Arco de bienvenida a la localidad de Mosocllacta, adornado con escenas del ajusticiamiento del corregidor Arriaga (izquierda), de Micaela Bastidas conduciendo al pueblo (derecha), y del desmembramiento de Túpac Amaru (arriba).
*Fotografía*: Raúl Asensio.

"supeditada a Canchis", cuyo centralismo la "aniquilaba y postergaba".[88] Para poner fin a este sometimiento, pocos años antes se había abierto en Yanaoca una feria ganadera que pretendía competir con las que se celebraban en Combapata, Tinta y Sicuani. Las autoridades pretendían atraer a los productores de las provincias altas, ofreciéndoles un punto de venta más cercano a sus comunidades, con menos riesgos para el traslado del

88. BMC-ECC, 13 de febrero de 1974, "El centralismo aniquila y posterga a la provincia de Canas, que está supeditado [sic] a Canchis".

ganado. Habían prohibido además que sus propias reses salieran de la provincia. Estas medidas, lógicamente, habían provocado las protestas de los canchinos, que veían peligrar una de sus principales fuentes de riqueza.[89]

También en 1971 las celebraciones tupacamaristas son la ocasión para asfaltar la plaza de Armas de Yanaoca.[90] La obra suponía cumplir "el sueño de muchos años de sus autoridades, magisterio y habitantes en pleno de esta localidad, que fue olvidada anteriormente".[91] Poco después le toca el turno a Tinta, donde la inauguración coincide con el aniversario de la ejecución del líder rebelde.[92] En 1972, el gobierno militar aprovecha otra ceremonia similar para anunciar la electrificación de Tungasuca.[93] Al año siguiente, la sede del evento central es nuevamente Yanaoca. Al pie el monumento levantado por Uscamaita, el nuevo jefe de la IV Región Militar y de la sección regional de Sinamos, el general Villalobos, llegado a Cusco apenas unas semanas antes, declaraba que la provincia de Canas sería uno de los principales objetivos de su trabajo.[94] En cada uno de estos eventos, la evocación de Túpac Amaru servía a las autoridades locales para fundamentar la legitimidad de sus demandas. La memoria del héroe rebelde debía convencer a las autoridades limeñas de la importancia de apoyar a los estratos más desfavorecidos del país. Como si fuera un santo patrono de las provincias altas, Túpac Amaru debía velar por el bienestar de sus descendientes.

## Ambiciones políticas

La demanda de obras públicas es constante durante el velasquismo. La población andina percibía al gobierno revolucionario como una oportunidad

---

89. BMC-ECC, 23 de mayo de 1967, "Surgió otro impasse entre Canas y Canchis, esta vez por cuestiones comerciales".
90. BMC-ECC, 17 de octubre de 1971, "La plaza de Yanaoca está por concluirse".
91. BMC-ECC, 14 de agosto de 1971, Germán Castro Reyes, "Colocarán postes ornamentales en plaza de armas: Yanaoca".
92. BMC-ECC, 28 de febrero de 1972, "Remodelan la Plaza de Tinta"; y BMC-ECC, 3 de marzo de 1972, "Remodelación Plaza de Tinta: avanza a ritmo acelerado".
93. BMC-ECC, 23 de octubre de 1972, "Tungasuca y Tinta: plan Copesco electrificará".
94. BMC-ECC, 20 de febrero de 1973, "Gral. Villalobos otorga prioridad a Prov. Canas".

para mejorar sus condiciones de vida. Desde su punto de vista, se trataría de un gobierno más sensible a sus problemas, en contraste con la época anterior. Los reclamos se acumulaban uno tras otro. La atención a un distrito podía suscitar los recelos de los pueblos vecinos, que para evitar ser relegados apelaban a su importancia histórica o a sus vínculos con Túpac Amaru. Cada comunidad reclamaba ser más importante que su vecina y, por lo tanto, merecedora de mayor atención. Un caso destacado era el de Tinta, localidad situada en el valle de río Vilcanota, famosa por contar con una de las más importantes ferias ganaderas de la región. Tinta había sido la capital del corregimiento donde se encontraban las posesiones familiares de Túpac Amaru. Allí tenía su residencia Arriaga, el odiado y temido gobernante español de las provincias altas. Tras su ejecución a manos de Túpac Amaru, Tinta se había convertido en la sede del cuartel general de los rebeldes. Su posición estratégica facilitaba la reunión de las tropas y el abastecimiento. Por esta razón, su nombre aparecía en todas las crónicas y relatos referidos a la gran revolución, hasta el punto de que muchos lo consideraban el distrito tupacamarista por antonomasia. En 1965 había recibido incluso el título de "capital de la revolución americana", concedido por el congreso argentino.[95] Esta primicia disgustaba sin embargo a los tupacamaristas de las provincias altas, que consideraban que Tinta usurpaba una gloria que no le pertenecía. Desde su punto de vista, la localidad habría sido solo un pueblo de españoles y mestizos, el lugar de residencia de quienes explotaban a los indios. Tinta, decía uno de ellos, era "un pueblo, sin mayor mérito que el de ser la capital del corregimiento". [96] Ni por su pasado ni por su presente merecía la atención de las autoridades. De manera más radical, en un decálogo de instrucciones elaborado por varios tupacamaristas para tratar de regular los homenajes que se multiplicaban por toda la región, se señalaba que, "en relación a las inscripciones alusivas al movimiento revolucionario, no debe incurrirse en el error propio de una orientación hispanista, al considerar Tinta como el lugar de iniciación

95. BMC-ECC, 12 de noviembre de 1965, "Declaran Tinta como capital de la revolución americana".

96. BMC-ECC, 11 de enero de 1972, "Surimana sigue en el abandono".

de la rebelión. Es históricamente incontrovertible que fue Tungasuca el lugar de la proclama revolucionaria".[97]

Estas rivalidades encubrían cuestiones políticas y económicas, pero las reivindicaciones de los habitantes de las provincias altas no siempre eran estrictamente materiales. Además de obras y servicios públicos, el recuerdo de Túpac Amaru servía también para obtener reconocimiento y respeto para sus distritos. En noviembre de 1970, la Asociación Altiva Canas solicitaba para su tierra el título de "provincia histórica del Perú".[98] La propuesta respondía a la tradición peruana de otorgar denominaciones especiales en reconocimiento de las características particulares de un distrito. Como antecedentes, la petición mencionaba explícitamente los casos de Puno ("capital folclórica") y Urubamba ("capital arqueológica"). Los autores del pliego podrían haber mencionado también a El Callao ("provincia constitucional"), o a la propia ciudad de Cusco, que desde 1933 ostentaba el título de "capital arqueológica de América", aunque en este caso el reconocimiento no había sido otorgado por el gobierno peruano sino por el Congreso de Americanistas reunido ese año en la ciudad argentina de La Plata.

Siguiendo esta tradición, en 1971, Canas, junto con Acomayo y Canchis, reclamaban y obtenían el título de "provincias heroicas".[99] Por su parte, el gobierno militar declaraba poco después a Tungasuca, Surimana y Tinta como "pueblos beneméritos", en su condición de "trilogía revolucionaria e histórica del grito libertario de la gesta libertadora de nuestra independencia nacional".[100] Dos años más tarde, este reconocimiento se

---

97. BMC-ECC, 3 de julio de 1971, "II Centenario de la revolución de Túpac Amaru debe ser grande". Los firmantes del manifiesto son Jesús Lambarri; Luis Felipe Paredes; Luis A. Pardo; Andrés Alencastre; Juan de la Cruz Salas; Alberto Ugarte Santos; José Tamayo Herrera; Juan Bravo; Teófilo Benavente; Gayle Somocurcio; Abel Ramos Perea; Luis Barreda Murillo; Elías Prado Tello; Arturo Ordóñez; Ricardo Durán; Óscar Ladrón de Guevara; Armando Barrionuevo; Humberto Muñiz Polo; Rafael Calderón Peña "y muchos otros ciudadanos más".

98. BMC-ECC, 5 de noviembre de 1970, "Canas, la provincia histórica del Perú".

99. BMC-ECC, 1 de septiembre de 1971, "Tres provincias serán declaradas heroicas".

100. BMC-ECC, 8 de octubre de 1971, César Antonio Guerra, "Pueblos beneméritos". El reconocimiento se dio mediante el Decreto Ley 18976, firmado por Velasco durante su visita a Cusco.

extendía a Sangarará, escenario de una de las mayores victorias rebeldes sobre las tropas españolas.[101] La formidable Tomasa Tiito Condemayta había logrado allí su éxito más resonante. Poco antes, Acomayo había solicitado que se la reconociera como "provincia histórica", por haber sido el escenario de varios episodios de la revuelta y el hogar de algunos de sus líderes más famosos.[102] También Pomacanchi reclamaba ese honor. En este último caso, para dar mayor fuerza a la demanda, la carta enviada por las autoridades locales a la Comisión Departamental del Sesquicentenario incluía una petición de ayuda para los descendientes de Túpac Amaru, que supuestamente vivían junto a la laguna que daba nombre al distrito. La medida se había aprobado en una asamblea comunal abierta, ya que el supuesto descendiente había donado la antigua casa de Carmen Rosa Noguera, madre del caudillo, para que se convirtiera en biblioteca municipal. Los pomacanchinos temían que surgieran otros descendientes de Túpac Amaru, que les arrebataran los honores que creían merecer. Era el caso de "un individuo apellidado Condorccahua, natural de Tinta, que sorprendió a la opinión nacional, recibiendo homenajes de instituciones y organismos vinculados al actual régimen".[103] Para indignación de los demandantes, el falso vástago incluso había viajado a Lima por cuenta del gobierno para conocer al presidente Velasco.

Un paso más allá eran los intentos de aprovechar el capital simbólico asociado al pasado rebelde para redefinir las fronteras político-administrativas en el interior de la región. En su deseo de obtener mayores rentas, las comunidades y urbanizaciones deseaban convertirse en distritos, los distritos en provincias y las provincias en departamentos. En octubre de 1971, la urbanización Ttio, situada en las afueras de Cusco, solicita al gobierno nacional convertirse en distrito, con el nombre de Túpac Amaru.[104] Como justificación, alegaba la falta de atención por parte de las

---

101. BMC-ECC, 6 de enero de 1973, "Sangarará declarado pueblo benemérito".

102. BMC-ECC, 21 de diciembre de 1971, "Piden Acomayo sea provincia histórica".

103. Para más detalles sobre estos supuestos descendientes: BMC-ECC, 1 de diciembre de 1972, "Los Noguera: legítimos descendientes de Túpac Amaru viven en Pomacanchi".

104. BMC-ECC, 7 de octubre de 1971, "La urbanización Ttio pide ser distrito Túpac Amaru".

autoridades cusqueñas. Para convencer al gobierno, los solicitantes ofrecían construir un monumento al prócer andino en la futura plaza de Armas de la localidad. También Surimana anunciaba en noviembre de ese año su intención de convertirse en distrito, reclamando para sí el nombre de Túpac Amaru.[105] La propuesta había surgido unos años antes, en la misma plaza de Armas, durante unas de las celebraciones tupacamaristas impulsada por los vecinos de Surimana residentes en Cusco. Desde su punto de vista, su pueblo tenía "singular importancia, sobre todo en los momentos actuales en que el gobierno, identificándose con la causa de Túpac Amaru, está empeñado en levantar el nivel de vida de los peruanos".[106]

No era la primera vez que el nombre del héroe se vinculaba con una nueva entidad administrativa. Incluso antes del golpe de Estado, en las etapas germinales del tupacamarismo, este recurso se había utilizado en Tinta por quienes deseaban que la localidad se convirtiera en una provincia desgajada de Canchis.[107] Ninguna de estas solicitudes fue atendida por el gobierno militar, lo que demuestra que el culto tupacamarista tenía sus límites cuando entraba en colisión con la racionalidad política. Tampoco tiene éxito el mayor desafío político que afronta la región en estos años: la pretensión de la provincia de Canchis de separarse de Cusco para formar un nuevo departamento, junto con Espinar, Chumbivilcas, Canas y Acomayo. La iniciativa había surgido unos años antes, y había sido vista con agrado por la izquierda regional. Inicialmente, la nueva entidad política debía llamarse Vilcanota, como el principal río de las provincias altas. Al convertirse el tupacamarismo en ideología oficial, se decidió, sin embargo, que el nuevo departamento se denominase Túpac Amaru. El nombre elegido para el nuevo departamento se justificaba porque Túpac Amaru era "el padre que permite que vivamos con la cabeza erguida y que no haya

---

105. BMC-ECC, 3 de noviembre de 1971, "Surimana quiere ser un distrito".

106. BMC-ECC, 23 de enero de 1971, "Surimana: la justicia tarda pero… llega". Según se señala, el reclamo se había llevado a cabo durante la celebración del 4 de noviembre del año anterior. Posteriormente se había desarrollado en Yanaoca, capital de la provincia, un encuentro para discutir esta posibilidad con autoridades y periodistas locales.

107. BMC-ECC, 17 de noviembre de 1964, "Tinta no se convertirá en provincia: proyecto detenido".

analfabetos, que nuestra tierra no sea resquebrajada, que no haya cercos y que las palabras surjan de la verdad".[108]

En defensa de su solicitud, los promotores de la secesión alegaban la lejanía de Cusco y una especial idiosincrasia de las provincias altas, derivada de su participación en la gran rebelión andina. "La epopeya redentora de Micaela Bastidas y su esposo José Gabriel Condorcanqui nos une históricamente por lazos indisolubles a las provincias donde se regó con sangre", leemos en un artículo escrito por uno de los defensores de la secesión.[109] Desde su punto de vista, conceder a las provincias altas el estatuto de departamento suponía reconocer el esfuerzo heroico de Túpac Amaru, situando al caudillo andino a la altura de Bolívar, San Martín, Sucre y Santa Cruz, "a quienes no se ha escatimado que pueblos o naciones lleven su nombre".[110] La secesión contaba con el apoyo del alcalde de Sicuani, quien en un evento público "fustigó duramente a las personas que se oponen a la creación del nuevo departamento".[111] "Nosotros queremos al Cusco eterno —habría exclamado ante una multitud— y lo consideramos como el padre de las trece provincias, pero llega un momento en que nos da la espalda".

Los alcaldes de las provincias altas deseaban mayor autonomía política y económica. Estas eran reivindicaciones que habían estado sobre la mesa durante muchos años. Incluso antes de la llegada al poder de Velasco, se había jugado con la idea de una posible secesión de esta parte de la región. Aunque la prensa cusqueña veía con simpatía los reclamos de los alcaldes, su posición era claramente contraria a la secesión.[112] Como era de esperar, la idea de crear un nuevo departamento tenía pocos defensores en la capital regional. Ni siquiera los tupacamaristas capitalinos apoyaban el uso de la figura del héroe como instrumento secesionista. Todas las fuerzas vivas se unían contra quienes pretendían "usar como caballito de batalla

108. BMC-ECC, 26 de octubre de 1971, "Canas y Canchis se hermanaron".

109. BMC-ECC, 14 de octubre de 1971, Manuel J. Casanova, "Por el departamento de Túpac Amaru".

110. Ibíd.

111. BMC-ECC, 26 de octubre de 1971, "Canas y Canchis se hermanaron".

112. BMC-ECC, 22 de mayo de 1971, editorial, "Provincias altas se abrazan a la sombra de Túpac Amaru".

la fama y dimensión de nuestro prócer, admirado por todos más que en Sicuani".[113] Esta última frase, evidentemente, era un punzante recordatorio de la acerada defensa que los sicuaneños habían hecho unos años antes de la estatua de Pumacahua, el indígena "felón" que se había opuesto a Túpac Amaru.

113. BMC-ECC, 30 de septiembre de 1971, "Rechazan pretensión de algunos canchinos".

# 10

# Caballos y anticaballos

El declive del tupacamarismo cusqueño está anudado al propio declive del gobierno militar. Tras la luna de miel de los primeros años, los cusqueños poco a poco se desengañan del velasquismo. La ciudad es uno de los focos principales de contestación, junto con Arequipa y Puno. Ya en agosto de 1970, una huelga de dos días deja sin prensa la región, en protesta por la creciente presión del gobierno militar contra los medios de comunicación.[1] Meses después, son los maestros y los trabajadores del servicio de transportes quienes paran. La agitación en el campo es permanente. También los estudiantes protestan. La universidad es repetidamente ocupada y desalojada, hasta el punto de que el consejo de ministros se plantea enviar una comisión reorganizadora dirigida desde Lima.[2] A estos problemas se sumaba la escasez de combustibles y productos básicos, cada vez más acuciante. La fragilidad de Cusco, mal comunicada por tierra y con un aeropuerto inseguro, hacía que la ciudad sufriera cuando los huelguistas de los departamentos vecinos decidían cortar las carreteras.

La pérdida de apoyo del velasquismo era cada vez más evidente y afectaba de manera directa a los proyectos de renovación urbana impulsados

1. BMC-ECC, 1 de agosto de 1970, "Cusco estará sin periódicos, paro 48 horas decretó PAP".
2. Por ejemplo, Borradores de Actas del Consejo de Ministros del GRFA, sesión de 26 de agosto de 1971.

por los tupacamaristas. Si bien quienes se oponían al monumento a Túpac Amaru eran todavía minoritarios, poco a poco se comenzaba a sentir un cambio de marea. El paradigma patrimonialista, que consideraba a la ciudad como un museo que había que preservar por encima de todo, se había desarrollado con fuerza desde el terremoto de 1950. Contaba además con poderosos aliados en Lima. En este contexto, en enero de 1972 se produce un hecho que supone un parteaguas: el intento por parte de las autoridades locales de rebautizar la avenida de la Cultura con el nombre de Túpac Amaru.[3] Esta emblemática arteria había sido bautizada poco después del terremoto de 1951, y su nombre estaba vinculado a la idea de reconstrucción de la grandeza cusqueña.[4] La pretensión de las autoridades choca con este imaginario y suscita una amplia reacción en favor de la intangibilidad de los nombres de las calles principales de la ciudad.[5] Por primera vez, los tupacamaristas son abiertamente derrotados. El cambio de nombre nunca se produce.

El giro hacia el patrimonialismo se refuerza en mayo, cuando el Banco Interamericano de Desarrollo (BID)ofrece un préstamo para restaurar los monumentos de la ciudad y mejorar los caminos de acceso a los sitios arqueológicos. Una misión del BID recorre Cusco durante varios días para ajustar los detalles. Se habla de sesenta millones de soles, la mayor inversión proyectada en la región en muchos años. Para su implementación se crea Copesco, la primera entidad peruana específicamente enfocada en el desarrollo turístico del país.[6] En el plano práctico, las disputas se

---

3. BMC-ECC, 14 de enero de 1972, "Avenida de la Cultura ahora se llama Túpac Amaru".

4. BMC-ECC, 11 de septiembre de 1951, "Avenida de la Cultura".

5. Por ejemplo, BMC-ECC, 17de enero de 1972, Gustavo Pérez-Ocampo, "Los nombres de las calles son sagrados"; BMC-ECC, 26 de enero de 1972, Francisco Mercado, "Nomenclatura de calles del Cusco: resolución municipal de rechazo unánime"; BMC-ECC, 1 de febrero de 1972, "Concejo es el único autorizado a cambiar nombres de calles"; y BMC-ECC, 20 de mayo de 1972, editorial, "Nombres de las calles de Cusco".

6. BMC-ECC, 5 de mayo de 1972, "Misión BID-Copesco estudia inversión millonaria para Cusco". Sobre el desarrollo de la institucionalidad turística en el Perú, Luke Desforges, "State Tourism Institutions and Neo-Liberal Development: A Case Study of Peru", *Tourism Geographies*, vol. 2, n.° 2, pp. 177-192, 2000.

refieren tanto a la ubicación del monumento de Túpac Amaru como a su estilo. Las propuestas estéticas de los artistas peruanos chocaban con la visión tradicionalista del gobierno militar, poco proclive a innovaciones formales. Desde su punto de vista, el monumento debía tener una función conmemorativa y didáctica, por lo que debía ser fácilmente comprensible para todos. Las innovaciones tampoco encontraban un clima favorable en Cusco, donde cualquier propuesta proveniente de un artista foráneo era vista con suma desconfianza, e incluso con suspicacia, en busca de sentidos ocultos que ultrajaran el buen nombre de la ciudad.

## Cuarto intento

La resistencia de los cusqueños a aceptar el proyecto de monumento planteado por Núñez Rebaza llevó a que en febrero de 1972 se abriera un nuevo concurso, abierto a escultores peruanos y extranjeros residentes en el país.[7] Se trataba del cuarto concurso convocado con este fin, el quinto si contamos la frustrada tentativa realizada durante el gobierno de Belaunde. Para evitar sorpresas, esta vez las bases eran más acotadas. Se indicaba explícitamente que los proyectos solo podían considerar a Túpac Amaru de pie o a caballo, y que debían enfocarse en "exaltar la figura del prócer de la revolución peruana, no el suplicio a que fue sometido". Sin embargo, el ambiente en Cusco es cada vez más tenso. La disputa en torno al monumento, lejos de amainar, arrecia al tiempo que las acusaciones suben de tono. En respuesta a la publicación de las nuevas bases, el Movimiento Tupacamarista solicita que "se declare enemigos del Cusco y contrarrevolucionarios a quienes desconocen que Túpac Amaru es cusqueño o se oponen a que su monumento se levante en la plaza de Wacaypata".[8] En la misma línea, la Sociedad de Artesanos del Cusco alerta contra quienes "en nombre de una falsa estética" y con "careta de cusqueñismo" se oponen a la estatua, proponiendo alternativas imposibles, "sin pensar que ello significaría postergar hasta el año 2000 o la víspera del famoso juicio final"

7. BMC-ECC, 29 de febrero de 1972, "Desde mañana, bases concurso Túpac Amaru".
8. BMC-ECC, 18 de mayo de 1972, "Tupacamaristas cusqueños en campaña". Wacaypata es el nombre de la plaza de Armas en quechua.

la construcción del monumento.[9] Esta actitud contrastaría con la presteza con la que se habían erigido los monumentos a San Martín y Castilla, "sin que nadie se oponga y se traiga de las mechas aquello de la estética". *El Comercio de Cusco*, por su parte, critica el carácter excesivamente parametrado de las bases, así como el hecho de que no se incluyan en el jurado a representantes de la Escuela de Bellas Artes de Cusco, fundada por Luis Valcárcel en 1946.[10]

Esta última observación se subsana pocos días después. Considerada en conjunto, la representación cusqueña en el jurado evidencia el cambiante equilibrio de fuerzas en ese momento.[11] Incluye acérrimos tupacamaristas, pero también a personajes contrarios a que el monumento se construya en la plaza de Armas. Entre los primeros destacaba Manuel Jesús Aparicio Vega, el autor del ataque a la estatua de Pumacahua en Sicuani y vicepresidente de la Comisión Departamental del Sesquicentenario de la Independencia. Indultado por las autoridades pocas semanas después de ser condenado, su rápida resurrección política evidenciaba el poder de los tupacamaristas.[12] Incluso había sido condecorado en una sesión conjunta de las municipalidades de Yanaoca, Pampamarca y Tungasuca, junto con otros connotados tupacamaristas, en reconocimiento de su importante labor en defensa del héroe.[13] Entre los detractores, el más

---

9. BMC-ECC, 12 de abril de 1972, "La Sociedad de Artesanos da su palabra en torno al monumento de Túpac Amaro".

10. BMC-ECC, 17 de marzo de 1972, "Observaciones a concurso para un monumento a Túpac Amaru".

11. Esta representación estaba integrada por el presidente del Comité Departamental del Sesquicentenario y al mismo tiempo prefecto del Cusco (Luis Cornejo Bouronelle); el vicepresidente de esta entidad (Manuel Jesús Aparicio Vega); el decano de la filial Cusco del Colegio de Arquitectos del Perú (Óscar Guevara Avilés); el director de la Escuela de Bellas Artes (Mariano Fuentes Lira); un delegado del consejo provincial (Francisco Atamayo Pinazo); y un representante de la Federación Departamental de Campesinos Túpac Amaru (Raúl Salas Beltrán). Al respecto: BMC-ECC, 25 de mayo de 1972, "Próxima semana definen monumento a Túpac Amaru".

12. BMC-ECC, 26 de enero de 1971, "Ley de amnistía favorecería a derribadores de monumento".

13. BMC-ECC, 19 de noviembre de 1971, "Condecoración en el grado de Túpac Amaru". Acompañan a Aparicio en la condecoración, Juan José Vega, Carlos Daniel Valcárcel, Teófilo Uscamaita y Juan de la Cruz Salas. Este último era un articulista

importante era Óscar Ladrón de Guevara, el decano de la filial local del Colegio de Arquitectos del Cusco. Guevara había participado en las obras de la Misión Arqueológica Española en Chinchero y era lo más parecido a un hispanófilo que se podía encontrar en el Cusco de aquellos días, aunque su pensamiento, como el de los demás integrantes del jurado, estaba marcado por un fuerte sentimiento cusqueñista. También había sido el responsable de la restauración del Qoricancha, donde había tenido que lidiar con la agria polémica sobre si se debían o no reconstruirse las paredes levantadas por los españoles encima de los muros incas, que habían colapsado durante el terremoto de 1950. En una posición intermedia entre partidarios y contrario al monumento de Túpac Amaru se situaba Mariano Fuentes Lira, director de la Escuela de Bellas Artes y reputado pintor indigenista, defensor del caudillo andino, pero ambiguo respecto de la ubicación de la estatua.[14]

Tras la convocatoria, otra polémica regionalista vuelve a exacerbar la susceptibilidad de los cusqueños. En mayo, el Instituto de Arte Americano denuncia una campaña contra el proyecto de construir un hotel para turistas en Machu Picchu.[15] Esta idea estaba en la mente de los cusqueños desde algunos años atrás, pero se encontraba atascada por la burocracia militar.[16] Para los cusqueños, el hotel era imprescindible para consolidar su ciudad como un emporio turístico latinoamericano. El retraso se interpreta como un intento deliberado de perjudicar a los intereses de la ciudad.[17] La única respuesta posible era la movilización de ciudadanos y autoridades al unísono. Solo la unidad podía asegurar que la voz del

---

habitual de *El Comercio de Cusco*, donde publicaba trabajos sobre la nomenclatura quechua de la rebelión andina.

14. En realidad, Fuentes Lira parece haber cambiado varias veces de opinión en respecto a la conveniencia o no de erigir la estatua en la plaza de Armas. Si bien en varias entrevistas señala que no le parece el emplazamiento adecuado, en un artículo de 1973 se muestra explícitamente favorable. Al respecto: BMC-ECC, 18 de mayo de 1973, Mariano Fuentes Lira, "Túpac Amaru y su monumento".

15. BMC-ECC, 13 de mayo de 1972, "IAA denuncia conjura de Lima contra hotel en Machupicchu"

16. El tema ya tenía cabida en *El Comercio de Cusco* al menos desde 1969. Al respecto: BMC-ECC, 23 de diciembre de 1969, editorial, "Hotel para Machu Picchu".

17. Por ejemplo, BMC-ECC, 13 de mayo de 1972, "Campaña que debe ser rechazada".

Cusco se respetase. "No se logrará realizar obra tan importante —señala un artículo— mientras el pueblo no se alerte, reclame con energía y denuncie a los eternos explotadores de nuestras riquezas, los más de ellos eslabones de poderosas cadenas que desde Lima nos están estrangulando".[18]

La respuesta de la población y de las instituciones cusqueñas es masiva. Se celebran reuniones y se firman manifiestos en defensa del hotel.[19] Entre otros se manifiesta el Centro Federado de Periodistas Revolucionarios, dirigido por Aníbal Acurio, el otro implicado en el ataque a la estatua de Pumacahua en Sicuani, quien también se había reintegrado sin mayores problemas a la vida política cusqueña.[20] El 24 de mayo, la prensa solicita que se convoque un cabildo abierto para tratar la cuestión. La Confederación de Instituciones de Profesionales Universitarios Liberales del Perú, cercana a la facción local del Partido Aprista Peruano, acuerda por unanimidad apoyar este pedido, "después de rendir homenaje al ínclito precursor de la independencia indoamericana Túpac Amaru II en su 181 aniversario de inmolación".[21]

Unos días después, el gobierno se reafirmaba oficialmente en la idea de construir un hotel para el año siguiente y anunciaba el envío de una comisión para definir el lugar exacto donde se emplazaría.[22] Aun así, los recelos frente a las "maquinaciones de Lima" persisten en Cusco.[23] El tema continuará vigente a lo largo de los meses siguientes, resurgiendo una y otra vez. Incluso llegará a convocarse un cabildo abierto, mientras las delegaciones vuelan de una ciudad a la otra y se producen declaraciones contradictorias por parte de las autoridades nacionales. También intervendrá el Congreso de Americanistas, reunido en Ciudad de México ese año, que

---

18. BMC-ECC, 19 de mayo de 1972, editorial, "Hotel en Machu Picchu adelante".
19. BMC-ECC, 22 de mayo de 1972, "Piden al gobierno construcción Hotel Turistas en Machupicchu".
20. BMC-ECC, 23 de mayo de 1972, "Cusco, ni un paso atrás, Hotel debe construirse".
21. BMC-ECC, 24 de mayo de 1972, "Cabildo abierto para pedir al gobierno hotel: Machupicchu".
22. BMC-ECC, 26 de mayo de 1972, "Gobierno escuchó al Cusco, hotel se construye en 1973"; y BMC-ECC, 12 de junio de 1972, "Comisión ejecutiva dirá dónde se ubica hotel en Machupijchu: sabotaje al proyecto ya aprobado".
23. BMC-ECC, 19 de junio de 1972, "Siguen las maquinaciones en Lima contra Cusco".

publicaría un manifiesto en contra del hotel por considerar que podía perjudicar la conservación de las ruinas. Entre los firmantes se encontraban representantes de primer nivel de las ciencias sociales americanas, como el arqueólogo mexicano Román Piña Chan, el etnólogo John V. Murra, famoso por sus teorías sobre el control vertical del espacio andino, y el antropólogo alemán Udo Oberem. También figuran los nombres de representantes peruanos, como María Rostworowski y el antropólogo cusqueño Jorge Flores Ochoa, una de las pocas voces locales discrepantes con la construcción del hotel.[24]

La polémica del hotel dispara los recelos de los tupacamaristas. En su opinión, el gobierno militar no estaba haciendo todo lo posible para exaltar la figura del caudillo andino. Los intelectuales limeños seguían haciendo todo lo posible para evitar que Cusco ocupara el lugar que merecía en la cultura peruana. Incluso se atrevían a cuestionar el papel de Túpac Amaru en la lucha por la libertad. El foco de su ataque eran Heraclio Bonilla y Karen Spalding, dos historiadores que en el mes de enero habían publicado un texto revolucionario en el que sostenían la tesis de una "independencia concedida".[25] Bonilla era un joven historiador que se encontraba entre los más destacados de su generación. Aunque su enfoque era de inspiración marxista, en sus trabajos se mostraba cada vez más crítico con el gobierno militar. Spalding, por su parte, era una reputada especialista norteamericana. La idea de una independencia concedida estaba implícita en muchos autores anteriores, pero nunca se había articulado de una manera tan abierta y descarnada. Bonilla y Spalding sostenían que los peruanos serían libres gracias al esfuerzo de los ejércitos rioplatenses y neogranadinos. La contribución local a la independencia americana habría sido mínima. Las élites peruanas se habrían opuesto férreamente a la separación de España y la mayor parte de la población habría mostrado en el mejor de los casos un absoluto desinterés por la libertad. La revuelta de Túpac Amaru, más que un antecedente de la emancipación, sería una revuelta motivada por cuestiones económicas e impositivas. Su única

---

24. BMC-ECC, 17 de agosto de 1972, "Americanistas dicen: no al Hotel de Machupijchu".

25. Heraclio Bonilla y Karen Spalding, "La independencia en el Perú: las palabras y los hechos", en Heraclio Bonilla et ál., *La independencia en el Perú*, Lima, Instituto de Estudios Peruanos, Campodónico Ediciones, 1972, pp. 15-64.

influencia posterior habría sido negativa para los defensores de la independencia peruana, ya que habría consolidado en las clases altas limeñas el temor a un estallido social, lo que explicaría en parte su conservadurismo y su actitud reticente ante la independencia.

Aunque involuntariamente, Túpac Amaru más que sumar a la causa de la libertad peruana, habría restado. El argumento de Bonilla y Spalding, aunque redactado en tono de ensayo, se basaba en el análisis de las condiciones económicas, sociales y políticas del Perú colonial. Sus implicancias chocaban radicalmente con la ideología nacionalista del gobierno militar. El libro tuvo un gran éxito editorial, pero también recibió una cascada de críticas, muchas de ellas inspiradas en un claro aliento nacionalista.[26] En mayo, un editorial de *El Comercio* de Lima calificaba la idea de una independencia concedida como un disparate producto de "una interpretación marxista de la historia".[27] Otros críticos achacaban a Bonilla y Spalding basarse en publicaciones de autores extranjeros, "que miran la historia latinoamericana (y por ende la peruana) con afectada superioridad".[28] La polémica se mantuvo vigente durante varios meses, enrareciendo el ambiente intelectual peruano con acusaciones cruzadas de falta de profesionalidad, dogmatismo ideológico y sumisión al poder político. Los tupacamaristas añadían al repertorio las acusaciones de anticusqueñismo y de falta de sensibilidad hacia las luchas emancipadoras de los campesinos altoandinos.

El primero de junio, dos años y diez meses después de la destrucción del piel roja, el jurado del cuarto concurso anunciaba la victoria de la obra presentada por el escultor arequipeño Joaquín Ugarte y Ugarte, quien en el certamen anterior había quedado en tercera posición.[29] El proyecto ganador, muy similar al presentado anteriormente, era un perfecto ejemplo

26. Sobre esta polémica: Luis Daniel Morán Ramos, "Borrachera nacionalista y diálogo de sordos. Heraclio Bonilla y la historia de la polémica sobre la independencia peruana", ponencia presentada en el X Simposio Internacional de Estudiantes de Historia realizado en Arequipa por la Universidad Nacional de San Agustín del 28 al 30 de septiembre de 2005.

27. *El Comercio* (Lima), 3 de mayo de 1972, editorial, "La interpretación marxista de los hechos históricos del Perú", citado en Morán, "Borrachera nacionalista".

28. Reseña del libro realizada por Alberto Tauro del Pino en *El Comercio* (Lima), 5 de mayo de 1972, citada en Morán, "Borrachera nacionalista".

29. BMC-ECC, 1 de junio de 1972, "Por fin Cusco tendrá monumento T. Amaru".

de síntesis entre estética heroica militar y temas propios de la tradición cultural cusqueña: un Túpac Amaru de ocho metros de altura, montado a caballo, con el pelo suelto, el puño alzado y el torso en escorzo guiando a sus tropas al combate. La simbología incaica estaba presente en dos relieves que debían adornar el pedestal, "relativos a conceptos propios de la revolución tupacamarista: el ideal, representado por un cóndor que vuela con las alas extendidas hacia el dios sol, y la acción, representado con otro cóndor que desciende veloz en son de ataque y reconquista".[30] En la parte posterior del monumento, Ugarte proponía grabar los nombres de los colaboradores del líder rebelde ajusticiados en mayo de 1781, destacando en primer lugar a Micaela Bastidas, mientras que en la delantera se ubicaría una lámpara votiva circular de bronce, con un sol incaico estilizado y cuatro cabezas de cóndores apuntando hacia los rincones del antiguo imperio. Más alejado, en los ángulos de la plataforma del monumento, ligeramente separados del cuerpo central, estaba el toque final, cuatro monolitos de piedra que representaban los hitos fundamentales de la geografía heroica tupacamarista: la rebelión en Tinta (4 de noviembre de 1780); la victoria en Sangarará (18 de noviembre de 1780); la libertad en Tungasuca (16 de diciembre de 1780); y el sacrificio en Cusco (18 de mayo de 1781).

Para Ugarte no se trataba del primer encargo de esta naturaleza. Por el contrario, era un artista muy conocido por su dedicación a los monumentos públicos vinculados con el discurso nacionalista. Su obra más conocida era el "Homenaje a los próceres de la independencia" del distrito de Jesús María, en Lima. La imagen de Túpac Amaru incluida en este monumento había sido elogiada en Cusco, al estar "sin sombrero y con el medallón, insignia inconfundible de su descendencia real incaica".[31] Ugarte también había tenido a su cargo los monumentos a Castilla y San Martín,

---

30. *La Prensa* (Lima), 1 de junio de 1972, "Dan razón histórica para efigie a caballo de Túpac Amaru II".

31. BMC-ECC, 5 de enero de 1972, Greta Rhoddo Martínez, "Monumento a Túpac Amaru". Sin embargo, también existían opiniones contrarias que sostenían que los rasgos del Túpac Amaru de Jesús María eran excesivamente europeos y no reflejaban su condición de indio mestizo. Al respecto: BMC-ECC, 28 de julio de 1971, Carlos Callo Tisoc, "Túpac Amaru, el monumento a los próceres y la estafa de la historia" (el artículo se encuentra en el suplemento especial de *La Revista del Cusco*).

inaugurados el año anterior en Cusco.[32] La estatua de Túpac Amaru significaba continuar esta línea de trabajo y consolidarse como el principal referente de la escultura monumental peruana.

El éxito de Ugarte en las convocatorias del gobierno militar se relacionaba con cuestiones estilísticas y prácticas. En un editorial publicado en su órgano de difusión, Sinamos afirmaba que el velasquismo carecía de una doctrina estética propia.[33] La misión del Estado revolucionario no era crear modelos, estilos y formas, "ni siquiera exigir determinadas temáticas". Se trataría, por el contrario, de "garantizar el libre desenvolvimiento de la cultura nacional". Solo de esta manera, con un auténtico ambiente de libertad y de respeto por la independencia creativa del artista, sería posible "romper con la dependencia cultural y con las subculturas populacheras con que nos ha enfermado el capitalismo". Esta libertad creativa era la razón del renacer que el Perú experimentaba en todos los ámbitos de la expresión artística, desde la arquitectura hasta las artesanías. "La revolución peruana —concluía el editorial— está abriendo las puertas de par en par a un vigoroso renacimiento de la cultura nacional, nutrida a la vez de una profunda tradición telúrica y de los más audaces y significativos experimentos de la cultura universal". Esta proclama, sin embargo, solo era una verdad a medias. En general, el gusto estético de los militares era sumamente convencional. Tal como evidenciaba el fracaso de Núñez Rebaza en su intento de erigir un monumento inspirado en las estrofas del poema de Alejandro Romualdo, eran muy pocas (ninguna, en realidad) las voces que dentro del gobierno revolucionario estaban dispuestas a sostener y apoyar una propuesta artística rupturista e innovadora. Ugarte, por el contrario, representaba la escultura heroica tradicional de volúmenes rotundos, inspiración viril y gestos dramáticos, inspirada en los modelos clásicos de la época romana, del renacimiento y del nacionalismo romántico.

Aun así, el proyecto ganador no gustaba a todos. Las credenciales de Ugarte no eran suficientes para convencer a los cusqueños. Tanto su origen arequipeño como el estilo rutinario y predecible de sus obras despertaban

32. BMC-ECC, 9 de diciembre de 1972, "Monumentos a Castilla y San Martín el 21".
33. "Editorial: hacia una cultura popular", *Sinamos Informa*, n.° 13, 1973, pp. 2-3. Todas las citas de este párrafo proceden de esta fuente.

desconfianza. Casi desde el primer día comenzaron a surgir cuestionamientos desde todos los ángulos del panorama político local. Las críticas más habituales se referían al gran tamaño de la estatua, que desentonaría con el entorno de la plaza de Armas.[34] Para solucionar ese problema, se proponía que la obra se situara en una esquina, en el lugar exacto donde la tradición señalaba que Túpac Amaru había sido ejecutado. Esta idea ya había sido planteada meses antes por Rebaza, y Ugarte estaba abierto a ella. Sin embargo, los tupacamaristas rechazaban tajantemente el más mínimo traslado de la estatua, ya que consideraban que se trataba de "una injuria que se quiere conferir a nuestro inmortal Túpac Amaru".[35] Con más virulencia se criticaba el hecho de que la obra incluyera un caballo, elemento emblemático de la conquista europea y con una connotación muy negativa, al haber sido utilizado por los españoles en la ejecución del caudillo rebelde.[36] "Un Túpac Amaru americano, peruano y cusqueño para ser grande no necesita de estar montado a caballo", argumentaba en su diatriba contra la obra de Ugarte un connotado intelectual cusqueño. De manera socarrona se preguntaba también si acaso "podrían los españoles hacerle un monumento a Cristóbal Colón montado en un auquénido".[37]

Durante varios meses, Cusco se divide entre "caballos y anti-caballos".[38] En palabras del poeta Gustavo Pérez Ocampo, el caballo de Túpac Amaru se convierte en la "vedette del show".[39] Ni gustaba a los intelectuales cusqueñistas, ni convencía a los artistas locales, siempre reticentes ante las propuestas foráneas. Ugarte no habría sabido captar la idiosincrasia de la plaza de Armas. Un comunicado firmado por varias asociaciones de artistas cusqueños insistía en que la obra ganadora "no satisface el examen

34. BMC-ECC, 9 de junio de 1972, "Critican proyecto ganador de monumento a T. Amaru".

35. BMC-ECC, 7 de junio de 1972, "Centro Plaza de Armas para monumento: desde Ilo dicen".

36. BMC-ECC, 19 de junio de 1972, Washington Mancilla, "Túpac Amaru a caballo"; y BMC-ECC, 22 de junio de 1972, Hugo Béjar, Hipólito Mamani y Abraham Cano, "Pro y contra del proyecto ganador monumento a T. Amaru".

37. BMC-ECC, 12 de junio de 1972, Washington Mansilla, "¿Un Túpac Amaru a caballo?".

38. BMC-ECC, 7 de julio de 1972, "Caballos y anti-caballos".

39. BMC-ECC, 3 de julio de 1972, Gustavo Pérez-Ocampo, "El caballo de Túpac Amaru: vedette del show".

desde las perspectivas artística, histórica, de la unidad ambiental del lugar de su ubicación".[40] El escultor arequipeño tampoco captaría "la significación y proyección histórica del gran precursor". La representación del héroe a caballo sería poco imaginativa y rutinaria. No aportaba nada nuevo desde el punto de vista artístico. El concurso había sido una oportunidad perdida para innovar conceptual y estéticamente. El monumento a Túpac Amaru, concluía el comunicado, debía "imponerse como obra de arte que venza al tiempo, manifestando algo nuevo, lo que no contiene el proyecto escogido por ser una figura ecuestre manierista".

Con el paso de las semanas, también se cuestionó el parecido de la propuesta de Ugarte con otros monumentos de héroes de la independencia americana. Incluso se señalaba su similitud con la estatua del El Cid Campeador de Sevilla.[41] Para algunos, la responsabilidad residía en el gobierno militar, ya que "las bases que rigieron dichos concursos fueron faccionadas de manera anacrónica, deficiente y estandarizada, procediendo burocráticamente para todos los monumentos" que se querían levantar en el marco de efemérides independentistas.[42] Otros cargaban las tintas contra el propio artista. "¿Por qué plagiar estatuas ecuestres que adornan muchas plazas de Europa y América?, ¿es que no hay un espíritu auténtico de patriotismo o no hay creatividad en los escultores de esta nueva época revolucionaria en el Cusco y en el resto del país?", se lamentaba el pintor Teófilo Allaín.[43] Su opinión era compartida por otro de los comunicados publicados en esos días, que en la misma línea defendía que "la memoria del caudillo merece una especial y excepcional obra artística, así como nuestra plaza requiere una obra maestra, que concuerde con su original estilo".[44]

---

40. BMC-ECC, 6 de junio de 1972, "Pro y contra del proyecto ganador monumento T. Amaru".
41. BMC-ECC, 6 de junio 1972, editorial, "A propósito de monumentos".
42. BMC-ECC, 8 de julio de 1972, Luis Figueroa Yábar, "Antiestético y anti monumento para la plaza de armas de Cusco".
43. BMC-ECC, 26 de junio de 1972, Teófilo Allaín Álvarez, "Recordar el mensaje de Túpac Amaru es deber de las generaciones presentes y futuras".
44. Comunicado de la Asociación de Padres de Familia de la Escuela n.° 50723, citado en BMC-ECC, 9 de junio de 1972, "Critican proyecto ganador de monumento a T. Amaru".

Tampoco gustaba que la figura remitiera al estereotipo del chalán costeño, diluyendo el perfil andino y cusqueño de Túpac Amaru.[45] Ni que el caballo recordara en su diseño a un corcel árabe, raza foránea y aristocrática por antonomasia.[46] En contraste, se elogiaba al boceto clasificado en segundo lugar, obra de artistas cusqueños, que representaba a Túpac Amaru "con el medio cuerpo desnudo, con *karawatana* por pantalones, significando la fortaleza y el valor del Gran Revolucionario".[47] Frente a estos ataques, Ugarte defiende su obra con el argumento de que "presenta a Túpac Amaru como el gran revolucionario y caudillo de la libertad, imprimiendo a su figura ese gesto enérgico y viril, esa actitud de protesta y desafío, de altivez y gallardía que fueron propias de su personalidad humana y de su imagen histórica".[48] A su entender, la resistencia de los cusqueños se debía al desconocimiento del simbolismo que había detrás de la obra. Era necesaria una labor didáctica, tanto por parte del gobierno como del propio artista, para que la propuesta se comprendiera y asumiera en su total cabalidad. Para ello se mostraba dispuesto a ir a Cusco cuantas veces hiciera falta para conversar con todos los sectores implicados y trasmitirles personalmente el verdadero significado de la obra.

Ugarte sostenía que su Túpac Amaru estaba desarmado porque con ello se evitaba que pareciera "un vulgar sanguinario, a fin de que contenga un mensaje edificante y positivo para la juventud".[49] El proyecto también contaba con algunos defensores cusqueños, para quienes el hecho de que Túpac Amaru cabalgara no era un desmedro sino todo lo contrario. "Ese equino que fue utilizado en la colonia por los terratenientes y poderosos para aplastar al indio —afirmaba uno de ellos— antes que humillación representa la dominación y superioridad alcanzada por él sobre el español".[50] De manera menos exaltada, otro constataba que el caballo

45. BMC-ECC, 9 de junio de 1972, Luis Dávila Negrón, "Monumento a Túpac Amaru".

46. BMC-ECC, 9 de junio de 1972, "Critican proyecto ganador de monumento a T. Amaru".

47. Ibíd.

48. BMC-ECC, 30 de junio de 1972, "Autor monumento a Túpac Amaru contesta".

49. *La Prensa* (Lima), 1 de junio de 1972, "Dan razón histórica para efigie a caballo de Túpac Amaru II".

50. BMC-ECC, 5 de noviembre de 1974, Genaro Masciotti Cuentas, "Túpac Amaru II".

era "un elemento plenamente incorporado a la cultura peruana en más de dos centurias y por lo tanto considerarlo extraño es nada menos que disparatado".[51] Un tercero recordaba que Túpac Amaru había sido durante gran parte de su vida arriero y que, por lo tanto, era lógico representarlo como jinete, ya que "fue esa actividad la que formó su espíritu, cultivó su inteligencia y le dio los medios económicos para su vida y para la revolución".[52]

## Ofensiva patrimonialista

En la segunda mitad de 1972, estas polémicas se unen a otras referidas a la tardanza en la ejecución del proyecto, al lugar donde debía fundirse la estatua o a su excesivo costo en un momento en que los problemas económicos del velasquismo alcanzaban su apogeo.[53] La nacionalización de sectores clave de la economía peruana y la crisis del petróleo posterior a la Guerra de los Seis Días entre Israel y los países árabes, repercuten en un ambiente generalizado de crisis y desasosiego en todo el país. Suben los precios y se redoblan las dificultades de abastecimiento de productos básicos de la canasta familiar de los hogares peruanos. En el plano político, Uzátegui abandona Cusco a inicios de 1973, no sin antes ser nombrado "hombre del año" por *El Comercio de Cusco*.[54] Desde entonces se observa un cierto agotamiento de la fiebre tupacamarista. Aunque siguen celebrándose un gran número de eventos, cada vez más se trata de iniciativas estrictamente gubernamentales. Poco después, comienza el declive físico de Velasco. Agotado por la actividad febril desplegada desde el golpe de Estado, en febrero sufre un aneurisma y debe ser operado de urgencias. Debido a problemas posoperatorios, el mandatario pierde su pierna derecha. Aunque se reintegra a sus funciones, su debilidad contrasta con la

51. BMC-ECC, 2 de julio de 1972, Horacio Villanueva Urteaga, "El monumento a Túpac Amaru".
52. BMC-ECC, 1 de julio de 1972, Agustín Tamayo, "Túpac Amaru fue arriero".
53. BMC-ECC, 29 de diciembre de 1972, "Vaciado de la estatua a Túpac Amaru se hará en Ministerio Guerra"
54. BMC-ECC, 31 de diciembre de 1971, "Título de hombre del año es para presidente de la CRYF".

ingente energía que había mostrado hasta entonces. La imagen temblorosa de Velasco es una suerte de metáfora que alienta a sus enemigos y retroalimenta el propio declive del gobierno militar.

En Cusco estos sucesos dan alas a quienes se oponen al monumento. Pasada la euforia, comienzan a buscarse culpables del desastre en que se habían convertido los concursos. El director del Museo de Historia Regional, Horacio Villanueva Urteaga, achacaba el empeño en construir la estatua en la plaza a "residentes cusqueños en Lima".[55] Al no estar en la ciudad, habrían defendido el monumento, olvidando "con imponderable desenfado, la juiciosa e ilustrada opinión de urbanistas, historiadores, arquitectos y otros profesionales y personas graves". Su falta de compromiso con la ciudad les habría llevado a privilegiar el impacto político de la ciudad por encima de las dificultades y la pérdida de valor patrimonial del centro urbano. El recorrido de la polémica solo se explicaría por la particular coyuntura peruana. En medio de la efervescencia política y la exaltación revolucionaria, frente al examen sosegado de las diferentes posibilidades, habría ganado "la vehemencia de los que suelen hacer más bulla".

Aunque los argumentos esgrimidos por los partidarios y opositores al monumento son parecidos a los de años anteriores, esta etapa de la controversia tiene una novedad importante: el involucramiento directo de las instituciones estatales encargadas de la conservación del patrimonio nacional peruano. Esta intervención no es casualidad. Desde 1971, el gobierno militar impulsó varias iniciativas para renovar las políticas culturales peruanas. Por un lado, se crea el Instituto Nacional de Cultura (INC), que pasa a ser el principal referente en los asuntos vinculados con el patrimonio cultural. El INC asumía y ampliaba las competencias de las antiguas casas de la cultura. Su creación debía permitir una gestión más profesional y cuidadosa, en la línea de lo promovido por la Unesco. También debía contribuir a la lucha contra la depredación de los bienes culturales, evitando su sustracción o su deterioro por desidia o uso indebido. Para amparar estos objetivos, el gobierno militar aprueba en

55. BMC-ECC, 2 de julio de 1972, Horacio Villanueva Urteaga, "El monumento a Túpac Amaru".

paralelo una nueva ley de patrimonio cultural, que refuerza el control del Estado sobre el patrimonio cultural y sacraliza el principio de intangibilidad de los monumentos.[56] Con estas medidas, la conservación pasa a ser el objetivo principal de la acción estatal. Tanto la creación del INC como la nueva ley cuentan con el apoyo de la mayoría de los arqueólogos peruanos, ya que sus objetivos coinciden con los postulados de la llamada "arqueología social latinoamericana", corriente que planteaba la necesidad de articular las políticas culturales con los esfuerzos de transformación social revolucionaria.

Este clima de regeneración patrimonialista va a jugar en contra de los tupacamaristas. El INC había nacido en la lógica de las políticas revolucionarias nacionalistas, pero en su interior convivían tendencias y sensibilidades diferentes, incluyendo un sector patrimonialista conservador, que veía con recelo la estatua del caudillo andino. Este sector había estado callado durante un tiempo, apocado ante el auge avasallador de los revolucionarios. Sin embargo, a medida que el velasquismo perdía fuerza, comenzaba a hacerse oír de nuevo. Su objetivo era demostrar que existían unas normas de comportamiento con respecto al patrimonio histórico que ni siquiera el gobierno podía transgredir. Contaban en este empeño con la legitimidad que otorgaba la Convención sobre la Protección del Patrimonio Mundial Cultural y Natural aprobada por la asamblea general de la Unesco en noviembre de 1972. Aunque aún no había sido ratificada por el Perú, esta convención había despertado un gran interés mediático en todo el mundo, ya que se la consideraba un salto cualitativo en la protección del patrimonio cultural. Se sumaban a ello las simpatías y el respeto que la Unesco despertaba en Cusco, gracias su destacado papel durante la reconstrucción posterior al terremoto, cuando el organismo internacional había enviado a la capital andina varias misiones para comprobar el estado de los monumentos emblemáticos. El informe de Kubler de 1953 era aún una referencia citada con frecuencia por los cusqueñistas. Como resultado de este nuevo ambiente, a petición de la Comisión Técnica Calificadora de Proyectos del Instituto Nacional de Cultura, el abogado constitucionalista Fernando de Trazegnies dictaminaba en mayo de 1973 que ni siquiera el

56. Analizo por extenso esta ofensiva patrimonialista en Asensio, "Disciplinar el pasado".

Estado podía alterar un entorno monumental como la plaza de Armas sin las autorizaciones pertinentes.[57] Este dictamen ponía en cuestión el decreto de 1970 que ordenaba la construcción de la estatua, y evidenciaba la debilidad que para ese momento atenazaba al gobierno de Velasco. El general se encontraba enfermo y en su entorno comenzaban las conspiraciones, tanto de quienes querían profundizar la revolución, como de los sectores militares que apostaban por un repliegue y la vuelta a la línea conservadora tradicional.

El patrimonialismo había crecido en Cusco en paralelo al tupacamarismo. Ambas ideologías habían florecido en los difíciles años posteriores al terremoto, como derivaciones del frondoso árbol del cusqueñismo. Durante mucho tiempo se habían percibido como esfuerzos complementarios que apuntaban a un mismo fin: la restauración de la grandeza de la antigua capital imperial. Lejos de ser incompatibles, la devoción por el líder rebelde y el cuidado de los antiguos monumentos se retroalimentaban entre sí en la mente de muchos intelectuales cusqueños. Sin embargo, a medida que la polémica en torno a la estatua de la plaza de Armas se encona, se produce un quiebre. Por primera vez, tupacamaristas y patrimonialistas se enfrentaban de manera abierta, con visiones contrarias del futuro de la ciudad. Ahora ya no era posible mantener la equidistancia, ni propugnar por igual los méritos de ambos enfoques. O se era tupacamarista y se defendía el monumento contra viento y marea, o se estaba con los patrimonialistas.

Acosados por la creciente fuerza de los patrimonialistas y enfrentados al incipiente rechazado de quienes los asociaban con los fracasos del gobierno militar, los tupacamaristas eran conscientes de que su cruzada corría peligro. Ya en febrero de 1972 una placa dedicada a Túpac Amaru en la plaza de Armas de Tungasuca, una de las localidades más vinculadas a la memoria del caudillo rebelde, había sido destruida en un ataque anónimo. El lugar era muy emblemático, tanto por su ubicación como por su historia. La plaza había sido inaugurada el año anterior por el jefe

57. Dictamen del 8 de mayo de 1973, citado en BMC-ECC, 24 de septiembre de 1974, "Técnicos por la nueva ubicación del monumento a Túpac Amaru". La comisión estaba integrada por Alberto Barreto Arce, José Correa Orbegozo, Frederick Cooper Llosa y Alejandro Alva Manfredi.

nacional de Sinamos, con gran despliegue de publicidad, y era vista como una de las principales obras del gobierno militar en la región. Tras décadas de reclamar infructuosamente, por fin Tungasuca comenzaba a progresar. De ahí que el ataque suscitara una fuerte respuesta estatal. La acción se atribuye a "agentes del imperialismo y personas compradas por los contrarrevolucionarios, que se mueven bajo los hilos de los grandes gamonales y reaccionarios del país".[58] De acuerdo con el lenguaje exaltado de la época, los autores del vandalismo eran "criminales y anti-patrias". Sin embargo, pese a todos los esfuerzos realizados por los militares, los culpables nunca fueron hallados. Este fracaso es sintomático, ya que en estas pequeñas localidades serranas lo habitual era que todos los vecinos estuvieran al tanto de lo que ocurría. Siempre había alguien que había visto o escuchado a alguien hablar de algo. El silencio unánime de los vecinos lleva a pensar, más que en un ataque imperialista, en una reacción local contra el gobierno militar debido a los crecientes conflictos vinculados a la implementación de las reformas agraria y educativa en las provincias altas.[59]

Para tratar de remontar la situación, en 1973 se revitaliza el Instituto Túpac Amaru. Esta era una suerte de institución intermitente, cuyos orígenes se situaban antes del golpe de Estado. Sus fundadores pretendían aglutinar a la intelectualidad cusqueña en torno a un programa de reivindicación del caudillo caneño. Las primeras tentativas habían estado a cargo de los sectores reformistas que dominaban la escena pública cusqueña antes de la llegada del velasquismo. Sin embargo, después del cambio de régimen sus integrantes se identificaban con el ala más radical del tupacamarismo. Como presidente de esta nueva tentativa resulta elegido Manuel Jesús Aparicio. En la directiva le acompañaban, entre otros, Alfredo Yépez, Fructuoso Ccahuata y Felicia Montufar de Medrano. Todos ellos eran personajes muy conocidos en Cusco por su defensa del líder rebelde. Escribían con frecuencia en los medios locales, exigiendo a los militares que cumplieran sus promesas, y manteniendo viva la llama de la

---

58. BMC-ECC, 1 de febrero de 1972, "Destruyen placa de Túpac Amaru"; y BMC-ECC, 12 de febrero de 1972, "Investigan sobre destrucción placa recordatoria: Tungasuca".

59. Al menos en abril de 1972, la última vez que aparecen menciones a este incidente en *El Comercio de Cusco*, los culpables no habían sido hallados. Al respecto: BMC-ECC, 4 de abril de 1972, "¿Quién destruyó la placa recordatoria?".

reivindicación tupacamarista.[60] Aparicio había estado involucrado además en la destrucción de la estatua de Pumacahua en Sicuani, por lo que su devoción tupacamarista estaba fuera de toda duda.

La contraofensiva tupacamarista también se percibe durante las fiestas conmemorativas. Era entonces cuando se redoblaban los esfuerzos para presionar al gobierno militar en favor del monumento. En mayo de 1973, la Coral Túpac Amaru organizaba un homenaje en el paraninfo universitario y la Asociación Altiva Canas hacía lo propio con una alocución radial especial. Las autoridades de educación, por su parte, habían ordenado que en todos los colegios de la región se realizaran representaciones de la muerte del héroe. A pesar de todos los problemas, en este sector del funcionariado estatal los tupacamaristas seguían siendo amplia mayoría. También contaban con el apoyo de *El Comercio de Cusco*, cuya habitual edición especial del mes de mayo abría con un dibujo en la portada que mostraba a Túpac Amaru cabalgando frente a la catedral. La imagen recordaba mucho a la prometida estatua. En el interior había también otras representaciones del suplicio del héroe y de su estancia en prisión. Uno de los artículos cargaba directamente contra los patrimonialistas, atribuyendo sus quejas al resentimiento político. Quienes se oponían a construir la estatua en la plaza de Armas, leemos, "simplemente odian y desprecian al máximo héroe peruano, como lo odiaron y despreciaron los tiranos y verdugos personificados en el monstruoso chacal Areche".[61] Para Mariano Fuentes Lira, por su parte, las consignas en contra del monumento se debían a "un inminente anticusqueñismo".[62] La prensa incluía también anuncios pagados de empresas locales y particulares, que exigían la rápida conclusión de la estatua. El tono era similarmente exaltado. La Ferretería San Martín, dirigida por el tupacamarista Eulogio Tapia, conminaba al pueblo de Cusco a "no aceptar más postergaciones y [a] que el monumento al precursor de la libertad americana se levante en la histórica plaza de

60. BMC-ECC, 20 de julio de 1973, "Se formó el Instituto Túpac Amaru del Cusco".

61. BMC-ECC, 18 de mayo de 1973, Julio G. Gutiérrez, "No regateemos a Túpac Amaru su gloria".

62. BMC-ECC, 18 de mayo de 1973, Mariano Fuentes Lira, "Túpac Amaru y su monumento".

Wacaypata". Este era solo un ejemplo, entre otros muchos, que demostraba que las espadas aún estaban en alto.

## Fin de fiesta

La crisis del gobierno militar se agudizó a mediados de 1973. Las condiciones nacionales e internacionales eran cada vez más adversas para el velasquismo. El propio gobierno militar comienza a desintegrarse para deleite de sus adversarios. Varios incidentes con altos cargos de la Marina, incluyendo atentados y amenazas, multiplican los rumores sobre desavenencias y pugnas. Los orígenes humildes del General hacían que muchos de sus compañeros de armas lo vieran con desconfianza, especialmente en la Marina y la Aviación, las armas más aristocráticas de la Fuerza Armada. Ambos cuerpos se habían unido al golpe de Estado cuando las operaciones ya estaban en marcha, para evitar enfrentamientos que acabaran en un baño de sangre, y no ocultaban su incomodidad con la retórica radical del gobierno. A medida que la salud del gobernante empeoraba, se sentían con mayor libertad para cuestionar su liderazgo.[63]

En el plano económico, las cosas estaban lejos de mejorar. Tras la llegada al poder de Pinochet, Chile abandona el CEPIC, el organismo creado por los países productores para controlar el precio del cobre.[64] El largo pleito con los Estados Unidos iniciado con la nacionalización de los pozos petrolíferos encarece los préstamos internacionales, de los que el Perú dependía cada vez más debido al colapso de los proyectos industriales y al fracaso económico de la reforma agraria. La crónica escasez de alimentos era patente. Pese a los buenos deseos de sus promotores, la reforma agraria no había logrado convertir las antiguas haciendas en explotaciones capaces de abastecer a una ciudad en constante crecimiento. La respuesta estatal crecía en agresividad y combinaba el discurso moralista contra quienes

63. Elche Díaz, "La lógica de las crisis políticas", p. 176 y ss.

64. El análisis de las relaciones entre Perú y Chile durante el periodo de Velasco en Antonio Zapata, "La cuestión de Chile durante el gobierno Velasco, 1968-1975", ponencia preparada para el coloquio internacional "El Gobierno Revolucionario de la Fuerza Armada, 1968-1975: nuevas miradas sobre el velasquismo y su legado", Lima, 14-16 de junio de 2016.

acaparaban alimentos para revenderlos, con acciones policiales y judiciales destinadas a amedrantar a quienes se resistían al control de precios y productos.[65]

Como no podía ser menos, estas tensiones afectaron gravemente la popularidad del gobierno, cada vez más acosado por sus enemigos. De nada servían las crudas advertencias de Velasco contra "los reaccionarios de derecha y los infantiles de izquierda, que tratan de detener la revolución".[66] En noviembre, un choque entre universitarios y la policía concluye en Cusco con una víctima mortal y más de un centenar de heridos.[67] Los enfrentamientos se prolongan por varios días y afectan también a la sede del Sinamos, que resulta seriamente dañada. Como respuesta, los militares declaran el estado de emergencia en toda la región. Durante unas semanas, las funciones de las autoridades civiles quedan suspendidas y todo el poder pasa a manos de los representantes castrenses. Piquetes conjuntos del Ejército y la Guardia Civil controlan las principales calles y se cancelan las clases, tanto de enseñanza secundaria como universitarias.[68] El toque de queda se extiende desde las siete de la tarde hasta las seis de la mañana. En ese tiempo, "ninguna persona ni vehículo deberá transitar por las calles, excepto las que tengan salvoconducto expedido por la comandancia general". [69] Un apagón generalizado de más de un día de duración contribuye a extender la sensación de crisis y miedo.[70]

La crisis política se retroalimentaba con la desazón causada por el perenne desabastecimiento de los mercados. Casi desde los primeros días del gobierno de Velasco, este había sido un problema recurrente. El rápido crecimiento de la ciudad hacía que Cusco tuviera desde décadas atrás

65. BMC-ECC, 20 de enero de 1973, "La PIP detectó a medio centenar de especuladores".
66. BMC-ECC, 4 de octubre de 1973, "Categórica advertencia hizo Velasco a contrarrevolución".
67. BMC-ECC, 21 de noviembre de 1973, "Manifestación fue reprimida con botas y balas: 1 muerto".
68. BMC-ECC, 26 de noviembre de 1973, "Por situación de emergencia suspenden labores escolares".
69. BMC-ECC, 26 de noviembre de 1973, "Mando político y militar del dto. asumió Comandante Gral. IV R. M.".
70. BMC-ECC, 10 de diciembre de 1973, "Apagón muy prolongado hubo en esta ciudad".

enormes problemas de habilitación urbana. Los servicios públicos eran irregulares, los apagones frecuentes y también los cortes de agua, que en ocasiones afectaban a distritos enteros durante semanas.[71] Lejos de mejorar, la situación había empeorado con la llegada al poder de los militares. Productos como la carne o la leche no estaban disponibles, o solo se podían conseguir a precios muy altos en el mercado negro.[72] La papa, alimento esencial de la dieta andina, sufría de escasez, e incluso un producto tan emblemático como el pan de Oropesa había disminuido su peso.[73] Para paliar estos problemas, las autoridades habían promovido la creación de una nueva red de mercados por toda la región. El objetivo era limitar el papel de los intermediarios, a quienes se acusaba de tener oscuros intereses en connivencia con los antiguos terratenientes. Estos mercados debían dinamizar el comercio agropecuario, que hasta ese momento había estado restringido a unos pocos puntos de venta. También se multiplican los llamados "comités locales contra la especulación y el acaparamiento", que tenían como misión asegurar que las bodegas tuvieran el suficiente inventario de productos de primera necesidad y que los grifos sirvieran completos los galones de gasolina que los choferes compraban.

Pero estas medidas habían tenido poco éxito. Las denuncias contra los especuladores seguían siendo la tónica general. Incluso en los momentos de apogeo del velasquismo era difícil entrar a un mercado y encontrarlo bien abastecido. En Urcos, la capital de la provincia de Quispicanchi, situada a unos cuarenta kilómetros al sur de la ciudad imperial, la población se quejaba de que su comité "no se sabe por qué motivos" no funcionaba.[74] En Quincemil, en la ceja de selva de esa misma provincia, "comerciantes inescrupulosos" se aprovechaban de la falta de competencia para subir los precios hasta límites escandalosos.[75] La culpa era del mal estado de la

71. Por ejemplo, BMC-ECC, 16 de marzo de 1970, editorial, "Cusco en tinieblas"; y BMC-ECC, 31 de octubre de 1970, "Racionan agua en Cusco".

72. Por ejemplo, BMC-ECC, 29 de septiembre de 1970, "Escasez de carne".

73. BMC-ECC, 26 de enero de 1972, "Las papas caras, escasas y quemantes"; y BMC-ECC, 20 de septiembre de 1971, "Pan de Oropesa disminuye peso y tamaño".

74. BMC-ECC, 19 de agosto de 1970, "En Urcos no funciona comité contra la especulación y acaparamiento".

75. BMC-ECC, 13 de agosto de 1970, Germán Cabrera Reyes, "Artículos precios elevados".

carretera que comunicaba esta parte de Cusco con el resto de la región. Las lluvias, los huaicos y la falta de mantenimiento causaban interrupciones que a veces podían dejar aisladas a poblaciones enteras durante largas semanas. En Acomayo, por su parte, faltaba el kerosene, "artículo de consumo diario y de gran aplicación en la cocina".[76]

La Policía de Investigaciones tenía incluso un departamento especializado en la lucha contra el acaparamiento de alimentos. Sus objetivos incluían tanto grandes comerciantes como pequeñas tiendas de abarrotes, a los que se sancionaba por vender productos de primera necesidad a precios excesivos. En 1969, varias bodegas del centro de Cusco son sancionadas por expender azúcar y leche varias veces por encima de su precio oficial.[77] Las intervenciones eran frecuentes también en los mercados de abastos, sobre todo en la capital regional y en menor medida en las demás capitales de provincia. Los especuladores eran uno de los objetivos preferidos de la retórica del gobierno militar, que les achacaba sabotear intencionadamente las reformas, en connivencia con la oligarquía y el imperialismo. Las actuaciones podían acabar con juicios contra los "hambreadores" o con la imposición de vedas temporales a la exportación para evitar que los productos básicos desparecieran totalmente del mercado.[78]

A finales de 1973, como medida desesperada, las autoridades prohíben la salida del departamento de carne de vacuno y sus derivados.[79] Más adelante le tocaba el turno a las papas, mientras se multiplicaban los juicios contra hambreadores y acaparadores.[80] La situación se agrava con un clima inusualmente frío y lluvioso, que trae de vuelta "el fantasma de

---

76. BMC-ECC, 12 de octubre de 1970, "Escasez de kerosene".

77. BMC-ECC, 4 de octubre de 1969, "Continúan las batidas de PIP contra especuladores".

78. BMC-ECC, 1 de marzo de 1974, "Comenzaron juicios contra hambreadores"; y BMC-ECC, 21 de febrero de 1974, "Veda de carne en esta ciudad".

79. BMC-ECC, 10 de diciembre de 1973, "Artículos de primera necesidad no saldrán de departamentos Cusco".

80. BMC-ECC, 1 de marzo de 1974, "Comenzaron juicios contra hambreadores"; BMC-ECC, 27 de febrero de 1974, "Gral. Navarro Stier emprende guerra a la especulación"; BMC-ECC, 20 de julio de 1974, "Está definitivamente prohibida salida de papas del Cusco"; BMC-ECC, 18 de mayo de 1974, "Se acentúa escasez de arroz en Cusco".

la hambruna". La zona afectada se extendía por Canas, Canchis, "donde la creciente del río Vilcanota en los distritos de Sicuani, San Pablo y Tinta ha inundado grandes extensiones de cultivos", Tungasuca, "donde la laguna se ha salido de madre", Espinar, y la zona altoandina de Quispicanchi.[81] En Ttio, los daños alcanzaban varios cientos de miles de soles.[82] Especialmente grave era la situación de Lauramarca, ya que esta cooperativa, una de las mayores y más emblemáticas de la región, era la principal esperanza de las autoridades cusqueñas para proveer a la ciudad de carne, leche y queso.[83] Las heladas supusieron que casi toda la cosecha se perdiera, agravando la crisis alimentaria en toda la región.

La carencia de alimentos afectaba incluso a la imagen internacional del gobierno miliar. "No hay carne, no hay leche, ni queso, y si existe algo parecido, no tiene nada que ver con lo que comemos acá", se quejaba un grupo de futbolistas argentinos tras regresar a su país después de disputar un encuentro internacional en la ciudad imperial.[84] Para encarar estos contratiempos, el gobierno exacerba su mentalidad de asedio. La respuesta habitual del velasquismo consistía en culpar a los conspiradores extranjeros. En noviembre, el presidente alertaba a sus ministros de la presencia de agentes de la CIA y les solicitaba ponerse en guardia ante posibles intromisiones. También insistía en la necesidad de evitar que ciudadanos chilenos trabajaran en la administración pública. Su presencia se veía como una potencial quinta columna contra los intereses de la revolución peruana. De nada servía que fueran en su mayoría antiguos simpatizantes del gobierno de Allende que habían buscado refugio en el vecino país tras el golpe de Estado de Pinochet. En la misma sesión, el consejo de ministros decide el cierre del *Peruvian Times*, uno de los pocos medios nacionales que aún estaban fuera del control directo del gobierno. Fundado en los años cuarenta, era uno de los periódicos en inglés más antiguos de la región. Su

---

81. BMC-ECC, 30 de marzo de 1974, "El fantasma de la hambruna se asoma sobre provs. Altas. Heladas fulminaron cultivos".

82. BMC-ECC, 1 de abril de 1974, "Lluvias causaron ingentes pérdidas en Quispicanchi".

83. BMC-ECC, 28 de febrero de 1974, "Lauramarca proveerá de queso y leche a la ciudad del Cusco".

84. BMC-ECC, 28 de agosto de 1973, "Jugadores argentinos lanzan graves agravios contra Cusco".

delito consistía en haber descubierto que el gobierno peruano se disponía a firmar un contrato petrolífero con su contraparte japonesa, en el que aceptaba que las posibles disputas las dirimiera un árbitro británico, contraviniendo la acerada retórica nacionalista que tantos réditos había dado a Velasco. La noticia había sido recogida por la agencia norteamericana UPI, por lo que la orden incluía la expulsión de ambos directores "en caso de ser extranjeros".[85]

Este ambiente de fin de fiesta se refleja en las disputas sobre el monumento. Los textos tupacamaristas de los últimos años del velasquismo son muy virulentos. En ellos podemos entrever un cierto agotamiento de su propuesta, cada vez más retórica y reiterativa, pero también la frustración por una oportunidad que sus promotores comienzan a sentir que se les escapa de las manos. Las denuncias contra los antirrevolucionarios y los anticusqueños son muy frecuentes. Suelen estar redactadas en un tono exaltado, plagado de acusaciones y recriminaciones. Sin embargo, su repercusión pública era cada vez más limitada. En mayo de 1974, la presión en favor de la construcción del monumento vuelve a protagonizar la conmemoración del aniversario de la muerte de Túpac Amaru. Pero el número de artículos publicados por la prensa local es más reducido. Era más un ruido de fondo que un clamor articulado con capacidad para influir en las autoridades. De manera significativa, los tupacamaristas hacían un llamado "a todos los peruanos y particularmente a los cusqueños para que esta cruzada de fe tupacamarista se concretice y no languidezca en las falsas pasiones de quienes ahora se han convertido en pseudo tupacamaristas".[86]

En agosto, Túpac Amaru y Juan Velasco son nombrados al unísono padrinos honorarios del congreso de la Fartac, la principal agremiación campesina cusqueña.[87] Se trata de un gesto muy significativo. Para ese momento el régimen militar ya estaba en abierta descomposición. La reforma

---

85. Borradores de Actas del Consejo de Ministros del GRFA, sesión de 12 de noviembre de 1974.

86. BMC-ECC, 18 de mayo de 1974, César Antonio Guerra, "Túpac Amaru, el gran ausente".

87. BMC-ECC, 18 de agosto de 1974, "Padrinos honorarios: Túpac Amaru II y general J. Velasco". Las siglas corresponden a la Federación Agraria Revolucionaria Túpac Amaru del Cusco.

agraria había entrado en barrena. Las expropiaciones se multiplicaban, pero también las ocupaciones de tierra y los conflictos dentro de las cooperativas. Incluso en localidades que habían sido emblemáticas para el gobierno revolucionario, como Ccapana, en el distrito de Ocongate, o en la Cooperativa Túpac Amaru de Anta, los gremios campesinos se hallaban divididos, entre quienes mantenían su fidelidad al gobierno militar y quienes apostaban por una radicalización de la revolución, en la línea de lo defendido por los partidos izquierdistas. El hecho de que el gobernante y el caudillo aparecieran unidos como emblemas de las reivindicaciones campesinas en un contexto así, hacía pensar que el homenaje no se debía solo a un frío cálculo político. Aunque de manera decreciente, Velasco conservaba aún el apoyo de una parte de las organizaciones populares, especialmente de aquellas que había contribuido a fortalecer gracias a la intervención de Sinamos.

Finalmente, en septiembre la estatua de Túpac Amaru a caballo, fundida por el ingeniero español Salvador Riera Segaes a partir de la maqueta de Ugarte, estaba lista para su traslado a Cusco. Se inicia en ese momento la última batalla entre partidarios y detractores de su instalación en la plaza de Armas. Pero se trataba de una batalla desigual. Para ese momento el culto tupacamarista estaba ya en fase declinante. Las celebraciones de mayo habían sido muy contenidas en comparación con lo acostumbrado en los años anteriores, y el equilibrio entre partidarios y detractores de instalar la obra en la plaza de Armas se había invertido. La eterna discusión había llegado a un punto que incluso sus promotores originales comenzaban a pensar que era excesivo. "Con mentalidad infantil muchos señores historiadores, muchos señores intelectuales y qué sé yo —escribe un articulista que años antes había tenido un papel destacado en la polémica— se enzarzaron en una discusión digna de los mejores papeles de Cantinflas. Se habló hasta la saciedad de si el sombrero de Túpac Amaru, luego de la cabellera, después de su chaqueta, sigue el enredado asunto de sus botas y luego entró a tallar un asunto muy equino: el caballo".[88] Intuyendo el próximo cambio de las cúpulas del poder, el articulista criticaba

88. BMC-ECC, 27 de septiembre de 1974", Gustavo Pérez-Ocampo, "Una discusión llamada Túpac Amaru".

también a quienes "aplauden y defienden a ojo cerrado la idea [de construir la estatua en la plaza de Armas] para ser revolucionario o aparentarlo oportunamente".[89]

Los tupacamaristas realizan un último esfuerzo y logran pronunciamientos favorables de algunas autoridades locales de Cusco, Apurímac y Madre de Dios.[90] Las comunidades de Canas llegan incluso a amenazar con una invasión del centro de la ciudad en caso de que la estatua no se coloque en la plaza de Armas.[91] En contra se manifiesta el grupo de artistas plásticos Illary 70, vinculado a la vanguardia local, que consideraba al monumento una obra muy tradicional y poco imaginativa. Sus integrantes eran seis jóvenes pintores cusqueños que, sin abandonar las raíces del indigenismo y el cusqueñismo, pretendían experimentar con nuevos estilos plásticos. Su primera exposición había contado con el apoyo de la Empresa Nacional de Turismo y poco a poco habían logrado hacerse conocidos en la ciudad. La estatua tampoco gustaba a varios arquitectos locales vinculados a la universidad, entre quienes se hallaba uno de los integrantes del propio jurado que había decidido el ganador del concurso.[92] Esta era una curiosa coalición entre lo más conservador y lo más moderno del panorama cultural cusqueño. Su existencia solo era posible en un contexto de declive del gobierno militar. Ahora se podían emitir opiniones contrarias al velasquismo, que un par de años antes se habrían considerado motivo de censura general e incluso de represalias por parte de las autoridades.

En busca de consenso, *El Comercio de Cusco* inicia una campaña para sustituir la estatua por una llama votiva.[93] Esta idea se plantea como

---

89. BMC-ECC, 16 de noviembre de 1974, Raúl Dávila Negrón, "Efigie ecuestre de Túpac Amaru".

90. BMC-ECC, 23 de septiembre de 1974, "Monumento a Túpac Amaru en Plaza de Armas Cusco: piden autoridades de tres departamentos".

91. BMC-ECC, 12 de octubre de 1974, "Distorsionadas campañas en torno al monumento del héroe Túpac Amaru".

92. BMC-ECC, 24 de septiembre de 1974, "Técnicos por la nueva ubicación del monumento a Túpac Amaru". Entre los arquitectos firmantes se encuentran José Cabrera; Audina Salcedo; Errol del Castillo; Abel Ortiz de Zevallos; Carlos Echegaray; Óscar Ladrón de Guevara y César Quispe.

93. BMC-ECC, 27 de septiembre de 1974, "Una llama encendida perennemente debe recordar su gesta libertaria: algo diferente para Túpac Amaru".

respuesta al irresoluble debate sobre la idoneidad del monumento. La llama sería un homenaje original, diferente de las estatuas tradicionales y adecuada al entorno colonial de la plaza de Armas. Tendría el suficiente empaque emocional para estar a la altura del héroe, sin alterar la armonía del paisaje urbano cusqueño. Era además un recurso perfectamente legal, ya que el decreto emitido en mayo de 1970 obligaba a construir un monumento a Túpac Amaru en la plaza de Armas, pero sin especificar la naturaleza de la obra, ya fuera una estatua o algún otro tipo de homenaje.[94] Estos argumentos no pueden ocultar, sin embargo, la rebaja de expectativas frente a los proyectos grandilocuentes esbozados en los años anteriores. El tupacamarismo perdía fuelle y en su lugar se consolidaba una suerte de razón tecnocrática asociada al patrimonialismo. Poco después, el Instituto Americano de Arte, la emblemática institución fundada por Luis Uriel García en la década de 1930, solicitaba al gobierno que fueran técnicos especializados quienes decidieran dónde colocar la estatua, "teniendo en cuenta los elevados fines de la preservación de los valores artísticos y arquitectónicos de la plaza de Armas".[95] Lo que había comenzado siendo un asunto de justicia política, se convertía ahora en una controversia de especialistas.

El cambio de opinión del vicedecano de la prensa nacional refleja el declive del ala radical del velasquismo. Las masas campesinas que antes eran aduladas como el sujeto revolucionario que debía transformar el país, se convierten ahora en una fuente de ansiedad y temor. Ante la posibilidad de que caneños y canchinos acudieran a Cusco para protestar en favor del monumento, los editoriales de *El Comercio* invocaban a mantener el orden y solicitaban que las autoridades tomaran las medidas necesarias para evitar que se produjeran disturbios que pudieran molestar a residentes y turistas.[96] Los tupacamaristas habían amenazado varias veces con inundar la ciudad de partidarios provenientes de todos los rincones de la región para defender la primacía simbólica de su héroe. Vista en perspectiva, esta

---

94. BMC-ECC, 28 de diciembre de 1974, "Monumento a Túpac Amaru debe estar en Cusco de todos modos".

95. BMC-ECC, 8 de octubre de 1974, "IAA pide técnicos fijen ubicación del monumento".

96. BMC-ECC, 12 de octubre de 1974, "Distorsionadas campañas en torno al monumento del héroe Túpac Amaru".

pretensión parece excesiva, pero en ese momento las cartas aún no estaban sobre la mesa. Tanto las autoridades cusqueñas como sus superiores en Lima temían que el asunto se saliera definitivamente de control.

El último acto de la historia tiene lugar el 14 de noviembre de 1974, cinco años y dos meses después de la destrucción del piel roja, cuando el concejo municipal de Cusco anuncia su decisión de no instalar el monumento a Túpac Amaru en la plaza de Armas, aduciendo su excesivo tamaño y el carácter distorsionador que tendría para el conjunto monumental.[97] En su justificación, los regidores aluden a los informes del INC y de otras instituciones técnicas. La realidad, sin embargo, es más compleja. En los años trascurridos desde la caída del piel roja y la convocatoria del primer concurso, Cusco había sido declarada por la Unesco ciudad monumental.[98] El turismo comenzaba a reactivarse y Machu Picchu superaba por primera vez las mil visitas diarias.[99] A finales de 1972 había empezado a funcionar un circuito turístico urbano que agrupaba a varios monumentos religiosos con una sola entrada.[100] Poco antes, también se habían abierto nuevos museos en Sacsayhuamán y Chinchero.[101] Todas estas actuaciones habían hecho que la ciudad comenzara a visibilizar de otra manera su propia imagen.

Las prioridades eran ahora diferentes. El mito revolucionario tupacamarista dejaba su lugar a un tipo diferente de evocación regionalista, centrada en versiones más edulcoradas de la cultura inca, pensadas más como una herramienta de difusión turística que como un instrumento de reivindicación social. Lo neoinca sustituye al recuerdo de la gran rebelión andina como referente de identidad regional. El equilibrio que ambas narrativas habían mantenido durante los primeros años del velasquismo

---

97. BMC-ECC, 15 de noviembre de 1974, "Monumento ecuestre a Túpac Amaru no se ubicará en Plaza de Armas".

98. BMC-ECC, 21 de junio de 1971, "Cusco ciudad monumental declarada por la Unesco".

99. BMC-ECC, 14 de julio de 1972, "Mil turistas a Machupijchu movilizaron en un día"; BMC-ECC, 3 de noviembre de 1972, "Aumento turismo hacia el Cusco".

100. BMC-ECC, 6 de octubre de 1972, "Crean circuito turístico religioso desde el martes".

101. BMC-ECC, 2 de marzo de 1972, "Sacsayhuamán desde ayer tiene un Museo de Sitio"; y BMC-ECC, 1 de octubre de 1971, "Dos museos para distrito Chinchero".

se quiebra. Vilcabamba anuncia su intención de representar una versión local del Inti Raymi y Quispicanchi hace lo propio con la salida de Manco Cápac de la laguna de Huacarpay.[102] En noviembre 1973 se lleva a cabo en la plaza de Armas, la escenificación de la "fantasía inca" titulada *La conquista del Antisuyo*, por parte del Grupo Folclórico Tawantinsuyo y con el beneplácito de las autoridades.[103] La obra relataba los avatares de la conquista de la selva por los incas y contaba entre sus personajes centrales al propio Pachacútec, además de varias princesas incas, jefes *anti* (indígenas selváticos) y a la actriz cusqueña Katia García en el papel de "la sacerdotisa que baila la danza de la serpiente". La grandiosidad del evento se resaltaba con la participación de tropas del Ejército, del Coro Polifónico de Cusco y de varios planteles escolares.

Poco antes, el aniversario de Radio Tahuantinsuyo se había celebrado con un despliegue iconográfico similar. Carros alegóricos de las cuatro regiones del Imperio inca habían desfilado por la plaza de Armas. Su decoración recuerda más a una parada de carnaval brasileño que a la marcialidad de las celebraciones tupacamaristas de los años anteriores. Bandas de música y danzas tradicionales acompañan a las reinas de belleza del Antisuyo, el Contisuyo, el Kollasuyo y el Chinchaysuyo. Como parte de las celebraciones, en lo alto de un asta frente a la catedral se iza una bandera multicolor, que simboliza la continuidad entre el pasado inca y la ciudad contemporánea.[104] Esta es la primera vez que este emblema aparece en Cusco. Su fortuna en los años posteriores va a ser enorme, hasta el punto de convertirse en enseña distintiva de Cusco. Es la llamada "bandera del Tahuantinsuyo", que en la actualidad está presente en toda la región y de manera más amplia simboliza las reivindicaciones de los pueblos indígenas andinos. Está compuesta por "siete franjas horizontales con siete colores, comenzando por rojo y terminando en violeta, siguiendo el orden

---

102. BMC-ECC, 15 de abril de 1971, "Escenificarán salida de Manco Cápac en laguna Huacarpay"; y BMC-ECC, 7 de junio de 1971, "Un mini Inti Raymi habrá en Vilcabamba".

103. BMC-ECC, 14 de noviembre de 1973, "Conquista del Antisuyo escenificarán sábado en Plaza de Armas".

104. BMC-ECC, 30 de octubre de 1973, "Bandera de Tawantinsuyo se izó en acto monumental".

cromático del arco iris".[105] Su creador habría sido el periodista Raúl Montesinos, nacido en la provincia de Canchis, quien se habría inspirado para su diseño en la *wiphala* (bandera multicolor ajedrezada) que ya por entonces se usaba en Bolivia.[106] Su propósito inicial era únicamente contar con una bandera para el aniversario de la radio, pero el éxito de la iniciativa hace que el gobierno local la asuma unos años después de manera oficial para representar a la ciudad.

La bandera multicolor era el emblema de la nueva época en la que Cusco se adentraba. El día de su izado se la trasladó en procesión a lo largo del centro de la ciudad, en manos de las autoridades y los periodistas de Radio Tahuantinsuyo. La ceremonia se celebró con toda la pompa de rigor e incluyó una solemne misa antes del izamiento. El binomio entre turismo y narrativas neoincas ganaba centralidad en la agenda local, mientras la exaltación revolucionaria declinaba.[107] En esta etapa final del velasquismo, incluso los eventos de conmemoración de Túpac Amaru pierden su tono solemne y se vuelven más lúdicos. La figura del héroe disminuye su empaque emocional y se convierte en una excusa para un día de fiesta. En 1974, por ejemplo, la actividad central de la semana tupacamarista de noviembre consiste en una gran serenata e incluye "danzas, música folclórica y criolla, números poéticos y cantos", a cargo de "los mejores coros del Cusco, en su mayoría escolares" y "conjuntos musicales tanto de género vernáculo como criollo".[108]

---

105. Según aparece en el documento del gobierno local que oficializa la bandera en 1978, citado en Nicanor Domínguez, "Uso y abuso de la historia: la bandera del Tahuantinsuyo", *Cabildo Abierto*, n.° 6, 2005, pp. 16-17.

106. La *whipala* tiene sus orígenes a finales de la década de 1940, y pese a que existen diversas teorías sobre su relación con las cerámicas prehispánicas, parece que su origen es bastante más prosaico: estaría inspirada en la etiqueta de una marca de gaseosas local. Al respecto: Elizabeth de Col de Céspedes, "¿La etiqueta de Champancola símbolo nacional?", *El Diario*, 20 de octubre de 2008.

107. Sobre la retroalimentación entre turismo y narrativas neoincas, el texto clásico es: P. Van de Berghe y Jorge Flores Ochoa, "Tourism and Nativistic Ideology in Cuzco, Peru", *Annals of Tourism Research*, vol. 27, n.° 1, pp. 7-26.

108. BMC-ECC, 29 de octubre de 1974, "Fervor Tupacamarista se acentúa en el Cusco", *El Diario*, 20 de octubre de 2008.

La movilización campesina y urbana continúa siendo muy alta, pero el tupacamarismo —que al fin y al cabo era el lenguaje político asociado al gobierno militar— ya no despierta el mismo entusiasmo. La decisión del concejo de relegar la estatua de Túpac Amaru apenas suscita controversias. Incluso fue saludada como un ejemplo de cusqueñismo por quienes hasta poco antes habían sido devotos defensores del caudillo andino.[109] Este giro muestra que las élites intelectuales cusqueñas se preparaban para el escenario posvelasquista, aunque este esfuerzo supusiera olvidar y retorcer la historia reciente de la ciudad. Como suele ocurrir cuando un régimen dictatorial se descompone, un nuevo relato emergía abruptamente, reinterpretando lo ocurrido desde el golpe de Estado y olvidando el fervor con el que una vez fuera recibido el gobierno miliar. La nueva versión sostenía que la idea de construir una estatua a Túpac Amaru en la plaza de Armas se debía al gobierno central. El papel de los tupacamaristas cusqueños se minimizaba y desaparecían las referencias al apoyo masivo que la iniciativa había tenido en los años anteriores. Destruir la armonía de la plaza de Armas habría sido una imposición del centralismo limeño, resistida heroicamente por los cusqueños, quienes habrían priorizado su condición de ciudad-museo. Aunque no negaban la importancia del caudillo andino, pasada la efervescencia revolucionaria la prioridad de los cusqueños era conservar "la magnífica herencia cultural recogida de nuestros antepasados", evitando "el deplorable y catastrófico efecto que un enorme bulto metálico pudiera producir con su enclavamiento en el centro geográfico de nuestra no muy bien ponderada plaza de armas".[110]

---

109. BMC-ECC, 26 de noviembre de 1974, "Estatua afecta gravemente lo arquitectónico de plaza mayor".

110. BMC-ECC, 19 de noviembre de 1974, editorial, "Un buen lugar para el monumento".

# EPÍLOGO

## Una columna fundamental

En agosto de 1975, un golpe de Estado encabezado por el general Francisco Morales Bermúdez Cerruti apartaba a Velasco del poder. Quien a hierro mata a hierro muere, podría haber pensado el viejo caudillo. Para ese momento, el paladín del gobierno revolucionario ya solo era una sombra de lo que había sido. Desde principios de año la situación política se había deteriorado rápidamente. En febrero, un paro de policías había terminado con una masacre, al asaltar el Ejército el local donde los huelguistas se atrincheraban. Unos días después, otro paro concluía con saqueos masivos en la capital, con el saldo de casi un centenar de muertos. El gobierno atribuía estos sucesos a agitadores izquierdistas y apristas, así como a la presencia de agentes del imperialismo internacional. Pero su credibilidad era limitada. Aunque la prensa capitalina, completamente nacionalizada el año anterior, apenas hizo referencia a las masacres, el impacto emocional fue enorme. Hasta la actualidad el recuerdo de los paros policiales está grabado a fuego en la memoria de muchos limeños.[1]

1. La mejor recreación del ambiente de decadencia, desintegración, traiciones personales y políticas, desconfianza y desilusión que rodea los últimos meses del velasquismo se encuentra en la novela que el escritor peruano Jorge Eduardo Benavides dedica al tema. Aunque el texto tiene algunas imprecisiones, capta a la perfección el espíritu del momento. Al respecto: Jorge Eduardo Benavides, *Un millón de soles*, Madrid, Alfaguara, 2008.

El pronunciamiento de Morales Bermúdez se produce en Tacna, una limítrofe ciudad de la costa sur. Aun así, recibe el apoyo de la mayor parte de sus compañeros de armas. Los ministros más reacios son expulsados del gobierno. Para legitimar su intervención y asegurarse el control del país, en los primeros días los golpistas recuperan la retórica revolucionaria exaltada. Su acción se presenta como un esfuerzo por retomar la senda de las reformas e insuflar nueva vida al proceso revolucionario. La destitución de Velasco se habría debido a su estilo personalista, que le impedía darse cuenta de su decadencia física. La evidente pérdida de capacidades que el general había sufrido desde la amputación de su pierna derecha le impediría continuar al frente de la revolución peruana. Sin embargo, en poco tiempo se evidencia la verdadera naturaleza de los nuevos gobernantes: se trataba de una reacción conservadora para poner fin al experimento revolucionario. Aunque mantiene algunos de los símbolos del velasquismo, Morales Bermúdez reconduce las reformas y atenúa su impacto. El gobierno militar entra en una etapa de repliegue tanto en el plano político como en el económico. Las reformas educativa y agraria prácticamente se abandonan, y a medida que los cuestionamientos y la presión en la calle se incrementan, se comienza a negociar con los grupos civiles una transición para el retorno de la democracia. La crisis económica, la reactivación del movimiento sindical y una masiva huelga general llevan a que finalmente se convoquen en junio de 1978 elecciones constituyentes.

En este contexto, la estatua de Túpac Amaru deja de ser importante. Ya no era el símbolo del nuevo país que el nacionalismo revolucionario quería construir, sino un incómodo "bulto metálico". La historiadora y arqueóloga norteamericana Helaine Silverman atribuye el fracaso de la tentativa de instalar el monumento en la plaza de Armas a la resistencia de las élites regionales cusqueñas que habrían visto en la figura del héroe andino una peligrosa legitimación de los movimientos revolucionarios que a inicios de los años setenta amenazaban con llevarse por delante el orden tradicional.[2] Esta interpretación es cierta en parte, pero simplifica una realidad más compleja, con intereses políticos, sensibilidades y proyectos ideológicos entrecruzados. Durante los años centrales del velasquismo,

---

2. Silverman, "The Space of Heroism".

existió en Cusco un amplio consenso sobre la necesidad de erigir un monumento que esté a la altura del gran caudillo andino. Pero esta aparente unanimidad ocultaba proyectos políticos muy diferentes: no era lo mismo el tupacamarismo del gobierno que el que culto que impulsaban los tupacamaristas cusqueños. Los concursos para la erección del monumento sacan a la luz estas discrepancias. Los bocetos premiados eran poco innovadores y remitían a modelos trillados, muy de gusto militar. Durante todo el proceso, los cusqueños sentían que su opinión habría contado poco o nada. Una y otra vez rechazaban a los ganadores, que consideraban una imposición de Lima, muy por debajo de lo que la antigua capital imperial merecía.

Estas polémicas se entrecruzaban con las propias transformaciones que la ciudad experimentaba a medida que crecía y superaba los efectos del terrible terremoto de 1950. En este sentido, el ciclo de auge y declive del tupacamarismo coincide con la consolidación de otras corrientes de fondo que modelan el imaginario cusqueño: el incaísmo, el patrimonialismo y la orientación hacia el turismo. Aunque inicialmente estas no eran corrientes opuestas al tupacamarismo, con el tiempo se fueron distanciando de las propuestas más radicales de los seguidores del caudillo andino, que veían como una amenaza para el nuevo modelo de ciudad que estaba emergiendo de las ruinas, basado en el turismo y en la explotación de los vestigios monumentales de su pasado histórico. Más que de la élite tradicional, que para ese momento ya apenas contaba en la política local, el rechazo al monumento estuvo en manos de una heterogénea coalición integrada por la nueva tecnocracia asociada al mundo del patrimonialismo, artistas que despreciaban los bocetos ganadores, que veían como una muestra del gusto extremadamente conservador de los militares, y los sectores regionalistas desengañados con el autoritarismo del régimen, al que habían visto inicialmente como una oportunidad para construir un país más justo e inclusivo, donde las regiones fueran escuchadas y tuvieran capacidad para decidir sus propios asuntos.

Enfrentados a esta creciente oposición, y al mismo tiempo enredados en sus propias disputas y proyectos megalómanos, los tupacamaristas perdieron su oportunidad. La historia pasó por delante de sus narices. Cuando la estatua llegó a Cusco, ya era demasiado tarde: el Gobierno Revolucionario de la Fuerza Armada declinaba y carecía del poder necesario para imponer sus directrices. En los siguientes años, el tupacamarismo colapsa rápidamente. Siguen celebrándose ceremonias de homenaje y desfiles y las efemérides tupacamaristas permanecen como momentos importantes del calendario cívico cusqueño, pero el grado de fervor y la participación ciudadana parecen haber decaído de manera brusca. Las noticias en la prensa son mucho más esporádicas. Aunque esto podría indicar sobre todo un menor interés estatal en las celebraciones, al menos parece claro que no se repitieron los grandes actos de masas que habían sido comunes durante el periodo de esplendor del gobierno militar.

El colapso del tupacamarismo constituye un tema pendiente de investigación. Es posible que deba atribuirse al hecho de que cada vez más Túpac Amaru se vinculaba al velasquismo, mientras que las otras vetas de pensamiento que habían estado presentes en el auge del tupacamarismo pasaban a segundo plano. Otros discursos regionalistas tomaban el relevo al tupacamarismo para aglutinar las reivindicaciones de los cusqueños, al tiempo que se producían realineamientos políticos dentro de la ciudad, favorables a corrientes que habían quedado opacadas por el gobierno militar. Aun así, el culto conoce un breve renacimiento en 1980, durante la conmemoración del segundo centenario del alzamiento. Para ese momento Perú había retornado a la democracia y Belaunde estaba nuevamente al frente del país. Una nueva comisión estatal se encarga de organizar los festejos y de recopilar los documentos vinculados con la gesta tupacamarista, para ponerlos a disposición de los historiadores.[3] La Conbreta o Comisión Nacional del Bicentenario de la Rebelión Emancipadora de Túpac Amaru, que así se llamaba, visita las provincias altas y recorre los escenarios de la gesta tupacamarista.[4] Sus integrantes incluyen a varios intelectuales cusqueños, entre los que destacaba José Tamayo Herrera, quien por esos años escribe un pequeño libro en el que sintetiza su visión sobre la larga historia del monumento de Túpac Amaru.[5] Patrocinada por el gobierno peruano, se estrena también una película de ficción que narra con tintes

3. Al respecto: *Colección documental del Bicentenario de la Revolución Emancipadora de Túpac Amaru*, Lima, Comisión Nacional del Bicentenario de la Rebelión de Túpac Amaru, 1980-1982 (cinco volúmenes).

4. BMC-ECC, 9 de agosto de 1979, "ORDESO prepara gira a tierra de Túpac Amaru".

5. Tamayo Herrera, *Historia del monumento*.

épicos las hazañas del líder rebelde.[6] En su rodaje participan numerosos extras cusqueños, incluyendo algunos famosos líderes campesinos que de esta manera vinculaban su peripecia vital con los protagonistas de la gran rebelión andina.

En noviembre, once años y un mes después de la destrucción del piel roja, Belaunde inaugura por fin la estatua diseñada por Ugarte, aunque no lo hace en la plaza de Armas, como había sido inicialmente previsto, sino en el populoso distrito de Wanchaq.[7] La obra había llegado a la ciudad en 1976 y permanecido almacenada desde entonces, en espera de que se decidiera su nueva ubicación. Como no podía ser menos, también esta vez la decisión estaría rodeada de polémica.[8] La plaza elegida se encontraba a medio urbanizar, en una zona poco transitada que algunos veían incluso como peligrosa. Aunque el gobierno local se compromete a paliar la situación, las obras de acondicionamiento avanzan lentamente.[9]

Este emplazamiento periférico evidencia la evolución de las sensibilidades ocurrida tras la caída de Velasco. Túpac Amaru sigue siendo importante, pero ya no se encuentra en el centro de las narrativas de la cusqueñidad. El hecho de que haya sido Belaunde, el tibio reformista derrocado por el impaciente Velasco, quien finalmente inaugurara la estatua, es un guiño profundamente irónico de la historia. El culto tupacamarista había comenzado como una herramienta de los sectores reformistas de la élite periférica cusqueña. Uscamaita había podido construir el primer monumento a Túpac Amaru gracias en parte al apoyo del APRA y con la

6. BMC-ECC, 2 de agosto de 1979, "Vida y martirio de Túpac Amaru filmarán en Cusco".

7. BMC-ECC, 5 de noviembre de 1980, "Presidente Belaunde solemnizó homenaje a héroes emancipación". Para un relato completo de los últimos capítulos previos a la colocación de la estatua, durante los gobiernos de Morales Bermúdez y Belaunde, puede consultarse: Tamayo Herrera, *Historia del monumento*, pp. 37-42.

8. BMC-ECC, 21 de mayo de 1979, "Colegio de Abogados analizará DL 18280: sobre monumentos a José Gabriel Túpac Amaru"; BMC-ECC, 1 de agosto de 1979, "Plaza de Armas reclama monumento a Túpac Amaru: Federación Trabajadores reitera su posición".

9. BMC-ECC, 25 de agosto de 1979, "Plaza Túpac Amaru costará 25 millones"; BMC-ECC, 21 de noviembre de 1979, "Apoyo monumento al Túpac Amaru en Huánchac"; BMC-ECC, 5 de julio de 1980, "Pavimentan acceso a Plaza Túpac Amaru".

Estatua de Túpac Amaru diseñada por Joaquín Ugarte y Ugarte, instalada en la plaza central de Wanchaq, en las afueras de Cusco, en 1981.
*Fotografía*: Raúl Asensio.

bendición del propio Belaunde. Sin embargo, tras el golpe de Estado, la izquierda y el gobierno militar se habían apropiado del héroe, hasta convertirlo en emblema de las reformas estructurales del velasquismo. Con el regreso de la democracia, se produce una nueva vuelta de tuerca: al inaugurar Belaunde la estatua, Túpac Amaru pierde gran parte de su sentido revolucionario y pasa a ser uno más del panteón de héroes nacionales, agasajado y reconocido, pero despojado de su carácter reivindicativo.

La pérdida de importancia relativa de Túpac Amaru se hace más patente con la llegada a la ciudad de los restos del Inca Garcilaso de la Vega. La recepción de las cenizas, que había sido un objetivo largamente acariciado por los cusqueños, se realiza en el marco de una solemne visita a la ciudad de los reyes de España, Juan Carlos I y Sofía. La prensa de la época destaca que esta era la primera vez que unos monarcas peninsulares llegaban a la antigua capital de los incas, a pesar de que la ciudad había pertenecido por casi tres siglos a la corona hispánica. Todas las fuerzas vivas de Cusco se movilizan para agasajar a los ilustres visitantes. España había celebrado poco antes sus primeras elecciones democráticas después de la dictadura franquista, y el prestigio de Juan Carlos I como líder reformista y democratizador se encontraba en su punto más alto. Las exequias del cronista se celebran en la catedral, donde quedan depositados sus restos. De esta manera Garcilaso se consagra como el nuevo héroe cusqueño por excelencia, disputando la primacía alcanzada en los años anteriores por el caudillo caneño.

Estos avatares no deben interpretarse, sin embargo, como un manto de olvido. En su trabajo sobre las herencias del fascismo italiano, Joshua Arthurs sostiene que gran parte de la imagen popular de Roma está influida hasta la actualidad por las ideas sobre el pasado imperial desarrolladas durante el gobierno de Mussolini.[10] La enorme cantidad de trabajos publicados en esos años y las reformas llevadas a cabo en la ciudad para sacar a la luz, reconstruir y visibilizar los monumentos romanos explicarían la permanencia de estas visiones fascistas del pasado, muchos años después de que sus aportes hayan sido descartados por los historiadores profesionales. Algo similar observamos en el caso de Túpac Amaru. Nuestro conocimiento del personaje se ha hecho más complejo, a medida que los historiadores han profundizado en los detalles y las contradicciones de la gran rebelión, pero el tipo de evocación y las imágenes populares del personaje siguen en gran parte impregnados por los discursos y las prácticas heredadas del velasquismo. Partiendo de la tradición tupacamarista

---

10. Joshua Arthurs, "Roma Sparita: Local Identity and Fascist Modernity at the Museo di Roma", *Città e Storia*, vol. 3, n.° 1-2, 2008, pp. 189-200, y más en extenso, del mismo autor, *Excavating Modernity. The Roman Past in Fascist Italy*, Ithaca y Londres, Cornell University Press, 2012.

preexistente, el régimen militar dio forma a un culto cuyos patrones han cambiado poco desde entonces. La imagen velasquista de Túpac Amaru —valiente, orgulloso, impregnado de una recia masculinidad, defensor de la raza indígena, precursor de la independencia nacional— permanece vigente para la mayoría de los peruanos. También se mantienen incólumes los lugares de memoria y los rituales que marcan el ritmo del culto tupacamarista. En mayo y en noviembre, las fechas emblemáticas de la rebelión andina siguen siendo motivo de celebración en Cusco. Aunque la participación popular y oficial es reducida en comparación con los años setenta, los homenajes siguen una pauta muy parecida a la analizada en los capítulos anteriores.

El mejor ejemplo de estas continuidades es el Museo de Historia Regional de Cusco. Renovado hace unos años, incluye una sala dedicada a la vida del caudillo andino. Con las paredes pintadas de rojo sangre, es quizás la sección más impresionante del museo. Su diseño está impregnado del sentimiento religioso con el que los cusqueños revisten el recuerdo del gran héroe. La disposición de los objetos recuerda a una capilla. Desde la entrada, las miradas se concentran en el gran altar situado al fondo de la sala, decorado con columnas estriadas de diseño barroco y adornado con una cruz en su centro. Un panel informativo nos aclara que la pieza era propiedad de las religiosas del convento de Santa Catalina del Cusco, quienes la cedieron a las autoridades coloniales para que presidiera el juicio y ejecución de los rebeldes. Una vez consumados los hechos, las religiosas se habrían negado a recibir el crucifijo de regreso, debido a la crueldad mostrada por los españoles. Cedido al seminario de San Antonio Abad, robado y posteriormente recuperado, un párroco cusqueño lo habría entregado finalmente al museo.

A ambos lados del crucifijo, sendos paneles reproducen fragmentos de la sentencia del visitador Areche y de una carta enviada desde prisión por Túpac Amaru a su esposa, en la que el caudillo solicitaba que se le enviasen fondos para arreglar su fuga. El texto escrito originalmente con su propia sangre, se reproduce en versión facsímil, lo que contribuye a acentuar el dramatismo de la presentación. El mismo efecto tiene un audiovisual de corta duración que se proyecta continuamente para los visitantes. La producción se basa en retazos de la película *Túpac Amaru* del cusqueño Federico García Hurtado. La gran rebelión se presenta como el momento clave de reconfiguración de la historia andina. El ejemplo de Túpac Amaru se habría extendido por todo el continente. Una tras otra, las futuras repúblicas latinoamericanas se habrían levantado exigiendo su libertad. Haciendo un puente con el presente, las últimas escenas recogen imágenes de las masivas manifestaciones campesinas de los años de la reforma agraria, mientras el narrador recita las estrofas del "Canto coral a Túpac Amaru" de Alejandro Romualdo. "Querrán romperlo y no podrán romperlo, querrán matarlo y no podrán matarlo —declama con voz solemne—, al tercer día de los sufrimientos, cuando se crea todo consumado, gritando libertad sobre la tierra, ha de volver. Y no podrán matarlo".

El énfasis telúrico se complementa con la afirmación del carácter continental de la hazaña tupacamarista. El último panel nos informa de que Túpac Amaru "no murió en vano, vive en el corazón de América". Desde el punto de vista de los curadores de la muestra, los rebeldes "fueron héroes no solo porque enfrentaron la muerte con simple valentía, sino porque la acción libertaria que encendieron traspasó los siglos". Su importancia radicaría en su carácter ejemplar. Con la gran rebelión emergería una nueva época para el mundo andino. Tras siglos de opresión, sería el inicio del largo camino a la liberación. "Túpac Amaru paradigma y ejemplo vivo de la acción por la justicia —concluye la exposición— es la columna fundamental que sostiene nuestra historia".

Para muchos cusqueños, Túpac Amaru sigue siendo un personaje central en sus narrativas de identidad colectiva. En todas mis visitas al Museo Histórico Regional he podido observar que la sala dedicada a Túpac Amaru es una de las que congrega mayor atención, tanto por parte de los extranjeros como de visitantes peruanos. En el libro de comentarios situado al final de la exposición, donde los visitantes dejan sus impresiones sobre el museo, es frecuente encontrar referencias de alto contenido emocional dedicadas al personaje. En el resto del país, la imagen de Túpac Amaru consagrada durante el velasquismo sigue también viva. La edición del diario limeño *La República* del 16 de enero de 1992 abría con una noticia única en la portada: el cruel asesinato de María Elena Moyano a manos del grupo terrorista Sendero Luminoso. Carismática, inteligente, joven y guapa, Moyano era muy apreciada en los círculos de izquierdas. Se la consideraba una de las dirigentes populares con más proyección del país. El título elegido para dar cuenta de su muerte era "La balearán, la dinamitarán… y no podrán matarla". Una vez más, la frase hace referencia a la elegía fúnebre de Alejandro Romualdo y muestra cómo el cacique cusqueño ha penetrado en el imaginario peruano, hasta convertirse en el paradigma atemporal del sacrificio de los héroes que ayer y hoy dan la vida por su pueblo.

Incluso se podría hablar de un incipiente repunte del interés por Túpac Amaru en los últimos años. Mientras terminaba de escribir este libro, la casa de Surimana donde nació y creció volvía a protagonizar las noticias. Como si el tiempo no hubiera pasado, las imágenes mostraban que las paredes y el techo estaban a punto de colapsar y los periodistas urgían la rápida intervención de las autoridades para preservar un lugar tan emblemático de la historia peruana.[11] En respuesta a estas demandas, en mayo de 2016 el Congreso de la República aprobaba una ley para iniciar las obras de rehabilitación.[12] Unas semanas después, su promotor, el congresista Manuel Dammert, acudía a Surimana para asistir a la firma del llamado "Acuerdo por Túpac Amaru". Tanto la retórica como la estética del evento recordaban a las escenas descritas en este libro. Los mensajes exaltados, el recuerdo de los agravios históricos y el uso estratégico de la figura del caudillo andino estaban presentes una vez más. El escenario era la misma plaza de Armas de Surimana a la que tantas veces habían acudido los representantes del gobierno militar, ahora adornada con una estatua de Túpac Amaru blandiendo una espada a lomos de un corcel encabritado. Como si el tiempo no hubiera pasado, "el anhelo de esperanza y reconocimiento histórico flotaba en la plaza". Tras los discursos de las autoridades locales, el congresista fue invitado a izar el pabellón peruano a los acordes de la Marcha de Banderas. Con emoción, continúa el relato, "se recitaron poesías a Túpac Amaru, declamadas por alumnos de primaria y secundaria. Retumbaron las palabras de agradecimiento del representante

11. *El Comercio* (Lima), 7 de noviembre de 2015, "Casa de Túpac Amaru II espera intervención: Está por colapsar".

12. Ley 30452 (9 de junio de 2016) – Ley que declara de interés nacional y necesidad pública la restauración y puesta en valor de la casa del precursor de la independencia del Perú José Gabriel Condorcanqui Noguera, Túpac Amaru II, ubicada en el centro poblado de Surimana, distrito de Túpac Amaru, provincia de Canas, departamento del Cusco.

de Surimana, que ven renacer la esperanza de cambio para el lugar donde nació José Gabriel Condorcanqui". Dammert, por su parte, declaró agradecido que "la ley es un primer paso, y que de lo que se trata es no solo de restaurar la casa del fundador de la nación, sino de reivindicar la lucha y exigencias de las provincias tupacamaristas". Como tantas otras veces, el evento concluyó con "la invitación a bailar las danzas típicas y a compartir las truchas fritas, la papa, el choclo y el chuño de las alturas".[13]

Al menos en parte, las demandas de los alcaldes fueron escuchadas. En agosto de 2016, el gobierno peruano declaraba la casa natal de Túpac Amaru como monumento nacional. Entre quienes habían defendido la medida se encontraba Verónika Mendoza, quien poco antes había sido candidata a la presidencia de la república por una coalición de partidos izquierdistas. Durante su campaña, el líder rebelde había sido una referencia constante en sus discursos y entrevistas. Desde su punto de vista, restaurar la casa de Túpac Amaru suponía tanto una oportunidad para el desarrollo local como una deuda moral. "La puesta en valor de la casa —declaraba Mendoza a un medio de prensa— va a permitir la llegada de investigadores y turistas de todo el mundo, con lo que dinamizaremos la economía local, pero sobre todo, contribuiremos a fortalecer la identidad nacional, la memoria histórica de los cusqueños y peruanos, cosa que es de gran importancia".[14]

Esos ejemplos muestran que la historia está lejos de terminar. Visto en perspectiva, el culto a Túpac Amaru puede considerarse un episodio de la larga búsqueda de Cusco de un lugar propio en las políticas y las narrativas del Perú poscolonial. La antigua capital imperial, aunque cada vez menos importante desde el punto de vista económico, cuenta durante todo el siglo XX con una poderosa inteligencia local, que constituye uno de los pocos polos de pensamiento capaces de hacer contrapeso a los discursos de la nación emanados desde Lima. El tejido cultural cusqueño era lo suficientemente denso para elaborar discursos propios sobre lo que la región

---

13. Todas las citas proceden de la página institucional del congresista Dammert: <http://www.manueldammert.com/prensa/notas-de-prensa/congresista-dammert-firma-hist%C3%B3rico-acuerdo-por-t%C3%BApac-amaru-y-por-las>.

14. *Diario Uno* (Lima), 7 de agosto de 2016, "Casa de Túpac Amaru ya es monumento nacional".

era y debía ser. Contaba además con el prestigio y la legitimidad que le otorgaba el brillante pasado prehispánico de la ciudad. Estas herramientas permiten a los intelectuales indigenistas, y posteriormente a sus epígonos cusqueñistas, trasmitir el mensaje de que Cusco era una suerte de reserva espiritual de la peruanidad, llamada a regenerar la nación. En los años sesenta y setenta, Túpac Amaru se convierte en una pieza clave de este discurso. Es el ejemplo que sirve a los cusqueños para encarnar y legitimar sus aspiraciones, la prueba fehaciente de que la región había estado siempre a la vanguardia en la lucha por las libertades peruanas. De ahí la actitud ambivalente de las élites regionales ante la apropiación del héroe por parte del gobierno militar, que veían con orgullo, pero al mismo tiempo con temor, ya que suponía una pérdida de control sobre el personaje.

Los años setenta colocan al Perú en el umbral de la modernidad. Una modernidad que sería muy diferente de lo que sus promotores esperaban, pero que iba a transformar radicalmente el país. Pese a los esfuerzos de los cusqueños, una de las consecuencias iba a ser una todavía más intensa centralización tanto en el plano político como en el de la vida intelectual peruana. Las élites culturales regionales que tibiamente habían florecido en la primera mitad del siglo XX, iban a quedar opacadas definitivamente por el fulgor de la capital. El propio tupacamarismo evidencia esta transición. En muchos sentidos, incluso en su época de auge era ya una ideología que olía a naftalina. Los intentos de los tupacamaristas cusqueños por trascender en el plano académico son infructuosos. Ni uno solo de los centenares de artículos y trabajos dedicados en la capital imperial al héroe caneño consigue llegar a los circuitos académicos internacionales. Su concepción y su factura eran sumamente tradicionales. En un momento en que las ciencias sociales se renovaban en todo el mundo, los cusqueños estaban muy por detrás de lo que escribían sus contrapartes de otros países. De hecho, eran dos lenguajes radicalmente distintos entre los que la interlocución era sumamente complicada. El tupacamarismo cusqueño ni siquiera llega a influir en los debates académicos limeños. Lo mismo ocurre con las producciones culturales, poesías, cuadros y obras de teatro locales, muy alejados de cualquier intento renovador o vanguardista.

Desde el otro lado del prisma, el vertiginoso ciclo del tupacamarismo ilustra la paradoja esencial del velasquismo: un régimen militar empeñado en reconstruir el Estado-nación desde unas bases más justas e inclusivas, pero al mismo tiempo incapaz de llevar adelante esa misión sin arrollar a las sociedades regionales que quería integrar en ese nuevo país.[15] Ni material ni simbólicamente el velasquismo estaba dispuesto a compartir su poder. Empeñado en su tarea de modernizar y transformar las narrativas nacionalistas, el velasquismo se apropia de un héroe que ya tenía una intensa historia local, lo reinterpreta, radicaliza y convierte en símbolo de un gobierno que a la postre resulta ser tan autoritario y centralista como cualquier otro del siglo XX peruano. A la hora de construir el monumento que debía ser la apoteosis de esta apropiación, los militares optan por una estética propia, ortodoxamente castrense, que desconoce las tradiciones y los debates locales. Solo su propia debilidad, su ineficiencia administrativa y la acumulación de problemas de los últimos años del dictador impiden al velasquismo cumplir su propósito. Una vez expulsado el General del poder, sus sucesores ya no saben qué hacer con el juguete. Nada ilustra mejor este desconcierto que la recomendación emitida por el jefe nacional del Sinamos en octubre de 1975, es decir, varios meses después de la caída de Velasco. Cuando aún coleaba el tema del monumento, proponía llevar la estatua a Cusco, como medida para apaciguar la creciente insubordinación de los cusqueños, pero dejarla dormir en un almacén, sin decidir su emplazamiento para evitar volver a abrir la caja de los truenos.[16]

Los protagonistas de este libro han sido políticos, militares, autoridades locales, funcionarios de diverso nivel, intelectuales, profesores y maestros rurales. En algunos casos han aparecido también académicos, sindicalistas, arquitectos y artistas. Esta variedad de orígenes, trayectorias vitales e ideologías me ha permitido trazar una doble historia: la de cómo el culto a Túpac Amaru se expandió por Cusco, y la de cómo este culto fue percibido, negociado y hasta cierto punto manipulado por los actores locales para predisponer positivamente al gobierno revolucionario. Este es un panorama más amplio que el de otros estudios precedentes sobre el mismo tema. Creo que ahora sabemos más acerca de la relación entre

---

15. Debo la formulación de las ideas de este párrafo a Juan Martín-Sánchez, quien fue capaz de dar con las palabras precisas para ajustar una idea que estaba latente en todo el libro, pero que no acababa de expresar adecuadamente.

16. Borradores de Actas del Consejo de Ministros del GRFA, sesión de 20 de octubre de 1975.

el velasquismo y los imaginarios cusqueños, así como sobre los cambios ocurridos en esos años en las políticas culturales de la región. Sin embargo, soy consciente de que mi estudio sigue teniendo una ausencia clamorosa: la población rural. Es muy poco lo que sabemos sobre cómo los campesinos cusqueños recibieron e interpretaron la propaganda tupacamarista del gobierno militar. ¿El mito de Túpac Amaru realmente representaba sus aspiraciones políticas?, ¿en las pampas y serranías andinas era un culto genuino y auténtico? Para responder a estas preguntas, las fuentes en las que me he basado tienen fuertes limitaciones y son de poca utilidad. Las voces de los campesinos andinos están casi siempre ausentes en la prensa cusqueña. Cuando las escuchamos, es solo en el marco de ceremonias oficiales, en contextos muy controlados y poco proclives a desarrollar discursos autónomos. Para desentrañar esta parte de la historia sería necesario recurrir a otras fuentes y emplear metodologías diferentes —legajos judiciales, historias orales, archivos personales— que quedan más allá de mis capacidades.

Sin embargo, aunque sea de manera indirecta y provisional, algo podemos decir sobre el impacto del tupacamarismo en las zonas rurales cusqueñas. Visto en perspectiva histórica, el culto tupacamarista no surge del vacío. Para entender su éxito en Cusco hay que considerar la existencia de sentidos comunes y discursos previos al velasquismo, que explican su rápida difusión apenas unos meses después del golpe de Estado. Estos antecedentes se sitúan, por un lado, en el propio fermento de las ideologías izquierdistas cusqueñas, que atribuyen a Túpac Amaru un papel protagónico, al menos desde los años cincuenta. Por otro lado, también son importantes las iniciativas de educación y desarrollo emprendidas por el Estado peruano en los años anteriores al golpe. Se trata de un conjunto de proyectos que, aunque tienen un impacto limitado, contribuyen a consolidar una incipiente burocracia rural que posteriormente se convierte en la principal promotora del culto tupacamarista; ingenieros, alfabetizadores, maestros rurales, supervisores educativos.[17]

17. Analizo en detalle los orígenes y evolución de esta burocracia rural desarrollista en una provincia andina cusqueña en Asensio, *Los nuevos incas*.

En las zonas rurales, el culto tupacamarista puede ser visto como una cruzada nacionalizadora, en un sentido hasta cierto punto similar al señalado por Eugen Weber en su famoso trabajo sobre los campesinos franceses del siglo XIX.[18] La incipiente burocracia rural, erigiendo monumentos, elaborando discursos patrióticos e impulsando un nuevo calendario cívico, habría apuntado a disciplinar ideológica y físicamente a los campesinos cusqueños en un periodo crítico de la historia peruana, cuando la reforma agraria se encontraba en su apogeo y el balance de poder del país se transformaba de manera acelerada. El tupacamarismo habría sido un intento (poco articulado y quizás no del todo consciente) de canalizar y limitar el impacto de esta movilización. Un proyecto (probablemente sincero en muchos casos) del gobierno peruano para crear una ideología nacional-popular, evitando que las políticas campesinas cobraran vida propia en un momento en que la reforma agraria cooperativista generaba un rechazo cada vez mayor entre los campesinos.

Esta interpretación explicaría la composición del núcleo duro del tupacamarismo cusqueño: intelectuales urbanos provenientes del mundo de la izquierda, trabajadores de medio y bajo rango de la burocracia estatal, con el apoyo estratégico de algunos operadores políticos velasquistas de alta jerarquía. Otro aspecto que apunta en esta misma línea es la importancia de los emigrantes en la difusión del culto tupacamarista. Muchas de las iniciativas tienen como promotores a vecinos de pequeñas localidades andinas que ahora viven en la capital regional o en la capital nacional. Su objetivo es embellecer y en cierta manera civilizar sus localidades. Para ello, donan bustos con la efigie del héroe, contribuyen con fondos para los homenajes o para la publicación de libros que resalten el papel de sus comunidades en la gesta andina.

Túpac Amaru era una manera de vincular las comunidades de origen de los nuevos habitantes urbanos con las narrativas nacionales, de demostrar su carácter progresista, de adquirir capital simbólico frente a sus vecinos y de presionar a las autoridades para que inviertan en ellas. Esta dinámica entre quienes se quedaron y quienes se fueron alcanza también

---

18. Eugen Weber, *Peasants into Frenchmen: The Modernization of Rural France, 1870-1914*, Palo alto, Stanford University Press, 1976.

a la propia capital regional. Los cusqueños residentes en Lima tienen un papel central en algunas de las polémicas alrededor de Túpac Amaru. Desde su ciudad natal se les considera potenciales aliados, pero también se les mira con recelo, ya que se sospecha que podrían haber perdido en parte su sentimiento cusqueñista. Varias veces se les acusa de estar detrás de conspiraciones anticusqueñas o de no velar adecuadamente por los intereses de su tierra natal.

Túpac Amaru ofrecía a los cusqueños la posibilidad de articular un discurso regional propio en el contexto de la revolución militar peruana. Esto explica que, aunque el culto tupacamarista se diera en todo el país, fuera especialmente intenso en esta parte de los Andes. De ahí también que al principio fuera apoyado por casi todos en la ciudad. Las diferencias surgieron cuando el culto tupacamarista colisionó con otros vectores de la identidad cusqueña. En este contexto, no deja de resultar paradójico que el golpe de gracia de la estatua de Túpac Amaru lo diera el INC. Esta institución había sido creada por el propio gobierno militar y representaba un salto de modernidad en las políticas culturales peruanas. Su objetivo era poner orden en la administración de los monumentos públicos, yacimientos arqueológicos y demás tesoros culturales, al tiempo que se promocionaba su difusión turística. Era parte de las políticas revolucionarias y muchos de sus fundadores y primeros directores se adscribían a posiciones izquierdistas. La creación del INC suponía afirmar la pretensión estatal de control del mundo cultural peruano, pero paradójicamente terminaría convirtiéndose en una herramienta de los sectores patrimonialistas más conservadores, para dotar de legitimidad legal y moral a sus reticencias frente a las intervenciones estatales en los espacios públicos de alta carga simbólica. En el caso cusqueño, sería el mascarón de proa de la ofensiva final contra quienes defendían que la estatua de Túpac Amaru debía construirse en la plaza de Armas. Durante los siguientes años, polémicas similares se iban a repetir con frecuencia en todo el país. Las pretensiones de los poderes públicos de utilizar los espacios emblemáticos de la ciudad para plasmar sus proyectos ideológicos serían resistidas apelando al INC como baluarte de la preservación patrimonial.

La propia plaza de Armas de Cusco será nuevamente escenario de una polémica en junio de 2011, cuando aprovechando la conmemoración del centenario del descubrimiento de Machu Picchu por Hiram Bingham,

31 años y nueve meses después de la destrucción del piel roja, el gobierno municipal del Cusco decida instalar en lo alto de la pileta una estatua del inca Pachacútec. Los argumentos a favor y en contra de esta intervención son muy similares a los esgrimidos durante el velasquismo: la importancia histórica del personaje y su trascendencia para la identidad local, frente a la integridad patrimonial y la obligación de preservar intactos los tesoros del pasado. La polémica, sin embargo, tiene un impacto político más reducido. Si bien algunos diarios conservadores de Lima se revuelven con palabras airadas contra lo que consideran un ataque de los políticos locales contra el patrimonio nacional, sus palabras caen en saco roto. A diferencia de Túpac Amaru, la estatua del Inca nunca se convierte en una cuestión de alta política nacional. Lo que está en juego no es el orgullo de la nación, sino una nueva etapa del intrincado mundo de las políticas culturales cusqueñas. El siempre latente incaísmo se ha convertido desde finales de los años noventa en la ideología hegemónica tanto en el ámbito político como en el cultural. Obras públicas y nuevos monumentos han remozado la ciudad de tal manera que en la actualidad el recuerdo del antiguo Imperio andino es omnipresente en el trazado urbano, para orgullo de los cusqueños y disfrute de los turistas. Quizás esto explique por qué esta vez los esfuerzos de los gobernantes cusqueños por dotar de un nuevo monumento a su plaza más emblemática sí fueron coronados con el éxito. Hasta hoy Pachacútec sigue allí.

# Bibliografía


Aguirre, Carlos

2014 "Perú campeón: fiebre futbolística y nacionalismo en 1970". En Aguirre, Carlos y Aldo Panfichi, eds., *Lima, siglo XX: cultura, socialización y cambio*. Lima: Pontificia Universidad Católica del Perú.

Alcina Franch, José

1971 "La antropología americanista en España, 1950-1970". En *Revista de Estudios Antropológicos Americanos*, n.º 7, pp. 18-58.

Almeida, Jaime

2014 "Memória e esquecimento do cacique Mateo Pumacahua no bicentenario da independencia do Peru". Ponencia presentada al XI Encontro Internacional da Associação Nacional de Pesquisadores e Professores de História das Américas, 29 de julio al 1 de agosto de 2014, Niterói (Río de Janeiro).

Applebaum, Anne

2014 *El telón de acero: la destrucción de Europa del Este, 1944-1956*. Madrid: Debate.

Arthurs, Joshua

2008 "Roma Sparita: Local Identity and Fascist Modernity at the Museo di Roma". En *Città e Storia*, vol. 3, n.º 1-2, pp. 189-200.

2012 *Excavating Modernity. The Roman Past in Fascist Italy*. Ithaca y Londres: Cornell University Press.

Asensio, Raúl H.
2014a "¿Luz después del eclipse? Tendencias recientes en los estudios sobre la reforma agraria peruana". Ponencia presentada en el 37.° Congreso Internacional de la Asociación de Estudios Latinoamericanos (LASA), Chicago, 21-24 de mayo de 2014.

2014b "Entre lo regional y lo étnico: el redescubrimiento de la cultura mochica y los nuevos discursos de identidad colectiva en la costa norte (1987-2010)". En Cuenca, Ricardo, ed., *Etnicidades en construcción. Identidad y acción social en contextos de desigualdad.* Lima: Instituto de Estudios Peruanos.

2015 "Relatos entrecruzados: tres maneras de disciplinar el pasado en los museos cusqueños". Lima, manuscrito.

2016a *Los nuevos incas: la economía política del desarrollo rural andino en Quispicanchi (2000-2010).* Lima: Instituto de Estudios Peruanos.

2016b "Disciplinar el pasado: arqueología, museos y desarrollo en el Perú (1900-2010)". Lima, manuscrito.

Basadre, Jorge
1933 *Perú, problema y posibilidad. Ensayo de una síntesis de la evolución histórica del Perú.* Lima: Librería E. Rosay.

Béjar, Héctor
2009 "Comentarios a los cuentos feos de Enrique Mayer". En *Revista Argumentos*, año 3, n.° 4, septiembre.

Benavides, Jorge Eduardo
2008 *Un millón de soles*. Madrid: Alfaguara.

Betrisey Nadali, Débora
2015 "Historia, antropología e imperio español en el Museo de América (1940-1965)". En *Antípoda. Revista de Antropología y Arqueología*, n.° 22, pp. 91-111.

Blasco Gil, Yolanda y María Fernanda Mancebo
2009 "Las primeras oposiciones patrióticas a cátedras de historia en 1940-41". En *Spagna Contemporánea*, n.° 36, pp. 119-141.

Bonilla, Heraclio
2016 *Metáfora y realidad de la independencia del Perú.* Lima: Instituto de Estudios Peruanos.

Bonilla, Heraclio y Karen Spalding
1972 "La independencia en el Perú: las palabras y los hechos". En Bonilla, Heraclio et ál., *La independencia en el Perú*. Lima: Instituto de Estudios Peruanos, Campodónico Ediciones.

Bolton, Ralph, Tom Greaves y Florencia Zapata (eds.)
2010 *50 años de antropología aplicada en el Perú. Vicos y otras experiencias*. Lima: Instituto de Estudios Peruanos.

Burga, Manuel
1988 *Nacimiento de una utopía: muerte y resurrección de los incas*. Lima: Instituto de Apoyo Agrario.

Calandra, Benedetta
2011 "La Ford Foundation y la guerra fría cultural en América Latina (1959-1973)". En *Americania*, n.º 1, pp. 8-25.

Cant, Anna
2012 "Land for Those Who Work It: A Visual Analysis of Agrarian Reform Posters in Velasco's Peru". En *Journal of Latin American Studies* 44(1), pp. 1-37.

Casalino Sen, Carlota
2008 "Los héroes patrios y la construcción del Estado-nación en el Perú siglos XIX y XX". Tesis para optar el grado de doctor. Lima: Universidad Nacional Mayor de San Marcos.

Cinis, Andis, Marija Drémaité y Mart Kalm
2008 "Perfect Representations of Soviet Planned Space: Mono-industrial Towns in the Soviet Baltic Republics in the 1950s-1980s". En *Scandinavian Journal of History*, vol. 33, n.º 3, pp. 226-246.

Claret Miranda, Jaume
2006 "Cuando las cátedras eran trincheras. La depuración política e ideológica en la universidad española durante el primer franquismo". En *Hispania Nova*, n.º 8, sin paginación.

Cócola Gant, Agustín y Federico Bellentini
2015 "Mussolini y la política del pasado en la Roma fascista". En *Diagonal*, n.º 39, sin paginación.

Comisión Nacional del Bicentenario de la Rebelión de Túpac Amaru
1980 *Colección documental del Bicentenario de la Revolución Emancipadora de Túpac Amaru*. Cinco volúmenes. Lima: Comisión Nacional del Bicentenario de la Rebelión de Túpac Amaru.

De la Cadena, Marisol
2004 *Indígenas mestizos: raza y cultura en el Cusco.* Lima: Instituto de Estudios Peruanos.

Dean, Carolyn
1999 *Inka Bodies and the Body of Christ: Corpus Christi in Colonial Cuzco, Peru.* Durham: Duke University Press.

Desforges, Luke
2000 "State Tourism Institutions and Neo-Liberal Development: A Case Study of Peru". En *Tourism Geographies*, vol. 2, n.º 2, pp. 177-192.

Deustua, José
1984 "Indigenistas y movimientos campesinos en el Cusco, 1918-1923". En Deustua, José y José Luis Rénique, eds., *Intelectuales, indigenismo y descentralismo en el Perú, 1897-1931.* Cusco: Centro de Estudios Regionales Andinos Bartolomé de Las Casas.

Díaz Caballero, Jesús
2005 "El incaísmo como primera ficción orientadora en la formación de la nación criolla en las Provincias Unidas del Río de la Plata". En *A Contracorriente*, vol. 3, n.º 1, pp. 67-113.

Díaz Rementería, Carlos
1974 "El delito de lesa majestad humana en las Indias: un estudio basado en la sublevación de Túpac Amaru". En *Anuario de Estudios Americanos*, vol. 31.

Domínguez, Nicanor
2005 "Uso y abuso de la historia: la bandera del Tahuantinsuyo". En *Cabildo Abierto*, n.º 6, pp. 16-17.

Dorais, Geneviève
2012 *La crítica maoísta peruana frente a la reforma agraria de Velasco (1969-1980).* Documento de Trabajo 167. Lima: Instituto de Estudios Peruanos.

Durand Flórez, Luis
1974 *Independencia e integración en el plan político de Túpac Amaru.* Lima: Editorial PLV.

Elche Díaz, Fernando
2008 "La lógica de las crisis políticas: los golpes de Estado de 1968 y 1992 en Perú". Tesis para optar al grado de doctor en ciencia política. Madrid: Universidad Complutense de Madrid.

Faverón Patriau, Gustavo
2006 *Rebeldes, sublevaciones indígenas y naciones emergentes en Hispanoamérica en el siglo XVIII*. Madrid: Tecnos.

Fischer, Lillian Estrella
1966 *The Last Inca Revolt, 1780-1783*. Norman: Oklahoma University Press.

Flores Galindo, Alberto
1987 *Buscando un Inca: identidad y utopía en los Andes*. Lima: Instituto de Apoyo Agrario.

Flores Ochoa, Jorge (ed.)
2005 *Q'ero, el último ayllu inka. Homenaje a Óscar Núñez del Prado y a la expedición científica de la UNSAAC a la nación q'ero en 1955*. Lima: Instituto Nacional de Cultura, Dirección Regional de Cusco, Universidad Nacional Mayor de San Marcos.

Fouss Kirk W. y Randall T. G. Hill
2002 "Spectacular Imaginings: Performing Community in Guatemala". En Cornwell, Grant H. y Eve W. Stoddard, *Global Multiculturalism*. Maryland: Rowman & Littlefield.

Fuentes Lira, Mariano
2011 [1959] "Apuntes para la historia del arte cusqueño". En *El Comercio*, Lima, 28 de julio de 1959, reproducido en *Contrastes: Revista de la Escuela Superior Autónoma de Bellas Artes "Diego Quispe Tito" del Cusco*, sin número, pp. 15-20.

García Bengoechea, Pablo
2015 "In the Name of the Tourist: Landscape, Heritage, and Social Change in Chinchero". Tesis para optar el grado de doctor, Universidad de Saint Andrew. Disponible en: <http://hdl.handle.net/10023/7793>.

Garret, David
2009 *Sombras del Imperio: la nobleza indígena del Cuzco, 1750-1825*. Lima: Instituto de Estudios Peruanos.

Gargurevich, Juan
2002 *La prensa sensacionalista en el Perú*. Lima: Pontificia Universidad Católica del Perú.

Giraudo, Laura
2011 "Un campo indigenista transnacional y 'casi profesional': la apertura en Pátzcuaro (1940) de un espacio por y para los indigenistas". En Giraudo, Laura y Juan Martín-Sánchez, eds., *La ambivalente historia del*

*indigenismo: campo interamericano y trayectorias nacionales, 1940-1970*. Lima: Instituto de Estudios Peruanos.

Gölte, Jurgen
1980 *Repartos y rebeliones. Túpac Amaru y las contradicciones de la economía colonial*. Lima: Instituto de Estudios Peruanos.

González, Osmar
2011 "El Instituto Indigenista Peruano: una historia por conocer". En Giraudo, Laura y Juan Martín-Sánchez, eds., *La ambivalente historia del indigenismo: campo interamericano y trayectorias nacionales, 1940-1970*. Lima: Instituto de Estudios Peruanos.

Gutiérrez Viñuales, Rodrigo
2004 *Monumento conmemorativo y espacio público en Iberoamérica*. Madrid: Cátedra.

Hamann Mazuré, Johanna
2011 "Monumentos públicos en espacios urbanos de Lima, 1919-1930". Tesis para optar el grado de doctor. Barcelona: Universidad de Barcelona.

Heaney, Christopher
2012 *Las tumbas de Machu Picchu. La historia de Hiram Bingham y la búsqueda de las últimas ciudades del Cusco*. Lima: Pontificia Universidad Católica del Perú.

Huber, Ludwig, Raúl H. Asensio y Rómulo Zúñiga
2011 *Políticas de la identidad, fragmentación y conflicto social en el Perú contemporáneo*. Documento de Trabajo 166. Lima: Instituto de Estudios Peruanos.

Iber, Patrick
2015 *Neither Peace nor Freedom, The Cultural Cold War in Latinamerica*. Londres: Harvard Unversity Press.

Itier, César
2000 *El teatro quechua en el Cusco. Indigenismo, lengua y literatura en el Perú moderno*. Cusco: Instituto Francés de Estudios Andinos y Centro de Estudios Regionales Andinos Bartolomé de Las Casas.

Jeifets, Lazar y Víctor Jeifets
2015 *América Latina en la Internacional Comunista, 1919-1943: diccionario biográfico*. Santiago de Chile: Ariadna Ediciones.

2016 "Entre el Frente Popular y la rebelión. La Comintern en busca de tácticas". En Jeifets, Lazar, Víctor Jeifets y Miguel Ángel Urrego, *Izquierdas, movimientos sociales y cultura política en América Latina*. Morelia: Instituto de Investigaciones Históricas de la Universidad Michoacana de San Nicolás de Hidalgo, Centro de Estudios Iberoamericanos de la Universidad Estatal del San Petersburgo.

Kapsoli, Wilfredo
1977 *Los movimientos campesinos en el Perú, 1879-1965*. Lima: Delva.

Kruijt, Dirk
2008 [1989] *La revolución por decreto: el Perú durante el gobierno militar*. Lima: Instituto de Defensa Legal.

Kubler, George
1953 *Cuzco: reconstrucción de la ciudad y restauración de sus monumentos. Informe de la misión enviada por la Unesco en 1951*. Tours: Unesco.

Kuon Arce, Elizabeth et ál.
2009 *Cuzco-Buenos Aires, ruta de la intelectualidad americana (1900-1950)*. Lima: Universidad Nacional San Martín de Porres.

Lauer, Mirko
1997 *Andes imaginarios. Discursos del indigenismo*. Cusco: Centro de Estudios Regionales Andinos Bartolomé de Las Casas.

Lewin, Boleslao
1943 *Túpac Amaru, el rebelde: su época, sus luchas y su influencia en el continente*. Buenos Aires: Editorial Claridad.

1972 *La rebelión de Túpac Amaru y los orígenes de la emancipación americana*. La Habana: Ediciones de Ciencias Sociales.

Lituma Agüero, Leopoldo
2011 *El verdadero rostro de Túpac Amaru (Perú 1969-1975)*. Lima: Pakarina Ediciones.

Loayza, Francisco A. (ed.)
1941 *Cuarenta años de cautiverio: memorias de Juan Bautista Túpac Amaru*. Lima: Imprenta Miranda.

Loayza Pérez, Alex
2016 "Del Perú mestizo a la idea crítica: historiografía, nación e Independencia 1920-1980". En Loayza Pérez, Alex, ed., *La independencia peruana como representación. Historiografía, conmemoración y escultura pública*. Lima: Instituto de Estudios Peruanos.

López Lenci, Yazmín

2004 *El Cusco, paqarina moderna. Cartografía de una modernidad e identidades en los Andes peruanos (1900-1935).* Lima: Fondo Editorial de la Universidad Nacional Mayor de San Marcos, Consejo Nacional de Ciencia y Tecnología.

Lust, Jan

2013 *La lucha revolucionaria: Perú 1958-1967.* Madrid: RBA Libros.

Macera, Pablo

2005 *Retrato de Túpac Amaru.* Lima: Universidad Nacional Mayor de San Marcos.

Marr, Tin

1999 "Neither the State nor the Grass Roots: Language Maintenance and the Discourse of the Academia Mayor de la Lengua Quechua". En *International Journal of Bilingual Education and Bilingualism*, vol. 2, n.° 3, pp. 181-197.

Martín-Sánchez, Juan

2002 *La revolución peruana: ideología y práctica política de un gobierno militar 1968-1975.* Sevilla: Consejo Superior de Investigaciones Científicas-Escuela de Estudios Hispano Americanos.

2011 "Indigenismo bifronte en el gobierno peruano de Velasco Alvarado: continuidad y alternativa, sierra y selva". En Giraudo, Laura y Juan Martín-Sánchez, eds., *La ambivalente historia del indigenismo: campo interamericano y trayectorias nacionales, 1940-1970.* Lima: Instituto de Estudios Peruanos.

Masterson, Daniel

2001 *Fuerza Armada y sociedad en el Perú moderno: un estudio sobre relaciones civiles-militares.* Lima: Instituto de Estudios Políticos y Estratégicos.

Maurel, Chloé

2011 "Le Programme indien-andin des Nations Unies (années 1950-1960)". En *Cahiers des Amériques Latines*, n.° 67. Disponible en: <http://cal.revues.org/299>.

Mayer, Enrique

2009 *Cuentos feos de la reforma agraria.* Lima: Instituto de Estudios Peruanos, Centro Peruano de Estudios Sociales.

2010 "Vicos como modelo". En Bolton, Ralph, Tom Greaves y Florencia Zapata, eds., *50 años de antropología aplicada en el Perú. Vicos y otras experiencias.* Lima: Instituto de Estudios Peruanos.

Morán Ramos, Luis Daniel
2005 "Borrachera nacionalista y diálogo de sordos. Heraclio Bonilla y la historia de la polémica sobre la independencia peruana". Ponencia presentada en el X Simposio Internacional de Estudiantes de Historia realizado en Arequipa por la Universidad Nacional de San Agustín del 28 al 30 de septiembre de 2005.

O'Phelan Godoy, Scarlett
1988 *Un siglo de rebeliones anticoloniales: Perú y Bolivia 1700-1783*. Cusco: Centro de Estudios Regionales Andinos Bartolomé de Las Casas.

1995 *La gran rebelión en los Andes: de Túpac Amaru a Túpac Catari*. Cusco: Petroperú, Centro de Estudios Regionales Andinos Bartolomé de Las Casas.

Ojeda Dávila, Lorena y Marco Antonio Calderón Mólgora
2016 "Cardenismo e indigenismo en Michoacán". En *Mexican Studies/Estudios Mexicanos*, vol. 32, n.° 1, pp. 83-110.

Oliart, Patricia
2013 "Education for Social Change, Peru 1972-1975". En *Journal of Social Science Education* 12(3), pp. 8-18.

Pacheco Medrano, Karina
2007 *Incas, indios y fiestas. Reivindicaciones y representaciones en la configuración de la identidad cusqueña*. Cusco: Instituto Nacional de Cultura, Dirección Regional de Cultura de Cusco.

Padilla, Tanalís
2013 *Después de Zapata. El movimiento jaramillista y los orígenes de la guerrilla en México (1940-1962)*. Ciudad de México: Akal.

Pérez de Tudela y Bueso, Juan
1972 "Acerca del significado de Túpac Amaru en la historia política de la monarquía hispana". En *Actas del Congreso Nacional de Historia*. Lima.

Pérez Murillo, María Dolores
2011 "Dos visiones de Lope de Aguirre a través del cine europeo: Werner Herzog y Carlos Saura". En *Trocadero*, n.° 23, pp. 175-261.

Pezo del Pino, César, Eduardo Ballón Echegaray y Luis Peirano Falconi
1978 *El magisterio y sus luchas 1885-1978*. Lima: Desco.

Piel, Jean
1992 "¿Cómo interpretar la rebelión panandina de 1780-1783?". En Meyer, Jean, dir., *Tres levantamientos populares: Pugachov, Túpac Amaru, Hidalgo*. Ciudad de México: Centro de Estudios Mexicanos y Centroamericanos.

Probilsky, Jason
2010 "El desarrollo y el 'problema indígena' durante la Guerra Fría; indigenismo, ciencia y modernización en el Proyecto Perú-Cornell en Vicos". En Bolton, Ralph, Tom Greaves y Florencia Zapata, eds., *50 años de antropología aplicada en el Perú. Vicos y otras experiencias*. Lima: Instituto de Estudios Peruanos.

Puente, Javier
2016 "Second Independence, National History and Myth-Making Heroes in the Peruvian Nationalizing State: The Government of Juan Velasco Alvarado, 1968-1975". En *Journal of Iberian and Latin American Research*, vol. 22, n.° 3, pp. 231-249.

Puertas Porras, Elizabeth y Héctor Maldonado Félix
2007 "Perú y España, política exterior peruana 1968-1975". En *Investigaciones Sociales*, año XI, n.° 18, pp. 455-471.

Rendón, Silvio
2013 *La intervención de los Estados Unidos en el Perú: desde el proyecto del protectorado hasta los Wikileaks*. Lima: Sur.

Rénique, José Luis
1991 *Los sueños de la sierra: Cusco en el siglo XX*. Lima: Centro Peruano de Estudios Sociales.

Rivera Dorado, Miguel Ángel
1969 "La Misión Arqueológica española en el Perú". En *Revista Española de Antropología Americana*, n.º 4, pp. 315-317.

1971 "La tercera campaña de trabajos de la misión española en Chinchero (Perú)". En *Revista Española de Antropología Americana*, n.° 6, pp. 489-491.

Roca-Rey, Christabelle
2014 "La crónica visual de un golpe anunciado". En *Mana Tukukuq Illapa*, n.° 11.

2016 *La propaganda visual durante el gobierno de Juan Velasco Alvarado (1968-1975)*. Lima: Instituto de Estudios Peruanos, Instituto Francés de Estudios Andinos.

Roca Rozas, Rudy
2016 "Túpac Amaru: crónica de la presentación de dos libros fundamentales en Cusco". En *Revista Argumentos*, n.° 3, año 10, septiembre. Disponible en: <http://revistaargumentos.iep.org.pe/articulos/tupac-amaru-cronica-la-presentacion-dos-libros-fundamentales-cusco/ ISSN 2076-7722>.

Rodríguez Jiménez, Francisco Javier

2010 *¿Armas de convicción masiva? 'American Studies' durante la Guerra Fría: el caso español.* Salamanca: Universidad de Salamanca.

Rojas, Rolando

2016 "Velasco, la reforma educativa y los maestros". Ponencia preparada para el coloquio internacional "El Gobierno Revolucionario de la Fuerza Armada, 1968-1975: nuevas miradas sobre el velasquismo y su legado", Lima, 14-16 de junio de 2016.

Romero de Tejada, Pilar

1970 "Chinchero cinematográfico: TVE, NODO y misión". En *Revista Española de Antropología Americana*, n.º 5, p. 431.

Rowe, John

1954 "El movimiento nacional inca del siglo XVIII". En *Revista Universitaria*, n.º 107, pp. 17-47.

1959 *Quechua Nationalism in the XVIIIth Century*. Berkeley: California University Press.

Ruiz Durand, Julio

1981 "Afiches de la reforma agraria: otra experiencia trunca". En *U-tópicos*, 4-5.

Sala i Vila, Núria

2013 "La historiografía rural peruana bajo el influjo de la reforma agraria y el neoliberalismo (1968-2012)". Ponencia presentada en el XIV Congreso de Historia Agraria, Badajoz (Extremadura), 7-9 de noviembre de 2013.

Salomon, Frank

2004 "Literacidades vernáculas en la provincia altiplánica de Azángaro". En Zavala, Virginia, Mercedes Niño-Murcia y Patricia Ames, eds., *Escritura y sociedad: nuevas perspectivas teóricas y etnográficas*. Lima: Red para el Desarrollo de las Ciencias Sociales.

Sánchez Flores, Miguel Antonio

2016 "Más allá del pop achorado: una propuesta de relectura de los afiches de Jesús Ruiz Durand para la reforma agraria del gobierno de Juan Velasco Alvarado". Tesis para optar el grado de magíster en historia del arte y curaduría. Lima: Pontificia Universidad Católica del Perú.

Santistevan Gutti, Alejandro

2016a "Perú y Estados Unidos entre 1968-1974: de la expropiación de la IPC al Acuerdo Green-De la Flor". Ponencia preparada para el coloquio internacional "El Gobierno Revolucionario de la Fuerza Armada, 1968-1975:

nuevas miradas sobre el velasquismo y su legado", Lima, 14-16 de junio de 2016.

2016b "Velasco y Santana: una aproximación a la relación entre el gobierno y la música 'alienante' de 1968 a 1975". Ponencia preparada para el coloquio internacional "El Gobierno Revolucionario de la Fuerza Armada, 1968-1975: nuevas miradas sobre el velasquismo y su legado", Lima, 14-16 de junio de 2016.

SEGUÍ, Isabel
2016 "Testimonio: Saturnino Huillca, estrella del documental revolucionario peruano". En *Cine Documental*, año 13, n.° 1, pp. 54-87.

SELIGMAN, Linda J.
1995 *Between Reform and Revolution: Political Struggles in the Peruvian Andes, 1969-1991*. Palo Alto: Stanford University Press.

2008 "Agrarian Reform and Peasant Studies: The Peruvian Case". En Poole, Deborah, ed., *A Companion to Latin American Anthropology*. Oxford: Blackwell Publishing.

SERULNIKOV, Sergio
2003 *Subverting Colonial Authority: Challenges to Spanish Rule in Eighteenth-Century Southern Andes*. Durham: Duke University Press.

2013 *Revolution in the Andes. The Age of Túpac Amaru*. Durham: Duke University Press.

SILVERMAN, Helaine
2006 "The Historic District of Cusco as an Open-Air Site Museum". En Silverman, Helaine, ed., *Archaeological Site Museums in Latin America*. Gainesville: University Press of Florida.

2008 "Mayor Daniel Estrada and the Plaza de Armas of Cusco, Peru". En *Heritage Management* 1(2), pp. 181-218.

2012 "The Space of Heroism in the Historic Center of Cusco". En Staiff, Russell, Robyn Bushell y Steve Watson, eds., *On Location: Heritage Cities and Sites*. Nueva York: Springer.

SIVIRICHI, Atilio
1979 *La revolución social de Túpac Amaru*. Lima: Universo.

Skar, Harald O.
1997 *La gente del valle caliente: dualidad y reforma agraria entre los runakuna (quechua hablantes) de la sierra peruana*. Lima: Fondo Editorial de la Pontificia Universidad Católica del Perú.

Sousa Santos, Eliana
2016 "George Kubler Shifting South: Architecture History Following Geopolitics", *Journal of the International Association of Research Institutes in the History of Art*, n.° 138, sin páginación.

Stavig, Ward
1988 "Ethnic Conflict, Moral Economy, and Population in Rural Cuzco on the Eve of the Thupa Amaro Rebellion". En *Hispanic American Historical Review*, vol. 68, n.° 4.

1999 *The World of Túpac Amaru: Conflict, Community, and Identity in Colonial Peru*. Lincoln: University of Nebraska Press.

Stein, William H.
2000 *Vicisitudes del desarrollo en el Perú: una etnografía sobre la modernidad del Proyecto Vicos*. Lima: Sur, Casa de Estudios del Socialismo.

Stern, Steve
1990 "La era de la insurrección andina, 1742-1782: una reinterpretación". En Stern, Steve, *Resistencia, rebelión y conciencia campesina en los Andes: siglos XVIII al XX*. Lima: Instituto de Estudios Peruanos.

Szeminski, Jan
1974 "La insurrección de Túpac Amaru II: ¿guerra de independencia o revolución?". En *Estudios Latinoamericanos*, vol. 2, pp. 9-60.

1983 *La utopía tupacamarista*. Lima: Pontificia Universidad Católica del Perú.

Tamayo Herrera, José
1980 *Historia del monumento de Túpac Amaru*. Lima: Comisión Nacional del Bicentenario de la Rebelión Emancipadora de Túpac Amaru.

Thorp, Rosemary y Geoffrey Bertram
1985 *Perú: 1890-1977. Crecimiento y políticas en una economía abierta*. Lima: Mosca Azul Editores.

Tiana, Alejandro
2016 *Las misiones pedagógicas: educación popular en la segunda república*. Madrid: La Catarata.

Toro Lira Vásquez, Guillermo

1975 *Primeros Juegos Deportivo-Recreativos Túpac Amaru para organizaciones agrarias y carrera de chasquis*. Chiclayo: Instituto Nacional de Recreación, Educación Física y Deportes.

Trevisan, Paula y Luis Massa

2009 "Fotografías cusqueñas atravesando el indigenismo". En *Aisthesis*, vol. 46, pp. 39-64.

Uscamaita Huamán, Teófilo

1981 *Historia y odisea del primer monumento a Túpac Amaru II*. Lima: Universo.

Valcárcel, Carlos Daniel

1946 *Rebeliones indígenas*. Lima: PTCM.

1947 *La rebelión de Túpac Amaru*. Ciudad de México: Fondo de Cultura Económica.

1954 "Fidelismo y separatismo en el Perú". En *Revista de Historia de América*, n.° 37-38, pp. 133-162.

Valcárcel, Daniel y Luis Durand Flores

1972 *La rebelión de Túpac Amaru*. Cuatro tomos. Lima: Comisión Nacional del Sesquicentenario de la Independencia.

Valcárcel, Luis E.

1945 *Ruta cultural de la independencia*. Ciudad de México: Fondo de Cultura Económica.

1981 *Memorias*. Editadas por José Matos Mar, José Deustua y José Luis Rénique. Lima: Instituto de Estudios Peruanos.

Van den Berghe, Peter y Jorge Flores Ochoa

1999 "Tourism and Nativistic Ideology in Cuzco, Peru". En *Annals of Tourism Research*, vol. 27, n.° 1, pp. 7-26.

Vega, Juan José

1969 *José Gabriel Túpac Amaru*. Lima: Editorial Universo.

Vergara, Alberto

2015 *La danza hostil: poderes subnacionales y Estado central en Bolivia y Perú (1952-2012)*. Lima: Instituto de Estudios Peruanos.

Villamonte Duffoo, Gonzalo

2005 "Arquitectura y representación ideológica en Lima del siglo XX: los edificios gubernamentales construidos durante el Gobierno Revolucionario de las Fuerzas Armadas (1968-1975)". Tesis para optar el título de licenciado en historia. Lima: Pontificia Universidad Católica del Perú.

Vom Hau, Matthias

2009 "Unpacking School: Textbooks, Teachers, and the Construction of Nationhood in Mexico, Argentina, and Peru". En *Latin American Research Review*, vol. 44, n.° 3, pp. 127-154.

Walker, Charles

2015 *La rebelión de Túpac Amaru.* Lima: Instituto de Estudios Peruanos.

Weber, Eugen

1976 *Peasants into Frenchmen: The Modernization of Rural France, 1870-1914.* Palo Alto: Stanford University Press.

Zapata, Antonio

2010 "Generaciones e independencia". En *Revista Argumentos*, vol. 4, n.° 4.

Made in United States
North Haven, CT
10 November 2026

22091514R00193